Meine Heimat
Ostpreußen
Erinnerungen an ein
geliebtes Land

Meine Heimat
Ostpreußen
Erinnerungen an ein geliebtes Land

Herausgegeben von
Herbert Reinoß

Weltbild Verlag

Genehmigte Sonderausgabe für Weltbild Verlag GmbH, Augsburg 1989

© by Albert Langen · Georg Müller Verlag GmbH, München · Wien
Alle Rechte vorbehalten
Satz: VerlagsSatz Kort GmbH, München
Druck und Binden: Mohndruck Graphische Betriebe GmbH, Gütersloh
Printed in Germany
ISBN: 3-7844-1843-0

Inhalt

III Anhang

Vorwort:

Heimat Ostpreußen

Das Land ist nicht untergegangen wie Atlantis, obwohl es uns, die wir dort aufwuchsen und dann fliehen mußten oder vertrieben wurden, jahrzehntelang so entrückt zu liegen schien wie dieser sagenhafte und vielleicht ganz unwirkliche Kontinent.

»Nach Ostpreußen kommt man inzwischen doch leichter als nach Italien«, meinte unlängst ein Ostpreußen-Reisender aus Westfalen; »jedenfalls in den Polen überlassenen Südteil.« Das ist zwar richtig, sieht man nur auf die Möglichkeit, hinzufahren. Aber es ist auch schwer, nach Ostpreußen zu reisen, vielleicht mit jedem Jahr schwerer für viele von denen, die bis 1945 dort lebten. Ich kenne Stimmen, die etwa so lauten: »Die Aufregung wäre zu groß für mich, vielleicht auch die Enttäuschung, ich möchte mir das ersparen . . .«

Ich bin dort gewesen. Ich hatte Ostpreußen zuletzt vor fünfunddreißig Jahren gesehen, im Alter von zehn Jahren. Doch ich glaubte mich im Besitz vieler Erinnerungen: an unser Gehöft und unser Dorf, an den See und die Hügel und die Wälder der Umgebung, an die Felder, die meine Eltern bearbeitet haben. An unsere Kreisstadt Lyck und das Gehöft einer Großmutter im Kreis Treuburg. Ich habe vieles davon wiedergesehen – das, was unzerstört geblieben ist. Es sind noch dieselben Seen wie in meiner Kindheit, dieselben Hügel: es ist ein Land von einer kaum ganz beschreibbaren Schönheit. Und ich dachte immer wieder: Auch der Himmel darüber ist wie früher (sage niemand, daß der Himmel über allen Landschaften gleich ist).

Nur die Menschen, die dort heute leben und arbeiten: das sind, von wenigen Ausnahmen abgesehen, nicht mehr Menschen unseres Volkes, das das Land viele Jahrhunderte lang mit seinen Leistungen geprägt hat.

In diesem »Porträt einer Heimat« geht es um Landschaften und Orte, um Geschichte, um Menschen und ihre Schicksale. Es ist kein politisches Buch.

Aber man kann eine solche Anthologie unmöglich erarbeiten ohne
das (sich ständig steigernde) Bewußtsein von den schier unendlichen
Verlusten, die deutsche Menschen und die deutsche Kultur 1945
hinnehmen mußten. Und nicht ohne die dazugehörende Frage: Wie
ist es dahin gekommen? Weshalb wurde ein deutscher Volksstamm
(der deutsche Neustamm der Ostpreußen) dazu gezwungen, ein
Land zu verlassen, das siebenhundert Jahre lang (seit der polnische
Herzog Konrad von Masowien die deutschen Ordensritter zur Hilfe
rief) seine Heimat war? Das er kultivierte, in dem er ein objektiv gesehen vorbildliches Gemeinwesen schuf und eine höchst beachtliche
Kultur?

In Königsberg hat Kant eine Philosophie erarbeitet, die uns allen eine
bessere Welt brächte, wenn die führenden Staatsmänner seinen Ka-
tegorischen Imperativ nicht bloß für ein berühmtes Zitat hielten und
im übrigen behandelten wie leeres Gerede. Ostpreußen war die
Heimat von Hamann, Gottsched und Herder, Max von Schenken-
dorf, E. T. A. Hoffmann, Sudermann, Arno Holz, Agnes Miegel, Lovis Corinth, Käthe Kollwitz – die Aufzählung ist unvollständig. Und
nun ein Schlußstrich darunter –; und dazu noch die Behauptung, die
Deutschen hätten sich das Gebiet für eine gewisse Zeit unrechtmäßig
angeeignet, doch dann sei die Befreiung gekommen?! In Teilen Ostpreußens fand 1920 eine Volksabstimmung statt – fast alle Bewohner
(97,5 Prozent, in meiner Heimat Masuren sogar 99,3 Prozent!) entschieden sich für den Verbleib beim Deutschen Reich. Wer wünschte
dort eine Befreiung?

Eine solche Frage hat nichts mit Übelwollen zu tun, aber alles mit
dem Wunsch nach Fakten-Genauigkeit in den einschlägigen polnischen Darstellungen und mit intellektueller Redlichkeit.

Die gängige Antwort bei uns auf die Frage, weshalb Ostpreußen den
Deutschen fortgenommen wurde, lautet etwa so: Größenwahn hat
das Land leichtfertig verspielt. Und tatsächlich ist eine andere Fest-
stellung als diese nicht zu belegen: Die Ostpreußen würden heute
noch in Ostpreußen leben, wenn Hitler 1939 mit dem Überfall auf Polen nicht den 2. Weltkrieg angefangen hätte.

Hinzu kam freilich, daß sich die auch von deutschen Antifaschisten
für vorbildlich gehaltenen westlichen Demokratien am Ende des 2.
Weltkriegs moralisch auf einem Tiefpunkt befanden. Roosevelt und

Churchill (bzw. später Truman und Attlee) stimmten damals Plänen zu, die fern von jedem Menschenrecht und jedem Völkerrecht waren und den amerikanischen Richter in Nürnberg Robert H. Jackson zu der Bemerkung veranlaßten: »Was die Welt braucht, ist bestimmt nicht die Idee, die einen aus den Konzentrationslagern herauszuholen und die anderen hineinzustecken.« Die westlichen Demokratien hatten in Teheran, in Jalta, in Potsdam eine Mehrheit; aber es scheinen lauter Opportunisten und, schlimmer, terribles simplificateurs (schreckliche Vereinfacher) am Werk gewesen zu sein (zu denen der angesehene Historiker Karl Dietrich Erdmann ausdrücklich Churchill rechnet – völlig zu Recht). Schon am 14. Dezember 1944 gab kein anderer als eben Churchill »im Unterhaus bekannt, daß er sich für die Entschädigung Polens durch deutsche Gebiete, verbunden mit der ›Totalaustreibung der Deutschen‹ in Höhe mehrerer Millionen Menschen eingesetzt habe« (Großer Ploetz). Man beachte die Formulierung: *eingesetzt* . . .

Die Folgen dieser Maßnahme der »Entschädigung Polens« (wie auch die voraufgegangene Flucht zahlloser Menschen im eisigen Winter) sind nicht Gegenstand dieses Buches. Darüber gibt es neuerdings beachtliche Dokumentationen: Günter Böddeker, »Die Flüchtlinge«, Herbig 1980, und Frank Grube/Gerhard Richter, »Flucht und Vertreibung«. In ihnen ist auch der »beschämende Empfang der Vertriebenen und Flüchtlinge im Westen« nicht vergessen. Die Menschen des Ostens hatten eine dem Deutschen Reich als ganzem geltende Bestrafung hinzunehmen: den Verlust der heimatlichen Ostgebiete. Doch die Deutschen im Westen verschwendeten in der Regel nicht einen Gedanken daran, sich das bewußtzumachen. Sie fühlten sich durch die Neuankömmlinge bloß beengt und behandelten sie gelegentlich wie eine unterste Kaste.

Heute, dreieinhalb Jahrzehnte nach 1945, gibt es für uns Deutsche zwei Möglichkeiten, die Beziehungen zu dem früheren Ostpreußen zu pflegen: wir können (in Abwandlung eines alten Wortes) dieses Land »mit der Seele suchen« wie kaum ein anderes: hinfahren und wieder durch den größten Teil des Landes reisen; und wir können uns der Aufgabe widmen, die kulturellen Leistungen der Ostpreußen im Bewußtsein der Deutschen zu erhalten.

Die erste Möglichkeit wird, wie ich in Masuren sah, von vielen genutzt. Die Absichten wie die Ergebnisse solcher Reisen sind sicher nicht ganz auf einen Nenner zu bringen. Manche Ostpreußen sind längst wieder dem schönen Land verfallen, waren schon mehrmals nach Kriegsende dort. Einer von ihnen, E. Stein von Kamienski, hat zum Ausdruck gebracht, er habe seine Heimat nicht verloren, weil sie für ihn immer mehr gleichbedeutend werde mit der Landschaft. Das ist eine Position, die nichts aufgibt und zugleich niemanden bedrängt – sie sagt mir zu.

Das frühere Ostpreußen: Es bleibt auf absehbare Zeit kräftige, unverdorbene Natur – Umgebung für die Fantasie und für Träume (um zögernd die Formulierung zu vermeiden: für die Seele).

Der Erhaltung des kulturgeschichtlich Interessanten und der kulturellen Leistungen der deutschen Ostpreußen im Lauf von sieben Jahrhunderten dienen u. a. Bücher wie dieses »Porträt einer Heimat«. Die Kultur der Ostpreußen ist ein Stück der europäisch-abendländischen Gesamtkultur, meinethalben ein kleines Stück. Wem diese Gesamtkultur noch etwas wert ist, der kann nicht zulassen wollen, daß etwas davon verlorengeht: ob es die Schöpfungen der Jüten oder der Bretonen oder der Ostpreußen sind.

Ich habe versucht, aus lauter Einzelstücken ein Porträt Ostpreußens zusammenzutragen. Dabei kommen sehr unterschiedliche Stimmen zu Wort; es kann also nicht die Rede davon sein, daß ich all ihre Ansichten zu teilen vermag. Am rührendsten sind für mich aus unserer Sicht die Wichert, Passarge, Ambrassat in ihrer selbstverständlichen Sicherheit: Dies ist deutsches Land, hier leben Deutsche, was sollte sich je daran ändern? Nur wenige Jahrzehnte später ist alles total verändert. Wenn sie heute aus ihren überwucherten Gräbern stiegen . . . Und auch dies sollte man bei manchen Ansichten, die einen befremden, berücksichtigen: Jeder der Texte ist, in welchem Ausmaß auch immer, abhängig von der Zeit, in der er entstand. Wohl kein Autor könnte 1980 wortwörtlich so formulieren, wie er es 1950 oder 1920 tat.

In Ostpreußen leben seit über dreißig Jahren (früher sagte man anschaulicher: einem Menschenalter) ganz überwiegend Polen und

Russen; die heute Dreißigjährigen und die noch Jüngeren wurden in diesem Land geboren. Sie arbeiten dort und bringen einiges zuwege. Und wie wird es weitergehen?

Immer mehr gilt: Die Gegner, die Feinde von einst sollten sich unvoreingenommen entgegenkommen, neben den eigenen Verletzungen die des andern sehen (und von niemandem erwarten, daß er die seinen verleugnet). Sie sollten die Empfindungen des andern respektieren und nicht abzuwerten versuchen.

Dies ist ein Plädoyer für den Mut zur Aufrichtigkeit, den Mut zur umfassenden Diskussion der vorhandenen Probleme, den Mut zum Versuch der Freundschaft zwischen den Gegnern von gestern. Ich sehe keinen zweiten brauchbaren Weg.

Herbert Reinoß

I

Landschaften und Orte

Erich Hannighofer

Ostpreußenlied

Land der dunklen Wälder
und kristall'nen Seen,
über weite Felder
lichte Wunder geh'n.

Starke Bauern schreiten
hinter Pferd und Pflug,
über Ackerbreiten
streift der Vogelzug.

Und die Meere rauschen
den Choral der Zeit,
Elche steh'n und lauschen
in die Ewigkeit.

Tag hat angefangen
über Haff und Moor,
Licht ist aufgegangen,
steigt im Ost empor.

Carl Jacob Burckhardt

Kosmische Größe der Landschaft

Die ostpreußische Landschaft weist den souveränen Zug auf, den
große Natur dort besitzt, wo sie menschlichem Wirken, menschlichem Fleiß übergeordnet bleibt, ihm sich wie abgewandt darbietet
und gleichzeitig entzieht, als ein Fremdes dem Urzustand Nahes
immer bereit, in Wildwuchs jeder Kultur zu widerstehen, stets vom
gewaltigen Anhauch der Steppe berührt. Kosmische Größe ist dieser
Landschaft verliehen, und ihre Lieblichkeit an silbern aufleuchtenden, dunklen Waldseen ist keusch. Wer sie erlebt hat, dem bleibt sie
zeitlebens wie eine Mahnung im Gedächtnis, denn an ihr gemessen
erscheint Menschenwerk begrenzt und in ihr erhält seine Vergänglichkeit einen besonderen Sinn, in den uns zu schicken sie lehrt.

Der Schweizer Geschichtsprofessor, Politiker und Essayist Carl Jacob Burckhardt
war 1937–1939 Hoher Kommissar des Völkerbundes in Danzig.

A. Ambrassat

Ostpreußen ist ein schönes Land

Ostpreußen ist ein schönes Land. Wie häufig haben wir bei uns die Abwechslung von Hügel, Tal und Ebene, Wald, Flur und See. Meilenweit dehnen sich gewaltige Wälder und Heiden aus. Schier unzählig sind unsere Seen, oft umgeben vom duftigen Waldesgrün, dessen Pracht sich an den sanft aufsteigenden Ufern ausbreitet. Wie oft spiegeln sich dunkle Fichten in den klaren Fluten von Masurens Seen, und wie prächtig liegen die Inseln und Halbinseln da, die von diesen Gewässern eingeschlossen werden. Wir haben bei uns manche Stätte, die das Herz auch eines weitgereisten Naturfreundes wahrhaft erfreuen kann. Sollte aber jemand gar verwöhnt sein und sehr große Anforderungen an eine Landschaft stellen: nun, der gehe nach Samlands Strand; dort wird er wohl befriedigt werden und beim Anblick der Naturschönheiten desselben sagen müssen: Ja, Ostpreußen ist schön! Auch der nördliche, der vorwiegend ebene und tiefgelegene Teil unserer Provinz hat seine mannigfachen Reize. Sehen wir beispielsweise auf die Niederung des Memeldeltas. Da wechseln fast undurchdringliche Wälder, in denen sich noch der Elch, der Repräsentant längst vergangener Zeiten, umhertummelt, mit saftigen Wiesen, auf welchen prächtige Rinderherden grasen, und mit weiten, einsamen, beinahe unzugänglichen Mooren ab. Neben schmalen Wasserrinnen, die von dem Laube der daran stehenden Waldbäume fast überwölbt sind, durchziehen die mächtigen Stromarme der Memel jene Gegend, die dem Auge des erstaunten Wanderers nie geahnte Schönheiten unseres Heimatlandes enthüllen kann.

A. Ambrassat war Rektor der städtischen höheren Töchterschule zu Wehlau, als er 1896 das Werk »Die Provinz Ostpreußen, Bilder aus der Geographie, Geschichte und Sage unserer Heimatprovinz« veröffentlichte.

Paul Fechter

Elbing und seine Umgebung

Was gehört weiter unauslöschlich zum Bilde dieses Jugendglücks im Osten? Es waren die Sonnabendnachmittage im Sommer, die Stunden, in denen Vater »auszahlte«. Dann saß er in seinem Arbeitszimmer an dem langen Tisch, der von Wand zu Wand reichte und schon aus dem »Kontor« an der Großen Lastadie Nr. 9 über die Sonnenstraße mit hierhergewandert und für den neuen Raum durch energisches Verkürzen der Platte passend gemacht worden war. Er saß vor seinem großen Kontobuch, in das er mit seiner sauberen, klaren, fast zierlichen Handschrift Arbeitszeit und Gesamtlohn und Beschäftigungsstelle der einzelnen Leute eintrug – und draußen standen diese Leute und warteten geduldig, bis die Reihe an sie kam. Sie standen auf dem großen Balkon vor der Haustüre und auf der Treppe zu diesem Balkon; sie rochen nach Holz und nach Leder, nach Schweiß und manchmal auch nach Priem: sie rochen nach Handwerk, nicht bloß nach Arbeit, und das war das Gute. Einer nach dem anderen ging in das »Kontor«; Vater Haese und der alte Wollmann, Schikowsky und Rogalski und Quandt und wie sie sonst noch alle hießen, deren Gestalten mit den Manchesterhosen und den blaugestreiften Hemden von der Kindheit an mitgegangen waren bis in die Jahre des beginnenden Erwachsenseins. Wenn wir uns auf der Straße trafen, gaben wir uns die Hand: sie gehörten alle mit zum Haus, zum Leben, beinahe zur Familie. Und wenn sie am Sonnabend am späten Nachmittag – an dem Tage hörte die Arbeit ein paar Stunden früher auf als sonst –, wenn sie dann da auf dem Balkon standen, dann und wann einen halben Satz sagten, dann und wann, wenn sie priemten, über den wilden Wein hinweg auf die Straße spuckten: um sie war dieser Dunst von richtigem, tätigem, männlichem Leben, das sich von Vater aus dem Kontor den Lohn für seine Arbeit holen kam – das hatte etwas herrlich Richtiges und Gutes, auch wenn nachher, wenn der letzte gegangen war, das Mädchen

Rose schalt, weil sie nun wieder den Dreck wegscheuern müßte, den
die Kerle mit ihren Stiebeln da auf Stufen und Balkon hinterlassen
hätten.

Drei Dinge waren es, mit denen eigentlich schon am Sonnabend der
Sonntag begann. Das erste war, daß Vater sein Kontobuch in die
oberste rechte Lade seines Arbeitstisches einschloß, sich erhob, sein
leichtes, helles, altes Hütchen aufsetzte, das er auch im Hause immer
bei sich hatte, um jeden Augenblick rasch richtig bekleidet auf den
Zimmerplatz gehen zu können, daß er dann die Tür des »Kontors«
hinter sich zuschloß und aufatmend sagte: »So – nun ist Schabbes.«
Schabbes war das erste jiddische Wort, das ich in meinem Leben
lernte: Vater hatte es von den polnischen Holzjuden übernommen,
die ihm das Flößholz lieferten; ich habe es durch alle Wechselfälle
meines Daseins behalten. Es gehört zum sommerlichen Sonnabend-
abend, und ich höre es immer wieder im Klang seiner freundlichen,
schon sonntäglichen Stimme: »Nun ist Schabbes.«

Das zweite, was unabtrennbar mit diesen Samstagstunden verbunden ist und immer wieder die Erinnerung an sie heraufbeschwört, ist
das Auffallen des Strahls der Wasserleitung auf den Boden des Eimers, den das Mädchen Rose unter diesen Strahl gestellt hat. Sie
muß für den Sonntag den Balkon und die Treppe von den Spuren all
der wartenden Männer reinigen: sie liebt diese Arbeit nicht und will
sie möglichst schnell hinter sich haben: so läßt sie sofort das Wasser
in den großen Scheuereimer und begibt sich ans Werk. Ich höre das
Auffallen des Wassers auf den blechernen Boden des Eimers oben in
meiner Stube: es klingt fast ebenso, wie wenn jemand eine Gieß-
kanne vollaufen läßt. Es gehört zum Ende der Woche am Sonn-
abendnachmittag ebenso wie Vaters Wort, wenn er sich den kleinen,
hellen Hut aufsetzt: »Nun ist Schabbes.«

Das dritte aber sind die Glocken der Leichnamskirche, deren fast
ländlich barocker Turm vor meinem Fenster hinter der Zickzacklinie
der Wielerschen Lagerhäuser über den hohen Bäumen seines Fried-
hofes aufragt. Um sechs Uhr fangen die Glocken an zu läuten, jeden
Sonnabend. Sie haben kein besonders schönes Geläut, klingen eigentlich beinahe ein bißchen dörflich: sie bringen aber den Glanz der
Stunde, die nun anhebt: ihre Ruhe, ihr Ausruhen, ihr Sonnabendda-
sein. Wenn ich an die jungen Jahre daheim im Osten denke, an ihr

Feierabendglück und die Sicherheit des Zuhauseseins, dann höre ich
immer wieder die Glocken von der Leichnamskirche über den großen, weiten Wielerschen Holzhof herüberklingen, als ob sie ebenfalls
auf ihre Weise wie Vater sagten: »Nun ist Schabbes.«

Alles dies aber, so schön und beglückend es auch war, war doch nur
Begleitung und Vorspiel zu unserem eigentlichen Leben, unseren
Wanderungen. Ich weiß nicht mehr genau, wann sie ihren Anfang
nahmen, weiß nur, daß uns bald Vogelsang mit seinem großen Restaurant am Westrand des Waldes und der Thumberg, Pfarrhäu-
schen und Dambitzen, die Sonntagsziele der Elbinger Familienaus-
flüge, in keiner Weise mehr genügten und daß wir begannen, auf unsere Faust die Landschaft um die Stadt oder wenigstens ihre östliche
Hälfte zu entdecken. Die westliche, die Niederung, verachteten wir,
weil sie flach war. Landschaft war nur mit Bergen und Aussicht.
Aussicht war das eigentliche Ziel: je weiter wir kamen, desto mehr
wurden Blicke in die Ferne unsere eigentliche Sehnsucht, desto mehr
begann die Welt hinter den nächsten Höhen uns zu locken.
Die Stadt Elbing liegt am Ostrande des Weichseltals, wenn man so
sagen darf, am Fuß der Höhen, die im Osten das weite Delta von
Weichsel und Nogat ebenso begrenzen wie im Westen die Höhen
von Danzig. Diese Höhen beginnen unmittelbar am Rande der Stadt,
ziehen sich nordwärts bis zum Haff, im Süden bis zur Ebene des
Drausensees hin, erheben sich bis zu 300 Meter über den Spiegel der
Ostsee, so daß in den Ernten oben und unten im Tal sich ein Zeitun-
terschied bis zu drei Wochen ergibt. Wälder und Seen, Schluchten,
Dörfer und Gutshöfe, weit schwingendes, wechselndes Land, das ist
die Elbinger Höhe, die ein Eiszeitgletscher in Jahrhunderten hier ab-
gelagert und hinterlassen hat – und diese Welt voll Einsamkeit und
Größe begannen wir drei Jungens jetzt für uns zu entdecken. Das
war damals noch nicht ganz so leicht wie später. Es gab keine elektri-
sche Bahn nach Vogelsang, es gab keine Haffuferbahn: wer die Reh-
berge und Cadinen, Rakau und Wiek sehen wollte, mußte laufen.
Und zwar hin und zurück – und das war manchmal ein ganz ordent-
liches Stück Weges.
Wir haben uns dies Hügelland mit seinen unvergeßlichen Herrlichkeiten von zwei Seiten her erobert. Wir begannen im Süden, und als

wir Mut bekommen hatten, zogen wir in den Norden, um von dort nicht mehr loszukommen. Zuerst gingen wir durch Dambitzen hinauf zum Seeteich und weiter in die Grunauer Wüsten, die für uns sehr bald Inbegriff des Waldes überhaupt wurden. Es gab dort keine Wege und keine Wegweiser, keine Menschen und keine Gasthäuser: es gab wunderbare, alte, hohe Buchenbestände und einsame Täler nach dem Drausensee zu, von deren oberem Ende am Wald man die herrlichsten Aussichten auf Marienburg zu – und sogar bis Dirschau hin hatte. Es gab Waldwiesen, die nie ein Fuß betrat und über denen, wenn sie blühten, eine Schmetterlingsflut tanzte, wie wir sie nie geglaubt hätten. Pfauenaugen und Admirale, große und kleine Füchse, Zitronenfalter und Trauermäntel, Schwalbenschwänze und unzählige andere, ein Wogen flatternder Farben, das uns berauschte und beglückte, obwohl wir alle das Sammeln nach einem kurzen Versuch wieder aufgegeben hatten. Vater hatte zwei Kästen voll von selbstgesammelten Faltern in seinem Arbeitszimmer an der Wand hängen: das genügte. So sauber wie er konnten wir das Aufspannen doch nie, und es war häßlich, wenn die schönen Tiere nachher lädiert und des Flügelstaubes beraubt in den Spannbrettern lagen. Wir hielten uns an die Pflanzen, hatten jeder ein Herbarium, fanden in unserm geliebten Wald eine Menge seltener Knabenkräuter und ähnlicher Herrlichkeiten und hatten daran mehr Vergnügen als an den Schmetterlingen, die man erst töten mußte.

Von den Grunauer Wüsten aus zogen wir weiter hinüber nach Serpien, in dessen Krug wir gern einkehrten, weil es dort für ein Dittchen ein Glas dünnes Braunbier mit Zucker gab. Am meisten aber lockte uns drüben vom Rand der Höhe der schwere, alte Kirchturm von Preußisch-Mark. Und eines schönen Tages ließen wir den Wald, gingen direkt nach Serpien und hinüber durch die Schlucht nach dem alten Preußendorf, in dem es nie einen Locator des Ordens gegeben hatte und daher nur Nachkommen echter alter Preußen – und in dem überdies ein Mitschüler, Erasmus, der Sohn des Pfarrers von Preußisch-Mark, zu Hause war. Wir zogen in die Kirche, entdeckten ungeahnte Schätze und Winkel und kletterten schließlich auf den Kirchturm. Und das gehörte zum Schönsten, was wir bis dahin erlebt hatten, und weckte Lust und Sehnsucht nach neuen Taten und neuen Fahrten. Endlos weit im Nachmittagssonnenglanz lag unten die Ebene des Drausens, rechts das Werder und jenseits die Höhen auf Christburg und Marienwerder zu; endlos zog sich das hügelige Land nach Osten hin, mit Wäldern und Dörfern und neuen Geheimnissen. Eine kleine Stadt thronte fern drüben auf ihrem Hügel: Preußisch-Holland, wie uns unsere Karte verriet, die Vater uns großmütig aus seinem Bestand an Generalstabskarten überlassen hatte; neue Höhen verdämmerten hinter ihr in unbekannten Fernen: was mochte es dort noch alles zu sehen geben! Wir hockten an den Turmluken und starrten hinüber: die Kirche von Preußisch-Mark hat zusammen mit dem Wald von Grunauer Wüsten ein gut Teil unseres unmittelbaren Naturgefühls lebendig gemacht.

Das war das eine Ziel unsrer Sehnsucht: das andere war noch weiter, noch ferner, noch lockender – das Haff. Wir haben uns erst nicht hinausgetraut: zwei Stunden etwa dauerte allein der Hinweg bis zum Beginn des Haffs. Vom Rondell des Thumbergs mit dem Kranz seiner Bäume, die längst nicht mehr stehen, dem Abbau des Berges für die Ziegelei zum Opfer gefallen sind, sah man ein Stück vom Westwinkel und den Ansatz der Nehrung herüberwinken: das zog und lockte immer wieder, und schließlich riskierten wir es. Überdies hatte Vater, der ein leidenschaftlicher Liebhaber von Standuhren war und ein paar schöne, alte Exemplare, darunter eine englische, besaß, vor kurzem eine neue erworben – aus Wogenab. Wogenab war eine Ziegelei und ein Gut am Haff; der Name hatte etwas wunderlich die Phantasie Anrührendes, und so kamen auch von daher neue Zugkräfte. Eines Sonnabends, gleich nach dem Mittagessen, also bald nach eins, zogen wir los, am Fuß der Höhen, das Elbingtal entlang: so mußten wir am schnellsten hinkommen. Zur Linken grüßte aus der verachteten Niederung der Kirchturm von Zeyer; in einiger Entfernung zog sich, kenntlich an gelegentlichen braunen und grauen Segeln, nachher auch durch den blauen Rumpf des Dampfers »Kahlberg«, der hoch über das flache Wiesenland aufragte, der Elbing hin. Der Landweg, den wir gingen, war kaum befahren: wir wanderten den Fußpfad an seinem Rande entlang und reckten die Hälse, ob nicht bald das Haff zu sehen sein würde. Aber es dauerte eine ganze Weile, bis das feste Land zur Linken begann, hier und da Schilfrohr und kleine Binsenbrüche zu tragen. Erst kam noch drüben am Elbingufer der Bollwerkskrug mit seinen sieben Giebeln, kam auf der anderen Flußseite Terranova, wo der Vater vom Geschonke, einem Mitschüler, Hafenwärter war, der Sohn erhielt natürlich sofort den geographischen Spitznamen Terra. Aber wir hielten durch, und schließlich tauchte die erste Ziegelei auf, das Land zur Linken löste sich in hellblinkende Wasserlachen – der Ostwinkel und mit ihm das Haff war erreicht. Wir hatten es geschafft und mußten uns nun entscheiden, wohin wir wollten, hinab ans Wasser oder hinauf auf die Höhen, zur Aussicht.

Wir haben schließlich beides mitgenommen. Wir sind zuerst durch die Ziegeleien hindurchgezogen, bis wir ans offne Wasser kamen, in dem die schweren, schwarzen Kähne lagen: vor uns breitete sich endlos, gelblich im hellen Nachmittagslicht das Haff, mit leichten Wellen im frischen Wind ans Ufer klatschend. Schmal, fern winkte drüben der dunkle, nachher gelbe Streifen der Nehrung – zur Rechten aber gingen Himmel und Wasser in eines, war kein Ende, waren keine Grenzen abzusehen.

Wir haben uns nur schwer von dem Bilde getrennt; wir versprachen uns aber noch Größeres und Schöneres von der Aussicht oben. Und wir hatten uns nicht getäuscht: der Blick von der Höhe von Wogenab, das wir glücklich fanden, auf die endlose Einsamkeit der riesigen Wasserfläche, die Stille rings über dem Wiesenhang mit dem wogenden, blühenden, rötlichen Gras, den fernen Rufen der Schwalben und dem kaum hörbaren Rauschen des Windes über dem baumlosen Hügel hatte etwas von einem Sommertraum, der selbst an unsere noch schlafenden Seelen rührte. Wir saßen eine Weile stumm und vertilgten die Reste unsrer mitgebrachten Butterbrote; dann pflückten wir uns jeder einen großen Strauß der zierlichen, rötlichen Grasblüten – und zuletzt brachen wir wieder auf zur Heimkehr: es lag noch ein kräftiges Stück Weg bis zur Stadt vor uns. Er ist uns nicht leicht gefallen, und es war ziemlich spät, und über Mutters Haupt waren bereits Schatten der Sorge gegangen. Walter, der diesmal der erste zu Hause war, wurde ehrlich beneidet, und Hans Steinhardt, der den weitesten Weg hatte, bedauert. Wir waren aber trotzdem nicht nur stolz auf unsern Marsch: wir beschlossen, ihn bald zu wiederholen und zu erweitern. Wir waren dem Haff verfallen und sind von seinem Zauber seitdem nicht wieder losgekommen. Ich bekenne, daß es Momente gegeben hat, in denen ich ehrlich versuchte festzustellen, ob die abendlichen Reize der Landschaft über dem Haff nicht gut und gern den Wettbewerb mit dem Bodensee aufnehmen könnten.

Am schönsten war's, wenn nach dem langen Winter – er dauerte meist vom November bis in den April – langsam, vorsichtig der Frühling zu steigen begann. Er fing damit an, daß die Zeit der winterlich schneesauberen Stiefel aufhörte und die Wochen einsetzten, in denen Napoleons fünftes Element, der Dreck, ohne Rest die Herrschaft antrat. Der Frühling begann damit, daß die jeweilige Rosa oder Mathilde oder Marie entsetzlich zu schimpfen anhub, wenn sie am Morgen unsere Stiefel sah, die wir zum Reinigen in die Küche gestellt hatten – möglichst in ihrer Abwesenheit. Sie sahen auch wirklich nicht schön aus, und Vater war durchaus im Recht, wenn er sagte: »Jungens, wenn ihr bei dem Dreck in die Jejend geht, denn müßt ihr eure Stiebel selber sauber machen. Das könnt ihr von keinem Menschen verlangen, daß er euch euren Dreck nachträgt.«

Er hatte recht, gewiß – und das Schlimmste wuschen wir ja denn auch beim Heimkommen im Garten unter der Pumpe, oder wenn wir sehr mutig waren, auch unter der Wasserleitung ab. Aber was besagten sein Rechthaben und das bißchen Dreck gegen den Zauber des ersten Frühlings dort oben bei uns! Wir konnten uns nicht helfen: wir waren machtlos gegen dies sehnsüchtig Lockende, Verlockende, das diese ersten, hellen, weichen Tage mit dem ersten längeren, zärtlichen Licht des späten Nachmittags besaßen! Was galten dreckige Stiefel gegen den Zauber des ersten neuen Lebens in den Wäldern, in denen überall noch der letzte Schnee lag und an den besonnten, windgeschützten Hängen die ersten schüchternen Blüten sproßten! Was war das alles gegenüber den ersten Rufen der hoch oben über das Haff dahinziehenden, heimkehrenden Wildgänse, was gegen den ersten Lerchenjubel über der in rauschenden Strömen tauenden Welt!

Wir waren einmal, es war bald nach Mutters Geburtstag, zum Haff hinausgewandert. Es war verwegen; denn die Landstraße, vor allem sobald wir den Landweg unten am Fuß der Höhe verließen und auf Dörbeck zu bergan stiegen – die Landstraße war keine Landstraße mehr, sondern ein fröhlich, aber kräftig rauschender Bach. Es war warm, die Sonne schien; der tiefe Schnee weiter oben auf der Höhe schmolz so hingegeben, daß die entstehenden Wasser sich nicht mit den Gräben an den Seiten der Straße begnügten, sondern diese selbst in einen breiten, rieselnden, in raschen Wellen dahinströmenden Gießbach verwandelten.

Links von dieser Straße auf der Höhe lag eine Hügelkuppe im Acker. Sie war wie alles tief verschneit gewesen, aber die Märzsonne, die sie den ganzen Tag beschien, hatte vor allem den nach Süden liegenden Hang bereits völlig freigetaut: nur der Gipfel oben lag noch weiß im Licht, und die beschattete Nordseite reflektierte hell das Himmelsblau, scharf absetzend neben dem dunklen Braun des Ackers.

Auf dem schon freigetauten Südhang dieser Hügelkuppe aber, auf dem von der Sonne schon leicht getrockneten und gewärmten Sturzacker saßen Hunderte von Lerchen, und Hunderte von Lerchen stiegen zugleich über dem Hügel und dem Acker jubelnd und singend in das hohe Blau über der Welt. Wir standen still – und hörten nichts mehr als das Rauschen und Rieseln und Glucksen der zu Tal schießenden Schneewasser und darüber das zu einem einzigen hinreißenden Jubelchor des Frühlings verschmelzende Jauchzen und Jubilieren der unzähligen singenden Vögel. Über der goldenen Höhe bei Eutschütz, südlich Dresden, wo der junge Winckelmann einmal als Bibliothekar gesessen hatte, stiegen im Frühling ebenfalls unzählige Lerchen auf: nie wieder aber ist ein so überquellendes Lebensglück der Kreatur auf mich eingeströmt wie hier auf dieser einsamen, besonnten und noch halb verschneiten Frühlingshöhe über dem Haff, über dem hier beglückend und hinreißend etwas von dem ganzen, großen, überquellenden Lebensrausch der östlichen Welt aufstieg.

Dieses Überquellende, diese großartige, hinreißende Maßlosigkeit, wie man sie im Hochsommer in den abendlichen Riesenschwärmen der Eintagsfliegen im Rausch ihres Liebes- und Sterbeglücks ebenfalls erlebte, war die eine Seite des östlichen Frühlings. Die andere, im Grunde ebenso schöne, war die Kargheit, das Herbe, vorsichtig Wartende dieser beginnenden Frühlingstage, wie es vor allem die Buchenwälder der Höhe brachten. Im Garten, zu Hause, stießen wir an den Beeträndern, wenn der Schnee gerade getaut war, auf die ersten blassen Schneeglöckchen: in den Wäldern aber war der Seidelbast das erste, was blühte. Es war ein seltsames Gefühl, die zarten weißen oder rosa Blütchen an den blattlosen Zweigen über dem winterbraunen Boden aufleuchten zu sehen, den leichten, süßen Mandelduft und mit ihm das beglückend verheißende Gefühl »Frühling« einzuatmen. Blühender Seidelbast – das hieß: nicht lange mehr, und die kleinen blauen Büsche der Leberblümchen heben sich aus dem welken Buchenlaub des Vorjahrs, unter dem sich daneben die braunen, unscheinbaren, sich in die Tiefe verkriechenden Blüten der Haselwurz bergen; das hieß: bald ist der Wald hier weiß von Tausenden nickender Anemonen, und das Lungenkraut mit seinen blauen und roten Blüten, der gelbe Hahnenfuß und die seltene gelbe Anemone tun sich auf – Frühling kommt und mit ihm neues Wandern über Täler und Höhen, mit den immer neuen, so lange entbehrten Blicken in das ferne, zärtlich verschleierte Blau über dem endlosen Land und dem endlosen Haff, mit all der beglückenden und beinahe quälenden Sehnsucht in die Ferne, in der man irgendwo, weit hinter den blassen Bergen am Horizont, hinter dem schmalen Streifen der See, das Leben, sein Leben, seinen dumpf geahnten Sinn und sein Glück wenigstens mit seinen weitehungrigen Augen suchen geht.

Paul Fechter, der bedeutende Journalist, Literaturkritiker und Verfasser humorvoller Berlin- und Ostpreußen-Romane sowie der in Ortelsburg spielenden Komödie »Der Zauberer Gottes«, stammte aus Elbing. Er lebte von 1880 bis 1958; seine Jugenderinnerungen »Zwischen Haff und Weichsel« erschienen 1954.

Paul Fechter

Die Marienburg

Es ist bereits gesprochen worden von unserem wunderlich panischen Verhältnis zur Geschichte, vor allem zu unserer Geschichte. Das Land zwischen Weichsel und Memel lag so herrlich gegenwartsnah, so völlig auf zeitloses Sein gestellt unter den großen Himmeln des Ostens, daß die Vergangenheit machtlos blieb neben dem Glanz und der strahlenden Sonne der Gegenwart. Vielleicht sprach auch eine Art von Raumgefühl mit: auch die Geschichte war für uns im Westen lokalisiert. Alles Wesentliche, was wir auf der Schule lernen mußten, von Karl dem Großen bis zu den Stauferkaisern, von Luther bis zu Schiller und Goethe hatte sich weit jenseits der Weichsel abgespielt, auf dem Boden des Reichs, das für unser schlummerndes Denken eben im Westen lag. Bei uns war's schön; Geschichte geschah woanders. Unser ungewecktes Gefühl verlegte die Habsburger und Maria Theresia und Wien in den Westen.
Und der Orden? Und die Hochmeister? Und Tannenberg? – Gewiß, wir hörten davon, obwohl für die Schule unserer Zeit der Begriff Heimatkunde noch nicht erfunden war (was nichts schadete: die Dinge und Ereignisse der eigenen Welt sind uns infolgedessen niemals wohlmeinend zerredet worden). Wir hörten wohl davon, aber es berührte uns nicht, streifte unsere Welt so wenig wie die schönen alten Giebelhäuser Elbings oder die Reste der alten Stadtmauer, die alten Kirchen von St. Marien oder St. Nikolaus, das damals noch seinen kleinen Dachreiter von dem Brand von 1777 trug und nicht den großen, fürstlichen neuen Turm von 1907, der nach alten Stichen dem einst vom Blitz zerstörten nachgebildet war.
In der Schule hörten wir kaum etwas von der Geschichte des Landes Preußen, wenigstens nicht in den Knabenjahren: da hielten wir bei Griechen und Römern, und das schadete auch nichts. Unsere Beziehung zu Hermann Balk und Hermann von Salza, zu Winrich von Kniprode und wie die Männer des Deutschen Ordens sonst noch

hießen, ergab sich indirekt, nämlich auf dem Weg über die Lektüre. Um dieselbe Zeit, in der wir Tag und Nacht über Dahns »Kampf um Rom« hockten und uns für Totila und Teja und seinen Untergang am Vesuv begeisterten, griffen wir nach Ernst Wicherts »Heinrich von Plauen«, und dessen drei zerlesene Bände, von irgendeinem Mitschüler geliehen, waren es, die uns den Zugang zu der Geschichte des eigenen Landes auftaten. Von Wichert bekamen wir die erste Vorstellung von der Gestalt des Komturs von Schwetz, der nach der unglücklichen Schlacht von Tannenberg 1410 noch einmal den Orden und die Marienburg rettete und das Land für ein weiteres halbes Jahrhundert vor dem polnischen Raubzug bewahrte. Wichert gab der Geschichte Preußens die großartige Romantik des Männlichen, die Jungens brauchen, um überhaupt Geschichte für etwas anderes als ein unbequemes Schulfach anzusehen. Mehr als ein Menschenalter später kam ich einmal bei einem Frühstück im Old Inn Unter den Linden mit dem Erbprinzen Reuß auf meine Herkunft aus dem Osten und auf den Hochmeister Heinrich Reuß von Plauen zu sprechen, und er meinte, er müsse doch einmal nach Marienburg fahren und sich die Welt ansehen, in der dieser berühmteste seiner Vorfahren gelebt und gewirkt hätte. Ich riet ihm, falls er auf den »Vorfahren« Wert lege, den alten Roman Wicherts vorher zu lesen, in dem der Romananteil an der Historie sich wesentlich daraus ergab, daß der Komtur von Schwetz, obwohl ein harter Mann und Ordensbruder, auch einmal wie der Mann mit dem Hirsch im wilden Forst die Liebe gefühlt habe. Der Erbprinz lachte; aber später gestand er mir, daß die Erzählung Wicherts ihm mehr von der Geschichte des Ordens gegeben habe als Treitschke. Es war ihm gegangen, wie es uns als Jungens ergangen war – und eine bessere Rechtfertigung können die guten alten Historien des Königsberger Landgerichtsrats eigentlich nicht verlangen.

Damals aber hatte die Lektüre des Romans eine unmittelbare Folge: wir empfanden das unabweisbare Bedürfnis, die Marienburg des Hochmeisters Heinrich von Plauen in natura zu sehen. Wir hatten sie schon oft gesehen: immer, wenn wir auf dem Thumberg, in Vogelsang oder bei den Grunauer Wüsten auf den Höhen über dem Drausensee waren, stand sie am Horizont, eine kleine, fast quadratische Erhebung, aus deren Mitte ein dünnes, zierliches Türmchen aufragte. Aber das war nur von weitem so, ganz von weitem sogar: wir wollten sie aus der Nähe sehen, den Remter und die Polenkugel, die große Muttergottes, alles, wovon das herrliche Buch Wicherts erzählte, das beinah noch schöner war als der Kampf um Rom, eben weil man dahin konnte, wo die Geschichte spielte. Italien und der Vesuv waren zu weit weg – das war beinahe noch fernere Geschichte als die des Reichs.

Eisenbahnfahren war bei uns eigentlich etwas verpönt, und als Mutter von unserem Plan hörte, schüttelte sie mit leichter Entrüstung ihren schwarzen, lockigen Tituskopf, den sie nach einer schweren Krankheit, bei der sie lange hatte liegen müssen, noch immer trug. »Marienburg?« fragte sie vorwurfsvoll. »Was wollt ihr denn in dem Nest?«

Aber diesmal fand sie bei Vater keine Unterstützung. Er empfand es trotz all seiner Seßhaftigkeit als sinnvoll, daß wir das Schloß einmal in unseren Jahren erlebten: er bewilligte das Reisegeld nicht nur für mich, sondern ebenso für Walter Haese. Ich sollte nur den Vater Haese vorher fragen, ob Walter mitdürfe, das Billett würde er, Vater, bezahlen. »Natürlich vierter Klasse.«

Diese inzwischen von den deutschen Bahnen wieder verschwundene billigste Klasse bei den Personenzügen – für 9,70 Mark fuhr man in ihr, allerdings gemächlich in vierundzwanzig Stunden, von Elbing bis nach Berlin – diese vierte Klasse empfanden wir durchaus nicht als Herabminderung unseres Lebensstandards, sondern als eine gute und kluge Einrichtung: für den Rest der Mark, die jeder von uns bekam, konnten wir in Marienburg Kaffee trinken und womöglich Kuchen essen. Für alle Fälle gab Vater mir noch eine weitere Mark mit, falls der Eintritt in das Schloß mehr kosten sollte. »Die bringste aber wieder«, sagte er streng, und ich versprach alles, denn ich wußte ja ganz genau, am Ende hieß es doch: »Na, denn behalt man – fürs nächste Mal!« Die Familie Fechter hatte für sparsames Umgehen mit Geld nun einmal keinen rechten Sinn.

An einem Mittwochnachmittag im September sind wir drei, Walter, Hans Steinhardt und ich, vierter Klasse nach Marienburg gefahren. Die Sonne schien, es war helles, blaues Wetter, die Niederung lag weit und fett im Grün der Wintersaat und ihrer Wiesen – und um $^1/_2 3$ standen wir auf dem Bahnhof der kleinen Stadt an der Nogat.

Wir wanderten durch die Straßen, über die hölzernen Bohlen unter den gewölbten Lauben, die Vater uns auch als eine Sehenswürdigkeit angepriesen hatte, worüber wir etwas verwundert waren: wir fanden eigentlich nichts Sehenswürdiges an ihnen, und in den kleinen Schaufenstern, über denen sie sich erhoben, auch nicht. Da gab es bei uns, in der Großstadt Elbing, in der Schmiedestraße und am Alten Markt denn doch ganz andere Sachen.

Aber dann kam ein Platz und kam wieder eine Straße; sie machte eine Biegung – und auf einmal ragte vor uns rot und riesenhaft das Schloß auf, um dessentwillen wir unsere Reise unternommen hatten – die Marienburg. Ein breiter, tiefer Graben umgab sie, grün bewachsen; jenseits von ihm aber stiegen Mauern auf, von einer Wucht und Größe, wie wir sie uns auch in unseren romantischen Träumen nicht vorgestellt hatten. Und als wir ein bißchen weitergingen – es war da, nach den hohen Fenstern zu schließen, so etwas wie eine Kirche oder eine große Kapelle –, da standen wir auf einmal zu Füßen eines riesigen, fast erschreckend großen Muttergottesbildes, eines Mosaiks aus großen farbigen und goldenen Steinen, das die Chornische der Kapelle – hoch wie ein Haus – bis oben hin ausfüllte. Maria hatte das Christuskind im Arm und starrte aus großen, beinahe unheimlichen Augen über das weite Land des Werders hinüber nach Osten, als ob von dort etwas von Angriff, Drohung, Pest oder Krieg kommen könnte. Das Bild hatte diesen Angriff und diese Drohung schon einmal überstanden, als die Polen ein Geschütz gegen die Schutzherrin des deutschen Ordens gerichtet hatten, um das Bild zu zerstören; aber das Schicksal hatte eingegriffen: das Rohr des Geschützes war beim Abfeuern gesprungen, und die Trümmer hatten den Mann, der es auf die Muttergottes gerichtet hatte, des Augenlichtes beraubt. Wir verstanden nichts von Kunst und nichts von Mosaik: wir empfanden nur dunkel einen großen dunklen Sinn und spürten wieder etwas von der drohenden, wortlosen, stummen Gewalt der Geschichte, die immer noch über diesem Lande lag und wartete.

Wir sind dann weiter um das Schloß herumgegangen, soweit man das konnte. Wir standen unten auf der Schiffbrücke über die Nogat, deren Konstruktion aus lauter miteinander verbundenen Schiffchen uns zunächst einmal viel mehr interessierte als das großartige Bild der alten Burg, die da vor uns, Sinnbild eines herrischen staatlichen

1 »Land der dunklen
Wälder und kristall'nen
Seen . . .«
See an der Straße von
Wartenburg nach Bi-
schofsburg.
(Aufnahme 1980)

2 Der Niedersee bei
Rudczanny in Masuren.

3   Schloß und Dom Marienwerder, erbaut etwa 1322 bis um 1360.

Die Marienburg aus dem 13. bis 15. Jahrhundert, von 1309 bis 1457 Residenz des Deutschen Ritterordens. Wer von Berlin aus, dem »Reich«, wieder zurück nach Ostpreußen kam, berichtet Erich Weise, der »fühlte ich beim Anblick des großartigen Schlosses beglückt wieder zu Hause«.

5   Elbing, die schönen alten Häuser am Fluß.

Willens, über dem Nogatdamm sonnenbeschienen in das lichte Blau
des Septemberhimmels wuchs. Das Wasser des großen Stromes, der
erst ein Menschenalter später um sein gefährliches Leben gebracht
und zu einem langen Teich degradiert wurde, schoß rauschend und
glucksend zwischen den Booten hindurch, die die Brückenbahn trugen; die herrscherhafte Schönheit der Front des Westschlosses unter
ihren Zinnen über dem Sommerremter des Meisters, die der jüngere
Gilly noch in den Jahren des Verfalls in seiner wunderbaren Radierung festgehalten hat, kam uns nicht zum Bewußtsein, wohl aber,
daß dies ein Schloß und eine Burg, eine Festung Gottes und der
Jungfrau war und daß ein Mann wie Heinrich Reuß von Plauen recht
daran getan hatte, diese Festung mit allen Mitteln zu verteidigen und
nicht den Polen zu übergeben.

Wir sind dann wieder hinaufgeklettert zum Schloß und haben uns
zuletzt auch hineingetraut, da der Einlaß »für Schüler« nur 25 Pfennig kostete: das konnten wir uns leisten. Wir gingen auf der schweren Zugbrücke über den Graben, standen in dem großen Hof des
Mittelschlosses mit seinen Kreuzgängen und mit dem großen, ein
bißchen neu wirkenden Brunnen – und dann sind wir, zusammen
mit ein paar Erwachsenen und geführt von einem alten würdigen
Kastellan, durch das Hochschloß und die Remter gewandert. Und da
ist bei mir zum erstenmal so etwas wie ein Gefühl für die Schönheit
der Architektur aufgewacht. Gewiß: die Kugel in der Wand vom
Sommerremter des Hochmeisters, die die Polen einst bei der Belagerung nach der Tannenberger Schlacht abgefeuert hatten, um (beim
Zielen gelenkt durch die am Fenster aufgehängte Mütze eines Verrä-
ters) die eine Säule, die allein das ganze Gewölbe trägt, zu zerstören
und so den Meister und die Brüder alle auf einmal unter den Trüm-
mern des stürzenden Gewölbes zu begraben –, diese Kugel, die fehl-
gegangen war, so daß Säule und Gewölbe stehenblieben und das
Geschoß, frisch schwarzgestrichen noch heute in der weißen Wand
des Remters zu sehen und zu besichtigen war: diese Kugel interessierte uns um so brennender, als wir sie schon von Wichert her kannten und nun als nachträgliche Bestätigung der ganzen Lektüre seines
Romans nahmen. Sie, die Kugel, gab uns die Sensation von Krieg
und Kampf und Gefahr, ohne die Jungens nun einmal nicht leben
können: wir betrachteten sie viel eingehender als die Bildnisse der

Ordensbrüder, die da auf die Wände gemalt waren, und einige waren sogar von Menzel, wie der alte Kastellan behauptete. Menzel, das war der mit der Lupe am Rahmen seines Bildes in der Ausstellung in Elbing: aber was war schon Menzel gegen eine polnische Kugel in der Wand, die beinahe die einzige Säule von Meisters Sommerremter getroffen hätte!

Wir sind dann weitergezogen, durch die Säle und Hallen des Schlosses. Wir waren in der Kapelle, in der viele der Hochmeister begraben liegen, darunter auch »der ehrwürdige Meister Heinrich von Plawen«, dessen Gebeine man von Lochstedt am Frischen Haff – wo der Pfleger von Balga gestorben und zuerst beigesetzt war – später nach der Marienburg gebracht hat. Wir lasen, so gut das Licht es noch erlaubte, die Tafel im Kreuzgang um den Hof des Mittelschlosses, die da meldete, daß hier – o weh, o weh, o weh und ach, Werner von Orseln seinen Hochmeister meuchlings erstochen hatte; wir wanderten durch Jahrhunderte ferner Geschichte und konnten schließlich trotz Wichert und seinem Roman von dem großen Komtur von Schwetz keinen Zugang zu ihr finden. Gewölbe und Mauern, leere, riesige Räume, aus denen das Leben längst entwichen war; wir folgten dem alten Mann, hörten seine Erklärungen und überlegten heimlich, wie wir entweichen könnten.

Wir taten es aber nicht, und am Ende waren wir froh darüber. Denn auf einmal sagte der alte Führer, die Herrschaften, die sich vor Treppen nicht fürchteten, könnten jetzt, wenn sie wollten, den Aufstieg zu den Zinnen des Hochschlosses unternehmen. Wir fürchteten uns nicht, im Gegenteil, wir liefen voran – und dann traten wir aufatmend in den schmalen Gang, der hinter den Zinnen des Haupthauses unmittelbar über dem Sommerremter sich hinzieht, und sahen durch die Zwischenräume zwischen den schweren, aufragenden Zinnen hinab auf den Strom und über den Strom hinweg in das endlose, grüne, flache Land, das da unten friedlich unter der schon blassen, sinkenden Septembersonne lag, weit bis zum Horizont, an dem sich, fern im Glanz seiner warmen, abendlichen Farben, das Hohe Land von Elbing, von den Bergen am Haff bis zum Thumberg erhob, unter dem wir im leichten Dunst ihrer Essen die unsichtbar bleibende Vaterstadt ahnten. Drüben aber, vom Licht der Sonne zu durchsichtigen Schatten aufgelöst, ragten die Danziger Berge auf, das riesige

Delta zwischen Weichsel und Nogat im Westen sichernd, wie die Elbinger Höhe es drüben im Osten tat.

Wir haben da oben gestanden, solange es irgend möglich war: erst als
eine rufende Stimme von unten klang, sind wir zögernd wieder die
steinernen Treppen abwärts gestiegen. Die ungeheure Weite dieses
Blicks ließ uns nicht los: sie gab uns mehr von der heimatlichen Welt
als die alten und neuen Mauern da in der Tiefe unter uns. Wir gingen
wieder, wie so oft, in das Land ein und überließen uns seiner Weite
und Freiheit, seiner endlosen Schönheit, die unsere Seelen weitete,
während uns die Burg da unter uns einengte und bedrückte. Wenn
wir Marienburg dachten: wir haben immer zuerst diesen zauberhaften Blick von den Zinnen des Hochmeisterschlosses gesehen, das
weite, fruchtbare Land des Werders da unten in der Tiefe, mit seinen
Gehöften und Dörfern, seinen fernen Strohdächern und Kirchtür-
men.

Über Paul Fechter siehe Seite 28. Auch obenstehende Erinnerung entstammt dem
1954 erschienenen Werk »Zwischen Haff und Weichsel«.

Paul Fechter

Die Frische Nehrung

Sie taucht in der Geschichte zuerst auf, lange vor der Kurischen Nehrung, wenn auch ohne Namen: sie schloß das Aestenmeer des Tacitus ab, soweit sie damals schon vorhanden war, und durch ihr Tief bei Schmergrube, das wohl mehr als ein Tief, nämlich das fehlende Mittelstück der erst im Werden begriffenen Nehrung war, fuhr im 9. Jahrhundert, von Haithabu kommend, der Angelsachse Wulfstan auf seiner berühmten Fahrt durch das Aestenmeer, das Frische Haff, in den Ilfing, den Elbing und weiter hindurch in den See, an dessen Gestade Truso, die alte Pruzzenstadt lag, über deren Stätte sich trotz Max Eberts Grabungen bei Meislatein die Gelehrten heute noch nicht einig sind. Lange bevor der Orden ins Land kam, lange bevor die Städte erwuchsen, die heute die Gegend von Haff und Nehrung beherrschen, Elbing, Braunsberg, Frauenburg – lange bevor das Licht der Geschichte das Witland zu überstrahlen begann, wie Wulfstan das Land jenseits der Wisle, der Weichsel nannte, tauchen Haff und Nehrung, taucht die Landschaft um Elbing und Drausensee für einen Augenblick schattenhaft aus dem Dunkel – und nicht einmal schattenhaft, sondern farbig lebendig gesehen und mit einem Wort in der Wirklichkeit festgehalten, die wir bis in unsere Jugend gekannt haben. Witland nannte Wulfstan die Gegend östlich der Weichsel: die Wisle trennt ihm Wendenland und Witland, das Weißland – das Land der Dünen, der gleißend hellen Sandberge, die bis ins 20. Jahrhundert hinein in der Tat jenseits der Weichsel die braune Lehmküste Pommerns, des Wendenlandes, ablösten. Die Frische Nehrung mit ihren Dünen, die bald hinter den Weichselmündungen, den alten natürlichen und dem neuen Durchstich einsetzen, taucht Jahrhunderte vor den ersten deutschen Stadtgründungen im Osten im Bericht über die erste Preußenfahrt unverkennbar auf, Bild einer noch unberührten Landschaft, die seitdem ihre Züge oft und einschneidend verändert hat und im Kern sich doch gleich geblieben ist.

Die Frische Nehrung ist vor allem im letzten halben Jahrhundert von der Kurischen Nehrung weit überflügelt und in den Hintergrund des allgemeinen Bewußtseins gedrängt worden. Die Kurische Nehrung – das ist heute das Land der Wüste in Europa, mit den ragenden Dünen von Rossitten und Nidden, ein Stück Sahara im deutschen Osten, Welt des Anorganischen zwischen Haff und See, etwas, das in solcher Verlassenheit und Größe nur dieses eine Mal in Europa vorhanden ist. Über die Kurische Nehrung gehen die großen Vogelzüge des Herbstes und des Frühlings dahin, in ihren Sümpfen haust der Elch, unter ihren Bewohnern erklingen da und dort noch die Laute einer uralten Sprache, des Kurischen – und Bräuche und Berufe wie der des Krajebieters, der die gefangenen Krähen durch einen Biß in den Kopf tötet, scheinen noch aus Urzeittiefen zu stammen, von denen man auf der zivilisierteren Frischen Nehrung nichts wußte.

Wußte man aber dort wirklich nichts davon? Gab es dort wirklich nur die gezähmten Dünen mit Kiefernwald und Erlenbruch; lagen die Dörfer dort immer sicher im Schatten der Höhen – war die Düne und ihr Drohen nur noch eine ferne Sage? Zog nicht noch um 1900 die Frische Nehrung genau so weiß leuchtend und waldlos durch das lichte Blau der Landschaft, die der Wanderer auf den Haffhöhen vor sich hatte, waren ihre Dünen um jene Zeit nicht noch genau so anorganisch geformte Windlandschaft wie die Welt um Pillkoppen oder Sarkau? In den 90er Jahren noch war die Waldlandschaft um Kahlberg zu Ende, wo heute der Leuchtturm steht, und gleich daneben begann das Reich der Düne. Der Mensch kämpfte schon mit ihr: wenn man zu Schiff von Elbing oder Königsberg heraufkam, sah man schon von weitem die Höhen bis zum Kamelsrücken mit seinen dünnen Linien quadriert: man hatte Strandhafer angepflanzt, in die Mitte der entstehenden Quadrate je eine Grube gegraben, Haffschlick hineingetan und im nächsten Jahr eine junge Kiefer in den so vorbereiteten Boden gesetzt. Am Ostrand des Kahlberger Walds hatte man damit angefangen (es waren meist Sträflinge, die diese Arbeiten ausführen mußten); gleich daneben aber begann auf der Haff- wie auf der Seeseite das Reich des freien Sandes. Es muß eine Zeit gegeben haben, in der die Frische Nehrung mindestens so als Dünenreich erschien wie den heute Lebenden die Kurische: das berühmte Dünenbild des 19. Jahrhunderts mit dem freigewehten Friedhof und den bleichen Totenschädeln im Sand stammte nicht von der Kurischen, sondern von der Frischen Nehrung und hieß »Das Totenfeld von Narmeln«.

Der Unterschied in der Wertschätzung der Frischen und der Kurischen Nehrung beruht wohl auf der Verschiedenartigkeit ihrer Rollen im Raum. Die Kurische Nehrung: das ist der bis zu 80 Meter aufragende Sandwall zwischen See und Haff, der mit seinen Höhen und Rücken weithin die riesige Wasserfläche des Haffs und das Land jenseits des Haffs beherrscht. Denn das Land, das im Süden und Osten das Kurische Haff begrenzt, ist flach und erhebt sich kaum über den Wasserspiegel: die Dünen bei Nidden, bei Rossitten, sind die einzigen einsamen Höhen in dieser Welt von Niederung und Wasser, Luft und Weite im riesig schwingenden Raum. Die Frische Nehrung dagegen ist nur Auftakt vor einem Höheren: sie ist nicht beherrschende Höhenwelt im Raum über Wasser und Ebene, sondern ein Dünenzug, den auf der anderen Seite des Haffs ein Bergland so sehr überragt, daß der Schiffer auf See zuerst den fernen Schatten dieses hohen Landes über dem Horizont aufdämmern sieht, lange bevor die Nehrung auftaucht. Die Seekarten verzeichnen die Frische Nehrung nur in Andeutungen: die Seezeichen für den Tag erheben sich auf den Bergen des hohen Landes von Elbing. Der Blick von den Dünen der Frischen Nehrung geht nicht zur Rechten und zur Linken ins Unendliche, wie etwa der von der Hohen Düne bei Nidden, vom Predin bei Rossitten: er wird im Osten für die Hauptstrecke der Nehrung aufgehalten von dem Hang der Berge über Cadinen und Succase, Wieck und Tolkemit. Nach Westen, nach Norden zu verdämmert auch das Frische Haff in der Endlosigkeit von Wasser und Himmel: das der Nehrung gegenüberliegende Haffufer überragt aber mit seinen Höhen den größten Teil dieser Sandgrenze von See und Haff. Und wer drüben steht, auf dem Wöhrdeberg bei Lenzen, auf den Waldhöhen über Tolkemit, dessen Blick geht über die Dünen von Kahlberg und Schmergrube hinweg weit hinaus auf die See. Die Frische Nehrung ist nicht wie die Kurische das überhöhte Zentrum des Raums um das Frische Haff: das sind die Höhen über dem Landufer des Haffs, das Hockerland zwischen Reimannsfelde und Wieck, zu dem sich, bildlich gesprochen, die Höhen der Nehrung verhalten

wie die nordwestlichen Uferhügel des Bodensees zu den Bergen
drüben auf der österreichischen, der Schweizer Seite.

Der Vergleich mit dem Bodensee ist nicht so verwegen, wie man zunächst annehmen sollte. Das Frische Haff hat gerade durch seine
Lage zwischen Nehrung und Höhe, durch seine Herkunft aus der
Weichsel- und Nogatniederung und sein fernes Verdämmern auf
Pillau und Balga zu des öfteren mehr Bodenseecharakter als man erwartet. Wenn man gegen Abend im Segelboot zwischen dem schmalen dunkeln Schattenstreif der Frischen Nehrung auf der einen, den
melancholisch heiter ins letzte Tageslicht steigenden Waldhöhen auf
der anderen Seite dahingleitet, durch die unerhörten Perlmuttertöne
dieses weiten kaum bewegten Wassers, wenn die hohen abendlichen Wolkengebirge geheimnisvoll rosig leuchtend ins verdäm-
mernde Blau steigen – und das Haff vor dem Schiff leuchtet in einem
Reichtum süßester Farben bis in die Ferne, in der Himmel und Horizont verschweben und die Welt unwirklich überirdischer Raum wird
– dann erlebt man Momente, wie sie so nur noch der Bodensee, eine
Fahrt von der Mainau ostwärts etwa, zu bieten hat. Vergleiche von
Landschaften sind immer schief: hier aber gibt es Augenblicke, in
denen man, wie auf den Waldhöhen um Panklau, in den Rehbergen,
vergißt, im Osten zu sein und etwas vom Zauber einer südlichen Gegend erlebt, den man hier oben kaum vermutet hätte.

Diesen Zauber einer leichteren, südlich gelösteren Welt besitzt auch
die Frische Nehrung. Sie hat durch die Aufforstung des letzten halben Jahrhunderts manches von ihrer früheren Wildheit eingebüßt:
sie hat dafür Reize bekommen, die die herbere Kurische Nehrung
nicht zu bieten hat. Wenn man früher durch den tiefen Sand hinauf-
watete zum Kamel oder zu einer der Höhen weiter im Nordosten (es
war natürlich verboten, aber wir taten es doch) und hinabblickte auf
das Erlenbruch zwischen den Dünen am Haff und denen an der See,
hinüber nach Frauenburg und Tolkemit und auf die Berge der Höhe:
dann ging der Blick aus einer grellen, anorganischen Welt über das
grünbraune Binsenmeer am Fuß der Nehrung und das weite Wasser
in eine ferne reichere Welt: die beiden Ufer des Haffs waren getrennte Reiche, hier Wüste und Öde – drüben Reichtum und Frucht-
barkeit. Es war im Grunde noch genau so, wie es Louis Passarge im
Jahre 1859 erlebt hatte: »Gehen wir auf der Höhe der mittleren Düne,

so haben wir einen Eindruck wie auf dem Kamm eines Gebirges. Wo aller Maßstab fehlt, wo auf beiden Seiten ein Meer uns begleitet und kein Baum uns erscheint, da gehört nur wenig Phantasie dazu, um diese Höhe für einen Gebirgszug zu halten und sich ein paar tausend Fuß über dem Meeresspiegel erhaben zu wähnen. Reisende, die in den Wüsten Afrikas gewesen, erzählen: daß sie oft einen Geier für eine Windmühle, einen Strauch für ein Gehölz gehalten haben, weil ihnen eben jeder Maßstab gefehlt habe. Gerade so geht es uns hier. Denn um es gleich auszusprechen, der Charakter dieser Nehrung ist vollkommen der der Wüste mit ihrer Einsamkeit und Erhabenheit. Ich stand hier oben, als die Sonne sich bereits dem Horizont näherte. Ein düsterer, verschleierter Himmel bedeckte Meer und Land, und wenn ich mich hinter einen kleinen Hügel stellte und nach Norden sah, so erblickte ich nichts als die Dünenwüste, sich weit, unermeß-lich weit ausdehnend, zu beiden Seiten von den bleifarbenen Was-serflächen begrenzt. Eine vollkommene Stille herrschte hier oben. Selbst das Dünengras, das ewig geschwätzige, schwieg; nur von Zeit zu Zeit flog ein vereinsamter Falke oder eine Schar der hier einge-wanderten Kormorane nach Südwesten zu; alle in der Richtung der Nehrung. Auch diese Vögel schwiegen, oder sie flogen so hoch, daß ich ihre Stimme nicht mehr vernehmen konnte.«

Die Landschaft, die Passarge hier schildert, war noch um 1900 die Landschaft der Frischen Nehrung. Man hatte zur Zeit Friedrich Wil-helms des Ersten auf Anraten eines Herrn von Korf ganze Arbeit ge-macht und den Nehrungswald im Preußischen bis auf die letzten Re-ste niedergehauen. Im Volke ging bis in unsere Jugend die Sage, die-ser damals vernichtete Wald sei durchweg Laubwald gewesen. Pas-sarge behauptete, die Sage habe recht: die Bruchwälder, die zwi-schen den einzelnen Dünenzügen in den Tälern sich ausgebreitet haben, sprechen wohl auch dafür.

Von dieser Landschaft der Frischen Nehrung, die noch in den Bil-dern fortlebt, die wir auf unsern Wanderungen auf den Bergen über Cadinen in jungen Jahren sahen, wenn der schmale helle leuchtende Sandstrich das dunkle Blau der fernen See von dem lichten bräunli-chen Ton des Haffes trennte – von dieser erhabenen Öde ist nur ein kleiner Teil dank künstlicher Erhaltung noch geblieben: die Wander-düne bei Narmeln. Wenn man zu Schiff von Königsberg nach Danzig fährt, leuchtet sie wunderlich unvermittelt aus dem Dunkel der Kiefernwälder, die seit einem Menschenalter den Charakter der Nehrungslandschaft von Grund auf verändert haben. Wenn man heute von Kahlberg hinaufwandert zum Kamelsrücken, zuerst unten am Haff, am Fuß der Dünen, dann aufwärts durch den Wald, so sieht man nichts mehr von Wüste, sondern schreitet durch eine grüne, sommerlich reiche Landschaft. Zur Rechten liegen die schon verlandeten Wiesen, hinter denen die Schilf- und Binsenwälder beginnen, über denen man zuweilen ein schmales Streifchen Haff sieht: zur Linken zieht der Kiefernwald bergan, mit seinem gleichmäßig tiefen Rauschen den Gruß der nahen See überdeckend und vorwegnehmend. Und wenn man dann emporsteigt zur Höhe, die einst weiß und kahl, ein scharfer Grat, in den grellblauen Himmel schnitt und heute von alten Bäumen gekrönt ist, die schon die Höhe des Aussichtsturms überstiegen haben, den man hier errichtet hat, dann tut sich eine völlig andere Welt auf als noch vor einem Menschenalter. Man steht auf der Höhe des Turms im weiten bläulichen Wipfelgrün der Kiefern: man sieht nordwärts und südwärts einen breit bewaldeten, nirgends mehr kahlen Sandrücken entlang, der Haff und See scheidet, und den nur an der See, jenseits der lichtgrünen Erlen im Grund ein schmaler heller Dünenstrich begleitet. Das Bild des Hohen Landes von Elbing wird nicht mehr von dem grellen Widerschein der Sonne auf dem Sand der Dünen entfärbt: es grüßt mit Kornfeldern, Wiesen, dunklen Buchenwäldern und dem lichten Rot der Dächer von Tolkemit warm und hell herüber über die weite Ebene des Haffes, über die ein weißes Segel, das Braun eines fernen Aalkutters dahingleitet. Und für den Blick ein wenig weiter abwärts, von der letzten Terrasse am Fuß des Turmes ist die Aussicht auf die abendlichen Höhen drüben gerahmt von Wald und Wipfelgrün, von leuchtenden Stämmen und runden Kronen: das Leben hat über den toten Sand gesiegt, die Landschaft ist weicher, wärmer und reicher geworden als einst, da sie der heutigen Kurischen Nehrung noch erheblich näher war.

Es ist sehr eigen zu sehen, wie die Frische Nehrung im letzten Jahrhundert überall diese Wandlung ins Reichere, fast ins Südliche durchgemacht hat. Bald nach 1840, als bereits eine regelmäßige Dampferverbindung zwischen Elbing und Königsberg bestand, faßten Elbinger Bürger unter der Führung des alten Härtel den Plan, bei dem Fischerort Kahlberg einen Badeort zu schaffen, ähnlich dem, der auf der anderen Seite des Haffs in Reimannsfelde in der damals berühmten Kaltwasserheilanstalt bestand. Es war nicht ganz leicht, diesen Plan zu verwirklichen, denn die Nehrung war damals eben in der Hauptsache Sand, und zwar durchaus ungebändigter Sand – und man wollte sich nicht mit irgendwelchen primitiven Behelfsmitteln begnügen, sondern wirklich etwas Ansehnliches und vor allem auch Reiches, Üppiges schaffen. So suchte man zuerst eine Stelle, die von Natur aus möglichsten Wind- und Kälteschutz bot – und dann brachte man in vielen Kähnen von Elbing Gartenerde heran, die man an den Dünenhängen auf der Haffseite geschickt in Terrassen mit Steinschutz anschüttete – die Steine mußten ebenfalls zu Schiff von drüben herangeholt werden. Auf der Höhe über dem geschützten Kessel errichtete man ein Gesellschaftshaus, das Belvedere, dessen hölzerner Bau noch heute aus dem dichten Grün hinüberschaut zum Haff, soweit das nicht durch die immer höher gewordenen Bäume schon dem Blick entzogen ist. Der zähen Energie der Gründer des Seebades Kahlberg gelang es, zwischen dem Haffsteg und dem Schwarzen Walfisch von Askalon im Norden, dem Ende des geschlossenen Talkessels im Süden eine Welt zu schaffen, deren zauberhaft überraschenden Eindruck die Heutigen, die nur noch die grüne Nehrung kennen, sich gar nicht mehr recht vorzustellen vermögen. Wir verdanken wiederum Louis Passarge die Schilderung dieses ersten Eindruckes, die um so lebendiger wirkt, als er sie gerahmt hat mit Bildern der kahlen Dünenwelt, aus der man in dieses Paradies sehen konnte. »Man watet in tiefem Sande zwischen spärlichen Kiefern, die alle etwas Verkrüppeltes und Verkommenes haben; denn der Sturm rüttelte an ihnen von frühester Jugend auf und der magere Sandboden versagte ihnen die spärliche Nahrung. Darum sind sie klein und unbedeutend. Blickt man nach rechts, so starren uns die Dünenberge entgegen, gelblichweiß und von den wenigen Pflanzen, die darauf wachsen, gesprenkelt wie das Fell eines Raubtieres. Die Nadeln der Kiefern sind mit einem dichten Spinngewebe überzogen, blickt man nach der Sonne, so sieht man sie wie durch einen Silberschleier.

Man geht weiter in das Innere und es währt nicht lange, so wähnt man sich verzaubert. Wie in jenen Märchen, die man uns als Kind erzählte, wie jener von warmen Quellen getränkte Garten in der grönländischen Eisfelderwildnis, eine Oase in der Wüste, so tritt uns eine harmonische Menschenschöpfung, ein kleines Paradies entgegen. Gleichsam im Schoße des Hauptdünenzuges, da blühen die wundervollsten Blumen in erstickender Fülle, da grüßt ein Rasen von bezaubernder Frische, da stehen Orangen in großen Kübeln, wachsen Akazien, da legen die Reben sich an das Gestein der Terrassen und hüllen es in ihr lichtes Grün. Zögernd hebt man den Fuß und wandelt durch tiefe Gänge. Da grüßen uns vertraut lächelnd alte Freunde, der Apollino aus der Tribuna in Florenz, die mediceische Venus und der Paris. Ihr blendendes Weiß kontrastiert wunderbar mit dem dunkeln Blau des glühenden Himmels. Es ist wie ein Traum, ein Stück Italien, es ist selbst der Himmel Neapels.«

Manches ist anders geworden, in den acht Jahrzehnten, die seitdem vergangen sind: etwas von dem südlichen Zauber, der den ersten Übersetzer des »Brand« und des »Peer Gynt« begeisterte, ist der Landschaft geblieben und hat sich in dem letzten Menschenalter sogar noch vermehrt. Die Landschaft und die Vegetation der Nehrung hat auch außerhalb der Anlagen, die Härtel schuf und die immer noch die Anlagen heißen, etwas Reicheres und Üppigeres bekommen. Die Kargheit der Dünenwelt ist mehr und mehr gewichen: immer neue Gärten sind entstanden: die Kiefer hat die einstige Alleinherrschaft längst mit Birken und anderen Laubbäumen teilen müssen. Vor allem aber: vor den Dünenzug auf der Haffseite hat sich, jahraus jahrein mehr anwachsend, ein breiter Streifen Neuland gelegt, der das Haff immer weiter abgedrängt hat von der eigentlichen Nehrung. Die Farbigkeit der Frischen Nehrung hat einen neuen Wandel erfahren: zu dem Blaugrün des Kiefernwaldes auf den Hängen der Dünen ist das lichte Gelbgrün junger feuchter Wiesen am Haff entlang getreten. Wo einst bis an den schmalen Weg am Fuß der Dünen die Binsen aus dem flachen Wasser wuchsen, wo ihr stumpfes Braungrün herrschte, geteerte Fischerboote lagen und bei starkem Nordost das Wasser bis an den Fußpfad an der Düne stieg – da wächst heute Land, ist heute Land. Die Nehrung hat sich nach der Haffseite zu erheblich verbreitert: das Haff hat nur noch in schmalen Kanälen Zugang bis zu den Dünen. Das alte Bild von der Höhe des

Kamelrückens die Nehrung entlang hat sich erheblich verändert, verändert sich alljährlich mehr. Das Haff ist weiter abgerückt, die hellen Bänder und Flecken des Wassers zwischen den Binsen- und Schilffeldern beginnen erst viel weiter draußen. Die alte Sandwelt der Dünen ist unter dem Grün der neuen Wälder verschwunden: jetzt verschwindet langsam die alte Welt des Wassers am Haff unter neuem Land und neuem Wiesengrün. Wo wir noch als Kinder zwischen den Binsen im Fischerkahn uns entlang stakten, weiden heute Kühe: die Nehrungslandschaft auf der Haffseite nähert sich wenigstens im Bereich der Dörfer wie Kahlberg, Liep oder Pröbbernau mehr und mehr dem Charakter der beginnenden Nehrungsgegend am Nordrand des Werders. Bei Stutthoff, bei Steegen erheben sich die Dünen und ihre sandbestimmte Welt seltsam unvermittelt und eigentlich unzugehörig über den reichen Gehöften und dem fetten Marschland zu ihren Füßen, das vor Jahrhunderten bis hinauf nach Danzig auch einmal Haff gewesen und jetzt seit Jahrhunderten reicher fruchtbarer Boden ist. An der Frischen Nehrung entlang können wir den Vorgang der Verlandung heute so anschaulich miterleben wie sonst nur selten: das Aestenmeer des Tacitus, des Wulfstan wird langsam, aber unaufhaltsam Geschichte.

Die Welt im Bereich dieses Aestenmeeres, die Welt der Frischen Nehrung ist auch in ihrer vielfach veränderten Gestalt herrlich wie am ersten Tag. Die Sanddünen sind bis auf Reste und bis auf den ungefährlichen Streifen an der See entlang, der dem Lande jenseits der Wisle den Namen gab, verschwunden, die Kormorane waren schon um 1900 bis auf die letzten Reste wieder abgezogen, das Haff zieht sich immer mehr in die Ferne zurück. Der Reiz dieses, bis auf die kurzen Sommerwochen einsamen Landstrichs zwischen der Weichsel und Lochstädt, dieses geschichtslose Land mit so viel Geschichte seiner Natur aber ist geblieben: die Frische Nehrung gehört zu den wundersamsten Gegenden des landschaftlich so reichen Ostens. Aus holländischer Behäbigkeit und Breite wachsen ihre Anfänge: noch auf der »Karte von Ost-Preußen und Preußisch Litthauen, West-Preußen nebst dem Netzedistrikt«, die in den Jahren 1796 bis 1802 unter Leitung des Königl. Preußischen Staatsministers Freiherr von Schroetter aufgenommen und der das Danziger Territorium angeschlossen wurde, heißt das Land zwischen Bohnsack, Pasewark und dem Danziger Haupt Außennehrung und in seiner östlichen Hälfte Binnennehrung. Das Werderland steht damals noch in unmittelbarer Beziehung zu den Sanddünen, deren Bepflanzung längs der See von Weichselmünde bis Bohnsack die Karte ausdrücklich verzeichnet. Dann schließt sich, schon vor Steegen beginnend, der »Kiehnenwald« an, der Kiefernwald der Kienäpfel, der »Schischken«, mit denen noch heute die Flundern geräuchert und in den Fischerhäusern wenigstens teilweise die Mahlzeiten gekocht werden. Die Danziger waren klüger gewesen als Herr von Korf: sie hatten ihren Wald geschont; so brauchte man auf ihrer Karte keine versandeten Dörfer zu verzeichnen, wie Schmergrube, das zwischen 1636 und 1728 verschwand, auf dem preußischen Blatt der Nehrung. Bis nordöstlich Kahlberg war der Wald erhalten geblieben – dann erst begann das Reich der Wanderdüne. Bald hinter dem Kamel lag einst Schmergrube – an der Stelle jenes vorgeschichtlichen Tiefs, durch das der Handelsverkehr der Wikinger von und nach Truso ging. Die Preußenkarte von 1802 nennt als ältestes Tief schon das Lochstädter, das im Jahre 1311 oder 1396 versandet sei: das von Schmergrube scheint nach den Angaben Eberts sein Vorgänger gewesen zu sein, falls nicht der einstige Haffausgang bei Danzig noch älter war. Dem Lochstädter Tief folgte das Balgasche »so nach Versandung des bei Lochstädt entstand und nachher sich wieder zufüllte«: Alt-Tief heißen noch zu jener Zeit ein paar Häuser nördlich der Durchbruchsstelle. Erst 1510 ergibt sich die heutige Lage der Wasserstraße, erfolgt der Durchbruch der See zum Haff bei Pillau. Und zwar zunächst weiter nördlich als heute, auf der Höhe von Camstigall etwa, – bis sich dann das jetzige Pillauer Tief bildete, das der Stadt Königsberg den Zugang zur See gab und ihren Schiffen den lästigen Umweg über Danzig und die Weichsel ersparte. Die Eingriffe der Natur in den Verkehrs- und Wirtschaftsablauf durch die Nehrung sind damit zu Ende: der Gestaltwandel der Frischen Nehrung ergibt sich jetzt nur noch vom Haff aus: die Natur selber aber ergießt über das Land noch immer all den Zauber, den sie da zu entfalten vermag, wo noch die Möglichkeit ihrer einsamen Alleinherrschaft besteht.

Die Frische Nehrung gibt ihr diese Möglichkeit. Sie hat wie die Kurische ihre große Poststraße: sie ist im übrigen wie sie frei geblieben

von der Motorisierung. Der hat man das Wasser überlassen: die Fischer von Liep, von Kahlberg bringen ihre Beute in Motorbooten nach Pillau, nach Elbing zum Verkauf. Über der Nehrung liegt noch das Rauschen der Wälder und der See, die uralte Melodie, die zu Wulfstans Zeiten nicht anders erklang als heute, wenn man damals auch weniger auf sie achtete. Weithin ziehen sich die »Kiehnenwälder« über das Auf und Ab der Sandhügel: hohe Farne, vor allem Adlerfarne wachsen zu Tausenden zu ihren Füßen und in der Gegend um den Blocksberg, westlich vor Liep, ragen unzählige der dunkeln Sträucher des Wacholders auf, des Machandelbaums oder des Kaddicks, wie man auf der Nehrung sagt: die Kaddickschweiz heißt noch heute die Hügelwelt um den Blocksberg. Heidelbeergesträuch bedeckt den Boden, Preißelbeeren dazwischen: in den feuchten Senkungen, wo der Grund noch moorig ist, wächst die Moosbeere. Bärlapp und Drosera, der rundblättrige Sonnentau, sind dort zu Hause: auf dem Dünenzug längs der See aber wächst, heute sorgsam geschützt, die blaue Stranddistel, eine der schönsten Pflanzen des ganzen Ostens. Stundenweit zieht sich der Wald dahin, bergauf und bergab: aber immer neu ist, was er bringt, immer neu der Reichtum, den sein Dasein zwischen See und Haff, auf dem schmalen Landstrich zwischen den Wassern gibt. Ein kurzer Weg nach Westen – und auf einmal öffnet sich der Wald: auf hoher Düne, windzerfetzt stehen die letzten verknorzten Kiefern und zwischen ihnen rauscht blau, unendlich weit, in ewiger Bewegtheit die See herauf. Weiß und breit leuchtet unten der Strand – wenn man nicht gerade dicht bei Kahlberg oder Liep sich befindet, in völliger Einsamkeit; höchstens daß da und dort ein dunkler Fischkutter liegt, die hellen Netze, die zum Trocknen aufgehängt sind, in der Sonne glitzern. Rauschen vom Meer und Rauschen vom Wald, das Zueinander der beiden unendlichen Melodien ist alles, was man vernimmt: nur zuweilen klingt ein Kuckucksruf, vom Strand der Schrei einer Möwe herüber, die sich funkelnd weiß auf die blaue Flut hinabfallen läßt.
Weiter: von neuem ein kurzer Weg – bergab und bergauf, noch einmal bergab und bergauf, und eine völlig andere Welt tut sich auf. Das große Duo von Wald und Meer ist verstummt: nur das dunkle Sausen geht noch hoch oben weiter mit durch den Kiefernwald: die See ist versunken, das Haff tritt die Herrschaft an. Hell, kaum bewegt,

glänzt es im Nachmittagslicht herauf, ein friedlich geschlossenes Reich – das trotz des hohen Ufers drüben ebenfalls seine Grenzenlosigkeit besitzt. Fern zur Rechten, wie eine Fata Morgana, schweben über dem blanken Wasser die leichten Weidenbäume der Niederung: das Nogatdelta mit seinen Kampen grüßt von weitem herüber. Zur Linken, wo das jenseitige Ufer flacher und flacher wird, bis es auf die Passargemündungen zu im Licht des fernen Himmels verdämmert, ragt der Domgiebel von Frauenburg auf: auf den Sandbergen der Frischen Nehrung hat oft der Blick des Domherrn Nikolaus Coppernik geruht, wenn er von seinem Arbeitsgemach hinaussah über die graue Fläche des Wassers zu seinen Füßen.

Ein neuer Raum hat den Wandernden aufgenommen – wie sich denn überhaupt immer wieder neue Räume über diesem Streifen Land auftun. Wer einmal auf dem Leuchtturm von Pillau gestanden, den wunderbaren Rundblick über das östliche Haff mit den fernen Ufern auf Wolittnick und Balga zu, den Ausblick über das Tief auf die blaue See und jenseits des Tiefs die seltsam ziehende Sicht auf den Grenzwall zwischen den Wassern erlebt hat, nimmt eine Ahnung von dem Zauber dieser Einsamkeit zwischen Wasser und Himmel mit.

Ganz geht durch diesen Zauber freilich nur der hindurch, der die Nehrung nicht nur als flüchtiger Gast in sommerlichen Tagen besucht. Er kann auch da Dinge erleben, die der zivilisationsgeschwächte Westen nicht mehr zu bieten hat: so, wenn etwa an einem heißen Augusttag am Nachmittag ein Gewitter niedergeht, schwül und heftig, die Donner vergrollen fern in der Höhe des weiten Himmels, der Regen gießt in wilden Strömen: am Abend aber liegt wieder Stille und reglose Wärme feucht und schwarz über dem lichtlosen Land. Er wandert noch einmal durch das Dunkel die feuchten Sandwege am Haff entlang – und plötzlich steigt um ihn weich, mit einem knisternden, fast lautlosen Rauschen eine Riesenwelle von Eintagsfliegen auf. Aus einem einsamen Fenster fällt Licht: wie Schneeflocken tanzen Tausende und Abertausende der zierlichen leichten Gebilde in dem Lichtkegel: der Wanderer spürt sie auf seinen Händen, im Gesicht, auf seinen Kleidern, überall. Er flüchtet ins Haus: an den Scheiben kribbelt es dicht bei dicht – es ist, als hörte man noch durch das Glas hindurch das große schwellende, schwelende Leben der

Sommernacht da draußen. Nach einer Stunde ist alles vorüber: die Tierchen sind verweht, liegen da, dort am Boden, im Wasser – aber man schreitet noch wie verzaubert durch die Nacht, als habe man soeben einen tiefen Atemzug des großen Pan selber erlebt.

Solche Dinge gibt die Nehrung im Sommer, unbekümmert um Wanderer und Badegäste. Sie hat noch etwas von der Wildheit des großen unmittelbaren Lebens, das den Maler Lovis Corinth zu ihr zog, der in seinen »Legenden aus dem Künstlerleben« sehr anschaulich von dem wilden Dasein mit seinen Fischerfreunden berichtet. Sie hat diese Wildheit am meisten im Winter, wenn der Frost und der Ostwind über dem Haff liegen und das Eis in den Nächten mit dumpfem Knallen weithin reißt, wenn die See den Strand vereist und wie ein spielendes wildes Tier Badebuden und Fischerhütten und was sie sonst an Menschenwerk erreichen kann, mit sich nimmt. Wenn die Nehrung trotz Haffuferbahn und Schlittschuhen abgeschnitten ist von der Welt des Draußen, weil der Winter tückisch lauernd mit dem Nebel daliegt und den Wagehalsigen, der zu spät heimkehrt, plötzlich auf dem Haff überfällt und keinen Ausweg aus dem Nebel mehr finden läßt, also daß er stunden-, nächtelang verzweifelt auf dem Eis im Kreise umherirrt – wenn der Schneesturm kommt und ihn mitnimmt: dann bekommt er hier eine erste Ahnung, was Osten heißt, und was diese in sommerlichen Tagen so südlich freundliche Gegend eigentlich ist. Im Frühling muß man kommen, wenn die Wildgänse hoch oben schon mit heiserem Rufen ziehen, wenn der letzte Schnee an den Hängen des Hohen Landes drüben schmilzt und das gelbe Rohr an seinem Fuß fast sommerlich über dem morschen weißen Haffeis leuchtet: wenn dann die Märzstürme kommen und das Eis zerbrechen und Wasser und Eis gegen die Ufer peitschen und ebenfalls wie spielend ein Stück Haffuferbahn mitnehmen oder drüben an der Nehrung den heute nicht mehr hölzernen, sondern längst massiven Landungssteg von Kahlberg zornig benagen, wenn das Haff wieder bis fast an die Dünen heranreicht und an die Zeiten erinnert, da es der noch nicht regulierten Nogat jedes Jahr den Weg für ihre Wasser versperrte, daß die Deiche in Gefahr gerieten und die Menschen verzweifelt gegen die Flut kämpfen mußten: dann erlebt man, wie sehr Nehrung und Haff trotz aller sommerlichen Freundlichkeit und Schönheit, trotz gezähmter Dünen und elektrischem Licht in den Fischerhäusern Natur und Osten geblieben sind, Wahrer der großen Unmittelbarkeit des Daseins, die in Europa immer seltener geworden ist.

Über Paul Fechter siehe Seite 28. Den obigen Aufsatz veröffentlichte er 1937.

Louis Passarge

Wolittnick am Haff

Wolittnick war ursprünglich ein Vorwerk der großen Weßlienen-
schen Rittergüter, bestehend aus fünfzehn Hufen Land, drei Wirt-
schaftsgebäuden und einem Wohnhause mit Strohdach, das mein
Vater etwa Mitte der dreißiger Jahre durch ein Dachpfannendach er-
setzte. Als er Wolittnick – eigentlich Wolittnicken, aber die letzte
Silbe verlor sich allmählich – 1820 pachtete, gehörten die Weßlienen-
schen Güter noch einem Grafen von der Gröben, sie waren jedoch
wegen der großen Schulden des Eigentümers von der Ostpreußischen Landschaft, die ein bedeutendes Pfandbriefkapital darauf stehen hatte, sequestriert. Anfangs der dreißiger Jahre wurden dann die
einzelnen Güter, darunter Wolittnick, im Wege der Subhastation
verkauft und mein Vater erstand letzteres für elftausend Taler (à 3
Mark). Als er das Gut im Jahre 1860 freihändig verkaufte, erhielt er
sechzigtausend Taler dafür. So sehr hatten sich die Zeiten zum Besten der Landwirtschaft geändert. Darum gab es damals auch noch
keine Agrarier.
Das Gut liegt etwa zwanzig Minuten von einer Bucht des Frischen
Haffs entfernt, im Norden von diesem durch den Haffberg getrennt,
von dem man eine schöne Aussicht nach den alten deutschen Ordensburgen Balga und Lochstedt und bis Pillau an der Ostsee hat.
Nach Norden fast offen, wird der Gutshof westlich durch eine große
Scheune gedeckt, die den oft fürchterlichen Nordweststurm abhält.
Es gibt Tage, wo man das dumpfe Brausen der fast zwei Meilen entfernten See vernimmt. Dafür klingt aber auch von Süden, bei gutem
Wetter und günstigem Winde, die Glocke der Kirche zu Bladiau herüber. Im Osten führt eine Birkenallee zu einem sandigen heidnischen Begräbnisplatz, wo wir Kinder Bernstein- und Glasperlen auflasen; im Süden fließt mit starkem Gefälle ein Bach vorüber, der von
dem Weßlienen-Bladiauer Hochlande kommt und eine tiefe Schlucht
gewühlt hat. Dieser Erlengrund ist der Naturpark von Wolittnick.

Unzählige Quellen sprudeln aus den beiden Steilufern, ebenso im Sommer wie im Winter, und da sie die Wärme der Jahrestemperatur (9°C) haben, so erwacht im tiefen Grunde das Pflanzenleben sehr früh. Es gibt hier schon im Februar, fast noch unter dem Eise, zahlreiche Kresse. Alle Wiesen- und Waldblumen, namentlich die Kuhblume *(Caltha palustris)*, blühen in diesem geschützten Grunde vierzehn Tage früher als anderswo. Im Sommer bedeckt sich dafür der Boden, so weit er nicht sumpfig ist, mit Nesseln von mehreren Fuß Höhe. Außer den Erlen, die in zwanzig Jahren hohe Bäume bilden, gedeihen hier, sich oft auf hohen Wurzeln aus dem Sumpfe erhebend, Faul- *(Prunus Padus)* und Quitschen-(Ebereschen-)Bäume *(Sorbus aucuparia)*. Zahllose Drosseln nähren sich im Herbst von den roten Beeren der letzteren, werden aber dann auch in Pferdehaarschlingen gefangen. Auch der Kuckuck stellt sich hier zeitig ein und antwortet auf die Frage, wie viele Jahre man noch leben werde.

Am Ausgange des Grundes staut eine Schleuse das Fließ – so werden die Bäche hier genannt – etwas an, um das Wasser einer tiefer gelegenen Mahlmühle zuzuführen. Da es fast ausschließlich Quellwasser ist, behält das Fließ in seinem ganzen Laufe, von Weßlienen ab, Sommer und Winter, eine tiefe, gleiche Temperatur. Im Winter gefriert es nur leicht an der Oberfläche, im Sommer ist es eiskalt, so daß eine große Überwindung dazu gehört, sich darin zu baden. Ich habe in Ostpreußen nie wieder einen so kalten Bach kennengelernt. Wir zogen denn auch meist das lauwarme Wasser des Haffs vor, doch nicht dann, wenn es sich zeitweise mit Millionen von Pflanzenfasern anfüllte, die einen fauligen, Fieber erzeugenden Geruch verbreiteten. Man sagte dann: das Haff blühe. Eine sehr lästige Blüte. Sie heißt dort Entenflott.

Im übrigen war das Haff für uns das Seltsamste in der sonst so einförmigen Landschaft, nicht bloß wegen seiner weiten Fläche, über welche der Blick weit hinausschweifte bis Pillau mit seinem weißen Leuchtturme, und nach Norden, wo das Samland aufblaute, sondern auch wegen seines Strandes, auf dem wir Muscheln und Bernsteinstückchen auflasen, und seiner reichen Vegetation, bestehend aus Rohr, Kalmus und Binsen, durch deren hohes Dickicht (denn so darf man es wohl nennen) schmale, heimliche Kanäle nach Wolitta führen. Vielleicht nirgends gibt es ein so unendliches Gewirr von

Mummeln wie hier. Die Länge ihrer Stengel beträgt wohl fünf und mehr Meter, darin sich der Fuß des Badenden leicht verfängt. Hier nisten auch unzählige Wasservögel und erfüllen, aufgescheucht, die Luft mit ihrem heiseren Geschrei.

Wir verstanden es, aus den Binsen Schiffchen zu flechten, auch spitze Hüte, in Form von Reusen, leider sehr ephemere Kronen. Wenn wir in einer der kleinen »Lommen« in dieses seltsame Binsenlabyrinth fuhren, versank gleichsam die ganze Welt hinter uns, so daß uns eine Art Angst überkam und wir baldigst den Rückweg suchten.

Der Erlengrund blieb aber unser schönster Aufenthalt, von frühester Jugend an. Dort sammelten wir die erste Kresse für den Sonntagstisch, pflückten wir die ersten Blumen, schlugen wir Bänke auf und legten rasenbedeckte Ruhesitze an, darauf zu sitzen freilich meist recht feucht war. Selbst ein kleines Boot schaukelte sich auf dem durch die Erlen eingeschränkten Bach; darin liegend habe ich einst zum ersten Male mit unbegrenztem Entzücken den Faust gelesen. Auch die jüngere Welt besuchte diesen Naturpark gern. Auf der Höhe bei der Sehnsuchtsbank glaubte man sich auf einer Alpe zu befinden und sang mit lauter Stimme das Prochsche: Von der Alpe tönt das Horn. Die Mützen und Hüte wurden im Frühling mit den Kränzen der Anemonen geschmückt, die im Schutze des Nußstrauches zeitig blühten; die duftenden Himmelschlüsselchen (*Primula veris*) aber wurden bald zu Sträußen, bald zum beliebten Blütentee verwendet. Da der Erlengrund auch den Kühen als Weide diente, komponierte ich später einen Kuhglockenwalzer, der jedoch stark an einen damals vielgespielten Gunglschen erinnerte, aber um so mehr gefiel, als ich ihn als einen solchen ausgab.

Den Gipfel aller Freude aber bildete ein von den trockenen Ästen der Erlen gebildeter Holzstoß, dessen hoch zum Himmel lodernde Flammen am späten Abend das herrlichste Kunstfeuerwerk in den Schatten gestellt hätten, zumal wenn darüber der Mond stand.

Man war damals sehr genügsam und wagte es noch froh zu sein.

Der Wolittnicker Erlengrund ist mir einst das gewesen, was dem Horaz sein Tibur und seine bandusische Quelle war, und ich sage frei nach ihm: *fies nobilium tu quoque memorum;* »auch du wirst unter den gerühmten Hainen nicht fehlen«. Er setzt sich noch etwa zwei Kilometer südlich bis Weßlienen fort, immer leicht aufsteigend, um schließlich den dortigen herrlichen Park zu durchschneiden, der meist aus Birken besteht, doch auf seinem Boden auch den sonst wild nur selten vorkommenden Efeu hegt. Im Süden dieses Parkes lag damals – vielleicht liegt er auch noch jetzt – ein ungeheurer Gneisblock, mit glatter Oberfläche und rings wie behauen. In jener erblickte man, eingemeißelt, ein paar Spielkarten und einen Kelch nebst einer Oblatenschale, nach unserer kindlichen Auffassung ein Glas Wein und Kuchen. Wie es hieß, hätten hier einst böse Buben während des Gottesdienstes, und sogar während des Abendmahls, Karten gespielt. Aus welcher Landschaft Skandinaviens mag wohl einst dieser vom Gletschereise getragene Block gekommen sein? In neuerer Zeit zersprengt man überall diese Denkmäler einer einstigen Vorzeit, oft ohne Grund, oft um eines geringen Gewinnes willen. Verfolgt man die nahe, von Bolbitten nach Bladiau führende Straße, so trifft man an einer Grenzscheide einen anderen, mehr spitzen Stein. Fuhren damals die Leute mit einer Leiche vorüber, so mußte noch immer auf den Stein etwas Stroh vom Leichenwagen geworfen werden, damit der Tote sich darauf ausruhen könnte, wenn er am Abend zurückkehrte, um am Trauermahl der Familie teilzunehmen. Fand man dann in dem aufgetragenen Brei Eindrücke wie von einem Finger, so hatte der Tote davon gegessen. Man durfte also auch auf sein Wohlwollen rechnen.

Es gab damals noch allerlei Totensagen. So hatte man früher auf die Gräber der Angehörigen am Allerseelentage wohl einen Mehlbrei gestellt, als Speise für den Toten. Zu unserer Zeit lebte diese Erinnerung nur noch fort in dem Worte Seelenkleister, wie man verächtlich einen Brei nannte, wenn er besonders zähe war und überhaupt nicht schmeckte; denn die Toten (Seelen) hatten sich auch mit einem schlechten Brei begnügen müssen, wie einst die griechischen Götter mit den Knochen und dem Fett des geopferten Tieres, während die Opfernden das Fleisch für sich nahmen. Betrügt doch der Mensch niemand lieber als seine Götter. Darum spannt beim Aristophanes auch Prometheus, als himmlischer Bote, seinen Regenschirm auf, damit er von den Göttern nicht gesehen werde.

Der schönste Weg und zugleich Spaziergang von Wolittnick ist der ostwärts durch eine Birkenallee über Wangnieskeim nach Weßlienen

führende, mit weiter Aussicht auf das Haff und das jenseitige samländische Ufer, über welchem der Galtgarben erscheint. Er mündet
nach etwa einem Kilometer in eine herrliche Lindenallee, die sich in
einer einzigen Linie, gleich einer ungeheuern Schlange, zu dem
hochgelegenen Weßlienen hinaufzieht.

Louis (Ludwig) Passarge war Sohn eines Gutsbesitzers in Wolittnick bei Heiligenbeil
am Frischen Haff. Er wurde Geheimer Justizrat, unternahm weite Reisen und trat als
Reiseerzähler, Übersetzer (u. a. von Ibsen) und Memoirenschreiber hervor. Kindheit
und Jugend schilderte der 1825 Geborene in »Ein ostpreußisches Jugendleben«
(1903); er starb 1912.

Louis Passarge

Heiligenbeil

Heiligenbeil war einst befestigt gewesen, wie alle Städtchen in Ostpreußen. Doch besaß es noch immer einen Teil seiner alten Mauern,
auf denen wir uns umhertrieben, um Steine in den Mühlenteich zu
werfen, der jedoch schon damals beinahe ganz verwachsen war. Die
Südostecke der Höhe (Beil = Peil, Pil, Höhe), auf der sich jetzt die
Kirche und das Pfarrhaus befinden, hat früher offenbar eine burgar-
tige Anlage eingenommen, mit einem tiefen Brunnen, darin ein klu-
ger Geistlicher einst bei einer drohenden feindlichen Belagerung die
wertvollen silbernen Kirchengefäße zu bergen vermochte. Im Norden schloß sich an das Städtchen eine eigentümliche Vorstadt, bestehend aus zahllosen Schweineställen, deren jeder Bürger mindestens einen besaß. Ebenso deuteten die vielen Scheunen an der großen Straße im Osten und Westen den Charakter der Stadt als einer
Ackerstadt genügend an.
Der Personenverkehr war in Heiligenbeil daher auch nur ein sehr geringer, ihm genügte ein einziges Gasthaus am Markt: der Weiße
Schwan. Dagegen wurde die große Berliner Straße stark belebt durch
die ungeheuren Frachtwagen, die den ganzen Verkehr von Berlin
nach Königsberg, und weiter nach Rußland, damals ausschließlich
unterhielten und den siebenundsiebenzig Meilen langen Weg in
zehn bis zwölf Tagen zurücklegten. Sie fuhren nur bei Tage und
nächtigten in den ihnen bekannten Krügen, die sich meist außerhalb
der betreffenden Stadt befanden. So gab es in Heiligenbeil für sie im
Westen eine »Zufriedenheit« und im Osten einen »Blauen Stern«.
Ihre letzte Nachtstation vor Königsberg aber war die »Hoffnung«.
Der Mühlenteich im Süden der Stadt wird gespeist von dem Flüßchen Jarft, in dem wir gerne badeten. Auch hier wurde mir eine besondere Stelle zum Lokal des Goetheschen »Fischer«, obwohl sie
sich in Wahrheit wenig dazu eignete. Aber dem Verlangen meiner
Natur, ein Dichterwerk zu lokalisieren, vermochte ich nicht zu wi-

derstehen. Das Flüßchen vereinigte sich im Westen von Heiligenbeil mit der Banau und mündet schließlich im Haff. Beide Namen sind etymologisch schwer zu deuten.

An einer Lohmühle, unterhalb des Teiches und der Schleuse, war ein anderer, tiefer Badeplatz, wo der Fluß in gefährlichen Wirbeln ging. Hier wäre bei einem Haar ein Junge ertrunken. Es sprang ihm aber ein größerer nach und zog ihn ans Land, wofür er von dem Geretteten einen Kuß erhielt, was mir auffiel, da ich noch nie gesehen hatte, daß ein Junge einen anderen küßte.

Das Städtchen hat in seiner Mitte einen sogenannten Ring als Marktplatz, mit dem Rathause und einem sich daranschließenden großen Hause, damals das Schrötersche genannt, in dem sich ein kleiner, schmaler Saal befand, der einzig geeignete für Bälle, Konzerte und sonstige Aufführungen. Hier hörte ich das erste Violinkonzert von der Tochter des Stadtmusikus Schöneck; Tiroler sangen ein Scherenschleiferlied mit Nachahmung des zischenden Schleifens; ein behender Franzose spielte – sozusagen zu gleicher Zeit – auf etwa zwanzig Trommeln. Ja, wie das Kerlchen die beiden Reihen vor- und rückwärts entlang sprang und herumwirbelte wie ein Trommelstock. Seitdem weiß ich, daß man auf jedem Instrument, ja auf jedem Gebiet Virtuose sein kann.

Über Louis Passarge siehe Seite 54. Die obenstehende Schilderung stammt ebenfalls aus »Ein ostpreußisches Jugendleben« (1903).

Louis Passarge

Am Samlandstrand

Schwester Rosalie lud mich auf vierzehn Tage nach Finken am samländischen Nordstrande ein, wo der Mühlenbesitzer Holdak eine
ganze Zahl von Sommer- und Badegästen aufgenommen hatte.
Schiffer Unruh ruderte mich vom Sandkruge aus die drei Meilen
über das Haff nach Fischhausen, und von hier wanderte ich – bei
glühender Hitze – noch vier Meilen weit, über Germau und Heilig
Kreutz nach Finken. Ich wohnte dort in einem kleinen Zimmer des
Mühlenhauses und hatte es sehr kühl.

Natürlich wurde dort jeden Morgen in der See gebadet; die Badestelle unten am Strande war zwar ziemlich entfernt, aber dafür genoß
man hin und zurück ein herrliches Luftbad. Die Damen trockneten,
zurückkehrend, ihr langes, nasses Haar in der Sonne. Ich blieb meist
an der See und brachte ganze Stunden, westlich von dem Dörfchen
Kleinkuren, in einem Birkenwäldchen unterhalb des Wachbudenberges zu, selten etwas lesend, immer träumend, auch wohl etwas
dichtend. Aber mit dem Lesen und Dichten hatte es doch seine guten
Wege. Der Eindruck, den die See, namentlich am Anfang, auf ein jugendliches Gemüt macht, ist ein so ungeheurer, ich möchte sagen
erdrückender, daß daneben jeder Gedanke, fast die gesamte geistige
Stimmung pausierte. Es erschien mir neben der grenzenlosen, sonnig flimmernden Wasserfläche und ihrem wellenatmenden Ausklingen am kiesigen Strande alle Dichtung, selbst ein Faust, nur wie ein
schwacher Versuch das Unbegreifliche zu erfassen. Oldenberg, der
in Warniken wohnte, gestand mir, daß es ihm ebenso gehe. Er übertraf mich jedoch im Schlürfen und Genießen der Natur um ein Beträchtliches. Er konnte, gänzlich nackt, stundenlang im glühenden
Sande liegen, um sich gelegentlich wieder in die See zu stürzen und
abzukühlen. Dabei nährte er sich fast ausschließlich von Milch und
Brot sowie von den Beeren des Warniker Waldes und löschte seinen
Durst aus den Quellen, die reichlich dem hohen Seeufer entsprin-

gen. Während ich mich an den Anblick der See immer mehr gewöhnte, machte sie auf ihn, wie er sagte, einen immer furchtbareren Eindruck. Sie erschien ihm so menschenvernichtend wie die erdumschlingende Schlange der Edda.

Wir begrüßten uns jeden Morgen mit den Worten: Königin, das Leben! oder auch bloß: Königin! Zuweilen zeichneten wir zusammen im Schweiße unseres Angesichtes in der malerischen Schlucht von Großkuren, deren alpine Formen mich an die Schweiz erinnerten, woselbst sogar ein Wasserfall nicht fehlte, freilich zurzeit ausgetrocknet. Hier ragt namentlich der sogenannte Zipfelberg (Zeppelke), in Form eines Vulkans, steil und gewaltig auf, den zu besteigen eine Kunst ist. Aber was war uns zu schwierig? Sind wir doch die steilen Lehmwände einer Bernsteingrube hinaufgeklettert, während die Leute unten das goldige Gestein aus der »blauen Erde« der tiefen Grube ausstachen.

Auf zahlreichen Wanderungen nach Warniken, Georgenswalde und Brüsterort erschloß sich uns die ganze erhabene Schönheit des Strandes. In den halkyonischen Tagen unseres Aufenthaltes erlebten wir leider keinen Sturm, für den Brüsterort wie gemacht ist. Ein solcher befreit die Seele und erlöst. Die dauernde Meeresstille ängstigt und drückt zum Boden; mir war es immer, als erblickte ich eine ungeheure Riesenleiche. Wenn ich aber die Augen schloß und nichts vernahm als das einförmige Schlürfen der Wellen, dann träumte ich mich wohl in die Tiefe der See, wo die Meerfrauen hausen, oder auch auf ein kleines schwankendes Schifflein, mit dem ich nach dem Nordpol fuhr.

Einen unbeschreiblichen Zauber übte die Morgensonne aus, wenn sie frühe, sehr frühe aus dem Meere auftauchte, das bei ihrem Erscheinen lauter rauschte und aufschauerte, als wollte es sie begrüßen; oder die Abendsonne, wenn sie in verschiedenen, sich ablösenden Formen langsam in der silbernen Flut versank und ein einziger Purpur Meer und Himmel umhüllte. Da erglühten auch die Dünenberge der fernen Kurischen Nehrung, während zugleich der Mond silberklar über ihnen aufstieg.

Über Louis Passarge siehe Seite 54. Er beschrieb das Samland, wie er es um 1850 erlebt hat, in »Ein ostpreußisches Jugendleben« (1903).

Ernst Wichert

Pillau

Gegen Ende des Jahres 1839 wurde mein Vater als Kommerzien- und Admiralitätsrat nach Pillau versetzt, und dort ging mir nun in der kleinen Seestadt ein ganz neues Leben auf.

An einem kalten Wintertage wurde in einer geschlossenen Kutsche die Reise angetreten. Wir brauchten für die sieben Meilen einen vollen Tag, was mir und meiner drei Jahre jüngeren Schwester eine Ewigkeit schien. Eines kleinen Brüderchens wegen war überdies der Wagen mit Betten und anderen Sachen vollgepackt, so daß man sich darin wenig rühren konnte. Schritt nach Schritt ging es weiter, erst über den verschneiten Landweg, dann hinter Fischhausen an der Burgruine Lochstädt vorüber durch den fliegenden Sand. Früh vor Abend wurde es dunkel. Zuletzt standen wir plötzlich auf freiem Felde still. Aus der Ferne ließ sich ein unheimliches Summen und Brausen vernehmen: das sei die See, hieß es, ein mir noch unfaßliches Ding. Der Kutscher kletterte vom Bock und lief eine Strecke weit fort. Der habe gewiß »den Weg verloren«, äußerte die Mutter ängstlich, und das klang mir nun wieder sehr sonderbar. Wie kann jemand den Weg – verlieren? Nach einer Weile wurden Stimmen laut: »Zum Teufel! Wo geht denn hier der Weg?« fragte der Kutscher. »Ja – da liegt der Hund begraben«, lautete die Antwort in plattdeutscher Sprache. Ich nahm diese Redensart ganz wörtlich und wollte nun durchaus wissen, was das für ein Hund sei und warum er da begraben liege und weshalb wir seinetwegen nicht weiterfahren könnten. Es war mir wenigstens eine Erleichterung, daß unser prächtiger Pudel Ajax, der schon meine Wiege bewacht hatte, munter bellte, also nicht der gemeinte tote Hund sein könne. Endlich gings weiter durch den wegelosen Sand auf ein Licht zu, das in einem der Häuser des Dorfes Alt-Pillau brannte. Spät, aber wohlbehalten langten wir in der Stadt an.

Mein Vater hatte eine Amtswohnung in dem einstöckigen weißen

Häuschen dicht am Tief, der Wasserrinne zwischen Haff und See, von der Steinböschung nur durch die nicht breite Straße getrennt; bei schwerem Wetter spritzte der Gischt der brandenden Wellen bis an die Tür. Links erweiterte sich der Raum zu einem mit großen Pfählen zum Umlegen der Schiffstaue besetzten Bollwerk. Weiter gelangte man bald zu dem schlanken weißen Leuchtturm mit Glaskuppel, dahinter dem Binnenhafen. Rechts aber kam man etwas weiter zu einem freien Platz, auf welchem die hölzernen Baken mit Tonne, Kreuz und anderen Abzeichen zum Hereinwinken der Schiffe bei zu hohem, für den Lotsenkutter gefährlichem Seegange standen. Auch drehte dort eine Mühle ihre Flügel. Weiter hatte man vor sich die Festung mit ihren Gräben, ummauerten Wällen, engen Toren, Zugbrücken, Kanonen, Kugelhaufen, Baugefangenen in zweierlei Tuch, zum Teil die Kette zwischen den Füßen. Über das Tief, in welchem meist Schiffe ankerten, sah man nach den niedrigen Dünen der Frischen Nehrung und dem Sandkruge. Auch in dem reinlichen Städtchen selbst war viel Fremdartiges anzutreffen. In den stattlicheren Häusern mit Wappen über den Türen wohnten die Vizekonsuln aller Nationen; auf den Straßen und Bollwerken sah man fremde Kapitäne, englische, norwegische, holländische, schwedische, auch wohl portugiesische Matrosen, Schiffsköche aus Mohrenland, Lotsen in ihrer Ölkleidung, Reeder, die früher selbst zur See gegangen waren, alle mit ganz verwetterten Gesichtern. Immer fesselte irgend etwas die Aufmerksamkeit: da standen Leute mit Fernrohren auf dem Bollwerk und spähten nach der See hinaus, die Flagge eines Schiffes zu erkennen, das sich am Horizont blicken ließ; dann kreuzte das Lotsenboot, endlich lief das Schiff ein, reffte die Segel, warf den Anker aus und schleifte ihn noch eine Strecke am Grunde fort, bis er fest lag, ein Boot wurde ausgesetzt, den Kapitän an Land zu bringen, der dann gleich von den Gehilfen der Spediteure mit großem Lärm in die Mitte genommen und nach einem Kontor geschleppt wurde. Überall roch es so eigen nach Teer und Steinkohlendampf.

Unser Häuschen hatte nur zwei Fenster auf jeder Seite der Tür. Rechts vorn befand sich die Amtsstube. Sie stand selten leer, denn mein Vater hatte da nicht nur als Stadtrichter Termine abzuhalten, sondern auch die Rechtsgeschäfte der Schiffsleute zu ordnen; manchmal, wenn eine ganze Mannschaft abgefertigt werden mußte, standen sie bis in den Flur. Der Vater, der sich immer gern gründlich einarbeitete, lernte englisch und studierte eifrig aus Büchern und Karten, was sich auf Seeschiffahrt, Bau der Schiffe, Benennung aller einzelnen Teile, Flaggenkunde etc. bezog. Und wie er denn stets die Mutter bei allem beteiligte, was er trieb (mußte sie sich doch manchmal gar amtliche Berichte und Relationen vorlesen lassen!), so lernte sie auch jetzt mit und von ihm. Ich war meist dabei und verlor kein Wort. So wußte ich bald jede Stenge und jedes Tau am Schiffe zu benennen. Daß ich Seemann werden müßte und nur Seemann, verstand sich nun schon von selbst.

Ernst Wichert, geboren 1831 in Insterburg, stammte aus einer alten Juristenfamilie und war ebenfalls Jurist, wurde aber weithin bekannt als Erzähler (u. a. »Heinrich von Plauen«, Roman) und Dramatiker. Seine Autobiographie »Richter und Dichter« erschien 1899. Er starb 1902.

Ernst Wichert

Eine Reise nach Danzig

In meinem elften Lebensjahre machte ich den ersten Ausflug in die Welt. Das geschah folgendermaßen. Auf dem Haff verkehrten schon seit längerer Zeit die kleinen Dampfschiffe »Falke« und »Schwalbe« regelmäßig zwischen Königsberg, Pillau und Elbing. Der erste Dampfer, der sich meines Wissens weiter über See bis Danzig wagte, war die »Gazelle«. Wenn sie, von Königsberg kommend, in Pillau anhielt, war immer ein munteres Getreibe am Bollwerk in der Nähe des Leuchtturms. An einem Sommertage zu Anfang der Schulferien sah mein Vater dort den jungen Lehrer Born mit einer Anzahl größerer Knaben in Turnkleidern, das Ränzel auf dem Rücken, zur Abfahrt bereit stehen. Er wollte nach Danzig, von dort zu Fuß nach Marienburg und Elbing, endlich wieder mit dem Dampfboot nach Pillau zurück. Die Frage, ob er mich mitnehmen wolle, bejahte er freundlichst. So wurde ich denn aufgesucht, in einer Viertelstunde ausgerüstet und ihm anvertraut.

Es war mir alles wie ein Traum, in den sich doch auch ängstliche Empfindungen mischten, als nun die Ladebrücke eingezogen wurde, die Dampfpfeife schrill ertönte, die Räder sich in Bewegung setzten und das Schiff an unserem Hause vorübersauste, in dessen Türe meine Mutter stand und gewiß mit schwerem Herzen ihren ältesten Jungen auf die tückische See hinausfahren sah. Es wehte ein frischer Wind, und hinter der Mole bespritzten die Wellen mit ihrem Schaum das Verdeck. Doch hielt ich mich längere Zeit ganz tapfer gegen die Seekrankheit. Gegen Abend aber blies uns ein ein so kräftiger Sturm entgegen, daß das kleine Schiff arg zu schwanken anfing und meine leichten Kleider bald völlig durchnäßt waren. In der Kajüte wurde mir unwohl; ich mußte wieder auf Deck und lag da unter einer Bank, durch den niedrigen Bord nur wenig geschützt gegen Wind und Wetter, in traurigstem Zustande. Mit einer Verspätung von vier Stunden langten wir endlich schon zur Nachtzeit in Neufahrwasser an. Am anderen Morgen war freilich alle Not vergessen, als wir nach Danzig wanderten und die Wunder der alten Hansestadt anstaunten: die Festungstore, die Straßen mit den hohen Giebelhäusern und Beischlägen, das Rathaus mit seinem mächtig aufstrebenden Turm, den Artushof mit seinen alten Bildern und Schiffsmodellen, die gewaltige Marienkirche mit ihrem wundersamen Gewölbe. Auch im Kloster Oliva schauten wir uns um, und vom Bischofsberge aus genossen wir die schöne Aussicht. Dann gings weiter nach Marienburg, wo das alte Ordensschloß an der Nogat mit seinen stolzen Erinnerungen die jugendliche Phantasie völlig gefangen nahm. Ich hatte mir Blasen an den Füßen gelaufen und war froh, daß mich auf dem weiteren Wege ein Planwagen, wenn auch nur schrittweise, beförderte. In Elbing war schließlich von dem sehr mäßigen Reisegelde für jeden nur noch ein kleiner Betrag übrig geblieben. An die Rückfahrt zu Dampfboot war nicht mehr zu denken. Da am anderen Morgen ein Frachtkahn abgehen sollte, verschafften wir uns hier gegen Vergütung von fünf Silbergroschen pro Person Unterkunft. Der Rest des Geldes wurde leichtsinnig in Kuchen angelegt. Wir meinten, nachmittags schon in Pillau zu sein, täuschten uns aber sehr. Der Kahn mußte den Elbingfluß hinab bis zum Haff mühsam getreidelt werden, lag dann eine gute Weile still, um auf Wind zu warten, und lavierte darauf Tag und Nacht und bis zum Nachmittag des nächsten Tages. Ich schlief in einem Stapel Taue und befleckte mir dabei den ganzen Anzug mit Teer. Dazu der Hunger. Zum Glück hatte der Schiffer Kartoffeln an Bord; sie schmeckten mit Salz vortrefflich. So kam ich trotz mancherlei Strapazen vergnügt im Vaterhause an. Die in Danzig und Marienburg gewonnenen Eindrücke, allerdings wiederholt aufgefrischt, wirkten noch stark nach, als ich vierzig Jahre später meinen Roman »Heinrich von Plauen« schrieb.

Über Ernst Wichert siehe Seite 61. Kindheit und früheste Jugend des 1831 Geborenen, beschrieben in »Richter und Dichter« (1899), liegen vor 1850.

Ottfried Graf von Finckenstein

Kreis Rosenberg

Ich glaube, es gibt keinen schöneren Kreis im ganzen großen Deutschland als meinen Heimatkreis Rosenberg. Da ist zunächst das Land, dieser geliebte Boden, der leicht gewellt vom dürren Sand der Kiefernschonungen bis zum fetten Lehm und dem schwarzen Moorboden der Niederungen um Ossa und Drewenz wechselte. Da sind die Wälder, jene weiten und kräftigen Lungen des Landes, im Süden der Raudnitzer Wald, daran anschließend der Schönberger Forst, der Januschauer und Finckensteiner Wald, zusammen mit dem bereits ostpreußischen Schwalgendorfer und Alt-Christburger Wald ein Komplex von hunderttausend Morgen. Überall aber blinzelten zwischen den Bäumen die Augen Gottes, die Seen, von dem großen klaren Geserichsee, dem Freund der Eylauer, mit seiner Liebesinsel und den schönen Anlagen, bis zu den verlandeten Flachseen, an deren Ufern die letzten Vertreter aussterbender Vogelrassen brüteten. Wo gibt es denn sonst solch ein unberührtes Vorfeld der Geschichte, wie den Karraschsee mit seinem kilometerbreiten Schilfgürtel, durch den nur schmale Schneisen wie Kanäle hindurchführten? Unvergeßlich die Herbstmorgen auf diesem See, wenn die Sonne langsam und majestätisch auf ihren Nebelthron stieg, wenn die Kraniche zu trompeten anfingen und auf dies Signal Tausende und Abertausende von Wildenten von den Feldern aufstiegen und mit klingendem und pfeifendem Flügelschlag auf den Bänken einfielen! Unbeschreiblich die Abende an den stillen Waldseen, über die der Brunftschrei der Hirsche aus dem Dunkel wie Urwaldmusik herübertönte!

Der ostpreußische Erzähler und Lyriker Ottfried Graf von Finckenstein wurde 1901 in Schönberg bei Marienwerder geboren.

Schloß Schlobitten im Kreis Preußisch Holland, im 17./18. Jahrhundert zu einer
fürstlichen Residenz ausgebaut.

7 Frauenburg Wehrtürme des Domhofes. Der Ort ist für immer mit dem Namen des ermländischen Domherren und Astronomen Nicolaus Coppernicus verbunden, der 1510–154 mit kurzen Unterbrechungen hier lebte.

8 Braunsberg,
der Süd-
giebel des
Rathauses.

9   Mehlsack im Kreis Braunsberg. Die mächtige Pfarrkirche, ein Werk der Neugotik des 19. Jahrhunderts.

Georg Hermanowski

Allensteiner Erinnerungen

Wenn ich später an meine Stadt zurückdachte, sah ich nicht jene üblichen Bilder, die uns von Postkarten zur Genüge bekannt sind, nicht das geschlossene Panorama unter dem Viadukt, das Neue Rathaus oder die Anlagen von Jakobsberg. Allenstein ist für mich immer das niedrige Häusermeer der Altstadt, überragt von dem massigen, vierkantigen backsteingotischen Turm der Sankt-Jakobi-Kirche geblieben: Sinnbild der über 600jährigen Geschichte dieser Stadt, Stätte der wahren Geburt in der Taufe, des Lobes und Dankes für alles, was das Kind in seiner frühen Jugend erhalten hat.

Seitlich der alten Lauben am Markt, unter denen wir uns bei Regen und Sturm so geborgen fühlten, legte einst vom hohen Dachfirst aus ein Ortelsburger Jäger auf Napoleon an, als dieser auf dem Marktplatz seine Truppen inspizierte und zu ihnen sprach. Die Wahnsinnstat konnte im letzten Augenblick verhindert werden; so blieb meine Stadt davor bewahrt, mit blutigen Taten in die Geschichte einzugehen. Es rankt sich keine Legende um einen Mord, der nicht stattgefunden, zumal, da es später einen echten Mord in der Stadt gegeben hat. Es nützte nichts, daß Vater Harich die »Mordvilla« der Frau von Schoeneberg abbrechen ließ und eine neue an ihrer Stelle errichtete; Jakob Wassermann hatte dieses Haus in seinem Roman bereits unsterblich gemacht. Hier verbrachte der Schriftsteller Walther Harich seine Jugend. Hier las er E. T. A. Hoffmann, dessen Biograph er später werden sollte. Die Magie dieses Hauses lebte bis in seinen letzten Roman »Die Primaner« fort, als ich die Schulbank der Quarta des Staatlichen Gymnasiums drückte, in dem die Handlung spielte. Ein Buch, in dem wir alle Straßen wiedererkennen konnten, die zwischen unserer »Penne« und dem alten jüdischen Friedhof lagen. Hier öffnete sich mir das geheimnisvolle Allenstein, hier führte uns der Golem durch unser Prag.

Der Schriftsteller Georg Hermanowski ist gebürtiger Allensteiner des Jahrgangs 1918.

Ernst Wichert

Heilsberg im Ermland

Die letzten Osterferien verbrachte ich bei meinen Eltern in dem sehr
interessanten ermländischen Städtchen Heilsberg. Das Ermland ist
dasjenige Drittel des Weichsellandes, welches nach dessen Eroberung durch den Deutschen Orden für die Kirche ausgeschieden
wurde. Das Ländchen, wieder zwischen dem Bischof und dem
Domkapitel geteilt, behielt auch nach dem Abfall vom Orden und der
Verbindung mit Polen Mitte des XV. Jahrhunderts eine gewisse Selb-
ständigkeit, wurde auch, obgleich in das später herzogliche (Ost-)
Preußen eingelagert, vor der Reformation bewahrt und ist auch nach
der Besitznahme durch Friedrich den Großen katholisch geblieben.
Es hat in der Bauart seiner Städte und Kirchen noch viel Eigenartiges.
In Heilsberg war der ursprüngliche Bischofssitz, bis er nach Frauen-
burg am Frischen Haff verlegt wurde. Dort hatte der Bischof ein noch
gut erhaltenes festes Schloß mit Doppelarkaden rund um den inneren Hof und einem tiefen Keller unter dem achteckigen Turm, dessen
Untergeschoß, nur durch ein rundes Loch in der gewölbten Decke
zugänglich, als schauerliches Gefängnis gedient haben soll. Die
ehemalige Vorburg war später moderner umgebaut, und in diesem
Gebäude mit zwei Flügeln gegen das alte Schloß hin befand sich das
Gericht, dessen Direktor mein Vater war. Er wohnte am Markt in einem der Lauben-Häuser, welche das uralte Rathaus mit seinen goti-
schen Spitzgiebeln rings umgaben. Es ist leider vor einigen Jahren
abgebrannt und nicht wieder aufgebaut. Ich besuchte von Heilsberg
aus auch andere ermländische Städtchen von ähnlicher Anlage, zum
Teil noch von ihren alten betürmten Mauern umgeben, und brachte
meiner Phantasie ein gutes Stück altpreußischer Vorzeit nahe.

Über Ernst Wichert siehe Seite 61. Die obenstehende Skizze von Heilsberg ist aus
»Richter und Dichter« entnommen.

Arno Holz

Rastenburg – Das alte Nest

Das alte Nest! Die alten Dächer!
Aus dunklen Linden dort der Turm!
Wie klangen sonntags seine Glocken,
draußen, fern, wo der Kuckuck rief . . .
Da war's so still.

Wir pflückten Blumen, sangen
und horchten, wie's im Bach kluckerte.
Dreißig Jahre darüber hin!
Der Wald so grün, der Himmel tief blau,
noch alles wie damals!
Noch alles wie damals!
Nur du nicht!
Nur du!

Noch einmal jung sein! Mit neuen Augen in die Welt sehn!
Wieder alles wie zum erstenmal
unschuldig in sich trinken!
Mit frohem reinem Kindersinn! Seligen Herzens!
Ach,
wer das könnte!

Arno Holz, der erste bedeutende Dichter des konsequenten Naturalismus in
Deutschland, war Apotheker-Sohn aus Rastenburg. Er lebte 1863–1929.

Friedrich Dewischeit

Masurenlied

Wild flutet der See.
Drauf schaukelt der Fischer im schwankenden Kahn.
Schaum wälzt er wie Schnee
von grausiger Mitte zum Ufer hinan.
Wild fluten die Wellen an Vaterlands Seen, wie schön!
O tragt mich auf Spiegeln zu Hügeln, Masovias Seen!
    O Heimatland, Masovias Strand,
    Masovia lebe, mein Vaterland!

Wild brauset der Hain.
Dort spähet der Schütze des Wildes Spur.
Kühn dringt er hinein,
durchwandelt die Höhen, die Täler, die Flur.
Ihr schwebenden Wolken, gedenket doch mein am Hain!
O führt mich durch Wälder und Felder zur Heimat ein!
    Der Jugend Hain, der Seen Strand,
    Masovia lebe, mein Vaterland!

Tal, Hügel und Hain!
Dort wehen die Lüfte so frei und so kühn.
Möcht' immer dort sein,
wo Söhne des Vaterlands kräftig erblühn.
Dort ziehen die Höhn durch des Nebels Grau, o schau!
Hold lächelt auf Seen und Höhen des Himmels Blau.
    O Heimatland, Masovias Strand,
    Masovia lebe, mein Vaterland!

Ernst Wiechert

Kleinort

Zu Beginn des Jahres 1887 muß mein Vater dann die Försterstelle in
Kleinort bekommen haben, und dort wurde ich am 18. Mai des gleichen Jahres geboren.

Auch wenn es wahr ist, daß in dem Unerkennbaren und Verwirren-
den der Welt zunächst die Gesichter der Eltern für ein Kind das immer Wiederkehrende und Bleibende sind, so will ich hier doch zuerst
von dem Raum der Erde sprechen, in dem ich aufwuchs und der
mich viel mehr geformt hat, als es bei anderen Kindern zu sein pflegt.
Das Haus kann noch nicht lange gestanden haben, als meine Eltern
es bezogen. Es war aus roten Ziegeln gebaut, mit einem roten Pfan-
nendach, und erwies sich somit schon von fern als ein Erzeugnis fis-
kalischer Ordnung und Dauerhaftigkeit, denn in unsrer Landschaft
waren der Holzbau und das Rohr- oder Strohdach noch etwas
Selbstverständliches. Auch Waschhaus und Stall, die in einigem Abstand den Hofraum abgrenzten, hatten dasselbe »solide« Ansehen,
und nur die Scheune in ihrem braunen Holzwerk hätte ebenso auf
einem Bauernhof stehen können, und desgleichen ein angebautes
Holzhäuschen, in dem der Aufenthalt bei 20 Grad Frost nicht gerade
zu einem »Lob des Landlebens« begeisterte.

Erst viele Jahre später bewilligte der Forstfiskus, wie er damals nicht
ohne Ehrfurcht genannt wurde, am Nordgiebel eine hölzerne Veranda mit großen Glasfenstern, in der naheliegenden Annahme
wahrscheinlich, daß ein Förster, der seinen Dienst ordentlich verse-
he, so viel in frischer Luft sein müsse, daß er zu Hause ihrer nicht
mehr bedürfe. Zunächst aber trat man durch eine schwere Tür in den
Hausflur, der einen Ziegelfußboden hatte und von dem zur Rechten
eine Treppe von lebensgefährlicher Steilheit auf den Boden, die
»Lucht«, und, von gleicher Beschaffenheit, in den Keller führte, die
ich beide in jungen Jahren oft genug kopfüber ausgemessen habe.
Aus dem Hausflur, in dessen Dämmerlicht nur der Riegel mit den
Gewehren eine leuchtende Insel des Begehrens war, kam man zur

Rechten in die Küche und zur Linken in die »gute Stube«, die an der einen Seite noch ein kleines, wenig benutztes »Kabinett« besaß. Dahinter lagen die Wohnstube und das Schlafzimmer der Eltern, ein etwas verbreiterter schmaler Gang, der mir doch mit seiner bunten Tapete und seinem gerahmten Spiegel als Märchenpalast erschien, wenn ich in Zeiten der Krankheit ihn allein bewohnte. Auf der Lucht, nach Süden zu, gab es dann eine kleine »Oberstube«, mit einem Fenster und einem grünen Kachelofen. Es war der Raum, in dem ich als Kind den größten Teil meiner Wissenschaft und meiner Träume, meiner Schmerzen und Freuden empfangen habe. Alle andre Menschheit, die zu uns gehörte, war durchaus ländlich untergebracht, das Mädchen in der »Schlafbank« der Küche, der Knecht und der Hütejunge im Stall bei Pferden und Kühen.

Auf drei Seiten war das Haus vom Garten umgeben. Es war nach heutigen Begriffen sicherlich ein kümmerlicher Garten, mit ein paar uralten vermoosten Apfel- und Kirschbäumen, etwas jungem Edelobst, das mein Vater gepflanzt hatte, mit spärlichen Beerenbüschen und ein paar Blumenbeeten. Aber seine Herrlichkeit bestand in einer Reihe alter Fichten, die den Zaun nach Osten und Süden säumten, und in einem Fliederwald, der den Garten nach zwei Seiten abschloß. Und wenn in den schwermütigen Jahren meiner städtischen Verbannung das Bild meiner Heimat vor meinen Augen aufstand, so war es dieser Garten, zu dem meine Blicke sich aufhoben und in dem mir alles versammelt schien, was das Herz eines Kindes mit Seligkeit erfüllen konnte.

Rings um das Gehöft senkten sich unsre Felder, die fast sechzig Morgen umfaßten und um die in unendlichem Schweigen die Mauer des Hochwaldes sich erhob. Nur nach Südosten konnte der Blick weiter hinausgehen. Dort lag zwischen sumpfigen Wiesen, Schilf und alten Erlen unser See und auf der sandigen Höhe dahinter die einzigen Siedlungen, die wir sahen: die drei oder vier Gehöfte des Dorfes Kleinort, Rohrdächer unter uralten Ahornbäumen, und die beiden Gehöfte von Kleinbrück, wo die feindlichen Brüder lebten. Dicht an der Försterei, am Rande des Waldes, zog die alte Landstraße entlang, kam unter alten Kiefern hervor und tauchte in jungen Schonungen wieder unter, die mein Vater schon gepflanzt hatte, und das war nun alles, was wir von der großen Welt zu sehen vermochten.

Abschied von Kleinort

Vor drei Jahren habe ich mein Vaterhaus wiedergesehen, nach fünfundzwanzig Jahren. So lange Zeit hatte ich mich gefürchtet, mein
Leben an seinen Anfang zurückzutragen und den kleinen Kreis des
Ursprungs noch einmal auszuschreiten. Aber nun wollte ich weit fort
von meiner Heimat, bis in das Alpenvorland, und das Tor zumachen
hinter einem lauten Weg. Und da wollte ich sie noch einmal sehen,
die Stille meines Anfangs, um das Bild mit hinüberzunehmen und es
aufzustellen über einem fremden Herd.
Aber nun war es vielleicht doch nicht gut. Ich kam aus einer großen
Stadt, aus vielen Städten. Ich hatte vorgelesen, es waren viele Menschen um mich gewesen, Lob, Tadel, Fragen, Schicksale. Und nun
hatte ich eine Nacht in der Heimat geschlafen, in einem kleinen Haus
am Cruttinnenfluß. Auf dem kleinen Friedhof hinter dem Garten-
zaun schliefen meine Großeltern, und vor mir lag die weite Krümmung des Flusses, und hinter ihr lagen die weiten Wälder. Und alles
war grau und winterlich und still, so totenstill. Und ich sah nun, daß
es ein Gesetz war, nach dem ich angetreten und weitergegangen
war, und es schauerte mich ein wenig vor der Größe und der
Schwermut dieses Gesetzes.
Am nächsten Morgen machte ich meinen Wagen fertig und fuhr in
die Wälder. Nebel hing um die hohen Tannen. Kein Vogel sang,
keine Blume blühte.
Ich fand die Stelle, an der ich meinen ersten Adler geschossen hatte.
Der Hochwald war fort, fremde Schonungen sahen mich an. Ich
wußte nicht, wer sie gepflanzt hatte. Die Sonne kam über die Wipfel
und beleuchtete ein fremdes Land. Was unwandelbar erschienen
war, hatte sich gewandelt. Das Paradies, hatte ich geglaubt, könne
sich nicht wandeln. An derselben Stelle müßten die Rehe stehen, unter demselben Baum müßte Gottvater ruhen. Hatte ich bedacht, daß
ich selbst als ein anderer wiederkam?
Je näher ich meinem Vaterhause kam, desto fremder wurde die Welt.
Hier trug ich jeden Busch in meiner Seele, hier konnte ich die Augen
schließen und sagen: »So muß es hier sein.« Aber es war nicht so. Al-

les Kleine der Kinderzeit war groß, erschreckend groß geworden, alles Große war fort. Auch hier war Geburt und Tod gewesen, aber ich hatte weder an den Wiegen noch an den Särgen gestanden. Ich stieg aus dem Wagen, um die Erde an meinen Sohlen zu spüren, ich blieb zwischen den Kiefern stehen und lauschte. Ich wußte, wie es gerauscht hatte zu meiner Kinderzeit, in den unvergeßlich großen Bögen der stillen Melodie, hinunter bis in die letzten Wurzeln meines jungen Lebensbaumes. Es rauschte auch jetzt, von Wipfel zu Wipfel, groß, gelassen und fern, aber es streifte mich wie ein fremder Mantel. Es hob sich auf wie von einem Irrtum und ging davon. Es ließ mich außer sich. Es war, als hätte es mich enterbt.

Und dann sah ich das Haus. Das erste war die Tannenhecke am Weg mit den Ahornbäumen. Ich sah sie, aber sie war nicht da. Mein Vater hatte sie gepflanzt, und man hatte sie aus seinem Leben geschnitten, als sei er schon tot. Dort hatten die Hasen zur Winterszeit gelegen, und immer war ein leises Rauschen in dem Dunkel der Zweige gewesen, und die ersten Gestalten einer kindlichen Dichtung hatten dort gewohnt, im grünen Dämmerlicht, das immer über dem schmalen Wege stand.

Und da wußte ich, daß auch das andre so sein würde, alles andre. Es war eine freundliche Frau, die mich empfing, aber in ihrer Freundlichkeit lag die Sicherheit des Besitzes und die gütige Nachsicht für die Seltsamkeit eines Sonderlings. Die Oberstube? Nein, die Oberstube sei leider nicht mehr da. Es sei angebaut worden, und da habe sie leider verschwinden müssen. Aber ich könne ruhig hinaufgehen. Nein, das wollte ich nun nicht mehr. Auch in einem Totenhaus geht man nicht umher, um Hausrat und Aussicht anzusehen. Und dieses war doch ein Totenhaus. Meine Kindheit lag dort aufgebahrt, ohne Anspruch auf Feierlichkeit, und man hatte vergessen, ihr die Augen zuzudrücken, so daß sie mich ansah, wohin ich auch immer ging. Ich ging sehr leise, wie es sich gehörte, sehr scheu und so schnell, wie es erlaubt ist in einem Totenhaus.

Ich ging auch in den Garten, wo die hohen Tannen gerauscht hatten, und wo ich mit meinem Kranich geschlafen hatte, sein Herz an meinem Herzen. Die Tannen waren nicht mehr da. Sie seien krank gewesen, hatte die Frau gesagt, und sie hätten auch zuviel Schatten geworfen. Auch die Kirschbäume waren fort und der alte Apfelbaum mit grünem Moos auf seinem gekrümmten Stamm. Nur die Esche am Giebel stand da, die mein Vater gepflanzt hatte, und ihr grauer Gipfel reichte hoch über das Dach.

Eine Weile stand ich da, in meiner bitteren Verlorenheit, und starrte hinaus, nach dem Kreis der Wälder, der dies alles umschloß. Wie aus einer Schale tropften die Jahre des Gewesenen in mich hinein, alle Bitterkeit und alle Süße eines Kinderlebens, und plötzlich war mir, als sei mein Haar grau, als rühre die Hand der Geschlechter mich an, mit einer leisen Mahnung, daß das Unsterbliche in der Kette liege und nicht in ihren Gliedern.

Da wendete ich den Wagen auf dem schmalen Hofe und fuhr davon. Und noch als er aus dem grauen Tor rollte, fiel mir ein, daß ich nun in einem glänzenden Wagen den Weg heraufgekommen sei, den ich so oft barfuß als Kind heruntergelaufen war, um die Kühe zu hüten oder den Frühstückskorb auf das Feld zu tragen. Es hätte ein Trost und vielleicht sogar ein Stolz in diesem Gedanken liegen können, aber ich war weit von allem Stolz entfernt. Sehr demütig fuhr ich nun aus meinem Kinderland. »Fremd ist dir alles geworden«, dachte ich, »aber vielleicht ist dieses alles hier geblieben wie am ersten Tag, und nur du selbst bist als ein Fremder eingekehrt in ein stilles, wartendes Haus. In einem großen Wagen bist du angekommen, so wie es in den Märchen steht, aber alle diese Dinge deiner Kindheit wollten das nicht. Sie wollten, daß du die Schuhe auszögest an der Schwelle eines heiligen Landes und wiederkehrtest, wie du einst gegangen warst: barfuß, demütig und arm.«

Und ich sah mich um in der schweigenden Runde, ob nicht ein Trost geblieben sei, an dem ich mich aufrichten könnte in meiner Verlassenheit. Und da, in diesem Augenblick, sah ich sie. Auf einem Heidekrauthügel, unweit des Weges. Weiß und schmal stieg ihr Stamm in die Höhe, und ein rötliches Licht hing über der schmalen Krone. Ich legte die Hände um ihren kühlen Schaft und sah zu ihr empor. Es war mein Eigentum, meines allein, denn ich hatte sie gepflanzt, am Tag vor Pfingsten, als ich sechs Jahre gewesen war. Niemand war bei mir gewesen als Tante Veronika, die immer da war, wenn ein Wunder geschah, die Stimmen hörte und Gespenster sah, deren Hand den Himmel öffnen konnte und deren leise Stimme bis zu den Toten drang. »Eine Birke mußt du pflanzen, Andreas«, hatte sie gesagt,

»damit der Heilige Geist sich ausgießen kann über sie in der Pfingst-
nacht . . .« Ich wußte nicht, was der Heilige Geist war, aber als ich die
dünne Wurzel in die feuchte Erde senkte und die Kühle des Früh-
lingsbodens meine Hände berührte, floß etwas hinein in meine ver-
zauberte Seele, was nicht unähnlich dem sein mochte, was Tante
Veronika mit den Worten des Neuen Testamentes nannte. »Wenn du
groß bist, Andreas«, sagte sie und sah mit ihren blauen Augen über
die Wälder hin, »und du hast Angst in der Welt, dann mußt du unter
diese Birke treten und die Augen aufheben zu den Zweigen, von denen dir Hilfe kommt. Und Friede wird in deiner armen Seele
sein . . .«

Und da stand ich nun unter meinem Kinderbaum, der so groß geworden war, daß er auf mich herabblickte, und hatte die Hände um
seine Rinde gelegt und sah die vierzig Jahre in den rötlichen Zweigen
und in der Haut meiner Hände, und hörte die Stimme, die lange versunken war, und wußte nun, daß alles gut so gewesen war. Daß ein
Mensch nicht fremd sein kann auf seinen Wegen, weil die Spur seiner Geleise hinter ihm herläuft, rückwärts bis zu dem Beginn seiner
Kinderträume. Daß das Sichtbare sich wandelt, aber niemals das Un-
sichtbare, und daß das Kind uns niemals verstößt, aus dem wir aufgewachsen sind zur gegenwärtigen Form.

Und ich hob meine Augen auf zu den Zweigen, von denen mir Hilfe
kommen sollte, und kehrte um und fuhr aus den Wäldern hinaus,
die mich geboren hatten. Ich wußte, daß ich Tage und Nächte zu fahren haben würde, bis ich in meine neue Heimat käme. Daß Jahre ver-
gehen würden, bis ich sie wiedersähe, daß Menschen und Bäume
sterben würden, ehe ich wiederkäme. Aber es bedrückte mich nun
nicht mehr. Ich hatte keinen Zweig gebrochen aus der jungen Bir-
kenkrone. Ich nahm nichts mit mir als den Staub des Weges, der hinter mir aufstand. Aber in diesem Staub war ein Glanz wie der Glanz
einer Morgenröte, und ich hob meine Augen auf zu den kommenden
Dingen, die mich erwarteten.

Man hat Ernst Wiechert (1887–1950) einen »grüblerisch-empfindsamen Erzähler«
genannt, der bestimmt war »durch das Erlebnis seiner ostpreußischen Heimat«
(v. Wilpert). Er stammte aus dem Forsthaus Kleinort in der Nähe von Peitschendorf,
Kreis Sensburg. Er war zunächst im höheren Schuldienst tätig, seit 1933 freier
Schriftsteller. Seine Jugenderinnerungen »Wälder und Menschen« erschienen 1936.

Marion Gräfin Dönhoff

Ritt durch Masuren

Aufgeschrieben 1941 für meinen Bruder Dietrich

27. September 1941

Nach wochenlangem Regen der erste wirklich leuchtend klare
Herbsttag! Sißi und ich treffen uns am Morgen in Allenstein auf der
Verladerampe des Güterbahnhofes. Soldaten, Urlauber, militärische
Transporte – ein zeitgemäßes Bild. Wir satteln noch im Waggon,
denn beide Pferde sind so unruhig, daß sie – einmal ihrem Gefängnis
entronnen – keinen Augenblick stillhalten würden. Die Mäntel werden, sachgemäß zu einem länglichen Wulst zusammengerollt, hinten aufgeschnallt, die Satteltaschen befestigt. Dann kommen die
Pferde unter großem Gewieher und Geschnaube aus dem Waggon.
Wir müssen quer durch ganz Allenstein, um in Richtung Lanskerofen den Weg über Jommendorf–Reußen zu erreichen, eine aufregende Angelegenheit, denn bei jedem Lastwagen und jeder Elektrischen sprengt einer von uns quer über die Straße. Endlich der unge-
wohnten Stadt entronnen, geht es gen Süden, zunächst noch auf
einer Teerstraße, eingefaßt von Ebereschen, deren grellrote Beeren
selbstbewußt und fröhlich den tiefblauen Himmel anstrahlen. Aber
schon vor Reußen verlassen wir diese »Kunststraße« für eine Reihe
von Tagen, während deren wir sie nur gelegentlich verächtlich kreuzen.
In Reußen erklimmen wir zwischen alten Holzhäusern einen steilen,
sandigen Hang, und dann liegt vor uns, in allen Farben leuchtend,
der riesige Komplex der südostpreußischen Forsten, in den wir jetzt
eintauchen werden. Links ein blauer See, gesäumt von dunklen
Fichten, rechts ein paar Kartoffelfeuer, deren Rauchsäulen steil zum
Himmel ansteigen, wie ein Gott wohlgefälliges Opfer, und davor eine
Birke in der letzten Vollkommenheit ihrer herbstlichen Schönheit.
Solche Bilder: das Fallen der Blätter, die blaue Ferne, der Glanz der
herbstlichen Sonne über den abgeernteten Feldern, das ist vielleicht
das eigentliche Leben. Solche Bilder schaffen mehr Wirklichkeit als

alles Tun und Handeln – nicht das Geschehene, das Geschaute formt und verwandelt uns.

Ich bin voller Erwartung. Was werden wir noch alles schauen in diesen Tagen der reifenden Vollendung. Ich weiß nicht, ob es Dir auch so geht, daß Du manchmal das Gefühl hast, ganz dicht davorzustehen, nur noch durch einen dünnen Schleier davon getrennt zu sein – wovon eigentlich? Von der Erkenntnis? der Wahrheit? dem Leben? ich weiß es nicht, aber ich ahne es und warte darauf mit jener Gewißheit, mit der man nur das Wunder erwartet.

Es ist unsagbar schön, auf diesem sandigen Boden zu traben, das Laub raschelt unter den Hufen – Buche und Eiche wechseln, dazwischen steht dann und wann eine Linde oder der rote Schaft einer Kiefer. An der Üstritz-Schleuse zwischen Lansker- und Üstritz-See begegnen wir einem Waldarbeiter, der uns den Weg zum Forstamt Lanskerofen zeigt. Das Forstamt liegt an einer unwahrscheinlich schönen, sehr einsamen Stelle des westlichen Lansker Sees. Es ist ganz neu gebaut. Fachwerk: weiß mit schwarzen Balken und einem tief heruntergezogenen Rohrdach. Wohnhaus und Stall gehen ineinander über, das Ganze, in Hufeisenform gebaut, bildet einen nur zum See hin offenen Hof mit einer Pumpe in der Mitte. Es ist sehr geschickt gemacht, ein wenig zu absichtlich bäuerliches Deutschtum. Wir tränken die Pferde, und der nette Forstmeister, der eben für acht Tage von der Ostfront auf Urlaub gekommen ist, lädt uns zum Mittag ein und gibt uns ein paar landschaftliche Tips für die Weiterreise. Unter seiner Ägide entschließen wir uns denn auch endgültig für die östliche Tour, zumal er uns für die heutige Nacht bei seinem Kollegen in Hartwigswalde angesagt hat.

Dies ist der nördlichste Teil des Neidenburger Kreises – es ist echtes Masuren und wohl der ärmste Teil von Masuren. Hinter Dembenofen nach Ortelsburg zu wird der Boden immer leichter, Heidekraut und Sand, dann und wann eine krüppelige Kiefer und endlose flache Hügel mit grauem Steppengras. Es hat fast etwas Asiatisches, dieses Land – übrigens nennt auch unser Meßtischblatt einen der breiten Wege, auf dem wir ein langes Stück galoppieren, »Tatarenstraße«. Es ist schwierig, sich in dieser Gegend zurechtzufinden, unzählige planlos angelegte und regellos benutzte Wege laufen durcheinander und sind mit unserer Karte nicht in Übereinstimmung zu bringen.

Niemand fährt in der Spur des Vorgängers, jeder legt daneben eine neue Trasse an, und weil »daneben« wieder ebensowenig wächst, findet dieses System nirgendwo eine Begrenzung. Schließlich landen wir schon im Dunkeln auf einer festen Straße und finden bald darauf das Forstamt Hartwigswalde, wo wir die Nacht zubringen sollen.

Der Forstmeister und seine Frau sind außerordentlich gastlich. Beide stammen aus dem Westen und sind daher etwas verwundert über die hiesige Bevölkerung, vorwiegend wohl deshalb, weil die Leute so ganz ohne Bedürfnis und ohne Ehrgeiz sind. Es ist offenbar schwierig, sie zur Arbeit zu bringen, weil ihnen der Antrieb des Verdienenwollens fehlt. Sie tun offenbar im allgemeinen nur soviel, wie nötig ist, um gerade eben den Lebensunterhalt zusammenzubringen. Ganz selten kommt es vor, daß eines der Kinder in Stellung geht oder fortzieht, um weiterzukommen und mehr zu verdienen – ein, wie ich finde, höchst sympathischer Zug. Merkwürdig: der, dem es gut geht, möchte es immer noch besser haben – genügsam ist nur der, der weiß, wie schwer es ist, sein Auskommen zu finden. Und hier, wo man 4 bis 6 Zentner Roggen vom Morgen erntet und 40 bis 50 Zentner Kartoffel vom Morgen, hat der kleine Bauer es nicht leicht, sein Auskommen zu finden.

28. September 1941
Wieder ist der Himmel blau, aber heute ist alles weiß bereift. Nachts waren 4 Grad Kälte, unsere Pferde sehen etwas mürrisch aus, weil ihnen das synthetische Mischfutter – Hafer gibt es hierzulande nicht – schlecht schmeckt, ein Umstand, der uns mit einigen Bedenken erfüllt. Der Forstmeister begleitet uns auf einem dicken schwarzen Roß noch ein Stück des Weges durch sein Revier: fast ausschließlich mäßiger Bestand, landschaftlich aber sehr schön – der Abnutzungssatz beträgt hier weniger als 3 Festmeter je Hektar, während wir in Quittainen mit 5,4 Festmetern rechnen.

Sonntägliche Stille liegt über dem Land und den beiden kleinen Dörfern, die wir passieren. Hinter Schuttschenofen verläßt uns unser Begleiter am Rande des erneut beginnenden großen Forstes, der sich von hier nach Osten fast ohne Unterbrechung über 80 bis 90 Kilometer bis Johannisburg hinzieht. Ich empfinde eine große Zärtlichkeit für dieses karge Land und seine anspruchslose Bevölkerung. Merkwürdig übrigens, wie die Lebensgewohnheiten dieser östlichen Völker, von der Ostsee bis zum Schwarzen Meer, sich überall ähneln. Von Litauen bis hinunter zum Balkan findet man überall die gleichen Bilder: ausgewachsene Männer oder Kinder, die tagaus, tagein nichts anderes tun als mit ihrer Kuh umherzuziehen und sie irgendwo am Wald- oder Wegerand zu hüten.

Der Forstmeister, dem ich erzählte, daß ich in der Slowakei und den Karpaten oft Bauern gesehen habe, die viele Stunden über Land zum Markt wandern mit einem Hahn oder einem Stück Käse unter dem Arm, meinte, es sei hier nicht viel anders – er hätte im vorigen Jahr bei einem Bauern 40 Zentner Kartoffeln bestellt, sie aber nie erhalten; der Mann, darüber zur Rede gestellt, sagte nur: »Wenn ich soll alles auf einmal verkaufen, womit ich gehen dann auf Markt?«

Wir gehen, um unsere Pferde zu entlasten, ein Stück zu Fuß, Richtung Paterschobensee, mehr oder weniger nach Gutdünken, denn unsere Karte läßt uns eine Weile im Stich. Als wir nach etwa einer Stunde aus dem Walde heraustreten, liegt der Schobensee wie eine persische Miniaturmalerei vor uns: türkisfarbener Himmel über tiefblauem Wasser und davor ein rötlich-gelber Acker. Es ist ein beseligendes Gefühl, so durch das herbstliche Land zu reiten, ganz leicht und beschwingt fühlt man sich, fern von aller heimatlichen Begrenzung und den Sorgen des Alltags. Unendlich fern ist sogar die Sorge um das, was kommen wird, die einen sonst doch auf Schritt und Tritt begleitet. Jetzt sind Sonne und Wind, der Hufschlag des Pferdes auf den sandigen Waldwegen und der Geruch von fallendem Laub und Kartoffelkraut unsere Welt und wir ein Teil derselben.

Bis zum Forstamt Reußwalde, wo wir abfuttern wollen, sind nur noch 10 Kilometer, die wir mehr oder weniger in leichtem Trab zurücklegen. Sißis Fuchs geht mit wunderbar taktmäßigen Bewegungen, völlig schwerelos schwebt er über den Boden, während mein ungefüges Schiff, dessen Widerrist mich um etwa zwei Kopf überragt, über jeden Kieselstein, zuweilen auch über seine eigenen Füße stolpert.

Wir sind jetzt wieder in fruchtbarere Zonen gelangt, auch der Wald ist wieder üppiger und abwechslungsreicher. Unsere Karte hat uns fehlerlos die Gestelle entlang zum Forstamt geführt, das hinter einer besonnten Kastanienallee jetzt vor uns auftaucht. Wie große Hände liegen die Blätter zwischen den Baumreihen auf dem Kiesweg.

Der Forstmeister, ein Junggeselle mittleren Alters, bewirtet uns und die Pferde aufs beste und gibt uns dann noch ein Stück das Geleit. Er sitzt, eine dicke Zigarre rauchend, eingerahmt von zwei gemütlichen Hamburger Muttels, die zu dem verwandtschaftlichen Zubehör seines Haushalts gehören, im »gelben Jagdwagen« und trabt, in eine Staubwolke gehüllt, in so beschleunigtem Tempo vor uns her, daß wir kaum zu folgen vermögen. An der Grenze seines Bereiches verläßt er uns und empfiehlt uns »Tante Hedwig« im Nachbarforstamt als nächtliche Bleibe.

Wieder endlose sandige Wege, Wald, Kartoffeläcker, Buchweizenfelder und wieder Wald. Gelegentlich ein Dorf oder ein paar einzelne Katen am Wege. Irgendwo unterwegs läuten die Glocken am Nachmittag. Ein Fuhrwerk mit Täufling und zahlreichen Paten mahlt sich mühsam durch den Sand. Später treffen wir im Ort den Pfarrer, ein hageres Männchen im Gehrock, den Rucksack mit seinem Talar auf dem Rücken.

Kurz nach Sonnenuntergang kommen wir am Forstamt Friedrichsfelde an. Da außer Tante Hedwig, die selber Gast ist, alle Verantwortlichen fort sind, verhandeln wir zunächst mit dem Kutscher, der unsere Pferde bereitwillig einstellt und sie mit unmäßig viel Hafer versieht. Dann suche ich Tante Hedwig auf, um von ihr die Genehmigung zur Übernachtung auf dem Heuboden zu erwirken – übrigens nicht ganz ohne leichte Beängstigung, weil man sie uns als brummig und nicht sehr zugänglich schilderte. Zu meiner Verwunderung war sie keineswegs überrascht, schien es vielmehr vollkommen normal zu finden, daß zwei weibliche Wesen allein mitten in der Nacht zu Pferd in dieser gottverlassenen Gegend erschienen. Sie meinte sofort, es sei viel zu kalt, um auf dem Schuppen zu schlafen, wir sollten lieber hereinkommen. Also holten wir unsere Packtaschen und bekamen zwei Bettstellen mit Matratzen in der Wäschestube zugewiesen, auf denen wir, gewärmt durch unsere Mäntel, prächtig schliefen.

Das Forstamt liegt sehr einsam, am Saum einer langen, ringsum von Wald eingefaßten Wiese. Der Vollmond steht darüber, und seine Strahlen bauen über dem aufsteigenden Nebel eine leuchtende

Brücke, auf der unsere Gedanken gen Osten wandern. Merkwürdig, zu denken, daß das gleiche Licht, welches die Stille und Einsamkeit dieser Wälder verklärt, über den blutigen Schlachtfeldern Rußlands steht.

Tante Hedwig hatte inzwischen Kartoffeln gebraten und empfing uns mit einem angenehm wärmenden Tee, als wir von unserm abendlichen Gang heimkehrten. Und da sie offenbar Gefallen an uns fand, fing sie an, aus ihrer Jugend zu erzählen. Von ihrer Heimat Sylt, von dem Großvater, der in den 30er Jahren des vorigen Jahrhunderts dort lebte, und den anderen Verwandten, die alle zur See fuhren, vom Nachbarn Numme, der vom Oberpräsidenten und dem Vertreter des Königlichen Ministeriums aus Berlin geringschätzig meinte: sin allens man diensten (Dienstleute). »Ja, auf Sylt, die waren meist Kapitäne«, sagte Tante Hedwig stolz, »sie kannten die Welt und alle Meere. Und Kultur hatten sie und waren vornehme, gebildete Menschen, bis die Badegäste kamen, da war alles vorbei, und jetzt ist Sylt eine Art Neu-Amerika.«

29. September 1941

Als wir aufbrechen, ist wieder alles weiß bereift, und wieder geht die Sonne am wolkenlosen Himmel strahlend auf. Erst gegen 10 Uhr wird es wärmer. Vor uns liegen die riesigen Forsten von Friedrichsfelde, Puppen und Johannisburg, die wir von West nach Ost durchqueren, bald auf den grünbegrasten Gestellen, bald auf kleinen verschwiegenen Sandwegen reitend. Es sind etwa 40 Kilometer, die wir auf diese Weise bis Rudzanny zurückzulegen haben.

Bald hinter dem Forstamt überqueren wir die Capacisca, eine viele Kilometer lange moorige Wiese, die sich bis nach Polen hineinzieht. Am Rande stehen ein paar junge Birken, von der Morgensonne beschienen, etwas weiter am Wege liegt ein kleines Förstergehöft, und dann sehen wir durch viele Stunden kein Haus, keine Menschen, nur Wald und immer wieder Wald. Wenn irgendwo ein Hügel aufsteigt, dann reiten wir hinauf und sehen über die unendlichen grünen Flächen, in die das Gold der Birken und das Rot der Eichen hineingewoben ist. Dann und wann zieht ein Raubvogel seine Kreise am blauen Gewölbe, ein paar Tauben streichen flügelschlagend ab. Gegen Mittag kommen wir bei Kurwien an den Niedersee und wenden uns nunmehr nordwärts, dem eigentlichen Seengebiet zu. Zunächst über Kreuzofen und Rudzanny. Die Orte hier machen den Eindruck typischer Fischerdörfer und haben viel Ähnlichkeit mit der Nehrung. Schön ist der See, aber vor Rudzanny wird es scheußlich belebt, ein harter breiter Kiesweg, Telefonleitungen, schließlich sogar eine Asphaltstraße. Trotz unserem antizivilisatorischen Hochmut ist der Gedanke an ein warmes Mahl stärker als alle Vorurteile, und wir kehren im Kurhaus Niedersee ein, lassen die Pferde auf dem Rasen weiden, und essen, in der Sonne sitzend, ein köstliches Schnitzel, vor uns den langgestreckten blauen Niedersee.

Der weitere Verlauf des Tages stimmt uns etwas bedenklich. Wir haben nämlich beschlossen, den Beldahn-See – da dies der reizvollere Weg zu sein scheint – auf der Ostseite hinaufzureiten, und dies wiederum bedeutet, daß wir am Ende des Sees eine Fähre benutzen müssen, um nach Nikolaiken zu gelangen. Ob dieses Beförderungsmittel unseren recht schwierigen Pferden zusagen wird, ist mehr als zweifelhaft. Der See ist etwa 15 Kilometer lang – gelingt es nicht, die Pferde auf die Fähre zu bekommen, so bedeutet dies einen Umweg von 30 Kilometern, denn unterwegs gibt es keine Bleibe. Aber sei's drum, ein solcher Tag kehrt nie wieder, und der See ist so schön, daß wir uns nicht von ihm trennen mögen.

So wie man manchmal aus dem Zustand träumenden Halbschlafs mit dem Gefühl erwacht, soeben noch gewußt und erfahren zu haben, was der Inhalt des Lebens oder das Wesen der Dinge sei – so schien mir, daß dieser See das Geheimnis aller Seen offenbaren könne. Wie aus einer fernen Sage leuchtet er aus dem feierlichen Dunkel der ihn begrenzenden Fichten hervor – unendlich erhaben über das Kleinmaß menschlichen Lebens und den Ablauf der Geschichte, erhaben auch über die vergängliche Gestalt der Landschaft, die sich in seinem Antlitz spiegelt. Keiner noch hat ihn zum Untertan machen können, niemandem hat er je Frucht getragen. Er ist sich selbst genug als Zweck und Inhalt und beharrt als letztes, unwandelbares Bild der Urschöpfung in einer Welt, die menschlicher Nützlichkeitssinn immer mehr verunstaltet. Ich verstehe sehr gut, daß es in der chinesischen und auch in der griechischen Philosophie eine Lehre gibt, wonach das Wasser die Ursubstanz aller Stoffe ist. Darum vermochte auch nur der Schöpfer ihm Gestalt zu geben, als er den Was-

sern befahl, sich zu scheiden. Der Mensch bleibt ihm gegenüber immer nur: Auch-Geschöpf.

Wir reiten langsam im halbverkühlten Sonnenschein des Nachmittags gen Norden, vielfach ohne Weg, entweder unmittelbar am Wasser oder durch den hohen Bestand, der bis an das oft steilabfallende
Ufer heranreicht. Die Sonne färbt die Kiefernstämme glühend rot
und läßt das Buchenlaub in allen Schattierungen von leuchtendem
Gold bis zum tiefen Kupferton erstrahlen. Unten liegt der blaue See,
eingefaßt von einem schmalen Saum lichtgelben Schilfes. Herr Gott,
wie schön diese Welt ist – sein könnte . . .

Schließlich kommen wir an das Ende dieser langen Landzunge und
stehen vor der sogar uns Angst und Schrecken einflößenden Fähre.
Sie ist so klein, daß gerade ein Fuhrwerk darauf paßt, von niedrigen
Stangen eingefaßt, gleicht das Ganze einer schwimmenden Kinder-
boxe. Fürchterlich die Vorstellung, daß, wenn wir erst glücklich auf
dem polternden Bretterboden gelandet sein werden, der Motor mit
stoßweisem Geknatter angelassen wird. Der Bursche, der dieses
Teufelswerk bedient, hat keinerlei Sinn für unsere Sorgen, er grinst
nur. Wir beschwören ihn, seinen Motor ja recht leise in Gang zu setzen, er grinst wieder und ist völlig ungerührt. Später stellt sich heraus, daß er kein Deutsch versteht.

Unter großem Geschnaube, Ziehen, Klopfen und Schlagen sind
beide Pferde endlich mit einem großen Satz, der sie am anderen Ende
beinahe in den See befördert hätte, auf der Fähre gelandet. Vor-
sichtshalber schnallen wir die Satteltaschen ab, damit wenigstens
etwas trocken bleibt. Der junge Mann hat inzwischen den Anker ge-
lichtet und stößt uns mit Hilfe einer langen Stange von dem sicheren,
uns so liebgewordenen Ufer ab. Meiner Stute quellen vor Angst fast
die Augen aus dem Kopf, und wie gebannt starrt sie auf die sich ent-
fernenden Bäume. Glücklicherweise übersteigt dieser Vorgang ihr
Realisierungsvermögen. Der Fuchs springt derweil wie ein Floh bald
nach rechts, bald nach links, ohne Sißis beruhigenden Zuspruch zu
beherzigen. – Und dann setzt plötzlich mit einer lauten Fehlzündung
der Zweitakter ein. Wie eine Höllenmaschine puffend und zischend,
versetzt er das ganze Gefährt in eine schaukelnde Bewegung.

All diese Eindrücke auf einmal, das ist zuviel für unsere zartbesaite-
ten Rösser, sie strecken die Waffen und sind endgültig geschlagen.

Zitternd und gottergeben wie die neugeborenen Lämmer stehen sie da mit steifen, vorgeschobenen Vorderbeinen und wagen es nicht mehr, sich zu rühren. Erleichtert erklimmen wir das neugewonnene Ufer, nachdem uns der Jüngling in summa 85 Pfennig für diese Angstpartie abverlangt hat, eine Forderung, die in keinem Verhältnis zu dem seelischen Aufwand steht.

Über diesem zeitraubenden Manöver ist die Sonne untergegangen, und als wir schließlich in Nikolaiken über die Brücke reiten, liegen der See und die kleine Stadt im letzten Dämmerlicht vor uns. – Es wird schwierig sein, jetzt noch einen Stall zu finden. Auf dem Marktplatz steigen wir ab, und Sißi geht Quartier suchen. Ich stehe lange Zeit wartend unter den Bäumen, die Platz und Trottoir trennen. Auf der anderen Seite sieht man in ein paar schwach erleuchtete Läden. Einige Männer stehen an einer Theke und unterhalten sich. Irgendwoher steigt in mir die Erinnerung an Avignon und einen abendlichen Platz mit Ratten im Rinnstein auf. Weiß der Himmel, woher diese Assoziation kommt, aber sie ist ganz unterhaltend, und darum hänge ich ihr noch ein Weilchen mit halb ausgeschalteten Sinnen nach.

Zur Unterstützung meiner Vision ertönt mit einem Mal ein französisches Lied nach der Melodie »Auf in den Kampf, Torero«, und ehe ich noch meinen Ohren zu trauen vermag, sehe ich den Sänger auch schon über den Markt gesprungen kommen, zwei Stück Vieh vor sich hertreibend. Vielleicht stammt dieser brave Mann, der hier seine Gefangenschaft absolviert, aus dem Midi und träumte grad von einem Restaurant in Avignon, von weißem Brot und rotem Wein und von Stierkämpfen in Orange und hat mich damit angesteckt. Ich kann ihn über sein Schicksal nicht mehr befragen, denn eben kommt Sißi mit der fatalen Botschaft, es gäbe keinen Stall, vielmehr wolle mangels Stroh, Futter und anderem Zubehör niemand uns aufnehmen.

Schließlich beziehen wir einen stockdunklen Stall, ohne Stroh und ohne Einrichtung, den Sißi zunächst als unzumutbar abgelehnt hatte. Wir selber klingeln an einem Gasthof, an dem ein großes Schild hängt: »Krankheitshalber geschlossen«, eine mißmutige Wirtin öffnet, ist aber bereit, uns aufzunehmen, und da sie frei von äußerlich ansteckenden Seuchen scheint, laden wir unsere Sättel ab und ma-

chen uns wieder auf den Weg, um irgendwo Futter aufzutreiben.
Nach verschiedenen vergeblichen Versuchen führt uns unsere leise
verglimmende Taschenlampe an die Peripherie des Ortes und in die
Küche eines Bauern, der im Kreise seiner Kinderschar gerade seine
abendliche Milchsuppe löffelt. Er hört ohne viel Fragen zu und verspricht, nach dem Abendbrot Hafer und Heu herüberzubringen.
Tatsächlich erscheint der gute Mann, nachdem wir die inzwischen
schon wieder kalt gewordenen Bratkartoffeln unserer Wirtin ver-
speist haben, mit einer großen Stallaterne und zwei Jungen, die Heu
und den so lang ersehnten Hafer schleppen. Wir wandern gemeinsam über den holprigen Marktplatz zum Stall. Er ist ganz begeistert
von den beiden Pferden und kann sich, wie alle Leute dieser Gegend, gar nicht genug wundern über die Größe unserer Tiere. Jedenfalls können sie nicht ohne Stroh bleiben, stellt er fest und schickt die
Jungen von neuem aus, während er mit uns herunter zum See geht,
um Wasser zu holen.
Das Städtchen ist völlig ausgestorben, man hört keinen Laut. Nirgends ist Licht, niemand auf den Straßen. Ja, die Männer sind alle
weg, sagt unser Freund, nur ein paar von uns Bauern hat man zur
Herbstbestellung beurlaubt. Wir sprachen noch ein wenig über die
Zeitläufte, tauschten die diesjährigen Ernteneuigkeiten aus und ver-
abschiedeten uns dann. Unsere fürstliche Belohnung oder die
Schönheit unserer Rösser veranlaßte ihn, anderntags vor Tau und
Tag abzufuttern und zu putzen. Jedenfalls war bereits alle Arbeit ge-
tan, als Sißi um 6 Uhr mit ihrem Trainingsanzug, unserem üblichen
Nachtgewand, bekleidet, einen Lauf zum Stall unternahm. Die
Pferde waren vergnügt und offenbar recht befriedigt von ihrer Hafer-
ration. Sie hatten sie auch verdient, denn am Tag zuvor waren wir 10
Stunden unterwegs gewesen.

30. September 1941

Wir haben gehört, daß Dr. Schilke auf einem Hof namens Dommelhof residiert, der nur 4 Kilometer von Nikolaiken entfernt sein soll,
und beschließen, zum ersten Frühstück dorthin zu reiten. Übrigens
verstehe ich, daß den hiesigen Eingeborenen die Größe unserer
Pferde in die Augen sticht. Als wir aus der Stadt herausritten, stellte
ich fest, daß ich von meinem Aussichtsturm aus ohne weiteres in die

Dachluken der allerdings winzigen Häuser hineinsehen konnte. Dommelhof war ein glänzender Gedanke. Erstens ist das Frühstück vorzüglich und dann ist die Lage wirklich einzigartig – ich habe in Ostpreußen noch nichts ähnlich Verwunschenes gesehen. Das Gut mag 200 Morgen groß sein. Es besteht aus einer etwa 800 Meter breiten Landzunge, die 3 Kilometer weit in den Spirdingsee hineinragt. Auf der Mitte liegt der Gutshof, dicht am Wasser: schöne alte Gebäude, ein kleines Gutshaus, vor dem eine dicke Linde steht, und ein leider nicht so gelungenes größeres neues Haus – aber das vergißt man ganz angesichts dieser phänomenalen Lage und Aussicht. Noch einmal sehen wir weit hinein in den Beldahnsee, der hier in den Spirding mündet. Vor dem blauen Wasser steht eine riesige alte Esche, noch voll belaubt, und dann beginnt ein gut gehaltener kleiner Park, der sich am Ufer entlangzieht.

Und wie hübsch es innen ist: Zunächst ein kleiner Gartensaal mit dunkelblauer, breit gestreifter Tapete, weißen Schleiflacktüren und hell gestrichenen Biedermeierstühlen und -sesseln. Viele Ahnen in Pastell, im ovalen, nicht allzu großen Rahmen, geschmackvoll auf einer Wandseite verteilt; gegenüber eine hohe blau-weiße Vase und ausgewählte Nippes auf einem Tisch mit leicht vergoldeten Beinen. Im nächsten Gemach steht man vor einer Art Podest, das einen Schreibtisch trägt, der von einer Palme beschattet wird. Das Ganze ist ebenfalls weißer Lack und hebt sich auf diese Weise prächtig von der dunklen Tapete ab. Es ist eine fast fontanesche Atmosphäre.

Die Landschaft ist unvergeßlich schön. Echtes Masuren, so wie wir es von unseren Paddeltouren her kennen: wenig Wald, viel Wasser, sandige Wege in einer unendlich weiten Hügellandschaft, rote Dächer und ein lichtblauer, wolkenloser Himmel darüber. Wir reiten während etwa 2 Stunden am Ufer, eigentlich muß man schon sagen, an der Küste des Spirding entlang. Das ist wirklich ein gewaltiger See und so blau, daß man es kaum glauben kann. Der Weg windet sich langsam durch das Land, manchmal ist es ein Feldweg, dann wieder ein schmaler Pfad und zuweilen eine richtige Straße, die ein Dorf mit dem anderen verbindet und die bald nach Norden, bald nach Süden von unserer eigentlichen Richtung abweicht.

Überall graben die Leute Kartoffeln, alles, was noch oder schon laufen kann, ist unterwegs: Kinder, Frauen, Greise. Und Gefangene.

Beim Gut Wensen biegen wir nach Norden ab und folgen nun für den Rest des heutigen und einen gut Teil des folgenden Tages den russischen Stellungen der masurischen Winterschlacht vom Februar 1915. Selbst dem Laien fällt auf, daß dies klassisches Kriegsgelände ist: eine 30 bis 40 Kilometer lange, natürliche Seensperre durchzieht das teilweise wieder bewaldete Land, dessen hügelige Struktur vielfache Deckung bietet. Hin und wieder erhebt sich eine beherrschende Höhe.

Beim Dorf Seehöhe, das am Beginn des etwa 15 Kilometer langen, nur wenige 100 Meter breiten Martinshagener Sees liegt, verzeichnet unsere Karte 158 Meter Höhe. Wir erklimmen den höchsten Punkt, und das ist wahrlich eine Feldherrnposition – weit sieht man über das Land, dessen Konturen in der blauen Ferne mit dem Horizont verschwimmen. Links vor uns liegt ein riesiges Moorgebiet und hinter uns am Rande einer bewaldeten Höhe der Heldenfriedhof von Seehöhe, unendlich abseitig und einsam. Merkwürdig zu sehen, wie auf den alten, kaum eben verwachsenen Befestigungen des Weltkrieges sich schon wieder eine neue Verteidigungslinie aufbaut: Wie ein breites graues Band winden sich die Tanksperren durch das Land, an vielen Stellen findet man kreuz und quer Stacheldraht gespannt, und dort, wo der Türkle-See endet, ist ein ganzes Gehöft verbarrikadiert.

Wir haben in einem zauberhaften Birkenwalde Mittagsrast gemacht, mitten im Bestand am Rande einer kleinen Lichtung. Die Pferde sind abgesattelt und jedes an einen Baum gebunden. Sißis unerschöpfliche Vorratstasche hat eine Büchse Ölsardinen hergegeben, und sogar Schokolade hat sich angefunden. Und jetzt liegen wir auf dem Rücken, und die Sonne fällt durch das helle Blätterdach und scheint uns ins Gesicht.

Wenn ich die Augen aufmache, sehe ich den blauen Himmel und davor die weißen Stämme der jungen Birken. Von Zeit zu Zeit löst sich ein Blatt und fällt leise zur Erde. Mir kommen die Hofmannsthalschen Verse in den Sinn: »Wenn in der lauen Sommerabendfeier durch goldne Luft ein Blatt herabgeschwebt, hat dich mein Wehen angeschauert, das traumhaft um die reifen Dinge webt.« Ja, dies ist die Zeit des Reifens und der Vollendung und zugleich die Zeit des Abschiednehmens. Wie oft hat man in diesem Sommer Abschied genommen. Wie jung sie alle waren, Vettern, Brüder, Freunde – so vieles bleibt nun unerfüllt, ungetan. Die Natur ist barmherziger: sie gibt einen langen Sommer zum Reifen und schenkt die Fülle, ehe sie Stück um Stück und Blatt für Blatt wieder zurücknimmt.

Ich muß an die letzte Konfirmation in der kleinen Dorfkirche in Quittainen denken. Da standen acht Mädchen in weißen Kleidern und sechs Jungen im ersten blauen Anzug. Ich sah sie nur durch einen Schleier, denn mir wurde plötzlich ganz klar, daß keiner dieser Jungen – wie doch alle ihre Väter – noch einmal vor diesem Altar stehen würden und daß es das Los der meisten dieser kleinen Mädchen sein werde, allein zu bleiben. Der Pfarrer predigte über das Wort »Jene verlassen sich auf Roß und Wagen, wir aber denken an den Namen des Herrn unseres Gottes«. Und draußen vor der Kirche lagen Soldaten in der Sonne und warteten. Warteten, bis sie schließlich am 21. Juni zum Marsch gegen Rußland antraten. Seither nimmt man eigentlich immerfort Abschied, nicht nur von Menschen – von allem, was man liebt: den Wegen, die wir oft geritten sind, den Bäumen, unter denen wir als Kinder spielten, der Landschaft mit ihren Farben, Gerüchen, Erinnerungen.

Der Fuchs langweilt sich und wird unruhig, und da er meist das Tempo unserer Reise angibt, satteln wir und machen uns wieder auf den Weg. Nach einigem Suchen finden wir auch den Hohlweg, von dem wir abgebogen sind, und die schönen roten Aspen, und bald liegt wieder das freie weite Land vor uns mit seinen braunen Hügeln und den blauen Seen, die immer wieder in einer Falte oder hinter einem Höhenzug auftauchen. Es ist eigentlich eine Eichendorffsche Landschaft und irgendwie liegt auch ein Ton Eichendorffscher Sehnsucht und Glückseligkeit in der Luft, die ein leiser Wind bewegt.

Am Nachmittag kommen wir an einem Gut vorbei – ein stiller, besonnter Hof, aus dem das gleichmäßige Summen einer Dreschmaschine tönt. Die offenen Tore des Fohlenstalles sehen uns einladend an, aber es ist noch gut 2 Stunden hell, und wir beschließen, weiterzureiten. Und dann – vielleicht ist das der Höhepunkt dieser Tage – steht plötzlich ein riesiger goldgelber Ahorn vor uns. Er steht auf einem leicht gewölbten Hügel, vor dem leuchtend verklärten Himmel: Anfang und Ende, Erfüllung und Sehnsucht, Frage und Antwort, alles zugleich. Er steht dort wie der Baum der Erkenntnis.

Hier sollte man bleiben, ich würde nicht müde werden, ihn anzuschauen und zu warten, bis all seine Blätter eins nach dem andern zu Boden fallen – schöne, große, gelbe Blätter, mit roten Stengeln. Dabei fällt mir ein, daß Otto Hentig einmal von dem Fest des Ahorns in Japan erzählt hat: Wenn der Ahorn sich verfärbt, dann ziehen die Familien aus ihren Dörfern in die Berge und setzen sich um den Ahorn herum und schauen ihn an, still und ehrfurchtsvoll, den ganzen Tag lang.

Wir führen noch ein Stück und traben dann, nachdem die Pferde einen abendlichen Trunk aus dem Ublick-See geschöpft haben, die letzten Kilometer bis zu dem Gut Lindenhof, wo Herr Bludau, ein bekannter Pferdezüchter, wohnt, von dem wir annehmen, daß er vielleicht Sinn für unsere Unternehmung und Hafer für unsere Pferde haben wird. Es ist schon Feierabend und wie gewöhnlich ein klein wenig zu spät zum Ankommen. Der Kämmerer geht gerade mit dem Schlüsselbund über den Hof und schickt uns zum »gnädigen Herrn«, der in einem unschönen, aber sehr großen und recht stattlichen Hause wohnt. Ich klingle, stelle mich vor und stammle mein Sprüchlein. Recht überflüssig, denn dies war nur ein Gast, und nicht die Frau des Hauses; also wiederholt sich die Zeremonie kurz darauf noch einmal. Meine Diagnose: Potsdamer Offiziersadel stimmt, wie sich später herausstellt. Sie ist sehr hilfsbereit und sogar ganz erfreut über unsern Besuch, und auch der Gatte mit Stock und karierten Breeches, der inzwischen aufgetaucht ist, verklärt sich, nachdem er Sißi als eine Lehndorff identifizierte, und bald sind beide in allerlei Rennbahn-Reminiszenzen versponnen.

Die Fremdenzimmer haben komischerweise Nummern, aber abgesehen davon, ist alles ganz normal und für unsere derzeitigen Begriffe sehr luxuriös. Es gibt sogar Warmwasser, und man kann sich richtig waschen. Um den Verhältnissen Rechnung zu tragen, ziehe ich meine noch saubere Ersatzbluse an, was Sißi höchst übertrieben findet, aber ich denke, den Gastgebern wird diese Aufmerksamkeit gefallen, weil die andere schon reichlich mitgenommen ist nach fünf Tagen.

1. Oktober 1941

Ich glaube, daß man nirgend anders in Deutschland so viel Gastlich-

keit und selbstverständliche Hilfsbereitschaft findet wie in Ostpreußen. Mit einigen Broten und vielen guten Wünschen versehen, bre-
chen wir am nächsten Morgen auf, noch ein Stück des Weges begleitet von dem Hausherrn, der eine kleine, fabelhaft drahtige, zwanzig
Jahre alte Stute reitet. Vor dem Ort Dankfelde trennt er sich von uns,
und wir reiten schnurstracks immer weiter nach Norden über Krau-
keln und am Kraukler See hoch, umrunden ihn und schlagen dann
eine leicht westlich orientierte Richtung ein.

Die Gegend gefällt uns, seit wir den Kraukler See verlassen haben,
gar nicht mehr: Plattes Land, Chausseen, Rübenfelder, und schließlich müssen wir sogar noch ein Stück auf der großen Asphaltstraße
Lötzen-Angerburg führen, während zahllose Autos mit Militär, SS
oder irgendwelchen Funktionären heulend an uns vorbeizischen.

Sobald die erste Abzweigung auftaucht, biegen wir links ein in Richtung auf den Dargainen-See und haben nun doch noch einen herrlichen Nachmittag mit viel Sand, blauem Wasser, sanften Hügeln und
ein paar hübschen Dörfern. An einem sonnigen Wiesenrand ver-
speisen wir die Butterbrote des letzten Nachtquartiers und halten ein
kleines Nickerchen, während die Pferde am langgeschnallten Halfter
grasen. Man hört das taktmäßige Rupfen und Kauen und spürt im
Halbschlaf, wie sie sich entfernen und wieder näherkommen, bis die
große Stute plötzlich dicht neben meinem Ohr stoßseufzend ins Gras
schnauft und mich entsetzt auffahren läßt.

Unsere Reise geht ihrem Ende entgegen – es sind nur noch 15 Kilometer bis Steinort. Noch einmal steigen wir auf eine Erhebung, die
zwischen Dargainen- und Gall-See das Land beherrscht, und nehmen Abschied von der Freiheit dieser Tage. Dann kommt das Dorf
Haarschen und die Pflasterstraße, die Du kennst, vorbei an Lorcks
Haus, dann die Kirsaiter Fähre und schließlich der lange Weg durch
den Steinorter Wald. Und da sind auch schon die alten Eichen, ein
langer silberner Faden – Altweibersommer – zieht über die Koppel,
und irgendwo auf dem Hof kräht ein Hahn.

Die Publizistin (Herausgeberin der »Zeit«) Marion Gräfin Dönhoff wurde 1909 in
Schloß Friedrichstein bei Löwenhagen/Ostpr. geboren. Der obenstehende Bericht
erschien 1962 in »Namen, die keiner mehr nennt. Ostpreußen – Menschen und Geschichte«.

Herbert Reinoß

Schwarzberge in Masuren, früher – heute

I: Erinnerungen an die Kindheit in Schwarzberge

Träume und Alpträume

Vor wenigen Monaten erwachte ich nach einem Traum: Wo das Dorf meiner Kindheit Schwarzberge im Masurischen um die Osthälfte eines kleinen Sees gelegen hat wie ein ihm angeschweißter Halbmond, hatte sich ein weitläufiges Gewirr ödester betongrauer Fabrikbauten breitgemacht: ein schäbiges Kalk- oder Schotterwerk, lächerlich primitive, zum Betrachter hin offene Hallen mit irgendwelchen Rampen, Leitern und Förderapparaturen, der unverschämteste Dreck – ich dachte an geöffnete Schlachtvieh-Leiber mit widerlichem Gedärm. Und das Ganze menschenleer, totenstill, ja ohne Luft zum Atmen.

Sind, wo mein hübsches Dorf gewesen ist, irgendwann in den letzten fünfunddreißig Jahren Wucherungen gewachsen, dann erstarrt? Etwas Seelenloses jedenfalls? Alptraumhaftes?

Alpträume; doch auch schöne, schönste Träume! Soll man sagen: längst Stilisierungen? Manchmal meine ich sicher zu sein, daß die hügelige seen- und waldreiche Landschaft um Schwarzberge die idyllisch-schönste gewesen ist, die Deutschland hatte.

Zu den Alpträumen die Befürchtungen nach Maßgabe von Fakten, für die sich Zeugen anbieten. Ich hörte schon in den ersten Jahren nach 45 (einer der Daheimgebliebenen soll es geschrieben haben): Unser Haus wurde weitgehend abgebrochen, wegen der trockenen Dachbalken, die man verheizte. Und vor wenigen Monaten erzählte eine meiner Schwestern: Die ganze Straße, in der unser Haus und Gehöft lag, ist abgebrannt. Ruinen also, wo wir gelebt haben, das scheint sicher. Unregelmäßige Mauerreste vielleicht noch, weiter zerbröckelnd, und überall wuchernde Stauden und wildes Gesträuch.

Doch ging nur die eine Straße unter? Ich las über den Süden Ostpreußens, daß das »flache Land« nach 45 nur »dünn besiedelt« worden ist – vielleicht wurde das abgelegene Schwarzberge ganz aufgegeben, ist Wüstung?

Und ich las auch dies: »Das Landschaftsbild wirkt durch natürliche
Erweiterung des Waldgebietes durchaus verändert.« Im Nordwe-
sten des Dorfes begann hoher bedeutender Wald – hat er sich längst
zum Dorf hin aufgemacht, den See und die Gehöfte schon erreicht?
Was werde ich wiederfinden, wenn ich in einigen Monaten zu einem
Dorf fahre, das Schwarzberge hieß, als wir in ihm lebten?

Was weiß ich überhaupt von Schwarzberge: Ich, der ich im Oktober
44, als wir den Ort verließen, neundreiviertel Jahre alt war? Wesentlich kleiner als heute, so daß sich mir sicher alle Wege, alle Entfer-
nungen länger eingeprägt haben als sie es sind?

Und es gibt für mich seit damals nichts als die schiere Erinnerung: Ich
besitze keinerlei Fotos, die mir das Dorf zeigen, oder einen Teil des
Dorfes, oder unser Haus, oder einen Teil davon, oder ein Stück der
Felder und Wiesen, die uns gehörten. Unsere wenigen Fotografien
blieben mit zurück, als wir an einem eisigen Januar-Vormittag ir-
gendwo noch nicht weit weg von Windken im Kreis Allenstein das
Pferdefuhrwerk in panischer Hast verließen – Die Russen, hieß es,
sollten schon ganz in der Nähe sein; und Wochenschaubilder aus der
Goldaper Gegend (Nemmersdorf) hatten uns gezeigt, wie man mit
Deutschen umging –

Ich kann mich lediglich an zwei Fotos meine frühe und früheste
Kindheit betreffend erinnern, die ich später bei Verwandten sah;
doch auch das ist fünfundzwanzig Jahre her (ich weiß nicht, ob es sie
heute noch gibt).

Das eine zeigte neben einem Teil unseres Blumengartens und dem
schmächtigen Onkel Adolf (in allzu gestellter Positur) unser Haus
von Nordwesten. Mein Gott, dachte ich damals schon – welch ein
rührend bescheidenes Gebäude, unter diesem Dach haben wir alle
gewohnt!

Das andere Bild bewegte mich noch tiefer, gab aber für Schwarzberge
gar nichts her: Ich sah mich auf ihm neben dem Bruder meines Vaters
aus Berlin, ich war wohl ein Jahr alt und ein pausbackiger sehr blon-
der Lockenkopf.

Ein masurisches Haus. Hof und Gärten.

Wir haben in einem der typischen herkömmlichen masurischen Holzhäuser gewohnt, Blockhäuser der kleineren Bauern wie auch der noch weniger Besitzenden. (Ähnliche Gebäude habe ich später in Norwegen gesehen.) Zu meiner Zeit gehörten uns vierundzwanzig Morgen Land, ein Pferd, zwei Kühe, Schweine, Geflügel undsoweiter; doch mehr als die Hälfte davon hatte erst mein Vater, der sich Landwirt nannte, erworben. Geerbt hatte er nach meiner Erinnerung weniger als zehn Morgen und eben das solch einem Besitz angemessene Wohnhaus aus der Zeit wohl um die Jahrhundertwende. Ich denke: Wir können uns kaum noch vorstellen, wie sehr die Generationen vor uns von der Hand in den Mund leben mußten und häufiger in der Hand kaum etwas hatten.

Haben die frühesten meiner Erinnerungen etwas mit diesem Haus zu tun? Nichts ist in mir geblieben von den wohl ernstesten Stunden meines damaligen Lebens: einer Lungenentzündung im Alter von etwa einem Jahr, die ich nur um ein Haar überstand. Das Früheste, woran ich zurückdenken kann: ein happiger Sonnenbrand bei der Getreideernte auf dem Feld; ein Heiligabend vor dem Tannenbaum, als ich ein Schaukelpferd geschenkt bekam, das mir immer noch als das denkbar schönste erscheint. Da war ich wohl knapp zwei Jahre alt.

Unser bescheidenes Haus. Die altersgrauen Wände außen aus vierkantig gehauenen, sorgsam zusammengefügten Stämmen. Das Dach mit Pfannen gedeckt – dies schon ein Vorzug gegenüber den bei solchen Häusern üblichen Strohdächern. Die Vorderseite: links ein Fenster (Wohnzimmer), in der Mitte die Eingangstür, rechts ein Fenster (Schlafzimmer). Rechts an das Haus angebaut ein Schuppen. Man kam in einen kleinen Flur. Ging links ins Wohnzimmer, rechts ins Schlafzimmer. Geradeaus hinter der Wand lag die Küche, in die man durchs Wohnzimmer mußte. Vom Flur gings auch nach oben auf den Boden – über eine einfache Holztreppe, oder nur eine Leiter durch eine Luke? Ich bin nach fünfunddreißig Jahren unsicher, meine: eine Leiter.

Irgendwann als kleines Kind stieß ich in diesem Flur auf eine der rätselhaftesten Figuren, die ich damals kennenlernte: einen kleinen

Mann mit auffallend melancholischen Augen namens Wacek. Er hatte den Oberkörper entblößt und wusch sich. War er Zigeuner, Pole, Jude? Wanderer über die Grenze? Zu wem war er gekommen? Er besaß eine Teufelsgeige: ein seltsames selbstgebautes Instrument. Das Wohnzimmer: Dielenfußboden, Balken- und Bretterdecke. Die Wände gestrichen und mit einem Muster (gleich einer Tapete) versehen. Ich zögere im Hinblick auf die Zahl der Fenster: Waren es zwei oder drei? Im Winter wurden Doppelfenster eingesetzt, auf das Fensterbrett dazwischen wurde trockenes Moos gelegt. Ein großer Kachelofen, der gegen jede ostpreußische Kälte ankam. Der Eingangstür gegenüber (zu Nordgiebel und Straße hin) standen Tisch, Bank, Stühle; dort wurde gegessen. Rechts in der hinteren Ecke ein Bett, Großmutters Bett. Über diesem Bett unter anderem Vaters gerahmte Konfirmations-Urkunde mit dem Bibelvers: Sei getreu bis in den Tod, so will ich dir die Krone des Lebens geben!

Dieses Bild fiel eines Tages 1942 oder 43 herunter und ging kaputt. Aus unerklärlicher Ursache. Mutter erschrak: Hoffentlich ist nichts mit Vati passiert –. Er war an der Front in Rußland; ich spürte: sie fürchtete nach diesem »Zeichen« das Schlimmste. Und ein Tag nach dem andern verging, ohne daß Post von ihm kam. Wochen später erfuhren wir, daß er genau in jenen Tagen todkrank gewesen war, Fleckfieber.

Im Wohnzimmer hat sich so vieles Private ereignet; es soll nicht hierher. Ich erinnere mich an mein liebstes Vergnügen als kleiner Junge dort: Hoppehoppereiter auf Vaters Knien. Eines Tages saß ein Schornsteinfeger mit am Tisch, bekam (wie das bei uns üblich war) einen Teller Suppe. Das war im Spätsommer 41 – ich weiß das deshalb so genau, weil es für mich ein besonderer Tag war: der erste Schultag.

Eins der denkwürdigsten Ereignisse in dieser Stube war die Aufbahrung der Großmutter väterlicherseits (wohl 1943). Sie ist erheblich über achtzig geworden, hat bis zuletzt ihr schwarzes Haar gehabt und ihre Zähne, soll zeitlebens nie beim Arzt gewesen sein. Doch am Ende Greisenbrand an einem Bein, sie hat die Amputation im Lycker Krankenhaus nicht überlebt. Eines Morgens stand im Wohnzimmer der offene Sarg; die Schwester meiner Mutter, die angereist war, nahm meine Schwester Ingrid und mich bei der Hand (ich war wohl acht), ging mit uns hinein und sagte etwas wie: Sie schläft jetzt –. Es war sehr unheimlich. Am Nachmittag dann Leute in Schwarz mit Kränzen, der Pfarrer; der Sarg wurde zum Friedhof gefahren und beerdigt. Diese masurische Großmutter ist mir eigentlich immer fremd geblieben; ihr Tod ist mir nach meiner Erinnerung kaum nahegegangen.

Die Küche hatte den üblichen gemauerten großen Herd mit den Löchern für die Kochtöpfe, die mit eisernen Ringen verkleinert und abgedeckt werden konnten. Ich erinnere mich, daß ich hier eines Mittags Mehlflinsen in der Pfanne zu backen versuchte (Mutter war in die Stadt gefahren und verspätete sich). Doch hatte ich ein zu großes Feuer gemacht, Höllenfeuer: Die Speckwürfel in der Pfanne begannen zu qualmen und brennen. Ich goß erschreckt einen Topf Wasser drauf – das gab eine noch schlimmere Reaktion. Gottlob kam gerade Mutter nach Hause.

Das Schlafzimmer erscheint mir als die »gute Stube« des Hauses. Dort standen vor allem die Ehebetten und der große Wäscheschrank. Dazu mindestens ein Kinderbett. Außerdem nach meiner Erinnerung auch ein Kachelofen und am Fenster zum Hof hin eine Kommode. Befand sich auf ihr das Radio (nicht ein kleiner Volksempfänger, sondern ein »großer« Körting)? Ich meine ja; erinnere mich mit Sicherheit an jenen Tag, als die Nachrichten pathetisch den Fall von Stalingrad eingestanden – Mutter hat spontan gesagt, ich weiß es wie heute: Dann kommen die Russen auch hierher –. Das jagte mir tiefe Angst ein. Wir schrieben damals erst Februar 1943. Die Russen kamen nicht in den nächsten Wochen und Monaten, aber sie kamen –. In diesem Schlafzimmer wurde ich geboren und dann vier meiner Geschwister.

Unter dem Wohnzimmer gab es einen Keller, in den im Herbst die Kartoffeln kamen. Auf dem Boden lag zur Straße hin eine Kammer, in der Onkel Adolf, die ungewöhnlichste (und für uns Kinder so interessante!) Gestalt der Familie hauste, bevor auch er Soldat werden mußte. Zum andern Giebel hin war der Boden Rumpelkammer für alles Mögliche – ein Abenteuer. Ich erinnere mich, daß dort eine Zeitlang ein Taubenschlag hing. Dort lagen auch immer irgendwelche Versandhaus-Kataloge und Omas zerfledderte Bibel – eine »polnische«, wie es hieß (in Wahrheit wohl masurische). Ja: sie hat in den letzten Jahren viel in der Bibel gelesen, eben dieser »polnischen«; und wenn sie ärgerlich war, schimpfte und fluchte, verfiel sie ins »Polnische«. Heute erstaunt mich das mehr als damals, wo wir Kinder über so etwas nicht nachdachten. Großmutter, geborene Czirno (wir sprachen aus: Tschirngo), war sicher eine Masurin; sie war mit der masurischen Sprache (einem polnischen, vom Deutschen stark beeinflußten Dialekt) aufgewachsen, und im hohen Alter kam sie den Anfängen immer näher. –

Abends wurde in der Wohnstube eine Petroleumlampe angesteckt – elektrischen Strom gab es in Schwarzberge nicht, und das Wasser holte man von Schwengelpumpen, aus Brunnen oder einfach unten vom See.

Ein Bauerngehöft im üblichen Sinn, bei dem alle Gebäude um einen Hofplatz stehen, haben wir und auch die beiden Nachbarn zum Dorf hin nicht besessen. Die Straße teilte das Anwesen; links hinauf ging ein breiter Fußweg zum Hof, zum Haus und den Gärten; rechts, wo es zum See abfiel, lagen unter einem Dach Stall und Scheune.

Im kleinen Hof beim Haus haben wir Kinder gespielt. Im Schuppen lag vor allem das Brennholz für Herd und Ofen; vor ihm wurde es gesägt und gehackt. Hühner liefen umher.

Von Tante Grete hatte ich zwei kleine Kaninchen geschenkt bekommen; sie kamen in eine Kiste in den Schuppen. Die Katze brachte sie um. Als sie sich auch an die Küken machte, beschloß die Großmutter, sie zu erschlagen. Sie steckte sie auf dem Hof in einen Sack und drosch mit einem Knüppel auf sie los. Brutaler kann man es sich nicht vorstellen.

Auf den Hof kamen Freunde zum Spielen. An einem Sommerabend habe ich dort mit einem hübschen Mädchen, einer »Evakuierten« aus dem »Reich«, auf unserer Wippe (ein Brett über einem dicken Stamm) gewippt. Es war wohl das erstemal, daß mir ein Mädchen gefiel. Heute weiß ich nicht einmal mehr, wie sie hieß.

Wir besaßen vier Gärten; drei lagen um den Hof beim Haus, der vierte jenseits der Straße bei Stall und Scheune zum See hinunter. Niemand im Dorf hat uns darin übertroffen.

Links am Weg zum Hof hinauf und direkt beim Haus war der Garten mit Sträuchern und Blumen; zur Straße hin grenzte ihn Gebüsch ab. Rechts dieses Wegs der zweite Garten: eher Nutzgarten für Gemüse.

Aus einem großen Birnbaum, der im Frühling jedesmal schneewolkenweiß blühte, schlug wenige Monate vor Kriegsbeginn ein brutales Gewitter einen Teil der Krone heraus – das sei ein Unheil ankündendes Vorzeichen, hieß es. Ja, das war es . . .

Mutter hing an ihren Gärten, ihren Blumen. Hinten im Nutzgarten
gab es eine mannshohe Staude großer gelber Herbstblumen – Helenium, Fallschirmrudbeckie? Ich habe sie jedenfalls über Jahrzehnte
hin nicht vergessen. In der Haus und Straße fernsten Ecke dieses
Gartens stand das Häuschen mit dem Herzchen in der Tür.

Oberhalb des Hofes, von ihm durch einen wohl einen Meter hohen
Hang getrennt, der mit mächtigen Fliederbüschen bestanden war,
lag der dritte Garten: ein Strauch- und Baumgarten mit einer Wäschebleiche.

An einem heißen Sommertag, Mutter war nicht zu Hause, haben wir
dort zu mehreren, alle wohl sechs, sieben Jahre alt, gespielt. Zwei
oder drei schließlich splitternackt. Ein kleiner Junge und ein Mädchen waren plötzlich unter der Wolldecke, und es hieß: Die machen
jetzt was wie Erwachsene! Ich wußte damals kaum, was gemeint
war. Heute bin ich sicher: Die beiden unter der Decke (wo sie nur
kurz blieben) auch nicht.

An der Westseite des Gartens standen mehrere hohe Eschen. Onkel
Adolf mit seinen abertausend Einfällen fabelte eines Tages davon,
aus einer werde er sich Skier machen lassen, Eschenholz sei dafür am
besten. Kannst du skilaufen? fragte ich. Na klar, antwortete er. Er
hatte nie Zweifel daran, daß er etwas konnte. Etwas Brauchbares im
bürgerlichen Sinn hat dieser jüngste Bruder meines Vaters damals
nicht zuwege gebracht: keinen Beruf erlernt, nie geheiratet, nie sozusagen Amt und Würden erreicht.

Ich darf natürlich unsern herrlichen Lindenbaum nicht vergessen! Er
stand oberhalb des Wohnhauses hoch an der Südostecke des Baumgartens. Wie duftete es, wie summte es in ihm, wenn er in Blüte
stand! Ob es diesen mächtigen Baum noch gibt? Was hätte er alles
überlebt!

Der vierte Garten lag also jenseits der Straße und grenzte an den See,
wo mehrere Kopfweiden standen und Kalmus schon im flachen
Wasser. In ihm wurden nach meiner Erinnerung nur Kartoffeln gepflanzt.

An der Straße. Der See.

Einer der hübschesten Plätze unseres Zuhauses war die Bank an der Straße.

Kam man von Wohnhaus und Hof hinunter zur Straße, so grenzte links eine Feldsteinmauer, wohl einen Meter hoch, den Nutzgarten zu ihr ab. Am Gartenrand über der Mauer stand eine Reihe Fichten. Gleich links vor der Mauer zur Straße hin die Bank. Dort konnte man, zum Beispiel, an einem Sommerabend sitzen, sich unterhalten. Ein Auto kam so gut wie nie vorbei. (Ich erinnere mich an Militärfahrzeuge während des Kriegs und einmal einen Lastwagen mit Holzgasanlage.) Es war völlig ungefährlich, wenn wir von kleinauf dort spielten. Gleich neben der Bank lag zum Hof hin ein Sandhaufen; dort war ich oft – heute würde man sagen: im Vorschulalter – mit meiner ein Jahr jüngeren Schwester Ingrid. Natürlich haben wir uns auch gezankt und gehauen. Einmal, ich sehe es vor mir wie heute, ging sie mit zusammengebissenen Zähnen auf mich los. Ich rächte mich gleich danach, indem ich einen Stein auf eine ihrer kleinen Hände wälzte. Die Hand schwoll an, wurde gekühlt und mit irgendwelchen Blättern (Huflattich?) belegt.

Als ich an einem sonnigen Sonntag unmittelbar vor dem Krieg an der Bank unten spielte, kam ein fremder Mann und fragte nach Vater. Später erfuhr ich: es war der Gutsbesitzer Lenz. Ich gab ernsthaft weiter, was man mir erzählt hatte: der ist aufs Feld – horchen, wie das Gras wächst! Der feine Mann schmunzelte und sagte etwas wie: Ich sei ein helles Kerlchen und hätte gut aufgepaßt –.

Im Krieg begannen auch wir Milch in die Stadt zur Molkerei zu liefern. Die Milchkanne kam auf die Bank und wurde vom Milchfahrer nach Lyck mitgenommen. Ich weiß sogar noch unsere Kannen-Nummer: 1710.

Die Straße, die unser Anwesen durchschnitt, war eine der damals üblichen unbefestigten Dorf-Nebenstraßen. Hof und Haus gegenüberliegend zum See hinunter wie gesagt Stall und Scheune. Neben dem Giebel des Stalls ein Fußweg, mit Steinen als Stufen, hinab zum See: zum »Brett«, einem drei, vier Meter ins Wasser gebauten Holzsteg.

Der Stall aus Feldsteinen, jedenfalls die Fundamente. In ihm die übliche Dämmerung, der Gestank vor allem aus dem Schweinekoben. Ich erinnere mich ans Schweineschlachten im Spätherbst. Das Schwein wurde »gehalten« (festgehalten), bekam was mit dem stumpfen Ende einer Axt vor die Stirn, wurde abgestochen (wobei man das Blut in einer Schüssel auffing und dabei kräftig rührte). Später hingen die Schweinehälften in der Scheune, wurden zerteilt, ein großer Teil kam ins Pökelfaß, einiges wurde geräuchert, anderes verwurstet. Frisches Fleisch aus der Pfanne, geplatzte Würste und eine fabelhafte Wurstsuppe waren die Delikatessen des »Schlachtfestes«.

Ich habe noch die Tenne der Scheune aus hartem Lehm vor Augen und wie auf ihr mit Flegeln Korn gedroschen wurde. Einige Geräte dort: Häckselmaschine, Rübenschneider, sogar eine kleine Kornmühle. Unter dem Dach das eingefahrene Heu und Getreide. In einer kleinen Kammer hatte es sich nach 39 der Pole Jan Palmowski eingerichtet, »Janek«, Kriegsgefangener, der die Landwirtschaft in Gang hielt. Ein gutherziger, hilfsbereiter Mann; ich habe damals vieles von ihm gelernt, auch manchen Brocken Polnisch.

Unter dem Giebel der Scheune war eine Menge Holz (Bretter) gestapelt – Vater plante einen Neubau des Wohnhauses, der Krieg kam dazwischen –.

Und dann unser so idyllischer Schwarzberger See! Er ist fast rund und hat einen Durchmesser von nicht einmal einem halben Kilometer; doch wir erlebten die ganze Welt eines Sees: mal lag er blau da, mal glitzerte er silbern, mal erschien er stumpfgrau wie oxydiertes Blei, und wenn es stürmte, hatte er Wellen wie ein »Großer«. Wir badeten in ihm und angelten und liefen im Winter Schlittschuh.

Trat man aufs »Brett«, sah über ihn, so grenzte die linke Hälfte an hügelig sich sanft hinaufziehenden Wiesen, dahinter dunkler Wald. Am uns gegenüberliegenden Ufer stieg das Land einen ziemlichen Berg an; und ein Landweg führte dort zum dahinter liegenden Dorf Bergenau. Um die rechte Hälfte des Sees (Osthälfte) aber lag, wie gesagt, unser kleines Dorf.

Das »Brett« spielte für uns Kinder eine große Rolle. Ich weiß nicht, wie oft ich dort in der frühesten Kindheit ins Wasser fiel; das war nicht ganz ungefährlich. Von kleinauf habe ich geangelt, der See war voller Fische, vor allem Plötze, doch auch Barsche, Schleie und sogar

Hechte. Eine selbstgeschnittene Rute, Schnur, Pose aus Baumrinde, Haken für Regenwürmer, etwas Blei – fertig. Als wohl Achtjähriger habe ich an einem bezogenen Vormittag in verhältnismäßig kurzer Zeit über zwanzig ordentliche Plötze gefangen. Ein anderes Mal war mir ein so großes Exemplar an den Haken gegangen, daß ich mir nicht anders zu helfen wußte als es an die Brust pressen, und rasch hinauf zur Mutter ins Haus. Auch fingen wir unter alten Wannen, Eimern und Kannen prächtige Krebse, deren Zangenfleisch sehr schmackhaft war.

Vater erzählte, daß sie in der Jugend sogar Fußball auf dem Eis des Sees gespielt hatten, was ihrer Fußballmannschaft den Namen »Eisbär Schwarzberge« einbrachte.

Da ich von Vater spreche: Ich erinnere mich an ihn an jenem Tag bei unserem »Brett«, als er zur Beerdigung seiner Mutter heimgekommen war. Er wusch sich dort unten, die Familie war um ihn – er war damals etwa vierzig und noch jugendlich, Krieg und Gefangenschaft hatten ihn noch nicht aufgebraucht. Nie ist er mir kraftvoller und ansehnlicher erschienen.

Unser »Feld«.

Wir gingen oder fuhren »aufs Feld« – dies die Formulierung, wenn wir uns auf unsere Äcker oder Wiesen begaben.

Wir nahmen den Weg, der an unserem Hof vorbeiführte, zum Dorf hinaus. Rechts zunächst noch der See; dort bei ein paar Erlen die Hechtecke, Tausendsassa Adolfs besonderes Revier. Nach wohl einem halben Kilometer kam man an die rechte Ecke einer kleinen moorigen Senke: teils Wiese, großenteils Ödland mit Birken bewachsen, dort wurde Torf gestochen. Blieb man weiter geradeaus, so begann rechts über der Straße jener Nadelwald, den wir von unserem Gehöft aus links sahen. Der Hang war angegraben worden, es gab eine bei uns Kindern sehr beliebte Sandgrube. Kurz darauf links der Straße unsere Wiese; an ihrem vorderen Rand eine Torfkuhle voller Wasser. In sie ist mehrmals unser Pferd gerutscht und kam – da es meistens an den Vorderbeinen gefesselt war – nicht mit eigener Kraft heraus. Einmal sprang Onkel Adolf hinein, tauchte, brachte es fertig,

die Fesseln durchzuschneiden – eine Heldentat ganz nach seiner Art!
Auf diese Wiese wurde das Vieh gebunden, dort bekam einmal eine
Kuh ein Kälbchen (am Abend stakste es schon brav neben der Mutter
heim in den Stall). Weiter hinten wurde Heu gemacht – noch heute
denke ich bei dem Volkslied von dem Bauern, der ein schönes, un-
treues Weib hatte, das ihn oft bat, »er sollte doch fahren ins Heu«, sofort an diese Wiese. Gab es etwas Schöneres, als auf einem schwankenden Wagen im duftenden Heu nach Hause zu fahren? Wo die
Wiese feuchter wurde, wuchs gelbe Iris, spazierte manchmal ein
Storch.

Der Weg an der Wiese vorbei lief weiter nach Klein-Rauschen am
großen Laschmieden-See. Kurz hinter unserer Wiese gab es auf wei-
terem Weideland mindestens einen Kadickbusch (Wacholder) und
am Straßenrand Zittergras.

Kam man vom Dorf und nahm vor der moorigen Senke den Feldweg
nach links, so stieß man bei ihrem linken Eck auf einen kleinen Bach,
über dem ein Brett lag. Dort stand eine alte Torfmühle, ein wohl zwei
Meter hohes Gebilde mit der Form eines schlanken Fasses, das nach
dem Prinzip des Fleischwolfes arbeitete. Eines Tages war ich dort mit
Cousin Horst aus Berlin, der ein Jahr älter war als ich und daher
schon alles viel besser konnte. Er brachte es fertig, plötzlich oben auf
der Mühle zu sein, und dort ließ er ungeniert die Hose runter und
machte sein großes Geschäft –. Er war damals wohl sechs, ich fünf.
Unser Ackerland für Getreide, Kartoffeln, Rüben lag links der Senke
sowie ihr gegenüber. Hügeliges Land. Als ich älter war, durfte ich bei
der Ernte »weiterfahren«, d. h. das Pferd an der Leine halten und bei
Bedarf den Wagen zum Aufladen zur nächsten Getreidehocke fahren. Oder wir Kinder sammelten, als wir schon zur Schule gingen,
hinter der Maschine die ausgemachten Kartoffeln ein. Für die Erwachsenen war es auf dem Feld oft harte Arbeit: Ich erinnere mich,
wie durchgefroren Mutter eines Abends von der Rübenernte heim-
kam: es war voreilig kalt geworden in jenem Herbst.

Viele Jahre später in Süddeutschland, Mitte der fünfziger Jahre,
fragte mich Vater: Unser Land in Schwarzberge, würdest du wiederfinden, was uns gehörte?

Wußte er da schon, daß er bald sterben würde? Es war eine stille Frage; ich bejahte sie. Aber irgendwie war sie auch müßig: Den Acker

bebauten wohl längst andere; und wenn das nicht so gewesen wäre:
Keiner seiner drei Söhne, vermute ich, hätte dort irgendwann kleiner
Bauer sein wollen.

Aber diese Frage bewegt mich noch heute. Vater war ein unpoliti-
scher Mann, aber er dachte überzeugend und schlußfolgerte nüchtern. Was hat er damals gemeint? Er hatte einmal weniger als zehn
Morgen geerbt und mehr als doppelt soviel dazu erworben: das hieß:
sich dafür geschunden. Und all das war sinnlos gewesen? Weil eines
Tages einer ohne die geringste Rücksicht auf die Schicksale all der
kleinen Leute mit Krieg und Unmenschlichkeiten anfing? Und nicht
dieser eine, sondern die zahllosen kleinen Leute wurden dafür so
hart bestraft?

Das Dorf.

Dieses kleine Dorf Schwarzberge in Masuren: eins der abgelegensten
Nester (Nest = Wohn-, Geburtsstätte; Nestwärme) des Deutschen
Reiches, eines zur Zeit meiner Kindheit seiner technologischen Leistungen wegen bewunderten Staates. Bis 1945 wurden also weder
Elektrizität noch eine Wasserleitung dorthin gelegt; das hieß: es gab
keine elektrischen Haushaltsgeräte, kein Badezimmer, kein WC. Te-
lefon hatten nach meiner Erinnerung zwei, drei Familien. Die wenigen Radios wurden mit Batterie und Akku betrieben (der in der
Mühle in Stradaunen aufgeladen wurde).

Spätestens hier höre ich es naserümpfend: Mein Gott, wie rückstän-
dig, wie klein, wie eng, gerade nur das Allernötigste vorhanden! Wie
müßt ihr damals darunter gelitten haben, euch in Sehnsucht verzehrt
haben nach einer aufwendigeren, komfortableren Welt: Schlaraffen-
land, Amerika!

Ich wüßte nicht, daß uns das auch nur ein einziges Mal durch den
Kopf ging. Uns machten keine Fernsehwerbungen närrisch; und die
Bedingungen der Nachbarn waren dieselben wie die unsern – weshalb sollten wir also meinen, es gehe uns nicht gut?! Es war eine Welt
mit entschieden mehr seelischer Substanz und Tiefe; das mag man
meinethalben für eine allzu hochgestochene Behauptung halten, ich
bin da ganz sicher. Ich hatte bis zur Flucht in meinem zehnten Jahr

eine schöne behütete Kindheit, entbehrte nichts, gar nichts. Die meisten haben heute, im Gegensatz zu uns, ein Auto, einen Farbfernseher, eine Stereoanlage, ihre modernen Küchengeräte und allen weiteren Komfort – aber sie sind gestreßt, marode, kaputt, nicht wahr? Irgendwie scheint es der von den meisten für so wertvoll gehaltene technische Fortschritt also doch nicht zu bringen? Rundheraus gefragt: Irgendwie scheinen sehr viele sogar deutlich unzufriedener zu sein als wir damals? Man widerlege mich, wenn ich unrecht habe! – Schwarzberge abseits der großen Straßen. Wenn ich in Gedanken durch das Dorf gehe und die Wohnhäuser zähle: es waren nicht einmal zwanzig. Eine Schule, keine Kirche, keine rechte Kneipe, kein Kaufmann, keine Poststelle, keine Bahn- oder Busverbindung.

Wie gesagt: Das Dorf um die Osthälfte des Sees. Von Südosten kam die Straße aus Lyck – Stradaunen herein, sie zweigte von der Durchgangsstraße Lyck–Treuburg ab. Eine Schotterstraße. Der Mittelpunkt des Dorfes war etwa dort, wo sie den See erreichte. Dort stand ein masurisches Holzhaus, wie auch wir es besaßen; ihm folgten der Schulhof und die von der Straße etwas abgesetzte Schule. In dem Masurenhaus ging es nach meiner Erinnerung (es wohnten dort Schulfreunde von mir) ziemlich ärmlich zu. Eines Tages fragte Lehrer Hein eins der Kinder: Na, was gabs denn gestern zu Mittag? Antwort: Kweschna Bulwä (man sprach also zu Hause masurisch – gemeint war: saure Kartoffelsuppe). Und was gibts heute? fragte Hein. Kweschna Bulwä. Da wollte sich Hein den zweifelhaften Spaß wohl nicht entgehen lassen, und er fragte weiter: Und morgen? Kweschna Bulwä.

Was sicher zutraf.

An diesem Mittelpunkt des Dorfes fächerte die Straße auf: gleich links ging es am Südufer des Sees entlang zu uns und weiter nach Klein-Rauschen; die Straße am Nordufer des Sees zog dann hinauf nach Norden und Bergenau; und halbrechts fuhr man in Richtung Kleinheinrichstal.

Kam man auf unserer Hauptstraße aus Lyck–Stradaunen, so lag vor dem Dorf links auf der Höhe, ehe der Weg ins Tal zum See abfiel, ein größeres Gehöft. Wir mochten, offen gesagt, diese Leute irgendwie nicht. Im Krieg war der Bäuerin eine Polin zugeteilt worden, auch das gab Ärger, man holte die Polin ab und verprügelte sie; dann mußte sie auf den Hof zurück. »Nach dem Krieg«, soll sie gesagt haben, werde sie der Bäuerin die Gurgel durchschneiden. So ist mancher Wind gesät worden, und die Ernte wurde Sturm.

Im Dorf das übliche Gefüge: einige wohlhabende Bauern (fünf) sowie der Durchschnitt und die ärmeren Krauter.

Unsre Nachbarn zum Dorf hin waren die Wysotzkis (sogar entfernt verwandt mit uns), nach draußen die Wrobels. Wie kamen die Wysotzkis und (deren Nachbarn) die Kurbjuhns über die Runden mit erheblich weniger Land, weniger Vieh als wir?

Die Wysotzkis: das waren der (dickliche, kleine) Opa, seine Tochter Mieze (ledig) und ein Sohn, nach meinem Gedächtnis Zimmermann und Motorradbesitzer. Wysotzkis Gänse haben uns Kindern Alpträume verursacht. Diese Viecher waren so gut wie immer (bilde ich mir ein) an der Straße und kamen, mit vorgestrecktem Hals widerlich zischelnd, auf uns zugestürzt.

Mitunter war interessanter Besuch bei den Wysotzkis. Tante Ida mit ihren beiden Töchtern zum Beispiel, Stadtmenschen, denen gegenüber ich befangen war. Oder Ursula Werners aus Essen, etwa so alt wie ich, Tochter eines weiteren Wysotzki-Sohns, der seinen Namen im »Reich« geändert hatte.

Wrobels Gehöft war stattlich; eine Abzweigung der Straße führte auf einen geräumigen Hof, um den mächtige Wirtschaftsgebäude und ein schönes Wohnhaus standen. Mir erschienen die Wrobels immer etwas von oben herab. Das hatte sich sogar auf mindestens einen der polnischen Kriegsgefangenen übertragen, die dort arbeiten mußten. Ein Bild: Unmittelbar vor dem Hauseingang steht eben dieser Pole, hat überheblich ein Gewehr angelegt und drückt auf eine Taube auf dem Scheunendach ab. Und die Bäuerin steht in der Tür und lacht – irgendwie, schien mir, unnatürlich. Sie hatte einem Gefangenen ein Gewehr überlassen? Damals eine mehr als erstaunliche Sache.

Die beste Stelle zum Baden lag beim Mittelpunkt des Dorfes; dort war der See flach, das Ufer sandig. An heißen Sommertagen wurde dort geplanscht und gelärmt. Vor diesem Badeplatz eine kleine Wiese: eine Art Dorfanger. Dort gab es 1938 – oder 1939 unmittelbar vor dem Krieg? – ein großes Dorffest, wie ich es nur einmal so mitbekam. Es wehten die damals unvermeidlichen Hakenkreuzfahnen, und Trubel und Heiterkeit dehnten sich bis in die Nacht. Später erschien mir das wie ein Abgesang auf eine in unseren Verhältnissen sehr glückliche Zeit.

Ich erinnere mich noch an den einen, den andern Ort, an dem wir Kinder gern spielten. Ich denke vor allem an die übermannshohen Sträucher an der Hauptstraße in Höhe des Krahnschen Hofes, Hainbuchen oder etwas ähnliches. Dort hatten wir herrliche Verstecke, wahre Nester – ob es sie noch gibt?

Unsere Schule: ein verhältnismäßig neuer Ziegelbau. Der Lehrer hieß, als ich eingeschult wurde, Hein. Ein korpulenter Mann mit etwas seltsamem Gehabe, verheiratet, ohne Kinder. Sein Alter? Sicher über fünfzig. War er Ostpreuße, hat er sich bei uns heimisch gefühlt? Mit Vater hat er sich häufiger unterhalten, er schien ihn zu schätzen. Er hat gelegentlich geprügelt; aber gegen die Prügel-Gewohnheiten eines anderen Lehrers damals, die ich bald danach in Satticken mit ansah, war das fast unerheblich. Und er war korrekt wie ein Beamter: für ein Eselsohr in einem Buch gab es zum Beispiel unweigerlich eine Ohrfeige – gleichgültig, bei wem er es fand.

Als einer der ganz wenigen im Dorf (oder als einziger?) besaß er ein Auto. Im Krieg fuhr er nicht mehr, durfte es vielleicht nicht. Aber in gewissen Abständen wurde es aus der Garage geschoben und von uns Schülern mit Begeisterung nach seinen Anweisungen gewaschen und geputzt.

Lehrer Hein. Oft ging er durchs Dorf, den Spazierstock schwenkend. Plötzlich blieb er stehen, stieß den Stock in den Straßenrand, stützte sich auf ihn. Und redete mit sich selbst: Geh ich zu . . . ? Ja. Nein, vielleicht lieber doch nicht. Doch, ich gehe! Und war plötzlich eilig . . .

Er starb und wurde begraben, als ich die Monate bei Großmutter in Satticken war. Als ich wiederkam, gab es ihn nicht mehr, sondern eine junge Lehrerin, Fräulein Spieß. Das war etwas ganz anderes! Schon wir etwa Zehnjährigen himmelten sie an; von den Größeren habe ich drastischere Wünsche gehört.

Ich war also eines Tages wieder in der Schwarzberger Schule, um mich die alten Freunde. Wo willst du sitzen? fragte Fräulein Spieß; neben dem . . . , neben der . . . ? Was?! Neben einem Mädchen?! dachte ich entsetzt. All das regte mich wohl sehr auf, plötzlich war mir schlecht. Da nahm sie mich rasch bei der Hand und nach draußen zur Wasserpumpe. Doch da ging es mir schon wieder besser.

Ich habe sie noch einmal auf der ersten Station unserer Flucht bei Allenstein gesehen, durfte ihr mit einem Schulfreund das Gepäck auf einem Handwagen fahren. Danach hörte ich nichts mehr von ihr. Hoffentlich gelang ihr die Flucht; sie muß heute eine ältere Dame sein. Wenn ich an meine Schuljahre in Ostpreußen zurückdenke: Neben all diesen rabiat prügelnden Männern war sie eine um so liebenswürdigere Erscheinung.

Umgebungen.

Die Welt von uns Kindern unter zehn Jahren: das waren, wie ich es erzählt habe, Haus, Hof, Gärten, Straße, See, Feld, Dorf, Schule. Dazu kamen das Kirchdorf Stradaunen, das Nachbardorf Seefrieden. Und diese Welt endete zwölf Kilometer entfernt in der Kreisstadt Lyck und, ebenso weit, bei der Oma Nowotsch, Mutter meiner Mutter, auf ihrem schönen Abbauhof in Satticken im Kreis Treuburg. Erst ganz zuletzt kam ich weiter hinaus: fuhr im Sommer 44 mit dieser Oma von Lyck nach Rastenburg zu Verwandten.
Die Umgebung von Schwarzberge: hügeliges grünes Land, Felder, Wälder, Seen. Dazwischen die bescheidenen Dörfer, Gutshöfe, Domänen.
Wir kleineren Jungen, schon als wir noch nicht zur Schule gingen, schlossen uns gern den größeren an, die an den Nachmittagen die Kühe hüteten. Dort wurde viel über Mädchen geredet und was man mit denen machen wollte (wie es die Erwachsenen machten!). Einmal, während wir wieder darüber quatschten, stand plötzlich ein alter Bauer neben uns, sagte krückstockschwingend: Ich werd euch was, Hengste! Wenn ihr meine wärt –! Beim Hüten fingen wir an zu rauchen, richtige Zigaretten und trockene Blätter.
Die endlosen Wälder. Wir fuhren hinaus, sammelten Blaubeeren (eimerweise) und Pilze. Sicher gibt es noch heute einige unserer Sammelstellen. Wir fanden im Wald herrliche Erdbeeren (eine Köstlichkeit mit Milch und Zucker) und Himbeeren.
Die Blumen an den Wegen, auf den Wiesen, in den Wäldern. Ich würde wohl noch jene Stelle im Wald nach Bergenau finden, wo es Leberblümchen gab.

Oder die Seen und die Angeltouren mit Onkel Adolf! Auch im Winter. Ins Eis des Bergenauer Sees waren Löcher geschlagen; ich langweilte mich wohl, während Adolf seine Schnüre beobachtete, fiel ins eiskalte Wasser. Adolf bekam mich heraus – doch was dann? Er fürchtete sicher, daß meine Mutter ihm die Hölle heißmachen würde; so sammelte er trockenes Holz, machte ein Riesenfeuer – ich mußte möglichst dicht ran und trocknen . . .

Adolf und seine Eskapaden! Sie allein würden ein kleines Buch füllen. Einmal hatte es auf Filons Abbauhof eine Feier mit Alkohol gegeben; er vertrug wohl nicht viel und wurde dann schrecklich redselig. Er sollte mit mir (ich war etwa drei) nach Hause, nahm mich auf die Schulter – und marschierte dann querfeldein in die entgegengesetzte Richtung, unaufhörlich irgend etwas erzählend. Ich muß mal! sagte ich immer wieder; laß mich runter! Er hörte nicht hin. Da passierte es: Ich pinkelte ihm in den Nacken . . .

Während des Kriegs, als es an Männern fehlte, ritten wir Jungen die Pferde auf die Weiden, nicht nur das eigene. Immer ohne Sattel, oft ohne Zügel. Und nicht nur im Schritt! Im Galopp fiel manchmal einer von uns runter; ernstliche Verletzungen hat es nicht gegeben.

Eine Kleinigkeit, unvergessen nach über fünfunddreißig Jahren: In Seefrieden (über dem hübschen Herzogskirchener See mit seiner idyllischen Insel) gabs bei einem Kaufmann auch in der schlechten Zeit noch Lakritz. Wir sind mehrmals die mehreren Kilometer dorthin gegangen, um etwas davon zu ergattern.

Stradaunen: unsere Kirche, die Mühle, der Kaufmann gleich links am Ortseingang.

Und die schöne Stadt Lyck: für uns immer der Höhepunkt und etwas ganz Besonderes! Dort konnte wirklich alles eingekauft werden, dort gab es die Sparkasse und die Ämter. An die Fahrten mit dem Ackerwagen nach Lyck habe ich zahlreiche Erinnerungen.

Als ich acht war, kam ich für einige Monate zu Oma Nowotsch (der »deutschen« Oma, die wohl von Salzburger Emigranten abstammte) nach Satticken. Onkel Gustav war gestorben, sie mochte nicht allein mit einem Kriegsgefangenen (einem Franzosen, Josephe) auf dem Abbauhof leben, so traf man dieses Arrangement. Ich blieb dort bis ins Jahr 44: als sich die Flucht abzuzeichnen begann.

Für mich war dort eine weit größere Einsamkeit als daheim bei Ge-

schwistern und Freunden von kleinauf – eine sicher nicht unwichti-
ge, merkwürdige Zeit. Ich wurde sehr empfindsam, erinnere mich
an gelegentliche Weinkrämpfe und an ein erstaunliches Unternehmen: als Neunjähriger fing ich an, eine Art Familienchronik zu
schreiben. Einsam auch der Weg zur Schule (um abzukürzen, ging
ich meistens über den Friedhof). Es gab dort zwei Lehrer, von denen
ich den einen in Parteiuniform in Erinnerung habe; wie er Kinder
prügelte: das habe ich bis heute nicht vergessen können (ich als sein
vielleicht bester Schüler genoß so etwas wie Narrenfreiheit).

Abschied.

Wenn ich über die knapp zehn Jahre meiner Kindheit in Schwarzberge sehe:
Mein so fleißiger, gutherziger, überlegener Vater mußte in den
Krieg, als ich viereinhalb war. Mutter war damals sechsundzwanzig
und mußte mit dem Hof und zwei, bald drei Kindern zurechtkom-
men, bis zur Flucht waren es fünf. Ich versuche, mir im einzelnen
vorzustellen, wie sie diese Jahre belasteten. An den Polen Jan Palmowski denke ich ungetrübt und mit Dankbarkeit zurück. Er ging
mit uns auf die Flucht, blieb dann beim Fuhrwerk zurück – wenn er
es mit unsrer Habe für sich behalten hätte: diese Vorstellung sagt mir
mehr zu als die andere: daß alles Wildfremden in die Hände fiel oder
im Straßengraben verkam.
Im Sommer 44 also mit Oma Nowotsch per Bahn nach Rastenburg.
Der Boden unter uns allen schwankte bereits. Auf irgendeinem
Bahnhof fiel uns ein Beamter frech an: Ihr wollt wohl abhauen, was?!
Gibt es nicht! Fliehen war also zu einem Thema geworden . . .
Wenn ich an diese Reise denke: Lyck, Lötzen, Rastenburg: Ich sehe
die großen Seen (den Löwentin-See vor allem) im intensiven stillen
Sonnenlicht liegen, das Land zeigte sich nach meiner Erinnerung in
diesem Sommer in einer fast unirdischen Schönheit. Es war, als hätte
ich zuletzt noch die weitere Heimat so unvergeßbar sehen sollen. Ein
halbes Jahr später im Winter dann nur Furchtbarkeiten. Und der
nächste Sommer in Ostpreußen war nicht mehr unser Sommer.

Im Herbst packten wir, vergruben wohl auch manches, waren auf den Bahnhof nach Lyck bestellt. Dachten die Erwachsenen, das sei nur eine vorübergehende Sache? Ich weiß es nicht.

Eines Abends im Oktober fuhren wir zum Dorf hinaus, Janek brachte uns fort. Ein letztes Mal am Friedhof vorbei, wo die Vorfahren liegen. Auf die Hauptstraße; durch Stradaunen, wo ich getauft worden war. Und weiter.

Am Wagen schwankte eine Laterne. Wir hatten Lyck fast erreicht, waren in der Nähe der Gleise nach Lötzen. Ich lief neben dem Wagen her; hatte einen Jackenknopf verloren, suchte ihn, fand ihn nicht. Plötzlich ein Flugzeug, Maschinengewehr-Feuern, Geschrei. Dann wieder Stille – man sah sich an: Gottlob, niemand war getroffen worden. Es kamen Leute aus den schon nahen Häusern, luden uns erstmal zu sich ein.

Das war der Abschied von Schwarzberge im Herbst 44. Ich bin sicher: Schwarzberge gibt es nicht mehr, bestenfalls einen Ort an derselben Stelle mit Rudimenten aus der Zeit unseres Schwarzberge.

Ich bildete mir lange ein, wir seien nur deshalb beschossen worden, weil ich den Knopf verloren und nicht wiedergefunden hatte – eine Vorstellung ganz nach Art meiner gespenster- und schicksalsgläubigen Heimat, die wenige Monate später unterging.

II: Fünfunddreißig Jahre später: Rydzewo.

Der sommerlich warme, fast schon heiße 14. Juni 1980. Lyck (heute Elk) um die Mittagszeit. Und dann wird es ernst!

Es geht über die Bahnschienen Lyck–Lötzen (heute Gizycko). Eine flüchtige, fast gleichgültige Erinnerung nach fünfunddreißig Jahren an einen Fliegerangriff im Oktober 44 steigt herauf. Die Straße nach Olecko: breit, gut, wohl vor kurzem erst ausgebaut. Die Straße ist neu, sage ich zu meiner Frau Anneliese, die mit mir fährt; früher war das bescheidener.

Ich kenne hier noch jeden Ort, sage ich, bin immer erregter –. Wittinnen, Wittenwalde, dann Stradaunen. Links gerade einige größere

Gebäude; ein Wegweiser: Witiny. Siehst du! sage ich befriedigt. Dann von fern ein Ortsschild. Ich erwarte den polnischen Namen für Wittenwalde, doch ich lese: Straduny.

Ach du lieber Himmel! sage ich laut: Wir sind schon in Stradaunen! Das war unser Kirchdorf! Ich kenne den Weg vom Pferdewagen aus, da war alles viel weiter, mit dem Auto ist es ja nur ein Katzensprung. Über den Lyck-Fluß. Das Dorf im großen und ganzen wohl wie früher. Dann rechts die Kirche – ich biege sofort ab: zu ihr hin.

Wir halten. Sie macht einen guten Eindruck, ist offen; wir gehen hinein. Eine Feldsteinkirche ohne Chor, eine flache Holzdecke, erbaut vor etwa zweihundert Jahren in königlich-preußischer Zeit. Nun polnisch und katholisch. Hier wurde ich getauft, sage ich; es ist fünfundvierzig Jahre her – Hier also hat man den kleinen Heiden zum Christen gemacht! sagt Anneliese unernst.

Wir fahren weiter, langsam durch Straduny. Ich kann die Erregung kaum noch beherrschen – von jenem Ort, in dem ich geboren wurde, trennen uns knapp fünf Kilometer, und als ich ihn zuletzt sah, war ich neundreiviertel, und heute bin ich fünfundvierzig –

Am Ortsende rechts war der Kaufmann, sage ich, hier haben wir oft eingekauft, auch ich als Kind.

Die Erinnerung bestätigt sich: Das Gebäude scheint nach dreieinhalb Jahrzehnten einem ähnlichen Zweck zu dienen.

Auf der Landstraße. Nach zwei Kilometern ging es damals links ab. Geht es immer noch? Wird es einen Hinweis geben?

Wollen wir Mittagspause machen? sagt Anneliese, der nicht bewußt ist, daß wir dem Ziel schon so nahe sind. Irgendwo an einem Waldrand?

Meinetwegen, habe ich wohl geantwortet. Aber ich habe in diesen Augenblicken nicht den geringsten Hunger.

Und plötzlich einer der üblichen polnischen grünen Wegweiser: Rydzewo 3 (km).

Mein Gott: Rydzewo! Ich halte an. Ich habe das Dorf auf keiner Karte finden können, nicht gewußt, wie es heute heißt, aber vermutet, daß der jetzige Name vom früheren Rydzewen (in Schwarzberge wurde der Ort erst irgendwann vor meiner Geburt umbenannt) abgeleitet sein könnte, und auf Rydzewi oder Rydzewo gesetzt – und nun lesen wir allen Ernstes: Rydzewo!

Das Dorf gibt es jedenfalls noch! sage ich. Und die Straße dorthin war früher Schotterstraße, heute Asphalt!

Ich sehe plötzlich nicht mehr schwarz. Rechts ein mächtiges Gebäude, eine stilisierte Ähre drauf gemalt. Das hat es früher nicht gegeben, sage ich. Lagerhaus wohl einer Produktionsgenossenschaft.

Und bei diesem Lagerhaus hört auch die gute Asphaltstraße auf; plötzlich ist es der alte Schotterweg, aber nun fünfunddreißig Jahre älter ... Manchmal fuhr man besser im Schrittempo.

Wie oft habe ich diese Straße in den letzten fünfunddreißig Jahren in Gedanken durchlaufen! So oft, daß es mir manchmal schon als ein zu großes Wagnis erschien, noch die Wirklichkeit aufzusuchen. Rechts und links am Weg viel mehr und weit höheres Gesträuch, als ich es in Erinnerung habe. Bis zum Friedhof weiter als gedacht. Und dieser Friedhof, der schon immer eine Art Wald war, nun offenbar Urwald. Langsam an ihm vorbei. Ich sehe hinter ihm links nach unten: Auch die Birken des Dumbel (einer moorigen Senke) offenbar mächtig gewachsen. Dort mußten wir während des Kriegs mal mit der Schule Birkenblätter pflücken, erzähle ich; angeblich für Medikamente. Und hier rechts unten auf der Wiese haben wir Kühe gehütet; ich, sechs oder sieben, hab die erste Zigarette geraucht, und gleich eine ganze, und dann war mir schlecht bis zum Abend.

Das ist dir recht geschehen! sagt Anneliese in gutmütigem Ton.

Und dort in dem kleinen Wald gabs herrliche Reizker, sage ich. Jetzt müßte noch ein Feldweg rechts abgehn –

Ja. Aber vom Dorf, wie früher, immer noch nichts zu sehen. Das Gehöft oben links (wo es eine Polin gar nicht gut hatte) gibt es nicht mehr.

Und plötzlich, viel rascher als erwartet, auf einem abenteuerlichen Hohlweg bergab. Gut, daß ich mich völlig auf die schlechte Straße konzentrieren muß – meine Erregung ist kaum noch erträglich.

Wir sind unten! Und rasch, während das Auto langsam weiterrollt: der erste Blick um die Osthälfte des Sees, wo nach meiner Erinnerung so hübsch das Dorf Schwarzberge liegt (und allen Berichten über gewisse Zerstörungen zum Trotz war in mir das alte vollständige Bild geblieben).

Und da das jähe Erschrecken, ja: in diesem Augenblick geschah etwas Schreckliches: *Es ist nichts mehr da!* – Ich sage es wie in einem

Angst-Zustand, ich fahre langsam weiter, biege nach halbrechts ein, aber dorthin wollte ich doch am allerwenigsten –

Halt an, sagt Anneliese; die Straße ist zu schlecht – Fahr zurück; laß uns aussteigen.

Es ist ja nichts mehr da –, sage ich noch einmal; und habe immer noch die Kehle zugeschnürt, bringe die Wörter kaum heraus.

Wir halten am Straßenrand, wo früher der Mittelpunkt des Dorfes war. Aber hinter der Schule habe ich doch noch ein Haus gesehen, einen Mann davor, einen Fiat Polski. Und auch das Schulgebäude, hinter Bäumen, ist noch vorhanden. Der frühere Schulhof davor: schiere Wildnis . . .

Meine Verkrampfung beginnt sich zu lösen: Ich habe nun, wie auch immer, eine Antwort bekommen, nach fünfunddreißig Jahren eine Antwort. Ich blicke zum See hin: sehe mehrere Kinder baden, plantschen, lärmen, ein Kofferradio spielt, ein kleines Feuer qualmt.

Wir sind ausgestiegen. Die Kinder! sage ich. An derselben Stelle wie wir früher –!

Das hat plötzlich etwas Versöhnliches.

Hier – sage ich und schlage den Weg an der Südseite des Sees ein – geht die Straße, an der unser Gehöft lag. Ja: diese Straße gibt es noch wie früher; sie wird benutzt. Aber nun säumen sie übermannshohe Bäume, Sträucher; ich sehe nicht, wie erwartet, Ruinen, nur Unkraut. Und so setzt sich das fest: Keine Mauer-Reste, überall nur Dickicht. Kurbjuhn. Wysotzki. Und jetzt die Stätte, wo unser Haus, der Stall, die Scheune gelegen haben müssen. Ich sehe mich um, mache den Ort in den Umrissen sicher aus: dort die Fichten, die es in einer solchen Reihe nur bei uns an der Straße gab, – wie hoch sie geworden sind trotz des Gestrüpps um sie! Und auch die Eschen stehen noch, Adolfs Eschen! Und Reste des Flieders, der gerade blüht! Und am See unten die Kalmusstelle! Und gleich hinter Fichten und Eschen der Wiesen-Abhang zwischen unserem und Wrobels Gehöft! Kein Zweifel: Wir sind angekommen –

Und Wrobels Hof ist, ein Stück weiter, noch da! Wenn auch längst nicht so gepflegt wie früher, erheblich weniger imposant, wohl nicht mehr vollständig. Später beobachtet Anneliese eine junge Frau von dort, die Wasser aus dem See holt.

Wie still, wie ganz ohne Menschen alles ist! Hier kannst du gehen, sagt Anneliese; sie hat einen kleinen Pfad in die Wildnis entdeckt. Ich dringe von der unserem Haus entferntesten Seite aus vor, von dort, wo das Häuschen mit dem Herzchen stand. Komme durch hohes Kraut über den früheren Hof. Erreiche die Stelle, wo das Haus stand, wir wohnten, ich geboren wurde vor fünfundvierzig Jahren; sehe mich gründlich um und werde ganz sicher: Hier war es! Aber ich finde keine Hausreste, keine Fundamente mehr.

Ich eile hinauf, wo der Lindenbaum stand. Er steht nicht mehr. Aber aus dem Stubben wuchert Strauchwerk hervor, ist schon ziemlich hoch.

Ich bin ins Freie gekommen. Wo zwischen Wysotzkis und unserm Gehöft ein Streifen Acker war, ist auch jetzt genutzter Acker. Aber unser Gehöft, unsere schönen Gärten: All das ist völlig überwuchert. Anneliese ruft von der Straße. Ich komme! antworte ich. Laß dir Zeit, sagt sie.

Ich gehe zurück. Bahne mir nun entschlossen einen Weg, wo wir früher immer vom Hof auf die Straße gingen . . . Wie kurz jetzt alle Wege hier sind!

Und ich gehe den alten Pfad zum See hinunter. Auch das sind jetzt nur wenige Schritte. Scherben im Unkraut unter meinen Füßen, wohl von Dachziegeln. Doch Reste des Fundaments von Stall und Scheune am See unten! Vom »Brett« keine Spur mehr.

Dann sage ich zu Anneliese: Laß uns noch ein kleines Stück hier runter gehn. Ich meine: zum Dorf raus, in die Felder. Wir gehen.

Nach rechts zunächst noch Ausblicke. Dort bei den Erlen, sage ich, immer Hechte! Adolfs Revier! Anneliese lacht: sie kennt die Geschichten. Und hier links der Weg zu Filons – dort hinten auf dem Feld hab ich Adolf auf die Schultern gemacht. Mein Gott, hier war das alles –

Wir bleiben stehen. Ich möchte aufs Feld, sage ich; aber das Auto steht allein mitten im Dorf –

Ich gehe zum Auto zurück, sagt Anneliese entschlossen, geh du nur weiter.– Ich beeil mich, sage ich. Laß dir Zeit, sagt sie. Ich mache schnell, sage ich.

Ich mache meinen Weg zum Teil im Laufschritt. Ein Feldweg zwischen hohem Gesträuch. Komme zur Gabelung vor die Senke. Nach links, wo mal die Torfmühle stand, ist der Blick frei. Die Moorbirken auf der Senke viel höher als früher. Rechts der alte Nadelwald; aber die Sandgrube gibt es anscheinend nicht mehr, es wachsen dort junge Kiefern.

Wie schön alles Land auch hier ist! Ich halte für ein paar Augenblicke an. Irgendwo aus der Ferne Traktorengeräusch. Sonst Stille.

Ich eile zurück, Anneliese wird sich ängstigen. Am Weg, den wir so oft aufs Feld fuhren, ein schöner Stein, ich nehme ihn mit. Dann noch einmal bei unserm Gehöft: wo es stand vor lange zurückliegender Zeit. Ein letzter Blick über alles, über die immer noch vertrauten Punkte: Eschen, Fichten, Flieder. Ich gehe noch einmal hinunter zum See, wo ich geangelt habe, einige Male ins Wasser fiel –. Und ich nehme einen Stein in Kohlkopfgröße von unserm alten Pfad mit; vielleicht sind wir früher immer über ihn gegangen.

Wieder bei Anneliese und dem Auto. Ein Motorrad mit drei (!) Jünglingen war da; Neugierde. Kinder wurden mit dem Auto abgeholt. Soll ich den Kindern was geben? fragt Anneliese. Aber ja! antworte ich. Sie kommen, sagen Dzien dobry.

Laß uns noch ein Stück auf die andere Seite des Sees gehen, sage ich; ich möchte die Straße, wo unser Gehöft lag, aus der Distanz sehen. Ein Weg mit tiefen Pfützen. Hier unser Rodelberg, sage ich; hier bin ich oft runtergefahren! Und mein Vater ist über den See geschwommen, als er acht war (oder erst sechs), und auf der andern Seite hat ihn schon sein Vater erwartet mit dem Leibriemen in der Hand: Ob er verrückt sei, in dem Alter, über den tiefen See!

Wir gehen ans Wasser, tauchen die Hände ein. Sonne, Stille. Ich angle mir eine gelbe Wasserlilie. Gab es hier früher Wasserlilien? So ist nicht alles nur schlechter geworden. Und links die Badestelle und immer noch Kinder, rechts die Viehweide und dahinter der dunkle Wald – so schön alles auch von hier aus!

Wieder beim Auto. Was noch? Ich versuche ein Fazit: Das Zentrum des Dorfes ist untergegangen, vier, fünf Höfe gibt es noch an den Enden des früheren Ortes, vom Mittelpunkt aus kaum zu sehen.

Die Schule! Ich will etwas näher an die Schule heran. Das Gebäude ist noch ziemlich vollständig da bis auf die Fenster, die kein Glas mehr haben. Weshalb wohnt niemand mehr in einem solchen Gebäude, das für das Lehrer-Ehepaar gut war?

Wir können fahren, sage ich.

Wir halten noch einmal auf der Höhe, wo man die Stätte des Dorfs nicht mehr sieht. Von Westen blinkt ein Stückchen des Laschmieden-Sees herüber – auch hier oben alles Land ringsum wie in einem Bilderbuch. Es war ja so gut wie nichts mehr von Schwarzberge da, sage ich ein letztes Mal. Wären verkommene Gehöfte oder Ruinen dir lieber gewesen? antwortet Anneliese. Nein, sage ich.

Hätte ich besser nicht hinfahren sollen? Es ist die alte schwere Frage: Wie sinnvoll sind Illusionen, ist das Wissen um die Wirklichkeit sinnvoller? Anders gefragt: Soll man es bei den schönen Erinnerungen belassen, vor sie lieber nicht die veränderte Wirklichkeit schieben, die einem dann immer im Weg sein wird, wenn man an früher denkt?
Das Schwarzberge meiner Kindheit existiert nicht mehr. Es gleicht dem Friedhof, den wir zuletzt besuchen: dort ein Kreuz aus Eisen, verrostet, schief; daneben ein umgestürztes aus Holz; das ist fast schon alles. Und dabei sind unter dem Gestrüpp und Unkraut zahllose Generationen eines kleinen Dorfes begraben, darunter mehrere Geschwister meines Vaters, die im Kindesalter starben, sein Vater, seine Mutter, Lehrer Hein. Und nun ist alles in Vergessenheit gesunken, zum größten Teil schon völlig vergessen, was es an kleinen Freuden, Glücksfällen, hartem Schicksal gab und an unendlichen alltäglichen Mühen im Lauf der Jahrzehnte und Jahrhunderte. Soll man anfangen, darüber nachzudenken, was all das wert war, da es nun niemanden, der hier lebt, noch beschäftigt? Schwarzberge gibt es nicht mehr. Der Schlußstrich wurde schon vor langer Zeit gezogen: als wir das Dorf verlassen mußten. Das ist mir nun endgültig klar geworden.
Und doch ist das nicht alles.
Kurze Zeit davor habe ich auf der Stelle unsres Gehöfts an der Straße gestanden und über den See auf die hübschen Hügel gegenüber gesehen; dort zog sich der idyllische Weg nach Bergenau durchs Land wie früher: Es war ein kaum beschreibbar schönes Bild.
Guck, habe ich zu Anneliese gesagt: Hier bin ich aufgewachsen, in dieser Umgebung. Das habe ich mir in all den Jahren seither doch nicht bloß eingebildet: Es ist eins der schönstgelegenen Dörfer, die ich kennengelernt habe, vielleicht das am schönsten gelegene über-

haupt –. Ich meine: Die Schönheit dieser Landschaft ist doch unzerstörbar, sie ist geblieben.

Ja, hat sie sehr ernst und ganz überzeugt geantwortet: Es ist hier märchenhaft schön.

Erst damit ist alles gesagt.

Herbert Reinoß, Jahrgang 1935, stammt aus dem masurischen Dorf Schwarzberge im Kreis Lyck. Er veröffentlichte u. a. Romane und Erzählungen. Teil I dieses Berichtes (Erinnerung) schrieb er im Herbst 1979, Teil II nach einer Ostpreußen-Reise 1980.

Arno Surminski

Wiedersehen mit Jokehnen und dem Schwenzaitsee

Die Störche sind wieder da, wurden doch nicht alle ermordet, an Scheunentore und Chausseebäume genagelt in jenem zeitigen Frühling 1945. Einige nisten sogar – das hat es damals kaum gegeben – auf Telefonmasten und Chausseebäumen. Hier kannst du dir noch ein Brüderchen oder Schwesterchen wünschen, höchstpersönlich beim Meister Adebar auf dem Scheunendach. Und das Wünschen scheint sogar zu helfen, denn auf dem Jokehner Anger spielen so viele blonde Kinder, wie Enten und Gänse umherlaufen.

Was fast in Vergessenheit geraten ist: diese Alleen! Ostpreußen ist ein Land der Lindenalleen, Eschenalleen, Birkenalleen, Eichenalleen. Alles, was Laub trägt, reiht sich mächtig zu beiden Seiten der Straße. Die fernen Baumreihen geben der flachen Landschaft ihr Gepräge. Da ist zum Beispiel die Eichenallee, die zum Herrenhaus von Steinort am Mauersee führt. Nein, sie kann man nicht mit dem Auto abfahren. Da geht man besser von Baum zu Baum (einer ist vom Blitz gespalten), macht sich Gedanken, ob diese Eichen 150 oder 200 Jahre alt sind (einige tragen keine Blätter mehr), und stellt sich die Jungchens vor, die damals Eicheln für die Schwienkes gesammelt haben. Abgesehen von der fremden Sprache erscheint vieles vertraut. Die Frauen, ein Tuch um den Kopf gewickelt, laufen auf Holzklumpen über die matschigen Höfe, füttern Hühner, Enten und Gänse. Die Kinder buddeln im Dreck, sehen so natürlich schmutzig aus, sind noch völlig unberührt von den großen Weißmachern unserer Zeit. Na und erst die Pferde! Nicht nur zum Reiten und Streicheln für Kinderhände, sondern richtige Ackergäule.

Da klappern morgens so gegen sieben – ein bißchen später als in früherer Zeit – die Pferdefuhrwerke auf Lötzen zu. Ist wohl Wochenmarkt. Der Bauer sitzt vorn, pfeiferauchend. Neben ihm der Opa, eine Decke um die Knie gewickelt. Hinten die junge Frau mit einem Korb Mohrrüben und einer Kutz voller aufgeregter Gössel. Das Fohlen trabt neben der Mutterstute auf dem Sommerweg. Na, in Lötzen werden sie den Kleinen aber festbinden müssen, sonst reißt er den Marktfrauen die Stände um.

Du mußt schon ordentlich suchen, um noch eine deutsche Inschrift zu finden. Vielleicht auf dem überwucherten Dorffriedhof von Jokehnen? Da haben sie im Juli 1935 eine Erika Sommer begraben, erst elf Jahre alt (Sein Wille geschehe). Sie wäre beim Einmarsch der Roten Armee 21 Jahre gewesen, ein Alter zum Fürchten. Mehr ist nicht zu finden. Man glaubt nicht, wie diese Metallkreuze rosten!

Da liegt doch tatsächlich im Buschwerk der Gedenkstein für die deutschen Helden von 14/18. In Stein gemeißelte Namen, noch leidlich zu entziffern, obwohl das grüne Moos schon mächtig den Stein angreift. Ich kratze den Schimmel ab, verschaffe den Helden von 14/18 eine Gnadenfrist von vielleicht zehn Jahren, bis sie endgültig aus der Geschichte verschwinden.

Kaum noch Ruinen. Dafür sorgt die Zeit. Wo 1945 die Reste abgebrannter Gehöfte standen, wachsen heute wilde Himbeeren. Ein sanfter Erdhügel – dort war die gute Stube von Onkel Franz. Wer nicht weiß, daß an dieser Stelle mindestens fünf Häuser gestanden haben, findet die Büsche und Hahnenfußwiesen lieblich. Es gibt Dörfer, die vom Erdboden verschwunden sind, das heißt: es gibt sie nicht mehr! In 100 Jahren wird man hier Ausgrabungen vornehmen und nach altslawischen oder altgermanischen Siedlungen suchen und auf Hausmauern stoßen, die im Januar 1945 in Trümmer sanken.

Wie lange fährt man von Deutschland nach Ostpreußen? Knappe vierundzwanzig Stunden mit dem Schiffchen von Travemünde nach Danzig. Die ostpreußischen Sommer sind auch nicht mehr das, was sie früher waren. Oder macht das nur die Erinnerung: »Aber Herrche, heren Se, soviel hat es bei uns doch nie geregnet!«

Sonnenuntergang über dem Schwenzaitsee bei Angerburg. Da könnte man einen Kulturfilm drehen. Wildenten, Schwäne, Haubentaucher, auf der Wiese Pferde und trächtige Kühe, dazwischen der Klapperstorch beim Abendspaziergang. Die Sonne rutscht unaufhörlich ins Schilf, verbrennt im Untergehen ein weißes Segel auf dem Mauersee. Schnell etwas überziehen, sonst hubberst herum in der Abendkühle.

Gut, daß die polnischen Jungs und Mädchen aus dem Zeltlager
Feuer machen. Lagerfeuer ist hier jeden Abend. Und eine Gitarre ist
auch dabei. Sie fangen immer modern an. Du hörst die Beatles und
Rolling Stones zwischen den verschlafenen Seen Masurens, wo
sonst nur der Unk ruft und die Enten schnattern. Aber später, wenn
der Mond aus dem Schilf steigt, kommen sie unweigerlich zum Be-
sinnlichen. Die Mädchen tanzen ums Feuer.
»Singt doch mal was Deutsches«, sagt einer von den jungen Leuten.
Der sagt nicht, singt etwas aus der DDR oder der Bundesrepublik,
nur einfach was Deutsches. Da müssen sie sich halt zusammentun,
der verdiente Arbeiter des Volkes aus dem Spreewald und der Fahr-
lehrer aus Moers am Niederrhein, die Krankenschwester aus Brandenburg und der Maurerpolier aus Hamburg-Bergedorf. Was kann
man denn noch gemeinsam singen? Doch nicht die zackigen Lieder
der Jungen Pioniere oder der Hitlerjugend? Nein, sie müssen schon
weit ausholen, zurückkehren in die deutsche Gemeinsamkeit, bis sie
ganz unverfänglich ist, bis jeder mitsingen kann. »Sah ein Knab' ein
Röslein stehn«, das ginge zum Beispiel. Auch »Hoch auf dem gelben
Wagen«.
»Zwanzig Kilometer von hier bin ich geboren«, sage ich zu der jungen Russin, die in Berlin so ausgezeichnet deutsch gelernt hat und
neben mir am Lagerfeuer steht.
»Ach, dann sprechen Sie ja perfekt polnisch«, meint sie und blickt
mich freundlich an.
»Nein, kein Wort.« Ich will es ihr erklären, will ihr erzählen, wie das
damals hier war, aber sie muß mitsingen, denn jetzt sind die Russen
an der Reihe. Na und wie die singen hier an den Ufern Masurens!
Das Transparent über dem Jugendlager hängt schlaff im Wind. Irgendein Aufruf zum 30. Jahrestag der Volksrepublik Polen. Nirgendwo wirken Transparente so unpassend wie hier. Fassade, nichts
als Fassade!
In einer Campinghütte schmirgelt eine Frau bei geöffneter Tür Fische, die die Kinder im Schwenzaitsee gefangen haben. Sie gibt
keine Ruhe, bis du reinkommst und einen probierst. Freut sich von
Herzen, wenn es dir schmeckt. Mein Gott, was ist das für eine Welt?
Stillgestandene Zeit. So einfach, so unkompliziert.
Wie lange fährt man von Ostpreußen nach Deutschland? In heutiger

Zeit knappe vierundzwanzig Stunden. Mit dem Schiffchen von Danzig nach Travemünde. Brauchst keine Angst zu haben, von einem U-Boot auf den Grund der Ostsee geschickt zu werden.

Als das feinverputzte Travemünde am Horizont auftaucht, überfällt mich eine schreckliche Vision. Wie, wenn die zwischen die Poggenteiche und Schilfgürtel Masurens, an die verträumten Waldränder und auf die Wiesen der Klapperstörche auch so einen Appartementklotz mit zwölf und mehr Stockwerken hinhauen? Dann wäre alles verloren, endgültig verloren.

Arno Surminski wurde 1934 in dem ostpreußischen Dorf Jäglack westlich von Angerburg geboren. Seine Eltern wurden 1945 in die Sowjetunion deportiert. Der Fachjournalist und Schriftsteller wurde 1974 mit dem Roman »Jokehnen oder Wie lange fährt man von Ostpreußen nach Deutschland?« bekannt. Der folgende Bericht erschien ein Jahr später.

Herbert Reinoß

Eine Reise durch Ostpreußen

1

Halbwegs zwischen Lubawa und Ostroda, in der Nähe des Dorfes Lipowo, verändert sich die Straße und behält ihren neuen Charakter über viele Kilometer hin bei. Nicht, daß das Asphaltband unter uns anders geworden ist: aber nun sind es herrliche alte Bäume, die den Weg säumen. Kein Zweifel: soeben fing ein anderes Land an, früher lebte hier ein anderes Volk als in den Orten, durch die wir bislang kamen, – wir sind in Ostpreußen, dem früheren Ostpreußen! Endgültig sicher ist das in Ostroda: Die Stadt hieß bis 1945 Osterode, war eine deutsche Stadt.

Wieder in Ostpreußen! Was geht einem da durch den Sinn, wenn man hier in deutscher Zeit die Kindheit erlebte, dann geflüchtet ist in panischer Furcht, nach fünfunddreißig Jahren zum erstenmal herkommt... Manchmal habe ich Angst gehabt vor diesem Wiedersehen, das verliert sich nach den schlimmen Ereignissen 45 wohl nie; es gab Tage, da ich es mir schlechthin nicht zutraute... Auch wenn ich abzusehen versuche von allem, was ich selbst in der Erinnerung habe an jenen furchtbaren Winter und aus den schriftlichen und mündlichen Berichten anderer erfuhr: ich habe die Schilderungen des sowjetischen Obersten Kopolew gelesen, jeder Deutsche war plötzlich schlimmer dran als ein Stück Vieh, mit menschlichen Regungen sich gegenüber konnte er nicht rechnen, nur mit archaischen Rache-Absichten und Grausamkeit. All das (es sei auch hier gesagt) hatte seine schreckliche Vorgeschichte; und war für die Betroffenen deshalb doch kein bißchen weniger unerträglich...

Denke ich nun im früheren Ostpreußen (wie befürchtet) vor allem daran, überfällt mich das wie eine Lähmung?

Nein. Denn das Land ringsum ist so ungewöhnlich friedlich, so übersonnt und in einem Spätfrühlingsgrün unvergleichlich schön. Das bestärkt nur die freundlichen und erfreulichen Empfindungen, steigert sie hinauf zu Euphorie: Wieder in Ostpreußen, wieder im früheren Ostpreußen!

2

Ich habe die Reise mit meiner Frau Anneliese gemacht, geboren in Franken, sie sah das Land zum erstenmal. Es war Juni 1980, wir hatten lauter sonnige, sehr warme frühsommerliche Tage.

Wir sind auf dem Landweg hingefahren: Von Gütersloh in Westfalen über Helmstedt und Frankfurt/Oder nach Poznan (Posen) in Polen. Dann über Gniezno (Gnesen) und Torun (Thorn) nach Ostroda (Osterode in Ostpreußen) und Olsztyn (Allenstein). Von dort ins eigentliche Masuren: nach Biskupiec (Bischofsburg), Mragowo (Sensburg), Mikolajki (Nikolaiken), Orzysz (Arys), Elk (Lyck), Olecko (Treuburg). Schließlich durch das mittlere Ostpreußen: über Gizycko (Lötzen), Ketrzyn (Rastenburg), Reszel (Rößel), Bisztynek (Bischofsstein), Lidzbark Warminski (Heilsberg), Orneta (Wormditt), Paslek (Preußisch Holland) und Elblag (Elbing) nach Gdansk (Danzig). Von dort mit dem Fährschiff nach Travemünde und wieder auf bundesrepublikanische Straßen. (Ich habe die Orte hier so geschrieben, wie man sie heute in unseren Auto-Atlanten findet, und die Namen aus deutscher Zeit in Klammern hinzugefügt.)

Wir sprachen unterwegs darüber: Wie weit sich das Deutsche Reich nach Osten erstreckt hat. Wir hatten den Tageskilometerzähler bei der Abreise in Gütersloh – etwa in der Mitte zwischen der niederländischen Grenze bei Kleve und der DDR-Grenze bei Helmstedt – auf 0 gestellt. Die Bundesrepublik Deutschland endete für uns nach etwa 250 Kilometern, bis zur Ostgrenze der DDR an der Oder war es noch einmal so weit. Und dann: An dem am weitesten im Osten liegenden Punkt unserer Reise: in Olecko (Treuburg), hatten wir 1330 km gefahren . . .

Wir haben uns zu erinnern versucht, wie es zu diesen Verlusten gekommen ist und wodurch sie verursacht wurden.

3

Diese Straßen im früheren Ostpreußen! Es sind so gut wie immer schöne Alleen.

Kilometer um Kilometer fährt man unter hohen alten Bäumen: Linden, Birken, Eschen, Ahorn – wo gibt es das noch so im Westen. Über dem Reisenden ein geschlossenes Laubdach; dort ist es auch an heißen Tagen angenehm schattig.

Es sind so gut wie immer jahrzehntealte Bäume, es sind also die Straßen des früheren Ostpreußen. Auf einer von ihnen sind wir vor fünfunddreißig, vierzig Jahren mit dem Pferdewagen zur Stadt gefahren – ich dachte daran zwischen Lyck und Stradaunen. Doch dort wurde mir auch bewußt, daß es nicht mehr ganz die alten Straßen sind: viele von ihnen hatten neben dem Asphalt eine Spur für die Pferdefuhrwerke, einen Sandweg; heute ist in der ganzen Breite asphaltiert. (Der Zustand der Europastraßen, sonstigen numerierten Straßen wie auch der sogenannten »Nebenstraßen« (»Secondary roads«), die wir kennenlernten, ist gut. Erst auf den nachgeordneten Straßen zu abgelegenen Dörfern kann es etwas abenteuerlich werden . . .) Wie geruhsam fährt man doch auf diesen Straßen! 80 Stundenkilometer sind erlaubt, man fühlt sich sicher dabei und ist zufrieden. Es begegnen einem erheblich weniger Autos als man es gewöhnt ist (darunter erstaunlich viele aus der Bundesrepublik).

Und dann die Pferdewagen, Panjewagen! In meiner Kindheit waren es schwere Ackerwagen mit eisenbereiften Holzspeichenrädern; heute sind es flinkere luftbereifte Fahrzeuge mit ein oder zwei Pferden davor, auf dem Kutschbrett neben dem Bauern oft die halbe Familie!

Ja: Dies ist ein Teil jener Bilder, von denen wir aus dem ach so fortgeschrittenen Westen sagen: Wie rührend! Die Welt von gestern!

Onkel Tobi! sagte Anneliese, als wir die ersten dieser hübschen Gefährte sahen. Onkel Tobi: Das ist die Hauptfigur eines Kinderbilderbuches, das unser Sohn Knut im Vorschulalter heiß geliebt hat. Onkel Tobi fährt mit einem solchen Wagen, ein Pferd davor, in die Stadt, um tausenderlei einzukaufen. Wie viele Polen in Masuren waren für uns Onkel Tobi . . .

Und keinesfalls will ich die vielen Kinder vergessen, die dem ausländischen Auto gewinkt haben! Ob in der Stadt oder auf dem Dorf, an der Hand der Mutter oder von der Feldarbeit aufblickend. Im Vergleich (nicht nur damit) erschienen uns unsere Kinder plötzlich uninteressierter, wohl übersättigt, von Langeweile beherrscht.

4

Von den schattigen Alleen aus ungezählte Blicke auf eine überall schöne Landschaft.

Ostpreußen ist schön, vor allem: Masuren, hat man uns immer wieder erzählt. Hier ist es wunderschön! haben wir nun oft gesagt. Es ist noch schöner, als ich es mir vorgestellt habe!

Meist ist es ein sanft hügeliges Land, und es gibt gewaltige dunkle Wälder. Seine eigentliche Schönheit aber machen die zahllosen Seen zwischen Hügeln, Feldern und Wäldern aus. Keiner ist wie die andern, jeder hat einen ganz eigenen Charakter. Der eine ist klein, rund, lieblich, der andere fjordartig langgezogen, der dritte (z. B. der Niegocin-See, d. i. der Löwentinsee) eine riesige Wasserfläche. Hier in Ufernähe Schilf, Kalmus, dort leuchtende Lilien, Wasserrosen. Und fast immer spiegelt sich irgendwo dunkler Wald. Dazu: Boote, Angler; viele angelnde Kinder. Selten, daß man in Masuren einmal zehn Minuten mit dem Auto fährt, ohne daß zwischen zwei, drei Hügeln oder Bäumen Wasser aufblinkt.

Der Wuchs der wilden Blumen, Gräser, Sträucher schien mir üppiger, als wir es kennen; die Wiesen sind saftiger und höher (ich verbürge mich dafür!). Alles ist mehr für sich gelassen, nicht beeinträchtigt. Es sind Landschaftsbilder, vor denen einem durch den Sinn geht: Hierher kommt man *heim*, und das war wohl immer so: in prussischen, deutschen oder polnischen Zeiten . . .

Die Felder fanden wir überall bestellt; ich habe auch abseits der großen Straßen keine aufgegebenen Äcker gesehen. Ich habe später mehrmals gehört: Aber das Korn nicht so sauber wie bei uns, und zwischen den Rüben Unkraut! Ich meine: Dabei berücksichtigt man nicht die dortigen technischen Möglichkeiten; und auch in meiner Kindheit gab es in demselben Land beim Getreidefeld Kornblumen, Mohn, Ackerwinden und Raden – ich habe ohnehin Zweifel, ob alles Heil von unseren Maschinen und Chemikalien kommt.

5

Im Anblick schon der ersten Dörfer wurde zum zweitenmal mit Nachdruck klar: Es ist eine Welt von gestern!

Jedenfalls für uns, deren bundesrepublikanische Dörfer alle »schöner werden« sollten, so daß wir heute zu beklagen haben, wie uniform, verwechselbar, lächerlich kleinstädtisch nicht wenige von ihnen geworden sind. Am schönsten die Lage der Dörfer an Seen: Klusy (Klaußen) bei Elk (Lyck) oder Gaski (Gonsken, Herzogkirchen) – und mein Heimatdorf Rydzewo (Schwarzberge), das fast ganz unterging. Da beglückt uns die in industrialisierten Staaten kaum jemals so innige Verbindung von Landschaft und Zivilisation. Es ist, als sei jemandem wie mir, der in Masuren aufwuchs, die Welt von damals aufgehoben worden für ein Wiedersehen nach so langer Zeit. Wo gibt es das sonst noch! Es grenzt an ein Wunder!

Beim näheren Hinsehen sind dann allerdings Verluste zu beklagen. Das mag nicht für jeden so ausgeprägt sein wie für mich, dessen Geburtsort vom Erdboden fast verschwunden ist. Doch auch wenn ich an das zweite Dorf denke, das ich noch gut in Erinnerung habe, den Heimatort meiner Mutter: der Garten vor der Schule nicht mehr so ansehnlich wie früher, wie überhaupt nicht wenige Gärten, Gebäude, Gehöfte, Dorfstraßen an Schönheit und Charme verloren zu haben scheinen.

Oder drängt sich auch hier eine auf »blitzsauber« getrimmte westliche, nach den Vorschriften des Bauordnungsamtes ausgerichtete Vorstellungswelt vor die Erinnerungen an früher, die ehrlicher waren?

Einer von denen, die ihre Heimat nach Jahrzehnten wiedersahen, Udo Georges aus Leingarten, schrieb:

»Überhaupt die kleinen und großen Dörfer. Mit den bescheidenen Mitteln hat der Pole hier sehr viel geleistet. Es ist eine Seltenheit, total verwirtschaftete Höfe zu finden. Der Reisende in die Vergangenheit sollte nicht über jeden Mißstand die Nase rümpfen. Auch bei uns war und ist nicht alles vergoldet. Hüten wir uns vor Verallgemeinerungen.«

Das wahrscheinlich zutreffendste Urteil.

6

Ja: Wer früher in Ostpreußen gelebt hat, dem kommt in den Dörfern vieles gleichgeblieben und unendlich vertraut vor. Es ist eine schlichtere, bescheidenere, überschaubarere, ich sage: tiefer beeindruckende, weil in vielem beseeltere Welt als unsere westliche. Und es drängt sich mir eine Vermutung auf und eine (vielleicht gar nicht einmal so verwegene) Schlußfolgerung: Ob nicht das »Milieu« den Menschen mehr als nur in einem äußerlichen (oft negativen) Sinn prägt – ob sich nicht auch eine Landschaft die Menschen in einem ziemlich hohen Maß anverwandelt, so daß die heutigen Bewohner Ostpreußens den früheren, als sie dort lebten, immer ähnlicher werden – während viele dieser früheren (und erst recht deren im Westen geborene Nachkommen) ihre »ostpreußischen« Züge verlieren?

Wenn ich noch einmal an die Dörfer denke: Die Störche, diese vielen Störche! Gibt es ein Dorf, das nicht ein, zwei, drei Storchennester auf Hausdächern hat? Nicht selten waren die Alten gerade ausgeflogen, die Kleinen blickten über den Nestrand. Sie nisteten sogar auf Telefonmasten, einem trockenen Baum. Auf einer Wiese zwischen Olecko und Gizycko zählte ich nahe beieinander sieben Störche – die meisten unserer Kinder in der Bundesrepublik haben in all ihren Jahren noch nicht einen gesehen.

Auch die Störche also wie früher ...

Oder die Teiche, Tümpel bei jedem Ort, jedem größeren Gehöft! Entenflott drauf. Enten und Gänse in Scharen. Nachts quaken von dorther die Frösche. Auch dies alles Bilder meiner Kindheit und Bilder heute.

Gelegentlich noch eins der alten masurischen Holzhäuser. Nur in meinem Heimatdorf, das etwa ein halbes Dutzend besaß, steht keins mehr ...

7

Die Kulturgeschichte kennt den Begriff »Wüstung«, mit dem ein untergegangener Ort bezeichnet wird.

In den ersten Augenblicken hielt ich das masurische Dorf Schwarzberge, das heute Rydzewo heißt, trotz des Wegweisers an der Straße

Elk-Olecko für eine solche Wüstung: Um die Osthälfte des Sees haben etwa zwanzig Gebäude gestanden, ich sah, als ich dort ankam, keins mehr, nur leere Landschaft.

Es ist ja nichts mehr da –! sagte ich gepreßt zu meiner Frau. Es mag wie ein Hilferuf geklungen haben. Allmählich erst fand ich heraus, daß etwa ein halbes Dutzend Gehöfte an den Enden des früheren Orts den Untergang überlebt hat.

In Zatyki (Satticken im Kreis Treuburg) suchten wir das schöne Abbaugehöft meiner Großmutter: den Geburtsort meiner Mutter. Wir sahen die Stelle des Gehöftes schon von weitem: ein Viereck, auf dem inmitten planvoll angepflanzter Bäume und Sträucher Kastanien blühten und vor allem riesig hinaufgewachsene Fliederbüsche. Als wir näherkamen, nachsahen: von Haus, Stall, Scheune kaum eine Spur; aber die Gärten wachsen weiter durch Jahrzehnte . . .

Unterhalb des sonnigen Wohnzimmer-Fensters nach Süden hat ein Walnußbaum gestanden, meine Mutter hat ihn einst gepflanzt. Sieh nach meinem Walnußbaum, hat sie gesagt, als sie vom Plan meiner Reise hörte. Dieser Walnußbaum, so sahen wir, ist gefällt worden; aber er hat wieder ausgetrieben, nun steht dort ein Strauch. Anneliese fand später beim Hof einen deutschen Groschen aus dem Jahr 1924 . . .

Beklagenswerte, deprimierende Anblicke auf den deutschen Friedhöfen. Durch den Satticker Friedhof hat ein gepflegter breiter Fußweg geführt, wenn ich mich recht erinnere: mit einer Tür an jedem Ende; ich bin in jenen Monaten 1943/44, als ich bei der Großmutter wohnte und in die Satticker Schule mußte, oft über ihn gegangen, um meinen Weg abzukürzen. Nun ist dieser Friedhofsweg ein ordinärer Feldweg, und das heißt: es werden über ihn landwirtschaftliche Fahrzeuge gefahren ohne Rücksicht auf die Gräber-Rahmen rechts und links, die hart an ihn stoßen. Auf einem dieser Gräber steht immer noch eine Akelei – sie blühte gerade groß und lilablau! Über allem übrigen (darunter Gräber meiner Angehörigen): Gesträuch, Gestrüpp, Unkraut. Einzelheiten kann nach fünfunddreißig Jahren wohl allenfalls noch ein sehr Ortskundiger ausmachen; ein Fremder wird bald nicht einmal mehr sehen, daß hier ein Friedhof war, feierlicher Ort, wo Generationen hindurch Verstorbene beweint, Gräber nach Kräften in Ordnung gehalten wurden . . .

8

Am wenigsten haben mir aufs Ganze gesehen die Städte gefallen. Doch ich muß gleich hinzufügen: Dieser Satz würde vielleicht ähnlich lauten, wenn sie noch dasselbe Gesicht hätten wie vor 1945 – in einem Land, dessen Landschaft so sehr anspricht, haben Städte immer einen schweren Stand.

Am ehesten gefällt auch heute das wertvolle Alte, das zum Teil (sehr gekonnt) wiederhergestellt wurde. Die gotische Ordensburg in Olsztyn (Allenstein) zum Beispiel und erst recht die in Lidzbark Warminski (Heilsberg). Oder einige interessante Kirchenbauten. Oder die Patrizierhäuser am Markt in Olsztyn. Diese Stadt (die heute, wie manche andere, erheblich mehr Einwohner besitzt als 1939) hat unlängst ein auch als Bauwerk interessantes Planetarium bekommen. Die Hochhäuser des Wohnungsbaus seit 1945 sprechen meistens, um es zurückhaltend zu formulieren, so wenig an wie die stilistisch bescheidensten auch in andern Staaten. Sie bereichern wohl niemals das Bild einer Stadt.

Am meisten enttäuscht hat mich Elk, das Lyck hieß und unsere Kreisstadt war. Ich weiß: andere haben dort manches fast unverändert wiedergefunden; ich aber, der ich mich mehr an das alte Gesamtbild und weniger an Einzelheiten erinnerte, erlebte die Hauptstraße der einstigen »Hauptstadt« Masurens als öde und ziemlich unansehnlich. Zwischen auswechselbaren modernen Kästen stehen sogar ruinöse alte Gebäude mit leeren Fensteröffnungen. Ich verspürte sehr bald den Wunsch, weiterzufahren...

Als Hauptort des eigentlichen Masuren wird heute Gizycko (Lötzen) bezeichnet. Tatsächlich ist viel getan worden, um diese Stadt zu einem touristischen Zentrum auszubauen, sie kann sich sehen lassen. Apropos Tourismus: Wir haben in ordentlichen Hotels gut geschlafen und solide gegessen. Die Butter schmeckte wie selbstgemacht, die Milch wie frisch gemolken, Schnitzel und Kochschinken waren ausgezeichnet und die Eier nicht aus einer Fließband-Produktion.

9

Ich sprach nun wiederholt von einer Welt von gestern – das ist in einigen Punkten einzuschränken.

Auf den Feldern sieht man nicht mehr nur Pferde vor einfachen Geräten, Sensen und Handarbeit. Die Traktoren sind auf dem Vormarsch und mächtige Maschinen. Es ist wohl alles nur eine Frage der Zeit . . .

Aber wie die heut dort noch rumlaufen! habe ich mehrmals vor der Reise gehört; gemeint war: Die haben doch einen ziemlichen Plunder an, unmögliche Klamotten!

Das ist barer Unsinn. Wer heute durch die Städte und Dörfer des früheren Ostpreußen kommt, sieht die Menschen dort so ansehnlich (auch nach unseren westlichen Vorstellungen) gekleidet, daß es oft Erstaunen hervorruft, Jeans und hübsche Blusen zum Beispiel wie, sagen wir, in Dänemark, Belgien, dem Bundesland Bayern. Auffallend ordentlich gehalten die meisten Kinder, hübsch herausgeputzt viele jüngere Frauen. Natürlich auch dort »solche und solche« – wo nicht?

Als ich auf der Rückreise darüber mit Deutschen sprach, hieß es: Jaja, richtig! Die stecken halt alles in Klamotten; aber Sie müßten mal die dürftigen Wohnungseinrichtungen sehen!

Mag sein. Doch ich übernehme solch eine Behauptung nun nicht mehr unbesehen.

In einem sind sich so gut wie alle Reisenden durch die frühere Provinz Ostpreußen einig: Jene, die heute dort wohnen, sind höflich und freundlich den Besuchern gegenüber und fast unendlich hilfsbereit. Wir können das nur bestätigen. Es gibt bewegende Geschichten der Gastfreundschaft, ja neuer herzlicher Freundschaft zwischen Polen und Deutschen. Ein einziger erzählte von negativen Erfahrungen – doch da wir selbst sein ausgesprochen schlechtes Benehmen in einem Danziger Bernstein-Geschäft erlebt hatten, spricht vieles dafür, daß es eine Geschichte war nach dem Motto: Wie man in den Wald hineinruft, so schallt es heraus.

10

Auffallend, ja erstaunlich das Verhältnis der Polen in Ostpreußen zur (katholischen) Kirche. Wir hatten bereits in Gniezno (Gnesen) an einem Werktag beobachtet, wie eine Gruppe, eine Schulklasse nach der andern zum Dom kam. Restauriert (mit katholisch-polnischem

Die großartigste Wallfahrtskirche Altpreußens: Heiligelinde im Ermland, ein Bauwerk des Barock.

11   Burg Rößel im Ermland, 14. Jahrhundert.

2 Das Ordensschloß in Allenstein.

13 Das Heilsberger Schloß, einer der schönsten Bauten des deutschen Ordens.

Akzent) und gepflegt die kleine über zweihundert Jahre alte Dorfkirche in Straduny (Stradaunen), in der ich 1935 evangelisch getauft worden bin.

Sehr malerische Bilder dann an einem sonnigen Sonntagvormittag vor der mächtigen ermländischen Wallfahrtskirche Swieta Lipka (Heiligelinde). Gottesdienst in der Basilika, und draußen so etwas wie Volksfeststimmung: Busse, Autos, Motorräder, zahllose Menschen – und im Schatten einer Hecke Panjewagen mit geduldig wartenden Pferdchen: Onkel Tobis Kirchgang...

Schließlich die Danziger Marienkirche, eins der größten Gotteshäuser der Christenheit: voller Menschen, den Riesenraum mit einem Choral gewaltig ausfüllend.

11

Die Erinnerungen an das Inferno im Winter vor fünfunddreißig Jahren. Es bleibt einem doch nicht erspart: Sie drängen herauf, drängen sich auf, wenn man durch dieses Land fährt, in dem sich alles ereignete.

Nachts vor dem Einschlafen in Olsztyn. Von irgendwoher intensives Fröschequaken; und dann dringen die Geräusche des ziemlich nahen Bahnhofs ins Bewußtsein: Anfahren von Dampfloks, Lautsprecheransagen. Auf dem Allensteiner Bahnhof kamen wir eines Nachts im Oktober 44 an; es war die erste Station der Flucht. Oder jener Bahnübergang bei Lyck (Strecke Lyck–Lötzen): Dort der Tiefflieger-Angriff auf uns ganz am Anfang der Flucht – sollte ich nun einen Knopf weitersuchen, den ich damals hier gerade verloren hatte und nicht wiederfand?

Oder in der Umgebung von Lidzbark Warminski: Hier, sage ich zu Anneliese, sind wir im Januar 45 gewesen, in eisigem Winter, nachdem wir den Wagen mit dem transportablen Besitz bei Gutstadt haben stehenlassen – es hatte sich wie Lauffeuer verbreitet: Die Russen können jeden Moment hier sein, rette sich, wer kann!

Ja: Im ganzen Gebiet zwischen Lidzbark Warminski und Braniewo (Braunsberg) Straßen unserer Flucht – mal hierhin, mal dorthin. Wie friedlich sie nun daliegen – Sind wir über die eine und die andere von ihnen vor fünfunddreißig Jahren gehetzt?

Orneta (Wormditt). Ist es Wormditt oder Zinten gewesen, wo rechts vor dem Bahnhof auf dem Bürgersteig eine tote alte Frau im Schnee lag – als wir ankamen und ebenso, als wir nach zwei, drei Tagen endlich weiterkonnten?

Und eben in Orneta ein Wegweiser nach Braniewo (Braunsberg). An diese Stadt habe ich die schlimmsten Erinnerungen, erzählte ich Anneliese. Wir kamen an und wurden in eine Kirche gesteckt, setzten uns in die Kirchenbänke. Hier bleib ich nicht! sagte Mutter bestimmt; in diesem düstren Loch! Wir fanden eine Schule, die ebenfalls Flüchtlingen zur Verfügung stand. Am Nachmittag beim Essenholen aus einem andern Gebäude plötzlich Krachen und Geschrei: ein Geschoß oder eine Bombe, und jemand war verletzt worden. Das der Anfang. Am nächsten Tag dann im Keller von morgens bis abends, und ununterbrochene Angriffe, und jeder Volltreffer hätte uns alle umgebracht. Und am Abend nach diesem endlosen Tag durch eine brennende, zerstörte Stadt, in den Straßen Leichen vor allem von Pferden, wir mußten über sie hinweg, und die Kirche, die Mutter so mißfallen hatte, von oben bis unten gespalten wie durch Blitzschlag. Und aus der Stadt hinaus, und nachts zu Fuß über das Eis des Haffs, und den nächsten Tag weiter zu Fuß über die ganze Frische Nehrung bis zur Eisenbahn nach Danzig.

Und Danzig: Dort einige Zeit in Haus Reitbahn 21. Ich habe es nun gesucht, aber nur etwa das Gebiet gefunden, in dem es lag.

Und der Bahnhof, dem gegenüber wir jetzt im »Monopol« wohnten: Ich habe ihn so gut in Erinnerung behalten, daß ich ihn sofort wiedererkannte. Noch Anfang 45 über seinem Eingang ein mächtiges Spruchband: Räder müssen rollen für den Sieg! Sie reichten nicht einmal mehr aus, um Flüchtlinge zu retten: Von diesem Bahnhof fuhren wir eines Tages mit dem Ziel Kolberg ab, kamen aber nur noch bis Schlawe, der Weg war schon abgeschnitten; dann ging es zurück... Schließlich im letzten Augenblick per Schiff aus Gotenhafen (heute Gdynia) bei Danzig in den Westen.

12

Was kann eine solche Reise für einen persönlich bedeuten? Ich meine: Über die Fülle der heraufdrängenden Erinnerungen und zahllosen zunächst einmal wahllos aufgenommenen Bilder hinaus?

In Gizycko hatte ich einen Traum, der mir aus dem ungehemmten Unbewußten zu signalisieren schien, wie einen dieses schöne Land zurückwerfen kann auf Früheres: Jugendlichkeit, Poesie, Aufbruch; so mag er von einem gewissen allgemeinen Wert sein und hier stehen.

Ich erwachte gegen vier Uhr früh, draußen war es schon hell, heiseres Möwengeschrei drang herüber. Sofort ging mir noch einmal der vorhergehende Tag durch den Sinn: Wo mein Heimatort gestanden hat, war nun Landschaft – und daher der Drang, vom alten Meßtischblatt und den Erinnerungen ausgehend zu rekonstruieren: eine Skizze, ein Bild des Früheren anzufertigen, es Anneliese zu zeigen: In meiner Kindheit sah es so aus!

Und plötzlich die deutliche Erinnerung an das, was ich geträumt hatte: Ich habe mit Anneliese auf einem kleinen Pferdewagen gesessen, Onkel Tobi-Wagen, wir hatten die Knie beieinander und mit einer Decke zugedeckt. Und sie war so jung, mädchenhaft hübsch, und sie war noch gar nicht mit mir verheiratet. Und sie suchte jemanden, der ihre Gedichte druckte, sie befragte mich nach Einzelheiten.

War es masurische Landschaft, durch die wir fuhren? Es waren grüne Hügel; und der helle Weg links hinauf konnte gut der aus meinem Heimatort Schwarzberge nach Bergenau sein.

Wir fuhren jedenfalls in Richtung einer großen Straße, Hauptstraße, die eine Nummer trägt, vielleicht Europastraße – und dann würden wir schneller vorankommen. Es lag so viel vor uns . . .

Ja: Anneliese war wohl achtzehn, alles war süß und hübsch; es endete in lauter jugendlichem Gefühl . . .

13

Am frühen Nachmittag des 17. Juni Ankunft des Fährschiffs in Travemünde; und wieder auf westdeutsche Straßen. Und schon im Lauf der ersten Viertelstunde geschah dies:

Während ich in eine Lücke zwischen zwei Autos auf die Autobahn fahren wollte, jagte ein junger Schnösel halsbrecherisch mit Dauerhupton an uns vorbei, wollte auch rauf und überholte uns dabei. Kurz darauf im Rückspiegel ein schwerer Mercedes, der uns mit

Lichthupe und Winker links raus ohne Sinn und Verstand förmlich auf der Stoßstange saß, das Ende meines Überholvorgangs nicht abwarten wollte.

Es gibt sie leider immer noch nicht, die Extra-Spur für einige Herren Mercedes- und BMW-Fahrer, sagte Anneliese ironisch.

Es war unübersehbar: Wir waren wieder angekommen bei den dreisten Dummheiten und borniert Rücksichtslosigkeiten unserer vielbeneideten westlichen Welt.

Und ich dachte zurück an die alten Alleen mit ihren Lindendächern in Masuren, wo in all den Tagen nicht ein einziges Mal jemand Holla! geschrien und mit dem Colt aus der Hüfte gefeuert hatte. Dachte an Onkel Tobi und die winkenden Kinder und die Storchennester – wir werden nichts davon vergessen.

Über Herbert Reinoß siehe Seite 115.

A. K. T. Tielo

Mein Memelstrom

Und kehr' ich heim nach langen Jahren,
heim unter blauen Himmelsdom,
dann will ich wieder einmal fahren
auf meinem alten Memelstrom.
Stromabwärts fahr' ich, haffentgegen,
von Wiesenstille grün umglänzt,
wo Mühlen sich versonnen regen
und Kieferforst die Höhen kränzt.

Und weiter! Fort auf Wogenpfaden,
als würd' ich wieder selig jung,
in Weiten voll mit Sonnengnaden,
ins Halmenmeer der Niederung.
Mit Volldampf frisch dem Haff entgegen,
von Wiesenstille grün umsäumt,
wo Mühlen sich versonnen regen
und tief am Weg die Wolke träumt.

Da grasen noch schwarzweiße Rinder,
im Kraut geborgen bis zum Bauch,
da baden noch gelbhaarige Kinder,
geküßt vom wilden Wellenhauch.
Da halten Bauernhäuser Wache
am Ufer noch mit grauem Schopf,
noch nisten Störche auf dem Dache,
geschmückt mit Kreuz und Pferdekopf.

Da sinnen bei den Bienenstöcken
die Alten noch auf frohe Saat,
da blüh'n in feuerfarbnen Röcken
die Mädchen noch im Sonntagsstaat.
Da traben schmauchend ohne Trense
die Burschen noch durch Rohr und Ried,
doch haffwärts singt schon eine Sense
ihr wundersüßes Sommerlied.

A.K.T. Tielo hieß eigentlich Kurt Mickoleit und war väterlicherseits litauischer Abkunft. Der 1874 in Tilsit Geborene war Gymnasiallehrer in Berlin und trat vor allem als Lyriker hervor. Er starb schon 1911.

Hermann Sudermann

In Matziken im Memelland

Der Vorderwald und der Hinterwald und dazwischen ein Gutshof, tief eingebettet in grünes Geheimnis.

Auf diesem Gutshof kam ich zur Welt. Doch nicht etwa im Herrenhause. So hoch verstiegen sich meines Lebens Sterne nicht. Gleich links am Torweg lag eine Brauerei – kein Fabrikpalast mit Mälzereitürmen und Dampfmaschinenbetrieb, mit kupferner Phantastik und eisstarrenden Wölbungen – o nein, ein dürftiger Feldsteinbau, durch nichts für seinen Beruf gebildet als vielleicht eine hölzerne Lukenreihe, durch die an manchen Tagen, in Dampfwolken gekleidet, ein Würzgeruch in die Weite zog.

Nach vorne hin angebaut waren zwei Stuben. Die Vorder- und die Hinterstube. Und in eben dieser Hinterstube kam ich zur Welt. In ihr verdröselte ich die Tage des ersten Traumes.

Und dann waren vor der Tür drei Birkenbäume. Es mögen ihrer auch vier gewesen sein oder fünf. Ich darf ruhig schwindeln, denn die Bäume sind lange weg, und niemand kann mich Lügen strafen. Meine Mutter natürlich ausgenommen. Aber die ist siebenundneunzig und erinnert sich vielleicht der Zahl auch nicht mehr.

Zwischen diesen Bäumen gab es Rasenbänke. Warum, weiß ich nicht. Zum Sitzen dienten sie keineswegs, denn da waren auch noch, von meiner Mutter Hand gezimmert, Holzbänke und Tische davor, um einkehrenden Ausflüglern, die sich eines Labetrunkes bedürftig fühlten, willkommenen Ruheplatz zu bieten.

Sie kamen zwar nie, diese Ausflügler, aber sie hätten doch kommen können, und eine Konzession für das Gastwirtschaftsgewerbe war auch nicht da, aber »der Mensch hofft«, sagte meine Mutter, und das sagt sie auch heute noch, während die Franzosen als Herren des Memellandes vor ihren Fenstern spazierengehen.

Zwischen jenen Rasenbänken lag mein erstes Reich. Nach vorne hin begrenzt durch den großen Weg, den ich beileibe nicht betreten durfte, denn auf ihm fuhren die bösen Leiterwagen, von deren Rädern man zermalmt sein konnte, ehe man es ahnte. Zur linken Seite begrenzt durch ein tiefliegendes Bachgerinnsel, das natürlich nicht minder gefährlich war, zumal ein krauses Gewirr verwilderter Himbeerbüsche es tückisch verbarg.

Und jenseits des Baches begann der herrschaftliche Garten, die erste Sehnsucht, das früheste Wunder meines Lebens. Denn keine Herrlichkeit der Erde ließ sich denken, die dort nicht zu finden war. Nicht bloß die Äpfel, auch die Äpfelkuchen wuchsen darin wild, und was man an Blumen mit nach Hause tragen konnte, wenn man von Mama zur nachbarlichen Kaffeevisite mitgenommen war, sah man durch Monate nicht in der blauen Vase auf dem Sofatische prunken. – Da war auch die Geißblattlaube und die Sonnenuhr, von der ich in »Frau Sorge« erzählt habe. Und eine Balkontreppe war da. Von deren Höhe schaute man hernieder wie der liebe Gott aus dem Abendrot.

Hatte beim Heimweg die Gittertür sich hinter uns zugetan, dann war der Garten für lange Zeiten ein versunkener Garten, in dessen unbetretbaren Gebieten nur die Träume sich heimisch fühlen durften. Er wurde kahl und schneite ein und taute auf und grünte wieder, und immer blieb er das gleiche Zauberland.

Inzwischen nahm die Eroberung der übrigen Erde ihren Anfang. Sie beschränkte sich fürs erste auf die Gegenden, die jenseits des Torwegs bis zum Waldrande endlos sich erstreckten. Da gab es Entdekkungen und Erlebnisse in immer sich erneuernder Fülle, haushohe Pilze mit flammenroten Dächern, Königskerzen und Schierlingsstauden, die bis zum Himmel wuchsen, zwei Ameisenhaufen, so groß wie der Eiskeller, der im Walddunkel verborgen schlief und der nur an der Hand des Vaters besucht werden durfte.

Hinter den Scheunen des Gutshofes lag ein modriger Sumpf mit kohlschwarzen Gewässern, aus denen erlenbestandene Inseln geheimnisvoll emporwuchsen. Ein schilfiges Pflanzendickicht umwaldete ihre abschüssigen Ränder, und grellfarbene Blumen sprenkelten sich darein. Mich dort aufzuhalten, war verboten, denn wenn so ein kleiner Kerl den Ufersaum nicht vorsichtig abtastete, ehe er ihn betrat, so war ein Unglück nicht fern.

Und eines Tages lag ich richtig in dem schwarzen Wasser, dessen morastiger Grund mich unrettbar verschlungen hätte, wären nicht Knechte, die in der Nähe arbeiteten, zur Hilfe herbeigeeilt. Und als sie mich herausgezogen hatten und ich jämmerlich weinend, mit klebrigem Schlamm behängt, wieder auf dem Trocknen stand, was taten sie, um mich zu strafen? Sie setzten mich in einen Futtertrog und stießen ihn und mich mit langen Stangen ins Wasser zurück. Da schwamm ich nun, und als ich aus der ersten grausamen Furcht wieder zu mir gekommen war, da gefiel mir das Spiel nicht übel, ja so sehr verfehlte die Strafe ihren Zweck, daß ich an einem der nächsten Tage den Trog, der zum Tränken des Viehzeugs dort immer stand, mit meinen Armen selber ins Wasser schob und die gefahrvolle Fahrt auf eigene Faust unternahm.

Ich landete an der nächsten Insel, und mich von einem Erlenstamme abstoßend kam ich auch wieder zurück. So geschah es mehrere Male, aber an einem schönen Tage kam ich nicht wieder zurück, sondern saß im Schilfe fest, das mich liebend umschlang und nicht wieder hergeben wollte. Und diesmal waren keine rettenden Knechte in der Nähe.

Die folgenden Stunden haben mich viel Tränen gekostet und viele Tränen auch meine suchende Mutter, bis abends die Knechte das Vieh zur Tränke führten und mich erlösten.

Von nun an mied ich das heimtückische Gewässer, aber es gab andere genug auf der Welt, die nur darauf warteten, mein Leben mit Abenteuerlichkeit zu begnaden. So bin ich eine richtige Wasserratte geworden, sonst wäre es wahrhaftig ein Wunder, daß ich hier sitze und schreibe.

Jenseits des Waldes, der bald durchschritten war, erstreckte sich die Heide, in der Ferne von Wäldern umsäumt überall. Sich auf ihr herumzutreiben, war gleichfalls verboten, denn da gab es kein Merkmal, das Richtung und Rückweg sicherstellte. Und war man einmal ins Laufen gekommen, so lief man kreuz und quer und immer verkehrt.

Aber die Heide hatte es mir angetan. Die Rätsel der Weite lockten mit tausend Armen. Und zu erleben gab es dort mehr als irgendwo in der Welt. Nirgends wölbte sich der hohe Himmel glockenhafter über der

Erde, nirgends trieben die Wolken an ihm ein krauseres Spiel. Nirgends sandte die Sonne wohligere Gluten, nirgends ging sie in einem bunteren Bette zur Nachtruh'.

Im Heidekraut liegen und in den Himmel starren – was konnte es Schöneres geben auf dieser Welt – wenn die Lerchen aus unsichtbaren Höhen ihr Triumphlied herniederschickten und die Hummeln ringsum den Brummbaß geigten? Wenn die Halme, die rings um die Stirne spielten, zu Palmenstämmen wuchsen und das an ihnen kletternde Getier zu Riesenvögeln und Drachen? Wenn die Lichtstrahlen, die um die Graskanten strichen, ein grün-rot-goldenes Feuerwerk entzündeten und aus jedem Sandkorn eine Flamme brach? –

Und war man der Ruhe satt, dann gab es des Wanderns kein Ende. Bis zu jenem Birkengebüsch nur – und dann weiter noch bis zu dem Fichtenhügel. Dort mußte irgend etwas ganz Merkwürdiges sein, ein Krähennest oder ein Fuchsloch. Und immer noch weiter, bis die ferne Waldmauer drohend heranwuchs und man nicht mehr wußte: war es der Heimatswald oder ein anderer? Und irgendwo dahinter lag Rußland, das Wunderland, wo die Kosaken zu Hause sind und die Judenkringel und die Himbeerbonbons, aber von wo man auch nie mehr nach Hause kam. Dann war mit einem Male das Verirrtsein da, und Mama saß zu Hause und weinte. Schließlich habe ich doch immer noch heimgefunden, aber manchmal gab es hinterher Kopfweh und Fieber.

Von allen Rätseln, die mich umgaben, habe ich das dunkelste, das am heißesten umworbene, noch gar nicht genannt.

Das war der Hinterwald.

Wenn man den Gutshof durchquerte, ohne Furcht vor den Angriffen des Truthahns und dem Kettengerassel der Hunde, dann kam man an den hinteren Torweg, den zu durchschreiten noch strenger verboten war, denn dahinter hauste der wütende Bulle, der kleine Knaben einfach aufs Horn nahm. Und gesetzten Falles, daß man ihm glücklich entrann, dann fiel man den Hengsten zum Opfer, die mit den Hufen ausschlugen, oder dem großen Eber, der seine eigenen Kinder fraß und auch fremde sicherlich nicht verschonte. Und Zäune waren dort, die man durchkriechen mußte, und Wassergräben, viel zu breit, als daß man heil hinüberkam.

Und jenseits all dieser Gefahren erhob sich in blauender Ferne der

Hinterwald, der Zauberwald, der Wald der Schlangen und der Wölfe, aus dem noch nie ein neugieriger Knabe lebendig hervorgekommen war.

Ihn nur von nahe zu sehen, an seinem Rande schüchtern entlangzustreifen, wurde allmählich die heimliche Sehnsucht des Einschlafens, der Traum des Halbwachseins, wurde der Wunsch aller Wünsche.

Und eines Julinachmittags, als die Eltern fortgefahren waren, nachdem sie mir wie immer das Gelübde abgenommen hatten, dem Schutze der heimischen Rasenbänke nicht zu entweichen, ergab ich mich ihm.

O, nicht wie Hans, der das Fürchten lernen wollte, zog ich aus, denn, um die Wahrheit zu sagen, ich fürchtete mich sehr. Schon vor dem Truthahn, obwohl er noch nie einen Menschen gebissen hatte, schon vor den Hunden, obwohl sie doch fest an den Ketten lagen. Und dann gar kam der Bulle. O Gott, der Bulle! Dicht am Wege stand er und glupte mich an. Aber ich hätte eher den Tod erlitten, als daß ich umgekehrt wäre. In einem Bogen der Ehrerbietung umkreiste ich ihn, und er hielt es nicht der Mühe wert, mich zu spießen.

Dann folgte der Roßgarten, der glatt durchquert werden mußte. Doch die Hengste beachteten mich nicht, nur die Jährlinge kamen und beschnupperten mich, und daß die einem kleinen Jungen nichts tun, das wußte ich lange. Der Eber war überhaupt nicht zu sehen, und über die Wassergräben hatte man Bohlen gelegt, um mir den Weg zu erleichtern.

So stand ich plötzlich vor dem Hinterwalde. Nun hätte ich umkehren müssen, denn mein Ziel war ja erreicht. Aber der Hinterwald sah weit, weit schöner aus als andere Wälder, und der Wind, der in den Laubkronen wühlte, rief mir zu: Wer ein tüchtiger Kerl werden will, der fürchtet sich nicht.

Und während der Herzschlag mir zum Halse stieg, betrat ich, Schritt auf Schritt abmessend, den Rasenweg, der in die dunkeln Höhlungen führte.

Kein Wolf ließ sich sehen, keine Schlange ringelte sich mir entgegen. Nur Mäuse glitten raschelnd durch dürres Kraut.

Und dann wurde die Stille so tief, daß sie zu reden schien. Nur der Hall der eigenen Schritte hinderte, daß man sie hörte. Am Wege

blühten fremde Blumen, und fremdes Buschwerk säumte meinen
Weg.

Das freilich war ein anderer Wald, als sonst wohl Wälder sind. Silberbehaarte, grünmoosige Säulen, wie ich sie nie gesehen hatte, hoben sich weit und breit, die steil ansteigenden Äste zu undurchdringlicher Wirrnis verschlingend.

Ich weiß nicht, ob es vielleicht gar Buchen waren, die dort wuchsen, oder ob mein Erinnern das Erlebte mit späteren Bildern durcheinanderwirrt – ich kann es auch nie mehr nachprüfen, denn bis auf wenige kümmerliche Unterholzreste ist seit langem alles niedergeschlagen – aber ein Wunderwald muß es gewesen sein, wie er bei uns dort oben nirgendwo zu finden ist. Sonst hätte der Eindruck des Niegeschauten, des Heiligen und Hallenhaften nicht so in mir haben festwurzeln können, sonst würde der Schauer der Andacht, der mich stets überrieselte, wenn ich jenes Tages gedachte, nicht auch noch in diesem Augenblicke durch meine Glieder gehen.

Und rings am Boden sproßte es wie von lauter jungen Palmen – das war das Farnkraut, das ich auch noch nie gesehen hatte. – Und dann wieder kam ein Blumenfeld, das schimmerte bald wie gelber, bald wie violetter Samt, je nachdem der Wind sich hob oder senkte. Das ist eine Waldweizenlichtung gewesen, wie ich erst sechs Jahre später erfuhr, als ich ein großer Botaniker wurde.

Und mit einem Male war ein Fluß da. Wohl kein anderer als der Fluß, der auch im Vorderwald regierte, und doch himmelweit von ihm verschieden. So gleiten die geheimnisvollen Ströme, in deren Wassern die Fee ihr Goldhaar wäscht.

Drüben aber erst war eine Art von Burgwall aufgebaut. Da ragte, von der Nachmittagssonne grell beschienen, eine Mauer von Schnee – Marmor, würde ich gesagt haben, wenn ich von Marmor schon etwas gewußt hätte – und darauf standen drei Reihen von Märchenbäumen mit blütenweißem Gezweig, auf dem wie Paradiesvögel goldgrüne Blättchen sich wiegten. Es waren nur junge Birken, Birken wie die, die mir vorm Auge gestanden hatten, seitdem es fürs Himmelslicht aufgetan worden war. Und doch hatte ich noch nie so Wunderbares geschaut.

Oft bin ich später den sandigen Steilhang drüben entlanggegangen, zwischen den Baumreihen mitten durch, die heute noch nicht höher sind als vor einem halben Jahrhundert. Und immer habe ich die Empfindung gehabt: Du schreitest auf den Mauern von Walhall.

Hermann Sudermann hat nach den Worten von Agnes Miegel den Ostpreußen erst für die Literatur entdeckt. Er stammte aus Matziken, Kreis Heydekrug im Memelland, und war um die letzte Jahrhundertwende ein weltberühmter Dramatiker; dann begann sich auszuwirken, daß einer der damaligen Großkritiker (samt dessen Nacheiferern) die literarische Produktion des Ostpreußen ebenso verständnislos wie kaum erträglich anmaßend verfolgte. Trotzdem blieben vor allem Prosawerke wie der Roman »Frau Sorge« und die großartigen »Litauischen Geschichten« Sudermanns unvergessen. »Das Bilderbuch meiner Jugend« mit der hier abgedruckten Erinnerung veröffentlichte der 1857 Geborene 1922. Er starb 1928.

Agnes Miegel

An meine Vaterstadt

Es führt an vielen Toren
drei Wappen die alte Stadt, –
ich bin auf der Insel geboren,
die den Arm im Schilde hat.

Es hebt aus den blauen Wellen
eine goldene Krone ins Licht, –
vieler Städte Wappen sah ich, –
ein schöneres sah ich nicht.

Der Tauwind trieb die Wolken
über Maste und Giebeldach, –
da sangen die Morgenglocken
des Domes meine Seele wach.

Die von vielen ihrer Landsleute über den Tod hinaus als »Mutter Ostpreußen« verehrte Dichterin Agnes Miegel »schöpfte aus ihrer Verbundenheit mit der ostpreußischen Heimat und schilderte in herber, bildstarker Sprache die östliche Landschaft,
ihre Sagen und ihre Geschichte, Grenzschicksale und Frauenleben« (Brockhaus).
Sie war die wohl bedeutendste deutschsprachige Balladendichterin; die Höhe-
punkte ihrer Lyrik und ihres Erzählwerks sind vor allem bei ihren Ostpreußen unvergessen. Der 1879 in Königsberg Geborenen blieb der tief erlittene Verlust der geliebten Heimat nicht erspart. Sie lebte seit 1948 in Bad Nenndorf und starb 1964 in
Bad Salzuflen.

Käthe Kollwitz

Kindheit in Königsberg

Ich bin als fünftes Kind der Eltern geboren. Wir lebten damals auf dem Weidendamm Nr. 9 in Königsberg. Ich erinnere mich dunkel an eine Stube, in der ich tuschte, deutlich aber besinne ich mich auf Höfe und Gärten. Durch einen kleinen Vorgarten kamen wir auf einen großen Hof, der bis zum Pregel reichte. Dort hielten die flachen Ziegelkähne, und die Ziegel wurden auf dem Hof abgeladen und geschichtet, so daß Hohlräume blieben, in denen wir Kind und Mutter spielten. Links an den Hof schloß sich ein ebenfalls bis zum Pregel reichender Garten. Er hatte einen über das Wasser hinausgebauten runden Pavillon. Einmal, weiß ich, sang meine damals noch so junge Tante Lina wunderschön, aber traurig in diesem Pavillon. Rechts an den Hof, durch niedrige Gebäude getrennt, nur an einer Stelle offen, schloß sich ein anderer Hof. An diesen knüpfen sich lebhafte und starke Erinnerungen. Unten am Pregel war ein Floß zum Wäschespülen. Da wurde einmal ein totes Mädchen angespült und mit dem Armen-Leichenwagen abgeholt, einem schauderhaften Leichenwagen und Sarg.

Dann wohnten da Ratkes, mit denen wir spielten, der Max, die Lene, die Lise. Sie waren alle älter als ich, vor allem spielten Konrad und Julie mit ihnen, ich wurde gerade noch so mitgeschleppt. Die Ratkeschen Kinder hatten ihre Mutter verloren. Der Vater war Kaufmann und hie und da betrunken. Einmal war ich mit den Mädchen oben in ihrer Wohnung und sah den angetrunkenen Vater, wie er taumelte (entweder habe ich damals darüber sprechen hören oder im späteren Erinnern daran habe ich verstanden, was mit ihm los war in den letzten Jahren unseres Dortseins, wie ich wußte, was das war »betrunken«).

In den niederen langgestreckten Gebäuden, die die beiden Höfe trennten, wohnte ein Gipsgießer. Da stand ich oft und sah zu, wie er formte. Ich rieche noch die feuchte Gipsluft da unten. Bis zu meinem neunten Jahre wohnten wir auf dem Weidendamm. Immer haben wir Kinder mit Sehnsucht daran zurückgedacht. Es gab unendliche Spielgelegenheiten und viele Abenteuer auf den Höfen.

Das Bild der Eltern aus jener Zeit ist mir nur dunkel. Der Vater war wohl sehr viel in der Arbeit. Wahrscheinlich hatten wir schon damals den Baukasten, den Vater hatte machen lassen. Es waren große, solide Klötze, und wir bauten viel damit. Von seinen gezeichneten Bauplänen in seiner Arbeitsstube fielen lange Streifen Papier ab. Die bekamen wir zum Bezeichnen. Konrads Phantasie ließ darauf immer Verfolgungen von Schlittenfahrern durch Wölfe oder ähnliches erstehen. Der Vater ließ all dies nicht unbemerkt. Er hob sich bald manche Streifen auf, die wir bekritzelt hatten.

Auf die Mutter besinne ich mich aus jener Zeit gar nicht. Sie war da, und das war gut. In ihrer Luft wuchsen wir Kinder auf. Die Mutter hatte zwei Kinder vor Konrad verloren. Es gibt ein Bild von ihr mit dem ersten Kind, das nach meinem Großvater Julius genannt war, auf dem Schoß. Es war das »Erstlings-Kind, das heil'ge«. Dies Kind verlor sie und das zweite danach. Wer das Bild ansieht, erkennt, daß sie als Rupps Tochter nie fassungslos im Schmerz gewesen ist. Aber das schwere Leid ihrer frühen Mutterzeit, dem sie sich nie hemmungslos hingegeben hat, hat wohl bewirkt, daß sie etwas von der Entferntheit der Madonna an sich gehabt hat. Vertraute, Kameradin, Genossin ist unsere Mutter uns nie gewesen. Aber wir liebten sie. Nie war der Respekt, den wir vor den Eltern hatten, so groß, daß er der Liebe Abbruch tat.

Ein paar Minuten vom Weidendamm war dann der alte Pauperhausplatz. Nr. 5 wohnten die Großeltern. Was wir mit dem Wegziehen vom Weidendamm verloren haben, begriffen wir erst später ganz. Vorläufig freuten wir uns. Wir zogen jetzt nach der Königstraße in eines der schönsten neuen vom Vater gebauten Häuser. Im unteren Stock wohnten wir und daneben mein Onkel Julius Rupp, der sich damals verheiratet und als Arzt niedergelassen hatte.

Meine Liebe für die Mutter war in jenen Jahren besorgt und zärtlich. Immer fürchtete ich, sie könnte verunglücken. Badete sie, auch nur in der Wanne, so fürchtete ich, sie könnte ertrinken. Einmal stand ich am Fenster, es war die Zeit, als die Mutter zurückkommen sollte, ich sah sie auf jener Seite der Straße kommen, aber ohne nach unserem Haus hinzusehen, mit dem ferngerichteten Blick, den sie hatte, ruhig weitergehen die Königstraße herunter. Wieder diese schwere Angst im Innern, sie könnte sich verirrt haben und nicht mehr zurückfinden. Dann Angst davor, die Mutter könnte wahnsinnig werden. Vor allem aber Angst um den Schmerz, den ich haben würde, wenn Vater und Mutter stürben. Manchmal war die so groß, daß ich wünschte, sie wären erst tot und ich hätte es hinter mir. Für diesen Fall hatte ich schon vorgesorgt. Ich wollte dann zu Prengels gehen und ganz bei ihnen bleiben.

Lise und ich gehörten unbedingt zusammen. Wir waren so verquickt, daß wir gar nicht mehr zu sprechen brauchten, um uns zu verständigen. Wir waren wirklich untrennbar. Wir konnten auch mit niemand anders spielen als zusammen, was wir beide Spielen nannten. Puppen hatten wir nicht und hatten auch gar kein Verlangen danach. Aber wir kauften uns nach und nach aus einem Papiergeschäft (bei Fräulein Sander in der Königstraße) die Bilderbogen mit Theaterpuppen zu sämtlichen Stücken. Diese Figuren tuschten wir an und schnitten sie aus, es waren über hundert, und mit denen spielten wir. In unserer Stube waren wir ganz unser Herr, da spielten wir durch die ganze Stube und mit umgekehrten Stühlen und Tischen nach momentan sich ergebenden Plänen. Die griechische Mythologie, aber auch Themen aus Schillerschen Stücken, ganz freie Erfindungen, wir waren nie verlegen. Bauklötze wurden zu Hilfe genommen, Paläste aufgeführt, Altäre, Opferungen mit Bernstein, des Sängers Fluch mit zusammenstürzenden Säulen, wir waren unermüdlich. Lise, obwohl drei Jahre jünger, hielt in allem Schritt mit mir und fügte sich mir. Ohne sie war kein Spielen.
In der Übergangszeit aus der Kindheit in die folgenden Jahre schwand langsam dies Spielen hin. Wir wollten es halten, begannen immer wieder, aber es hatte seine Zeit überdauert und erlosch in sich. Ich weiß, wie leer ich mir vorkam, ich fühlte deutlich einen Verlust. Wir glitten nun in andere Formen über, meist Lise und ich gemeinsam, sie mir folgend. Ich liebte sie sehr und hatte mir vorgenommen, nie zu heiraten, aber auch Lise sollte nie heiraten, sie sollte immer bei mir sein und gewissermaßen mir gehören. Sie war unend-

lich gutherzig und leicht zu verletzen. Mitunter reizte mich der Teufel, es zu tun. Hatte ich sie so weit, daß sie weinte, zerriß es mich fast innerlich. Wieviel verdanke ich Lise dadurch, daß sie mir unermüdlich Modell saß. Wenn ich zeichnete und bekam die Stellung nicht so heraus, wie ich sie haben wollte, dann machte sie die Stellung und machte sie immer gut und war unendlich geduldig.

Höhepunkt des Jahres waren die Sommerferien in Rauschen. Seit meinem neunten Jahr waren wir alle Sommer dort. Die Eltern machten einmal eine Reise durch das Samland und kamen nach dem Fischerort Rauschen, eine halbe Stunde von der See entfernt. Es waren vor kurzem mehrere Männer des Orts von einem großen Sturm auf See ertrunken. Die Witwe eines solchen, eine Frau Schlick, fanden die Eltern teilnahmslos vor sich hinbrütend auf der Schwelle ihres Hauses sitzen. Dies Haus hatte eine Lage, die die Eltern entzückte. Sie mieteten es erst und kauften es dann der Frau Schlick ab, so aber, daß diese mit ihren beiden Töchtern weiter im Hause wohnte. Der Vater nahm nun ein paar Veränderungen an dem Haus vor, aber es behielt ganz den Charakter des Bauernhauses. Die Fahrt nach Rauschen dauerte fünf Stunden. Eisenbahn gab es nicht, wir fuhren mit einer Journaliere, das war ein großer, mit vier oder fünf Sitzreihen versehener bedeckter Wagen. Die hinteren Sitzreihen waren herausgehoben, und es kam da herein, was man für viele Wochen brauchte: Bettsäcke, Wäsche, Körbe, Bücherkisten, Weinkisten. Welche Wonne, wenn erst die Journaliere vor dem Hause stand, alles aufgeladen war, Mutter, Mädchen, wir Kinder (der Vater kam meist nach) auf den Vordersitzen verstaut waren, der Kutscher sich auf seinen vorderen Extrasitz schwang, die drei, manchmal vier Pferde anzogen, und es losging durch die engen Königsberger Straßen, durch das hallende Tragheimer Tor und dann quer durch das ganze Samland. Erst kurz vor Sassau konnte man zum erstenmal die See sehen. Da standen wir alle auf Zehenspitzen und schrien: Die See, die See! Die See ist mir niemals und nirgends mehr, auch nicht die Ligurische See, auch nicht die Nordsee, das gewesen, was die samländische See war. Diese unaussprechliche Erhabenheit der Sonnenuntergänge von der hohen Küste aus! Dies Ergriffensein, wenn man zum ersten Mal sie wieder nah sah, den Seeberg runterrannte,

Schuh und Strümpfe auszog und die Füße wieder das Gefühl des
kühlen Seesands hatten! Dieser metallische Schall der Wellen!
Die schwärmerische Seeliebe wuchs, je mehr man in die empfindsa-
men Jahre hineinkam. Aber damals war Rauschen ein unbekannter
Ort, nur aufgesucht von Naturschwärmern, da war man noch allein
bei Sonnenuntergang, war die Küste unbebaut. Dies Kinderparadies
ist gründlichst verloren.
Die Mutter blieb mit uns Mädchen bis in den September draußen,
weil wir an keine Schule gebunden waren. Konrad durfte sich
Freunde für längere Zeit mit rausbringen, wir hatten manchmal die
Lisbeth Kollwitz draußen. Hier kann ich rasch noch von der Schule
sprechen, die mir keine Freude machte. Großeltern, auch Eltern waren gegen die öffentlichen Schulen, so hatten wir Mädchen in kleine-
rem Zirkel Unterricht. Mit Julie und besonders Lise ist das wohl gut
geglückt, zu meiner Zeit fand sich ein Zirkel zusammen, in dem wir
Kinder nicht gut lernten. Die Leiterin war eine lungenkranke Dame,
die Lehrerinnen waren, scheint mir, ohne Qualitäten. Nur den Lite-
raturunterricht hatte ich gern und Geschichte. Im Rechnen war ich
dumm und in den meisten anderen Fächern wohl auch mehr unintel-
ligent als intelligent. In Rauschen unterrichtete ein Weilchen der Vater mich und Lise in Mathematik, die Lise begriff über Erwarten gut,
ich über Erwarten schlecht.
Wofür ich den Eltern immer sehr dankbar gewesen bin, das ist, daß
sie Lise und mich stundenlang nachmittags in der Stadt herumstrei-
fen ließen. Auch hier wieder großzügiges Vertrauen und keine
Nachspürerei. Nur wünschten die Eltern, daß wir nicht auf Königsgarten promenierten. Königsgarten entsprach etwa der Tauentzien-
straße. Wir durften ihn nur überqueren, wenn der Weg so führte.
Wir legten ihn meist so. Wir waren auf unsere Weise sehr eitle Din-
ger, ließen das Halstuch herauswehen und putzten uns zurecht, waren oft albrig und sehr kindisch. Das war der Teil Wegs, der über Königsgarten führte. Dann aber wurde es besser. Erst kauften wir Kir-
schen oder was es gab, und dann ging das los, was wir Bummeln
nannten.

Wann ich zum ersten Mal in die Freie Gemeinde kam, weiß ich
nicht . . . Der geistige Inhalt der Religionsstunde sowohl wie vor al-

lem der Sonntagspredigt wurde wohl in der Religionsstunde von Rupp durchgesprochen, er wünschte dann aber in der nächsten Stunde wenigstens etwas daraus, am besten einen Überblick des Ganzen, von uns wiedergegeben. Das war mir sehr schwer. Solange ich folgen konnte, war es mir auch möglich, wiederzugeben, aber das Folgen eine volle Stunde hindurch war sehr schwer, selbst dem Konrad. Nach einem Vortrag erzählte der Großvater, wie Konrads Gesicht vor ihm aufleuchtete, als er sagte: »Zum Schlusse . . .«
Nach dem Sonntagsvortrag versammelten sich einige Gemeindemitglieder, und die Kinder und Schwiegerkinder Rupp mit den älteren Enkeln bei den Großeltern im alten Pauperhausplatzhaus. Der Großvater, der zuerst zum Ausruhen in seiner Stube war, kam dann zu uns herüber in die Wohnstube. Wenn er durch die kleine weißgestrichene Tür hereinkam, kam er mir groß und ehrfurchterweckend vor. Wir alle standen auf und begrüßten ihn. Ob er groß war, weiß ich nicht, jedenfalls erschien er mir so. Groß, schmal, ganz in Schwarz bis zum Kinn, die Brille leicht bläulich gefärbt, das blinde Auge durch ein matteres Glas gedeckt. Sehr schön waren Großvaters Hände, meiner Mutter Hände erinnern an sie, sie waren groß und ausdrucksvoll geformt. An dem einen breiten Fenster, das die Stube hatte, standen zwei alte Lehnstühle einander gegenüber, da saßen die Großeltern, das ganze Fenster war im Halbbogen umschlossen von Efeu. Hier wurde meist noch über den Vortrag, aber auch über Politik und sonst Interessierendes gesprochen. Hier war die Atmosphäre, die, nicht mehr ganz geistig, für mich gemütlicher war. In der dunklen Wandecke rechts vom großen Fenster, hinter Großvaters Stuhl stand ein Tisch mit einer großen Mappe mit Kupferstichen, an der schmaleren Seitenwand links hinter Grußmutters Stuhl war ein kleines Wandbrett mit Büchern. Da holten wir uns die Grimmschen Hausmärchen heraus. Meist aber saßen ich und Lise an der Bildermappe. Wir verhielten uns mucksstill, hörten halb dem Gespräch zu, waren mehr bei den Bildern. In der Stube hing noch Großvaters Bild aus den Mannesjahren, von Gräfe gemalt. Wenn meine Erinnerung richtig ist, war es ein sehr gutes Bild.

Aus dieser Nach-Vortragsstunde in der warmen, hellen Großelternstube ist mir der Großeltern Bild unendlich freundlich, gütig und gei-

stig in Erinnerung geblieben, dann aus den festlichen Sonntagnach-
mittagzusammenkünften bei uns zu Hause und aus der Weihnachts-
feier am ersten Feiertag. Darüber muß ich noch besonders sprechen.
In den Vorträgen jedoch und auch in den Religionsstunden war der
Großvater mir nur ehrfurchtgebietend. Wenn wir, seine Enkel, in die
Religionsstunde kamen, waren wir für ihn nicht die Enkel, sondern
Gemeindekinder, genau so nah, genau so fern wie die übrigen.
Schon das machte mich scheu. Nicht die geringste Scheu aber hatte
der Konrad vor ihm. Wenn der Großvater bei uns war und im größeren Kreise Allgemeines besprochen wurde, der Großvater stets der
verehrte und respektierte Mittelpunkt jedes Gesprächs war, setzte
der Konrad sich auf seinem Fußbänkchen dicht an Großvaters Füße
und fragte unbefangen mitten herein. Er machte sich auch gar nichts
daraus, in der Religionsstunde zu spät zu kommen und dann, während er hinten an der Stubenwand seinen Überzieher von den Armen schlenkerte, schon von da aus zu antworten, während der
Großvater vorn an jemand eine Frage stellte. Konrad war aber nicht
im geringsten frech, nur naiv und zutraulich und für alles Geistige so
interessiert, daß er in Rupps geistiger Atmosphäre gedieh und alle
Poren öffnete. Er hat von uns Kindern die stärkste Einwirkung durch
Rupp erfahren. Später hatte ihn der Großvater oft bei sich, half ihm
nach in Latein und Griechisch, sprach mit ihm Gelesenes durch,
wies ihn hin auf das, was er lesen sollte. Besonders manches kurze
Wort ist in Konrad haften geblieben. Der Großvater war immer bereit, ihm zu geben, immer gütig und mitteilsam, und auch seinen
kurzen Humor lernte er kennen. Konrad war schon Student, als der
Großvater starb, er ist also in seinen empfänglichsten, richtungge-
bendsten Jahren noch von ihm beeinflußt. Ich war siebzehn Jahre, als
der Großvater starb. Rupp ging fast ausschließlich auf das Matthäus-Evangelium zurück. Die Wunder erklärte er nicht rationali-
stisch, sondern er überging sie. Der Auszug der vier Evangelien, den
die Kinder der Freien Gemeinde besaßen, war gewissermaßen die
reine Morallehre, wie Rupp sie durch Jesus der Welt offenbart glaubte. Das Matthäus-Evangelium lernten wir gründlich kennen und die
wichtigsten Aussprüche lernten wir auswendig.
Diese Religionsstunden waren sehr gehaltvoll, die geistig entwickelten Kinder hatten außerordentlich viel davon. Die Eltern der Kinder

(ein Beiwohnen war erlaubt) ebenfalls. Ich habe später bedauert, nicht reif genug gewesen zu sein zu diesem Unterricht. Gewiß verdanke ich ihm viel, doch fühlte ich mich erleichtert, als mein Vater an Großvaters Stelle die Religionsstunde übernahm. Der Vater paßte sich mehr dem Durchschnitt der Kinder an und lehrte mehr eine schlichte Ethik. Vom Vater bin ich dann auch eingesegnet. Die Großmutter war neben dem Großvater klein, wie alle ihre Geschwister Schiller. Sie trug eine Haube mit blaßlila Bändern. Ihr Gesicht war gut und freundlich. Ihr Temperament war ein ganz anderes als Großvaters. Der Großvater stand über den Dingen und dem, was der Tag brachte. Die Großmutter mitten drin.

Das älteste Ruppsche Kind war unsere Mutter, in Gestalt, geistiger Haltung, Temperamentsveranlagung dem Großvater ähnlich. Sie heiratete mit 23 Jahren den um zwölf Jahre älteren Vater. Zwischen Großvater und Vater ist immer herzliche Freundschaft gewesen. Da die jüngsten Rupps, Julius und Lina, heranwachsende Kinder waren, als der Vater in die Familie Rupp trat, ist unser Vater wohl genau so beteiligt gewesen an deren Erziehung wie der Großvater, der, von Arbeit überlastet, dankbar war, vom jüngeren Freund sich im Erziehungswerk helfen zu lassen.

Käthe Kollwitz, die »große Mitleidende« in der deutschen Kunst des späten 19. und frühen 20. Jahrhunderts, wurde 1867 in Königsberg geboren. Zeitlebens prangerte sie in ihrem Werk soziale Mißstände an, gestaltete Krieg, Tod und Abschied. Die »Erinnerungen« der 1945 Verstorbenen erschienen 1923.

Agnes Miegel

Cranz

An dieser Bucht hab ich als Kind gespielt,
Der Sand war sonndurchglüht und weich und warm.
Geborgen wie in einer Greisin Arm
Lag ich am Hang der Düne.

             Drunten hielt
Schnaubend der Brandung schäumendes Gespann.
Auf flockig weiße Mähnen schien das Licht.
Und manchmal sahn, mit triefendem Gesicht
Grünäugig mich des Meeres Töchter an,
Und warfen Muscheln an den Strand und Tang
Und duckten jäh mit schrillem Möwenschrei.
Der feuchte Seewind strich an mir vorbei.
Ich aber lag geborgen an dem Hang
Der weißen Düne. In den Sand gekrallt
So wie ein Kätzchen liegt im warmen Schoß.
Und wohlig blinzelnd und gedankenlos
Spürt ich, sie wacht, –
             Heilig, vertraut, uralt.

Über Agnes Miegel siehe Seite 142. Obiges Gedicht erschien 1920.

Bernhard Cordes

Ostpreußische Schlösser heute

Zunächst eine Erklärung, ja ein Bekenntnis: Es gibt Lebensträume, die wahr werden. Zu den Lebensträumen, die mir, einem Westfalen, erfüllt worden sind, gehört mein erster Besuch in Ostpreußen im Jahre 1977. Von Kindheit an ging von diesem Land eine Faszination für mich aus. Es verbanden sich viele Vorstellungen mit Ostpreußen, vielleicht alle die, die ein Kind von einem fernen, fremden, schönen, nicht erreichbaren Land haben kann. Mit der Katastrophe vom Januar 1945 wurden diese Vorstellungen zerstört. Danach habe ich jahrzehntelang nicht mehr geglaubt, dieses Land einmal zu sehen. Es konnte auch nicht mehr das alte Ostpreußen sein. Vieles war zerstört und die Menschen waren ausgewechselt worden. Mein erster Besuch konnte somit kein »Besuch vor dem Untergang« sein, wie ihn Udo von Alvensleben in seinem zuletzt 1968 erschienenen Buch beschreibt. In meinem Erleben war es aber auch kein Besuch nach dem Untergang, denn vielfältiges Leben hat sich dort wieder entwickelt. Es fallen vor allem die vielen glücklichen polnischen Kinder auf.
Was geht eigentlich von dem Land »Ostpreußen« und seinen Menschen aus? Sind es die weiten, fruchtbaren Felder, die Seen und Wälder, die harten Winter und warmen Sommer, der freundliche Herbst oder der blaue Himmel mit seiner typischen Wolkenbildung? Sind es die Menschen Ostpreußens, vielfach pruzzischer Abstammung, wie man an den Namen erkennt, geprägt durch den Ordensstaat Preußen, geradlinig und pflichtbewußt? Oder ist es die nordöstliche Randlage des Deutschen Reiches, die Mittlerfunktion zwischen West- und Osteuropa, die dieses Land besonders in das Bewußtsein eingehen ließ? Ostpreußische Menschen kann man in Ostpreußen nur noch wenige finden. Vieles aber in diesem Land zeugt noch heute von der preußisch-deutschen Geschichte und den preußischen Menschen: die Städte und ihre Marktplätze, die Kirchen, Burgen, Gutshäuser, Schlösser und Bauernhöfe.

Carl E. L. von Lorck hat die »Landschlösser und Gutshäuser in Ost- und Westpreußen« in seinem zuletzt 1972 erschienenen Werk festgehalten. Nach diesem Buch habe ich versucht, Burgen, Gutshäuser und Schlösser wiederzufinden. Auf der Reise fallen zunächst einmal die Burgen und die Kirchen der Ordensritter auf. Fast jede Stadt ist durch sie geprägt. Die Gründung von Ordensburgen und die Gründung von Städten gingen im 13. bis 14. Jahrhundert Hand in Hand. So kann ich hier nicht alle Ordensburgen aufzählen, sondern nur die, die ich besucht habe. Wenn man aus der Weichselniederung über Bromberg, Thorn und Graudenz kommt und ins Ostpreußische fährt, trifft man zuerst kurz vor dem früheren Kreis Rosenberg auf die alte Ordensburg Roggenhausen. Die Reste dieser Burg werden von den Polen sorgfältig wieder aufgebaut. Im früheren Kreis Rosenberg findet man die zerstörte Burg Schönberg der Familie Graf von Finkenstein. Sie wurde von 1301–1386 errichtet und gehörte zu den wenigen Ordensburgen, die noch bis zum Kriegsende privat bewohnt wurden. Sie wurde im Sommer 1945 zerstört. Das Tor, die Einfahrt sowie einzelne Türme sind erhalten geblieben. Es hat wohl Pläne gegeben, diese Burg für ein Erholungsheim wieder aufzubauen. Zur Zeit geschieht aber nichts.

Gut erhalten ist die Ordensburg Allenstein. Der malerische Innenhof lädt besonders zum Verweilen ein. Die Stadt Allenstein selbst, die erst nach 1870 verhältnismäßig stark anwuchs, ist heute der wirtschaftliche Mittelpunkt des polnischen Teils Ostpreußens. Teile der Ordensburg Rössel, um 1350 erbaut, werden zur Zeit restauriert. Sie war – wie die Hauptburgen des Ordens – quadratisch angelegt und früher ein Sitz des Bischofs von Ermland. Die Burg Barten (1325–1347), die ebenfalls wie Schönberg bis Kriegsende noch privaten Wohnzwecken diente, ist erhalten geblieben. In Lötzen liegt am Verbindungskanal zwischen Mauersee und Löwentinsee die alte Feste Boyen. Hinter dieser Burg befindet sich jetzt unter den alten Bäumen ein Campingplatz.

Die Ordensburg Heilsberg (ab 1241), früher ebenfalls ein Sitz der Bischöfe des Ermlandes, ragt wie eh und je über die weite Landschaft. In der Burg befindet sich heute ein Museum. Burg und Dom Frauenburg am Frischen Haff sind erhalten geblieben. Es laufen dort ständig Restaurierungsarbeiten. Im nordwestlichen Befestigungsturm hat

Nikolaus Kopernikus als Domherr gelebt und geforscht. Er starb 1543 und wurde hier im Dom beigesetzt. Die Ordensburg Marienwerder, eine Schwester der Marienburg, ist unzerstört. Der Danzker, der früher bis unmittelbar an das Weichselufer reichte, führt jetzt über eine Straße hinweg. Nicht beschrieben werden kann in diesem Zusammenhang die Marienburg. Sie ist die Burg aller Ordensburgen. Im März 1945 wurde sie umkämpft und fast völlig zerstört. Sie ist sorgfältig wieder aufgebaut worden, und zwar nach den Bauplänen aus der Ordenszeit. Die Veränderungen, die sich in preußischer Zeit ergeben hatten, sind fortgelassen worden. So hat ein Turm in der Hauptburg nicht mehr ein Dach wie in preußischer Zeit. Es fällt die besondere Sorgfalt des polnischen Staates für alle Gebäude aus der Ordenszeit auf. Das hängt wohl damit zusammen, daß der Ordensstaat nach der verlorenen Schlacht bei Tannenberg (1410) im Thorner Frieden von 1466 die Lehnshoheit der polnischen Krone anerkannte und sich damit in das Geschichtsverständnis Polens einfügt.

Die Gutshäuser und Schlösser aus der neueren Zeit seit dem 17./18. Jahrhundert sind weit weniger gepflegt und restauriert. Nur wenn sie neuen Zwecken zugeführt werden konnten, wie als Hotels, Schulen oder Verwaltungsgebäude, ist die alte Ansehnlichkeit teilweise erhalten geblieben. Wenn man aus der Weichselniederung in den Kreis Rosenberg kommt, trifft man zuerst das Gut Neudeck. Das Gutshaus Hindenburgs ist im Sommer 1945 abgebrannt. Die übrigen Gutsgebäude stehen noch, insbesondere der alte Marstall, in dem jetzt der polnische Gutsverwalter wohnt. Neudeck heißt heute Jendrychowo. Im Kreise Rosenberg findet man weiter das Schloß Finkenstein, das im Januar 1945 abgebrannt ist. Die Außenmauern des Schlosses stehen noch, erhalten geblieben sind die Wirtschaftsgebäude. Diese vermitteln noch heute einen Eindruck von der schlichten Pracht dieses ostpreußischen Barockbaues, der 1716 bis 1720 erstellt wurde. Finkenstein gehört wie Friedrichstein (zerstört und jetzt im russischen Teil Ostpreußens), Schlobitten, Schlodien und Dönhoffstaedt zu den sogenannten Königsschlössern. Sie alle wurden um 1700 als Barockschlösser errichtet. Im Frühjahr 1807 lebte Napoleon für mehrere Monate zusammen mit der Gräfin Waleska in Finkenstein. Die alten Bäume des Parks sind erhalten. Man kann auf den alten Wegen ungestört spazieren gehen und über die Geschichte nachdenken. Wenn man an die Persönlichkeit und die politisch umstrittene Bedeutung des früheren konservativen Reichstagsabgeordneten (von 1902 bis 1912) Elard von Oldenburg-Januschau, den »Alten Januschauer« denkt, ist die Begegnung mit dem Schloß Januschau besonders betrüblich. In dem spätklassizistischen Schloß wohnen mehrere Familien; es wird aber nichts zum Erhalt der Bausubstanz getan. Groß Bellschwitz im Kreis Rosenberg, der frühere Sitz der Familie Brünneck, im neugotischen Stil 1850 erbaut, wird offenbar für einen Hotelbetrieb wiederhergestellt. In Masuren, nicht weit von Lyck, liegt das Gut Reuschendorf. Eine Allee mit alten Bäumen führt zu dem Gutsbetrieb. Sowohl Gutshaus wie Gutsgebäude·sind erhalten geblieben und in einem guten Zustand. Im früheren Kreis Sensburg gibt es noch das Forsthaus Kleinort, in dem Ernst Wiechert 1887 geboren wurde. Dieses Forstgehöft liegt wirklich am Rande der großen Wälder, wo die Zeit noch stillsteht. Von Peitschendorf (heute Piecki) führt eine schmale Asphaltstraße zum Geburtshaus, das sich nicht verändert hat. Das Schloß Groß Steinort der Familie Lehndorff im früheren Kreis Angerburg wird als Hotel und Segelschule genutzt. Weder die Gutsgebäude noch das Schloß haben im Kriege Schaden erlitten. Das frühbarocke Schloß (1689–1691) findet man versteckt zwischen Mauersee und Mauerwald. Durch den Park des Schlosses führt eine Eichenallee, die nach Marion Gräfin Dönhoff: »Namen, die keiner mehr nennt« mehr als 300 Jahre alt ist. Der letzte Besitzer Heinrich Graf Lehndorff wurde als Teilnehmer des Attentates vom 20. Juli 1944 hingerichtet, nachdem er zunächst versucht hatte, der Gestapo durch einen Sprung durchs Fenster und Flucht in den Mauerwald zu entkommen. Schloß Dönhoffstaedt (1710–1714) im früheren Kreis Rastenburg dient als Schule. Das Schloß strahlt weiterhin seine alte Pracht aus. Da es nach denselben Plänen wie das Schloß Friedrichstein erstellt ist und die übrigen Barockschlösser Finkenstein, Schlobitten, stark zerstört sind und Schlodien zur Zeit verfällt, gibt dieses Schloß allein noch Zeugnis über die größten und schönsten Barockschlösser Ostpreußens. Es ist vielleicht kennzeichnend, daß diese Barockschlösser unmittelbar nach der Krönung Friedrichs I. zum König in Preußen erbaut worden sind. Dieses Ereignis in Königsberg hat offenbar starke Impulse auf ganz Ostpreußen ausgelöst.

Im früheren Kreis Gerdauen liegt das Schloß Jäglack, das bei Arno Surminski als Jokehnen geschildert wird. Es ist gut erhalten. Die beiden Türme des Schlosses sind weithin sichtbar. Das Dorf Jäglack mit seinem Dorfteich, die alte Volksschule, der »Volkmannsche« Dorfkrug und die einzelnen Bauernhöfe kann man nach dem autobiografischen Buch Arno Surminskis wiederfinden. Das Elternhaus Surminskis verfällt jedoch, weil die letzten polnischen Besitzer vor einiger Zeit ausgezogen sind. Auf dem Wege von Rastenburg nach Bartenstein ist nur das spätklassizistische Schloß Groß Schwansfeld (1861) erhalten geblieben. Langheim (ebenfalls von der Gröben) und Tolksdorf (Dohna) sind zerstört. Sehr versteckt liegt in einer Niederung, nicht weit von Bartenstein, das Schloß Gallingen (1589). Es ist neben den Ordensburgen eines der ältesten Schlösser Ostpreußens. Es gehörte der Familie Eulenburg, die in der Führung des preußischen Staates wichtige Ämter inne gehabt hat. Die Schloßanlage wird renoviert und offenbar neuen Zwecken zugeführt. Am Frischen Haff, in der Nähe von Tolkemit, liegt das Schloß Cadinen (2. Hälfte 18. Jh.), das dem Hause Hohenzollern-Preußen gehörte. Der Gutsbetrieb hat ein Gestüt aufgenommen. Das Schloß soll anscheinend Hotel werden. Offenbar sind hier in Zukunft Reiterferien möglich. Im früheren Kreis Preußisch Holland gibt es zahlreiche Schlösser. Hier liegen insbesondere die Barockschlösser Schlobitten und Schlodien. Schlobitten (1696–1713) ist bis auf einige Außenmauern und ein Nebengebäude niedergebrannt. Der frühere Ehrenhof und die gesamte Anlage sind von Bäumen und Sträuchern überwuchert. Nur der alte Schloßteich bot einem einsamen Angler noch Gelegenheit zum Angeln. Es ist früher darüber geschrieben worden, ob Schlobitten oder Finkenstein das schönste der ostpreußischen Schlösser sei. Jetzt geben nur noch einzelne Ruinen Auskunft über die vergangene Baukunst. Das Schloß Schlodien (1702–1704) wurde im Krieg nicht beschädigt, ist aber jetzt dem Verfall anheimgegeben. Carwinden, ebenfalls zum früheren Dohnaschen Besitz gehörig, blieb erhalten. Im Kreise Preußisch Holland liegt auch das Schloß Quittainen (1. Hälfte 18. Jh.), das zum Besitz der Familie Dönhoff gehörte. Quittainen ist Ausgangspunkt des Buches »Namen, die keiner mehr nennt« von Marion Gräfin Dönhoff. Das Schloß ist unzerstört und wird renoviert. Quittainen, rings um einen großen Teich gelegen, hat noch die ursprüngliche Fassung und ist unverändert. Das Dorf, das aus kleinen, roten Backsteinhäusern besteht, gibt unverfälscht das Bild eines ostpreußischen Ortes wieder. Auch die kleine Kirche kann man besuchen, über die Marion Dönhoff in ihrem Buch näher berichtet. In der Stadt Mohrungen wird das nahezu vollständig zerstörte Dohnaschlößchen wieder aufgebaut. Es wurde vor Kriegsende bereits als Verwaltungsgebäude genutzt. In Mohrungen ist auch das Geburtshaus Johann Gottfried Herders, der hier 1744 das Licht der Welt erblickte. In dem großen Reichertswalder Forst, nördlich von Mohrungen, liegt sehr abgelegen das Schloß Reichertswalde, ebenfalls ein Dohnaschloß. Das Gebäude ist unzerstört und wird renoviert. Das Schloß Groß Bestendorf (seit 1530) vor den Toren Mohrungens dient als Landwirtschaftsschule und strahlt alten Glanz aus. An der Kreuzung der neuen Straßenführung zwischen Preußisch Holland/Osterode und Mohrungen/Saalfeld befindet sich Maldeuten, das restauriert, aber durch die neue Straßenführung beeinträchtigt wurde. Das Schloß Ponarien (16.–17. Jh.) – über das Schicksal der letzten Eigentümerin, der Gräfin von der Groeben, berichtet Hans Graf Lehnsdorff in seinem »Ostpreußischen Tagebuch« (1970) – dient jetzt als Erholungsheim. Prökelwitz, im Kreise Mohrungen gelegen und ebenfalls ein Dohnaschloß, wurde am Ende des Krieges heftig umkämpft und brannte aus. Die Außenmauern sind aber gut erhalten, so daß die frühere Schönheit dieses Schlosses noch zu erkennen ist. Das Schloß Grasnitz (20. Jh.) im früheren Kreis Osterode beherbergt heute ein psychiatrisches Krankenhaus. Auf diesem früheren Besitz der Familie Stein von Kamienski befindet sich auch das Gästehaus der polnischen Regierung.

Es ist nicht leicht, die Gutshäuser und Schlösser wiederzufinden. Sie liegen häufig abseits. Nur Alleen mit alten Bäumen deuten oftmals darauf hin, daß hier ein bedeutendes Bauwerk oder ein früherer herrschaftlicher Sitz zu finden ist. Bisweilen stößt man auch auf Gutshäuser und Landschlösser, deren Namen und Geschichte man nicht kennt. Es fällt aber sicherlich leichter, diese alten Stätten aufzusuchen, wenn man keine unmittelbare persönliche Beziehung zu ihnen hat, vor allem dann, wenn die Gebäude zerstört sind oder langsam verfallen. Insgesamt sind große Anstrengungen der Polen festzustellen, historische Bauwerke zu erhalten. Polen hat aber offenbar die gleichen Schwierigkeiten wie auch andere Länder: Nur wenn ein neuer Zweck für das Haus gefunden wird, läßt es sich erhalten und kann der Preis dafür gerechtfertigt werden.

Sicher ist aber auch, daß die Landschlösser Ostpreußens nicht mehr Mittelpunkt des gesellschaftlichen oder wirtschaftlichen Lebens sind. Dieser Mittelpunkt hat sich auf die Städte und Arbeitsstätten verlagert. Sie geben aber nach wie vor Zeugnis über ostpreußische Geschichte und ostpreußische Menschen und über eine 700jährige preußisch-deutsche Kultur.

Der Westfale Bernhard Cordes, Jahrgang 1930, gehört zu jenen Deutschen aus dem Westen, die mit Begeisterung und unveränderbarer Treue an Ostpreußen hängen. Er war in den letzten Jahren mehrmals dort und hat vor allem die Schlösser des Landes aufgesucht.

II

Zeiten und Menschen

14 Schöner masurischer See südöstlich von Sensburg. (Aufnahme 1980)

15 Netzetrocknen am Mauersee.

17   Lötzen im Herzen Masurens, alte Klappbrücke über den Mauerseekanal.

6   Rastenburg, überragt von der Georgikirche aus dem 14. Jahrhundert.

18　Der Pferdemarkt in Angerberg war weithin bekannt.

Agnes Miegel

Mutter Ostpreußen

Mutter Ostpreußen! Einsame, am Brückenkopf Deutschlands
Abseits den Schwestern, den sicher geborgenen, wohnend,
Über alles von Deinen Kindern Geliebte
Sag, was wissen die Andern, Mutter von Dir?

Linkisch erscheinst Du und plump den gewandten Geschwistern
Weil Du rundlich und warm wie sich's für Mütter gehört.
Spöttisch sehn sie Dein Kleid, das ländliche, selber gewebte,
Grün wie Wiesen am Haff und Dein blühendes Apfelgesicht,
Sehn verwundert darüber auf Deinem glänzenden Scheitel
Mächtiger Zöpfe roggenblondes Geflecht.
Heimlich lachen sie dann zu Deiner behaglichen Rede
Und böotisch klingt ihnen Dein uraltes Platt.

Doch für uns gibt es Keine, Dir an Schönheit vergleichbar,
Klingt so lieblich uns nichts als Deine Worte ins Herz.
Denn mit ihnen o Mutter, hast Du uns gestreichelt,
Riefst aus dem Kinderteich Du lockend die Seelchen zu Dir.
»Trautsterche, Duche, wo bist Du? Putthänncke, Putthoancke,
Komm min Schoapke to mi! Schusche Patrusche, schloap, schloap!«

Ach und wer singt wie Du, Du allezeit Fleißige,
Deren Spinnrad noch schnurrt, deren Webstuhl noch klappt?
Längst verklungen wie sie sind über der Weichsel drüben
Weise und Wort des Lieds, das Dir allein noch vertraut.
Nur vielleicht an der See, auf der Werft in den Poldern Ostfrieslands
Klingt in die stürmische Nacht von greisen Lippen solch Lied.
Nur im verschneiten Gebirg, hoch in den Tälern der Tauern
Flüstert die Ahne zur Nacht über die Wiege es hin.
Lerchenfröhliche Du, zum Lachen und Zorn gleich Rasche,

Jener kennt Dich nicht, der Dich nicht schelten gehört
Zwischen den Körben am Markt, auf dem schwankenden Bootssteg,
Auf der Bleiche am Zaun oder am prasselnden Herd.
Hei, wie flink geht Dein Mund, wer kann Dir sich vergleichen
Zwischen Oder und Rhein, gilt es mit treffendem Witz
Derb wie die Niederung ihn liebt, den Gegner zu schlagen
Bis im Gelächter der Groll auch des Getroffnen verfliegt.

Doch wie tischst Du ihm auf, ihn erst ganz zu versöhnen,
Kehrt er wieder als Gast in Dein wohnliches Haus.
»Nahwer, was bringen Sie Guts? Nehmen Sie freundlich vorlieb.
Beetenbartsch gab es heute, soll ich ein Tellerchen wärmen?
Oder wie wär's, wenn wir zwei den frischen Fladen versuchen?
Schön nach Kordemom schmeckt er, wie sich's gehört.
So ein Täßchen Kaffee dazu mit Schmand und ordentlich Zucker
Das hält Leib und Seel zusammen und wärmt.
Hab auch schön heut eingekachelt, denn draußen
Graupelt der Schlackerschnee – paßt auf, wir stiemen noch ein!
Brütet im Garten denn nicht der blaue Vogel aus Schweden
Der bloß kommt wenn um Lichtmeß selbst die Ostsee befriert?« –

Und dann kramst Du ihn aus, den sorgsam bewahrten
Schatz, den aus Urväterzeit Du wie ein Heiligtum hegst.
Aberglauben nennen sie ihn, die Jungen und Klugen,
Die an Flugzeug und Auto heften den Fetisch so gern.
Mühsam lernen sie wieder was Möwe und Wildgans sie lehren,
Ewiger Zeichen Sinn, die Dir immer vertraut.

Denn Du deutest es Mutter, aus Deinem liebenden Herzen,
Kündet aus Flut und Gewölk kommendes Unheil sich an.
Krieg und Notzeit, Du hast sie gefühlt als fröhlich und feiernd
Noch Deiner Kinder Schwarm sorglos beim Fest sich vergnügt.
Aber Du zählst auch die Knospen der frostgetroffenen Bäume,
Aus den Tiefen der See lockst Du die Fische ins Netz.
Siehst wie ein Wasser das Korn, das tausendfältige, schälen
Wenn im verschneiten Weg Kutscher und Schlitten versinkt.
Keins von uns ist so hoch, Mutter, und keins so geringe,
Daß Du sein Kommen und Gehen nicht abträumst und ahnend
                                        umsorgst.

Treulich hütest Du schon den eben Gebornen
Daß kein Untererdchen ihn vor der Taufe vertauscht.
Weiß wie der Schnee der ihn wusch und groß vom ostrigen Regen
Stark wie ein Baum, – so zeigst Du den Forschen, den Sohn,
In der Silvesternacht beim Schreien und Rasseln der Stürzen
Dem Mariellchen am Zaun, das frierend im Garten
Wartet von wo ein Hund bellt, – und vor dem blühenden Vorspuk
Kreischend davonläuft als wäre es Bahre und Licht.

Denn Du meldest den Tod mit hundert Zeichen den Deinen
Daß sie bestellen ihr Haus und getrost sich bereiten
Heimzukehren zu Dir, sanft schaukelnd im letzten Bette,
Das in den reinlichen Tüchern, den truhenbewahrten,
Zu Dir hinunterschwankt.
                                        Die Anderen aber
Kehren nach Haus und Du trocknest schmeichelnd die Tränen,
Trägst ihnen auf zum Zarm was Küche und Keller nur hergibt.
Tröstest und nötigst zum Essen und preisest den Toten,
Schlägst die Hände zusammen und singst, –
                                        Da singen die Gäste
Wieder lachend wie Kinder, deren Brüderchen wegging
Mit der Tafel zur Schule.
                                        Draußen im Nachtwind
Rauschen die Birken am Weg, es rauschen die Linden
Über den Hügel im Feld und über Kränze und Kreuze:
»Trautsterche, Duche, nu kamst Du!
Schusche Patrusche, schloap en!« – – –

Über Agnes Miegel siehe Seite 142. Dieses Gedicht veröffentlichte sie 1932.

A. Ambrassat

Charakter der Ostpreußen

Von den Ureinwohnern unserer Provinz, den Pruzi, die ihrer Sprache nach dem lettischen Zweige des indogermanischen Sprachenstammes angehörten, die also weder Germanen noch Slaven, sondern nahe Verwandte der Litauer und der jetzt ausgestorbenen Kuren waren, haben wir nur noch geringe Spuren zu verzeichnen. Herzog Albrecht ließ nach Einführung der Reformation den lutherischen Katechismus und die Agende in das Altpreußische übertragen, weil viele Bewohner Samlands und der Kurischen Nehrung der deutschen Sprache nicht mächtig waren. An Übersetzungen des Katechismus in die altpreußische Sprache besitzen wir zwei, eine aus dem Jahre 1545 und eine aus dem Jahre 1561. Aus diesen Sprachüberresten hat Nesselmann eine Grammatik der altpreußischen Sprache und ein Lexikon derselben zusammengestellt. Ein anderes Lexikon haben wir von Pierson.

Im nördlichen Teile Ostpreußens finden sich die Litauer. Ihre Zahl betrug 1890 118090. Der südliche Teil wird von Masuren bewohnt, die in demselben Jahre die Zahl von 326696 aufwiesen. Zwischen beiden wohnen deutsche Eingewanderte, die vom Orden und auch in späteren Zeiten zahlreich in das Land gerufen wurden, so daß sich das Übergewicht deutscher Nationalität allenthalben in unserer Provinz geltend macht. Auch bei den Litauern, die im großen und ganzen am längsten ihre Eigentümlichkeiten wahrten, zeigen sich die Spuren des deutschen Wesens, und ihr Sprachgebiet verringert sich von Jahr zu Jahr. Dasselbe gilt von den Masuren. Die Zahl der deutsch redenden Bewohner unserer Provinz hatte 1890 die Höhe von 1511234.

Da die Einwanderer aus den verschiedensten Gegenden unseres deutschen Vaterlandes stammen, so ist es nicht verwunderlich, wenn in den verschiedenen Gegenden der Provinz auch verschiedene Dialekte obwalten. Wenn auch der gebildete Ostpreuße dieselben fast abgelegt hat, so werden sich geringe Merkmale davon auch bei diesem zeigen. Reich ist die Sprache der Ostpreußen an Provinzialismen. Diese, sowie noch manche andere Umstände, besonders die fast allgemeine breite Aussprache des E-Lautes tragen viel dazu bei, daß man den Ostpreußen in den westlichen Teilen Deutschlands leicht erkennt. Trotzdem unsere Bevölkerung aus den verschiedensten Stämmen des deutschen Volkes hervorgegangen ist, die sich allerdings vielfach mit den alten Preußen, Litauern und Polen und untereinander vermischt haben, so ist bei aller ursprünglichen Verschiedenheit im Laufe der Jahre beim Kampfe ums Dasein und in dem gemeinsamen Ertragen schwerer Zeiten gewissermaßen *ein* Menschenschlag geworden.

Was nun die innere Eigentümlichkeit des Ostpreußen betrifft, so ist er nicht von großer Beweglichkeit des Geistes und Gemütes. Was andere Völkerstämme bereits aufregt, läßt ihn noch vollständig ruhig. Meistens folgt er nicht der Eingabe des Augenblickes, sondern sein Handeln ist das Ergebnis einer oft langen Überlegung und einer kühlen Prüfung der Verhältnisse. Was er aber ergriffen hat, daran sucht er auch mit Zähigkeit festzuhalten.Fremden gegenüber ist er verschlossen, zugeknöpft, wenn auch nicht unhöflich. Er schließt nicht schnell Freundschaftsbündnisse, löst sie aber auch nicht leicht und steht Freunden auch in Zeiten der Not treu zur Seite. In seinem Heime und in seiner Familie fühlt er sich am wohlsten. Eine große Reiselust zeichnet ihn nicht aus. Den häuslichen und Familienverkehr pflegt er meistens mit Innigkeit. Die Kinder haben fast alle treue Anhänglichkeit an das Elternhaus. Die übertünchte Höflichkeit ist ihm ein Greuel. Der wahre Ostpreuße haßt alles, was Verstellung und Heuchelei ist; manchmal wird er gegen den sogenannten »feinen Ton« verstoßen und dadurch öfters auffallen. Doch wird er trotzdem in der Fremde seiner Biederkeit und seiner natürlichen, ungeschminkten Herzlichkeit wegen gern gesehen. Tönende Worte, blütenreiche Phrasen sind nichts für ihn. Besonders haßt er affektierte Gefühlsäußerungen. Bogumil Goltz sagt von den Bewohnern unserer Provinz: »Der Ostpreuße ist nie der Mann, der sich wohlfeil zur Rede stellen läßt und dem leicht zu imponieren ist und am allerwenigsten durch Stilisation. Redekünste verfangen bei ihm nichts. Deklamation und Ostentation ekeln den Menschen in allen Klassen und auf allen Bildungsstufen an; gegen diese Regel kommen die Ausnahmen nicht auf, während bereits am Rhein das umgekehrte Verhältnis zur Geltung kommt, weil dort Sinnlichkeit und Einbildungskraft viel leichter den Verstand gefangen nehmen als bei uns. Es gibt nicht viele Volksstämme, die intelligenter, geradsinniger, wahrhaftiger, kritischer und humoristischer, aber auch wenige, die schroffer, schärfer, rücksichtsloser und ungraziöser sind als der preußische Stamm.«

Das etwas phlegmatische, kritische und langsame Wesen des Ostpreußen bewirkt es auch, daß er zähe, oft zu zähe am Alten hängt und sich dem Neuen zu sehr verschließt. Auch nach wirtschaftlicher Beziehung hat sich das gezeigt und oft zum Schaden für ihn. Großer Unternehmungsgeist zeichnet den Ostpreußen nicht aus. Gar häufig hört man bei uns die Redensart: »Was für meinen Vater gut genug war, ist für mich lange gut!« Bei dem vielen Prüfen und Abwägen läßt er sich von anderen Stämmen überholen, obwohl es ihm keineswegs an Kraft fehlt, auch das Ziel zu erreichen. In seinem Amte ist er fast durchgehends selten gewissenhaft; Staat und König können auf ihn rechnen. Ein hohes Selbstgefühl zeichnet ihn aus; dazu kommt aber auch ein starkes Nationalbewußtsein. Mit hoher Begeisterung fühlt er sich trotz aller Verehrung, die er seiner Heimatprovinz angedeihen läßt, als ein Sohn des gesamten deutschen Vaterlandes.

Über Ambrassat siehe Seite 19. Auch der obige Text steht in seinem 1896 herausgegebenen Werk »Die Provinz Ostpreußen«.

Simon Dach

Ännchen von Tharau

Ännchen von Tharau ist, die mir gefällt,
Sie ist mein Leben, mein Gut und mein Geld.
Ännchen von Tharau hat wieder ihr Herz
auf mich gerichtet in Liebe und Schmerz.
Ännchen von Tharau, mein Reichtum, mein Gut,
Du meine Seele, mein Fleisch und mein Blut.

Käm alles Wetter gleich auf uns zu schlahn,
Wir sind gesinnt, beieinander zu stahn.
Krankheit, Verfolgung, Betrübnis und Pein
Soll unsrer Liebe Verknotigung sein.
Ännchen von Tharau, mein Reichtum, mein Gut,
Du meine Seele, mein Fleisch und mein Blut.

Recht als ein Palmenbaum über sich steigt,
Hat ihn erst Regen und Sturmwind gebeugt,
So wird die Lieb' in uns mächtig und groß,
Nach manchem Leiden und traurigem Los.
Ännchen von Tharau, mein Reichtum, mein Gut,
Du meine Seele, mein Fleisch und mein Blut.

Würdest du gleich einmal von mir getrennt,
Lebtest da, wo man die Sonne kaum kennt:
Ich will dir folgen durch Wälder und Meer,
Eisen und Kerker und feindliches Heer.
Ännchen von Tharau, mein Licht, meine Sonn',
Mein Leben schließt sich um deines herum.

»Ännchen von Tharau« war ursprünglich ein Lied in samländischer Mundart –
wahrscheinlich von Simon Dach (1605–1659).

Die Novelle spielt etwa um das Jahr 1283 im Samland, in der Zeit unmittelbar nach der endgültigen Unterwerfung der heidnischen Prussen durch den Deutschritterorden. Unter der Decke des Christentums glimmt noch das Feuer des alten Glaubens, das bei dem Tode des letzten Prussenfürsten noch einmal in schauerlich-erhabener Totenfeier emporloht.

PERSONEN

DEUTSCHE:

Friedrich von Wolfenbüttel (Spitzname »Salomo«, nach der sarazenischen Mutter), der Hauskomtur

Jost Hasenkop, sein Freund, Niederdeutscher

Hans Zabel, Märker, Sohn eines märkischen Adligen und einer Mutter aus wendischer Häuptlingssippe

Rudolf von Kienheim, Schwabe

Rulin von Zorn, Elsässer

Lenhardt von Stetten
(Spitzname Lewark, Lerche), Franke

Ludwig von Obernitz, Thüringer

Dirk, Sohn eines Stedingers

} junge Ordensherrn

PRUSSEN:

Dorgo, letzter Fürst der Samländer

Skurdas, der todkranke, flüchtige letzte Sudauerfürst, der als Ältester der Sippe das Totenopfer bringt

Sirguna und ihre Schwester, Töchter Dorgos, Witwen des Herkus Monte

Herkus und *Gaudins,* die kleinen Söhne des Monte

Poburs, der greise Knecht des Dorgo

Gertrudis (»Nuscha«, Kosenamen), Märkerin, aus der Sippe der Quitzows, von den Pommern verschleppt, Witwe des Litauerfürsten Gedimin

Lusche, Tochter eines gefallenen preußischen Edlen

Supplitt, Bauer aus altem Priestergeschlecht

GASTHERREN DES ORDENS:

Sieur de Beauffremont, Burgunder

Earl Fitz-Peter, Engländer

Agnes Miegel

Die Fahrt der sieben Ordensbrüder

Sie trabten durch den qualmenden weißen Nebel, der dicht über dem hohen, wie Dünensand aufgewehten Schnee lag. So etwas wie ein Weg führte durch die blendende Helligkeit, die ohne Licht und ohne Schatten, ohne Nähe und Ferne war. Die Spuren von Schlittenkufen waren auf dem Damm erkennbar, auch Fußspuren, viele Fußspuren seitlich im Schnee, wo er tief, weich, trügerisch abstürzte. Weidenstubben, Erlengebüsch tauchte da unten auf, befiedert vom Rauhreif. Eisig zog der Ostwind über ihre Häupter, trieb einen staubfeinen Schnee in ihre Augen, fraß durch das graue und gelbliche Tuch ihrer Mäntel, bedeckte sie mit einer dünnen Eisschicht, löschte das schwarze Kreuz darauf aus, drang tiefer, verwandelte das Panzerhemd in Eisringe, deren Todeskälte noch durch das Pelzwams darunter kroch. Irgendwie nahm die Helligkeit der milchigen Gestaltlosigkeit ab, der Wind sauste stärker. Eine Kiefer reckte einen langen, verknoteten Zweig wie einen Gespensterarm über den Weg.

»Na, nu man trab, Junkers, den andern nach. Sonst verbiestern wir uns noch auf eigne Faust.«

Der alte Peterke, der an der Kiefer gehalten hatte, um sich mit heftigem Armschlenkern zu erwärmen, streckte ihr noch zum Abschied die Zunge raus, gähnte, daß der Wind in seine Zahnstummel blies und setzte seinen schweren Friesen wirklich in Trab. Es gab ein lautes Geklirr, denn der Gaul schleppte neben dem dicken Peter Jagdspieße, Armbrüste, Köcher, einen Kochtopf, ein Bündel Löffel und sonst noch allerlei Nötiges und Unnötiges.

»Mehr geht all nich, wie wir schon sind!« rief eine Stimme zurück. Heinzke, der Jung vom Ochsenhof, hielt seinen kleinen, ratzengrauen Litauer an und wartete auf Peterke. »Na, du mußt doch wissen, wo wir sind, du Dammel«, knurrte Peterke. »Du bist doch hier zu Haus.«

»Ja, ja!« stimmte der Junker von Zorn ein, »darum haben wir dich heut morgen mitgenommen!« Heinzke lachte unbekümmert, daß man all seine breiten, kurzen preußischen Zähne in dem vom Wind ziegelroten runden Gesicht unter der Pelzmütze sah. »I wo, Bruder Rulin. So weit bin ich noch nie gewesen. Ich verlaß mich auf den Herrn Hauskomtur. Der kennt die Kaporner Heid' so gut vom Aufstand.«

Peterke prustete, gab dem Heinzke aber eins mit dem Jagdspieß. Der von Zorn lachte mit seinem jähen, ein bißchen gellenden Lachen, bei dem sein schmales Gesicht kirschbraun anlief. Der Stetten und der Obernitz, die neben ihm trabten, schrien wie zu einem Harthörigen, weil der Schnee alle Laute aufschluckte:

»Was hat er gesagt?«

Der Zorn sah die beiden rasch an mit den blanken Braunaugen. »Paßt doch auf!« sagte er ärgerlich. »Ich versteh ihnen nie was!« seufzte der Stetten. »Selten«, stimmte der Obernitz bei. »Der Heiligenberg sagt auch, er lernt das nie«, meinte der Stetten.

Der Zorn war schon wieder kirschbraun. »Na, dann bleibt doch unten!« fuhr er sie an. »Der Orden wird auch ohne euch fertig. Wenn ihr das nicht mal lernt, Preußisch lernt ihr dann schon nie!«

»Das braucht man auch nicht«, sagte der Obernitz hochmütig. »Da sind überhaupt keine mehr da.«

»Ach!« sagte Peterke, der hinterdreinklirrte. Heinzke, der mit ihm trabte, stieß den Alten mit dem Jagdspieß in die Seite.

»Na«, sagte der Zorn, »wenn du das so genau weißt, dann kannst du ja mal allein über Land reiten!«

»Pah!« sagte der Stetten und warf den Kopf ins Genick, so gut das mit der Pelzhaube unterm Helm sich machen ließ. »Die werden sich hüten, einem Deutschherrn was zu tun. Die haben's ja im Aufstand kaum gewagt . . .«

Der Zorn wandte sich und tauschte einen raschen Blick mit Peterke. »Frag man den, der kann was erzählen!«

Der Alte pfiff, als ob ihn das alles nichts anging. »Ich hab' mal so was gehört vom Am-Baum-Annageln«, dröhnte es über den Schnee. »Auch von Braten in der Rüstung . . .«

Der Stetten verfärbte sich trotz der Kälte. Die Augen des Obernitz irrten hin und her, als stünde der Böse hinter ihm. »Aber hier sind doch wirklich keine mehr da«, sagte er ein bißchen gereizt. »Ich bin ein halbes Jahr im Konvent und sah keine. Bloß Bettler und alte Weiber und so was.«

»Ja«, sagte der Stetten, sicherer geworden. »Das Land ist jetzt für uns da!«

Heinzke war hinterdreingetrabt wie im Halbschlaf, mit halbzuge- kniffenen Augen und offenem Mund. Aber sein kleines Pferdchen schob jetzt den spitzen Kopf zwischen die schweren Braunen der beiden Junker.

»Ja, und sie können sich noch bedanken. Diese Wildnis! Nicht mal was mit anzufangen wußten sie!« sagte der Obernitz.

»Das wußten sie schon«, gab der Zorn heftig zurück. »Frag' den Rudi, frag' den dicken Zabel, den Jost; die haben das ja noch gekannt vorm Krieg.«

»Was da schon wachsen kann?« mäkelte der Stetten.

Der Zorn sah ihn flammend an. »Allerlei – noch mehr als in Fran- ken...«

Der Stetten verzog den Mund. »Beinah so viel wie im Elsaß! Schad', daß du im Orden bist, könntest ja sonst ein Lehn nehmen im Sam- land...«

Der Zorn rang nach Luft. »Du, du – du Geck!« knirschte er. »Junker- chen!« mahnte der alte Peter. Aber der Zorn sprengte los, in den Ne- bel hinein.

Der Alte ritt neben die Junker. »Bruder Ludwig, Bruder Lerch – ihr wißt doch, wie er ist.« Der Obernitz zuckte die Achseln: »Der möchte frei sein.«

»Das möchte mancher!« sagte der Stetten leichthin. »Wo ist er nun? Der verpetzt uns jetzt beim Salomo.«

»Salomo? Was für ein Salomo?« Der Obernitz sah sich erstaunt um. Der Alte lachte, Heinzke pfiff. »Na, der Hauskomtur!« sagte er dann. »Bruder Friedrich?« Immer noch war der kleine Thüringer ohne Ver- ständnis. »Sie nennen ihn so. Noch vom Konvent her in Marien- burg«, erklärte der Alte.

»Ja, aber wieso?« fragte der Obernitz, das feine Mädchengesicht hochrot vor Neugier. Der Stetten wurde vergnügt, weil er mehr wußte: »Seine Mutter war eine Sarazenin. Was Nobles, weißt du, nicht erst was. Kaiser Friedrich schenkte sie dem alten Guzzelin aus Freundschaft. Er stand auch Pate bei Salomo. –

»Aber das weiß doch jeder im Orden!« fügte er großartig zu. Der Obernitz ärgerte sich. »So, so. Darum ist er so schwarz. Er spricht auch allerlei Fremdländisches.«

»Die alten Herrn alle. Die sind schlauer als die Jungen«, meinte Peterke.

»Das ist jetzt vorbei. Laß man alle hier lernen, was wir reden«, gab der Stetten zurück.

»Bruder Ludwig, Bruder Lerch!« Hufgetrappel, Geklirr und Stimmen klangen dicht aus dem Nebel. »Rasch, rasch!«

Sie setzten sich nun wirklich in Trab und waren schneller den andern nach als sie dachten. Sausen und Knarren klang im Wind, der hier gelinder wehte. Der Damm senkte sich. Sie mußten dicht am Walde sein. Es fing stärker an zu schneien, und durch Nebel, weiße Dämmerung und Flockengestöber sahen sie Pferdeköpfe, Menschenleiber, frostrote Gesichter, die dunklen Augen, die schwarzen Brauen, das glatte tiefschwarze Haar des Hauskomturs.

»Die Brüder haben beisammenzubleiben.« Seine immer ein bißchen müde Stimme trug besser durch die Nebelluft als die kräftigen Stimmen der andern. »Wir haben den Weg verloren, kommen heute nicht mehr nach der Mühle. In dem Schnee können wir nicht weiter . . .«

Ein Ritter in glänzendem hellbraunem Pelz mit großer Kapuze sagte etwas in einer Sprache, die die Junker nicht verstanden.

Das unbewegliche Gesicht des Hauskomturs neigte sich höflich: »Der Sieur de Beauffremont schlägt vor, hier mit den Mänteln ein Schutzzelt zu bauen; ein sehr guter Gedanke – für ein andres Land. Wir würden alle erfrieren.« Er sah geradeaus auf die seidige schwarze Mähne seines Pferdes: »Hier ist ein Mann, der uns führen wird. Bruder Jost traf ihn. Bruder Zabel, wiederhole den Brüdern, was er sagt!«

Bruder Zabel, groß und breit wie der heilige Nikolaus auf seinem Apfelschimmel, richtete sich gerade auf, deutete mit der Hand, die in dem genähten weißfriesnen Fausthandschuh wie eine Schaufel aussah, auf den Greis, der mit gesenktem Haupt neben ihm vor seinem kleinen, mit einem katzenmageren gelben Pferdchen bespannten Kufenschlitten stand, und sagte mit seiner lauten Stimme:

»Der Mann hier muß nach einem Hof im Wald. Er sagt, wir würden dort unterkommen.«

Der Hauskomtur fragte, ohne sich zu wenden: »Er beschwört es bei der heiligen Gertrud. Sind die Brüder einverstanden?«

»Ja!« – Es klappte ungleich gemeinsam wie bei der Litanei. Der Obernitz verbiß ein Lachen. »Als ob wir nein sagen könnten!« flüsterte er dem Stetten ins Ohr.

Aber einer sagte nein, der lange Magere im weiten wattierten Mantel von feinstem weißen Tuch, der wie ein Gespenst neben dem Franzosen hielt.

»Was will der Engländer?« murrte der Stetten. »Bloß unter Dach! Meine Beine frieren ab.«

»Fitz-Peter will mit seiner eigenen Hitze ein Feuer anzünden«, sagte der Zorn halblaut. Die langgeschnittenen Augen des Hauskomturs blickten ihn an, als er mit leisem Kopfschütteln dem englischen Herrn antwortete. Bruder Jost, beinah so lang und mager wie der weiße Earl, und Bruder Zabel nahmen den Preußen mitsamt dem Schlitten in ihre Mitte. Sie bogen in den Wald. Das Schneelicht und der langsam aufsteigende, von der eisigen Kälte aufgesogene Nebel gaben ein sonderbares Licht, aus dem die säulenhohen Kiefern, die Tannen, das Erlen- und Haselgebüsch dunkel auftauchten. Aus den weißen Schneekissen sahen die schwarzen Polster halbvergrabener Wacholdersträucher, kleiner Tannen. Hoch über ihnen sausten die Wipfel.

Der Obernitz bekreuzigte sich. Einmal, als es laut im Gebüsch knackte, sagte er ängstlich: »War das ein Elch?« Keiner antwortete. Nach einer Weile sagte Peterke wie im Schlaf: »Werdet noch genug bei Tag sehn . . .«

Der alte Mann im Schlitten fuhr zusammengesunken wie im Schlaf, aber seine Augen erkannten den Weg.

»Wie heißt du?« fragte Bruder Zabel. Die Kälte bezwang ihn, er schwankte im Sattel wie betrunken. »Supplitt«, antwortete der Alte. Seine Stimme, brüchig vor Alter, trug wie die des Hauskomturs. Heinzke hob den Kopf, schlackerte wie ein Hund, riß die Augen auf.

»Warum bist du jetzt unterwegs?« fragte Bruder Zabel weiter. Er sprach preußisch.

»Zu einem Kranken!«

»Besprichst du?«

»Ich bespreche nicht. Die Deutschen Herren haben's verboten.«

»Ist wohl dein Verwandter?«

Die Antwort kam erst nach einer Weile. »Nein.«

»Wo sind wir eigentlich? Der führt uns noch in den Sumpf«, murrte der Stetten.

Der Hauskomtur sprach in die Winternacht. »Wir sind gleich da, die Hunde sind schon zu hören.«

Sie waren zu hören durch Wipfelsausen, Schneesausen, sausenden Wind – ein wildes Kläffen, das jäh in ein ebenso wildes Heulen umschlug.

»Was ist das?« Durch Bruder Zabels Stimme klang Mißtrauen.

Der Greis senkte das Haupt mit der Pelzmütze.

»Sie riechen den Tod.«

»Warum heulen die Hunde?« fragte der Hauskomtur.

Bruder Zabel schwenkte, sah den Dunklen an, so gut es in diesem Licht ging: »Auf dem Hof stirbt einer!«

»Wer? Frage!«

»Wer stirbt dort, Großvater?«

Irgendwie war das Litauerpferdchen dicht neben den Schlitten geraten. Heinzke fiel beinah über den Alten, als er antwortete: »Der Herr.«

»Wie heißt er?« fragte Bruder Zabel. Aber der Alte hörte nicht. Er holte weit mit der Peitsche aus und trieb seine Katze an. Von dem Weg zweigte sich ein schmalerer Steg ab, mitten hinein in den dichtesten Wald. Es ging hügelauf. Dann bog der Weg plötzlich auf halber Höhe rechts um. Die Bäume stiegen steil neben ihnen aus dem Schnee. »Wie am Rennstieg«, sagte der Obernitz. Der Wind stand ihnen entgegen. Das Hundegeheul klang wild und gell durch die Schneedämmerung, schlug nun bei ihrem Nahen wieder in Bellen um. Etwas Dunkles, oben dick mit Schnee Gepolstertes stand vor ihnen – ein Bretterzaun mit einem Holztürmchen. Eine Stimme rief von oben, so gut es ging zwischen dem wütenden Gebell der Hunde hinter dem Zaun. Der Alte im Schlitten antwortete. Bruder Zabel schrie dazwischen, auch Heinzke. Der Mann rief in den Hof, ging fort, kam wieder. Die Hunde wurden beiseite geschafft, ein Riegel fortgeschoben, knarrend öffnete sich das Holztor.

Es glitt aus dem Schatten, schob sich eilig auf weichen Stoffschuhen über den Schnee, stob vor ihnen in den runden schneehellen Hof –

sechs, acht Gestalten, dick vermummt in Pelze und Tücher, die auf einmal aus dem Wald tauchten. Der kleine Schlitten fuhr glatt und leicht ihnen voraus, durch den Hof an den Ställen und Scheunen vorbei vor das große niedrige Holzhaus. Aus den kleinen Fenstern mit den grobgeschnitzten Holzsäulen kam Licht. Rotgelb schimmerte es durch das feingegerbte Leder, das vor die Öffnungen genagelt war. Ein paar alte Knechte in weiten Pelzjacken stürzten herbei und halfen den Herrn beim Absteigen. Der Hauskomtur befahl, daß Peter und Heinzke bei ihnen und die Knechte bei den Pferden bleiben müßten. Er ging den Herren voran unter den hölzernen Vorbau. Der Schnee war hier fortgefegt, der schmale Gang stand voller Menschen, alle unkenntlich dick vermummt. Rechts von der Tür stand der Alte, dem sie schon aus dem Schlitten geholfen hatten.

Die obere Hälfte der schweren Tür wurde aufgestoßen. Vor der blendenden roten Glut des breiten, lichterbesteckten Eisenreifens, der drin von der Balkendecke hing, stand eine große Frau. Sie war wie eine deutsche Edelfrau gekleidet, mit Stirnreif und weißem Schleier und weitem blauem Wollmantel mit silberner Schulterspange.

»Ich bitte die Deutschen Herren nach dem Vorratshaus zu gehn. Poburs wird euch führen!«

Ein Mann trat, sich tief neigend, aus dem Schatten des Vorbaus.

Der Hauskomtur und die Ritter blieben aber stehen. Die klare helle Stimme, eine Stimme, die nur an Befehlen gewöhnt war, fuhr fort: »Es geht nicht, daß die Herren hier hereinkommen. Wir haben . . .«

Die Stimme schwankte jäh, fuhr dann hastig und tonlos fort: »Mein Vater stirbt.«

Die Frau sprach das reine dialektfreie Oberdeutsch der Klosterschulen. Nur der bei aller Frauenhelle weiche, singende Klang der Stimme, der runde R-Laut, verriet die Preußin.

Der Hauskomtur trat näher. »Öffnet!« sagte er, aber ohne Strenge. Poburs der Knecht stürzte vor. Das rote Licht schien auf sein glattes Haar, von dem man nicht erkennen konnte, ob es vor Alter oder Jugend so weiß war.

Der Hauskomtur sah die Frau an, die ein wenig zur Seite in dem Türrahmen stand. In dem flackernden roten Licht war die edle Schönheit der Züge, ihr Stolz, ihre Würde deutlich erkennbar.

Über das strenge Gesicht des Ritters ging ein heller Schein, fast wie ein Lächeln. Der lange Jost Hasenkop und der dicke Zabel, die dicht hinter ihm standen, blickten sich rasch an und sahen dann starr geradeaus.

»Verzeiht, Frau«, sagte der Hauskomtur nicht ohne Freundlichkeit. »Ist der edle Dorgo so krank, so ziemt es sich, daß ich ihn noch einmal besuche; auch wenn er uns nicht mehr erkennt.«

Die letzten Worte waren strenger gesprochen, denn die Frau hatte abwehrend die Hände gehoben, die sie bisher verschränkt in dem Mantel gehalten. Weitfaltig, tiefblau, stand er um ihre große Gestalt in dem grauen Witwenkleid. Ihre Augen flammten in blauem Feuer. Aber sie ließ den Hauskomtur und die Herren in den Saal.

Es war eine lange altersdunkle Halle, viel größer als der Bau unter dem tiefen Rohrdach es erwarten ließ und so wohnlich eingerichtet, daß die Köpfe des Obernitz und des Stetten sich wie die neugieriger Jungen nach allen Seiten drehten. Sie hatten eine rauchqualmende Höhle erwartet, nach den paar Hütten der Unfreien am Dwangste, die sie kannten. Goldbraun wie eine uralte Bienenwabe, sah dies einem Burgsaal nicht unähnlich. Geflochtene Binsenteppiche bedeckten den Estrich, bunte Teppiche in seltsamen Mustern, die blaue Männer, geschnäbelte rote Schiffe, grüne und lila Kreuze und Vögel auf hellrotem und weißem Grund zeigten, hingen von den Wänden über den Holzsitzen. An der Ostwand war ein neuer deutscher Kamin eingebaut. Aus großen Kloben schlug das Feuer in den mächtigen Herdmantel. Ein feiner blauer Qualm kam von dort. Zwei Mägde mit weißen Tüchern um den Kopf knieten vor dem Feuer, schwenkten glimmende Wacholderzweige und warfen Wacholderbeeren und Bernsteingrus aus einer kleinen Tonschale auf die Glut. Große Holzstühle, mit Fellen bedeckt, standen davor. Aus dem einen erhob sich eine Frau, ein wenig kleiner als die Frau an der Tür, zarter und schmäler, aber ihr fast gleich in Aussehn und Kleidung. Im Schatten hinter ihr standen noch andere, halbverborgen hinter einem schweren Vorhang.

An der Westseite der Halle führten zwei fellbedeckte Stufen zu einer Bettstatt. Sie war unförmlich, riesenhaft, mit altersschwarzen Holzsäulen. Die bunten Vorhänge, scharlachrot mit blauen und gelben Borten, waren zugezogen.

Die Frau war bis an den Bettpfosten zurückgewichen. Neben ihr stand jetzt der Alte aus dem Schlitten. Sein großer grauer Schafpelz stand auf. Er trug darunter einen langen weißleinenen, gegürteten Kittel. Seine kleinen hellen Augen unter den buschigen Brauen sahen die Deutschen Herren an wie die eines bösen Hundes.

»Zieht auf! Ich will den Fürsten sehn.«

Zabel und Jost tauschten wieder einen Blick bei dem Wort Fürst.

Die Frau flüsterte dem Alten etwas zu. Er warf den Pelz ab, wickelte mit größter Eile ein schmales Leinentuch, das ihm im Gürtel hing, um die Stirne und zog dann an den blaugelben Quasten am Bettpfosten. Die Vorhänge rauschten auf.

Ein dumpfes Geräusch ließ die Herren aufsehen. Aus dem Vorbau, aus dem Hof drängten die Leute herein, die dort standen. Männer, Frauen, ein paar Kinder, viele Alte. In dem Augenblick, als die roten Vorhänge das Bett und den Sterbenden drin freigaben, stießen sie die Deutschen Herren ohne alle Scheu zurück und warfen sich sämtlich platt zu Boden. Mitten unter ihnen lag Heinzke. Der Zorn stand hinter ihm, zog die Brauen hoch und schnalzte leise.

Nur der Alte in dem weißen Kittel stand aufrecht. Er hatte die Hände in den weiten Ärmeln über der Brust zusammengelegt und starrte auf den Sterbenden. Große Tränen rannen blitzend über sein mageres, von hundert Fältchen durchzogenes Gesicht, das zwischen den Enden des weißen Stirntuchs selbst so wächsern wie das einer Leiche aussah.

Das breite Bett war mit schneeweißen glänzenden Leinentüchern bedeckt, die bis auf die Stufen hingen und auch über die Wolldecken und Pelze gebreitet waren. Nur eine Decke aus Eisvogelbälgen lag zu Fußende drüber, und die breiten bunten Bortenbänder, an denen der Kranke sich sonst aufgerichtet und an denen seine Hände nun zupften, gelblich wie feines Wachs, zart und schmal wie Frauenhände. Sehr alt mußte er sein, wenn auch das lange Haar, der wirre Bart um das riesige Haupt nun vom Todesschweiß dunkelgrau gefärbt waren. Tief eingesunken lagen die Augen unter der breiten Stirn über dem starken Sattel der edlen Nase. Die Augen sahen blicklos in den Betthimmel. Es war ganz still in der Halle, nur der Wind heulte am Kamin, und das Feuer sauste. Das Röcheln des Sterbenden, gleichförmig, rasselnd, gliederte die Stille.

Der Hauskomtur hatte den Helm abgenommen, die Ritter folgten ihm und blickten angelegentlich wie im Gebet auf das glänzende Eisen. Aber die Augen der beiden Junker irrten nach dem Kamin, der von Beauffremont sah unverholfen auf die schöne Frau und der Zorn schluckte und hatte Tränen in den Augen. Nur Fitz-Peter stand gleichgültig da, sah unbekümmert auf die hingeworfenen Leute und die Ritter und unterdrückte mühsam ein Gähnen.

»Zieht zu!« winkte der Hauskomtur. »Gott und die heilige Jungfrau mögen dem Fürsten ein sanftes Ende bescheren.«

Der alte Supplit zog die Bettvorhänge zu. Er blieb aber dahinter bei dem Sterbenden.

Die Preußen blieben unbeweglich wie Tote auf dem Boden liegen. Die Deutschen Herrn konnten kaum zwischen ihnen durchgehn.

Hinter dem Kamin, am Vorhang, regte es sich. Stimmen flüsterten, eine beschwichtigte, eine andere hellere bat, wurde lauter, rief lebhaft:

»Ich will sie aber sehn!« Und an dem Sessel der jungen Frau vorbei lief ein etwa zehnjähriger Junge. Ihm folgte eine große stattliche Frau im weiten grünen Pelz, mit langem Schleier an dem Diadem über dem braunen Scheitel. Zwischen ihr und dem Voranstürmenden stand ein größerer Knabe, der vergeblich versuchte, den Bruder zurückzuziehn.

»Ach!« sagte der Zorn und starrte die Knaben an wie eine Erscheinung. Aber auch die andern Herrn waren überrascht. Sogar der Engländer vergaß sein Gähnen und zeigte seine langen Zähne wie ein freundlicher Werwolf. Nur der Beauffremont blieb ungerührt von der lichten Schönheit der Knaben. Er blickte von den beiden Frauen in der Witwenkleidung auf die stattliche Matrone, leckte an seiner mädchenhaften Oberlippe und bekam blanke Augen.

Der Hauskomtur trat einen Schritt vor. Der Knabe stand dicht vor ihm, mit blitzenden Augen, halboffenem, erdbeerrotem Mund, die flachshellen Locken, die weit über die gestickte litauische Bluse hingen, standen wie ein Heiligenschein um das glühende Gesicht, das zu ihm aufsah:

»Du bist der Hauskomtur? Du bist Friedrich von Wolfenbüttel?«

Die kleinen festen Hände packten den weißen Mantel. »Das ist das Kreuz – ach! . . .« In unverhohlener Bewunderung sah das Kind zu dem Mann auf.

Der Bruder riß die kleine Hand zurück. »Laß das, laß!« Aber sein Gesicht, ebenso schön wie das des Kleinen, seltsam ernsthaft für ein Kindergesicht, zeigte fast dieselbe Neugier, dieselbe Begeisterung. Seine Augen, noch dunkler als die des Bruders, schwarzblau wie die der Witwe, blickten die Herren an. Er gewahrte den Dicken. Ein Lächeln ging über sein ernsthaftes Gesicht. »Bist du Zabel?« fragte er. »Und der Lange – ist das der Jost Hasenkop?«
Er fragte nicht wie ein Kind. Er fragte wie der zum Herrn Geborene, sicher, daß ihm geantwortet würde.
Er sah sich von einem zum andern um. »Wo ist der Plein? Wolffdietrich Plein?«
Der Hasenkop hielt den Helm vors Gesicht.
»Bei Sankt Odilia, bei Sankt Odilia...« murmelte der Zorn.
»Bruder Wolffdietrich ist in dem Gefecht am Sudauer Moor gefallen. Skurdas erschlug ihn.«
»Das hat mein Vater nicht mehr gewußt«, sagte der Knabe zögernd. Dann lächelte er wieder, errötete, trat einen Schritt vor. Seine überschlanke Gestalt straffte sich, seine Stimme klang hell, schwingend wie die der Mutter:
»Ich heiße Herkus Monte. Dies ist mein Bruder Gaudins.«
Seine Augen, groß aufgeschlagen, sahen zu dem Komtur auf. Der neigte sich ein wenig, griff die Hand des Knaben, schüttelte sie: »Du gleichst ihm. Nicht wahr, Hans?«
Aber Bruder Zabel hörte nicht. Er stand wie verhext, die schrägen Brauen zusammengezogen über den hellbraunen Augen und starrte auf die Frau im Pelz. Sie hielt die Augen gesenkt, sah sittsam auf ihre ringefunkelnden Hände, die sie unter der Brust verschränkt hielt und lächelte leise, ganz leise.
»Wir wollen gehn, edle Frau«, sagte der Hauskomtur. Der kleine Gaudins sah zu ihm auf, versuchte zu reden, lachte ein bißchen, drückte das kleine flammende Gesicht in die Falten des weißen Mantels, sprang zurück und sah spielerisch von der Seite auf die Herren, immerzu leise flüsternd, während er sich an die Matrone schmiegte, die jetzt die Augen aufschlug – kornblumenblaue Augen, bei deren ruhigem Blick der dicke Zabel aufstöhnte und wie betrunken nach der Tür taumelte, ohne alle Rücksicht auf den Hauskomtur.
Die andern folgten ihnen. Fitz-Peter nickte den Jungen zu.

Poburs der Knecht schritt mit einer Fackel ihnen voran über den Hof. Eine Menge Menschen standen dort im Schnee. Wo kamen sie alle her? Sie waren stumm wie ein Spuk.

In dem langen Zimmer, das fast das ganze Seitengebäude einnahm, war für die Herren gedeckt. Nebenan war die Küche. Feuerschein und Rauch zogen über den Schnee, Kettenrasseln, Töpfeklappern, ein nie aussetzendes Weibergeschnatter und Gezeter klang aus der halboffenen Tür, drang durch die Lehmwände mit Bratendunst und Suppengeruch. Vom Backofen im Hof kam der süße Duft von frischem Brot, von Kuchen, von heißem Honig.

»Die backen und brauen wie zu Ostern«, knurrte der Stetten.

»Für den Zarm«, erläuterte Peter, der neben den Junkern ging. Heinzke war noch nicht da.

»Was Zarm?«

»Für den Toten. Nun wirst du mal so 'nen preußischen Leichenschmaus erleben!« sagte der Zorn. »Selbst Ludwig wird da satt werden!«

Der Obernitz lachte. »Vorläufig sterb ich vor Hunger. Aber wer weiß, was die uns geben. Reh und so was!«

»Mäkle nicht, wirst schon alles essen lernen!« lachte der Zorn. »Hast du nicht schon im Konvent Hammelfleisch gegessen?«

Der Stetten schüttelte sich. »Ja, na hier esse ich das aber nicht. Ich bin kein Engländer.«

Er sah mit Interesse zu, wie ein paar Mägde den Holztisch mit buntdurchwirkten Tüchern deckten, Löffel, Messer und Lindenholzteller herauftaten. Eine alte Magd, mit krausem Scheitel unterm Kopftuch, schnitt große Scheiben von einem dunkelgrauen Brotlaib.

Jetzt kamen auch ein paar Knechte herein. Zwei steckten noch Kienspäne in die Ringe an der Wand, einer trug einen großen Zinnkrug mit Bier und füllte die Becher, die eine Magd ihm hinhielt. Ein vierter, jünger als die andern, kam mit einem Holzeimerchen mit frischgemolkener Milch, das er neben den Hauskomtur auf den Tisch stellte.

Der sah ihn und die andern an. Es waren große stämmige Leute. Ihr Haar, nicht so fahl wie das der Samländer, war kurz geschoren. Sie trugen lange graue Warpkittel mit einem eingewebten schwarzen Kreuz auf der linken Schulter.

»Wie heißt du?« fragte der Wolfenbüttel. Der Knecht stand stramm, die Hände am Kittel. »Skrodzka!« »Ihr seid doch Sudauer?« »Jawohl.« »Wie kommt ihr her? Ihr rodet doch am Romove?« Der junge Knecht sah mit unbewegtem Gesicht den Hauskomtur an. »Der Schnee liegt zu hoch, es sind doch bloß noch die Stubben. Bruder Gebhardt schickte uns her zum Holzen. Wir sind in Kost auf dem Hof.«

Der Hauskomtur nickte und winkte dem Sudauer zu gehn, der auf der Hacke kehrtmachte und mit seinen drei Gefährten das Zimmer verließ. Der Engländer, wütend vor Hunger, stampfte mit den Füßen, daß die Sporen klingelten: »Die gehn wohl erst auf Jagd!« Er zog schnüffelnd mit der schmalen Nase. »Wo ist hier ein Brustkind? Milch ist schon da.«

»Hier ist das Brustkind!« Der Hauskomtur winkte dem Obernitz, der ihm eilig Milch einschenkte. »Und für die andern ist's zum Bier. Sie trinken es hier so.« Der Obernitz füllte die Becher der Herren halb und halb. Fitz-Peter schüttelte sich. »Wild!« sagte er mit unaussprechlicher Verachtung. Der Hauskomtur winkte Peter heran. »Geh und hole Alus für Seine Gnaden«, sagte er ruhig.

Der Beauffremont verdeckte seinen Becher mit den Händen. »Nur kein Bier!« »Ja, Reinfall gibt's hier nicht!« meinte der Hasenkop, der sein Schwert abgeschnallt hatte, nun die Lederschnallen an den Beinschienen aufmachte und mit den langen Beinen schlenkerte. »Dann lieber Wasser«, sagte der Burgunder ergeben und besah wehmütig seine Ringe. Der dicke Zabel hatte wie verdurstet schon sein Braunbier heruntergestürzt, ehe der Obernitz mit der Milch kam. Seine schrägen hellbraunen Augen waren blutunterlaufen und ganz starr. Der Wolfenbüttel sah ihn still an. »Bruder Ludwig, Bruder Lenhard, Bruder Rulin – ihr könnt Peterke nachgehn und in der Küche sehn, wo das Essen bleibt!« Er rückte näher an die Wand, die warm war von dem Herdfeuer dahinter, wickelte sich in den weißen Mantel und schloß die Augen.

Die Junker polterten hinaus, hungrig und abenteuerlustig, unbekümmert um die Kälte, die ihnen ins Gesicht sprang. Vor der Küche liefen Männer und Frauen hin und her, ein kleiner gelber Hund kläffte, Kinder schrien, und aus der weitoffenen Halbtür kam mit dem Rauch feuchter weißer Qualm wie aus einer Waschküche.

Über dem Rufen, Kreischen, Lachen, Reden war in dem hellen Dunst der Küche deutlich eine Stimme wahrnehmbar, eine behagliche, ein bißchen kreischende Männerstimme, die im breitesten Preußisch allerlei sagte, was jedesmal von quiekendem Weibergelächter beantwortet wurde, und dem einmal auch Peterkes Baß etwas entgegnete. Die Junker spitzten die Ohren, stürzten näher, rissen die Halbtür auf, drangen prustend in den Dunst, der sich allgemach lichtete. »Der Rudi, der Rudi!« rief der Zorn. »Jetzt wird's fein!« schrie der Stetten knabenhaft vergnügt. Und der Obernitz schlug in die Hände: »Wo kommst du her?« und lief lachend auf den großen Menschen zu, der auf dem Küchentisch saß, ein Stück fettriefender, heißer Schweinsrippe in der Linken, den Bierkrug neben sich zwischen Schüsseln und Platten. Er aß eifrig, er redete immerzu und griff dabei ebenso eifrig den vorüberjagenden Mägden in die Röcke. Er hatte einen großen Pelz an, mit Visierkappe und buntem Gurt um die Hüften wie ein preußischer Besitzer, trug auch Pelzhosen und Pelzschuhe. Aber wo der Pelz aufstand, sah man das schwarze Kreuz auf dem weißen Leibrock, und irgend etwas verriet trotz seiner Beleibtheit, die fast so war wie die des dicken Zabel, die straffe Haltung des Deutschen Herrn. Er wischte sich den Mund, lachte über das ganze runde Gesicht, schleuderte den Rest der Schweinsrippe im Bogen auf den andern Tisch, sprang herunter, bekam eine kleine blonde Magd zu fassen, küßte sie eiligst ab, untersuchte ihre lose Jacke, lachte aus vollem Hals wie er sie losließ, brüllte mit rollenden Braunaugen den beiden alten Weibern am Herd etwas zu, angelte noch schnell mit den Fingern, deren zartgliedrige Magerkeit zu seiner Fülle in Widerspruch stand, eine Entenleber aus der einen Schüssel, schleckte sie genießerisch auf und seufzte: »Dafür bin ich ein Schwab.«
In der Tür warf er eine Kußhand über die ganze Küche, brüllte auf preußisch: »Nun aber fix, fix, das Essen, sonst stecke ich euch ins Feuer, meine Mäuschens!« was er zum bessern Verständnis auf oberdeutsch, niederdeutsch und litauisch wiederholte. Dann schmetterte er erst die Unter-, dann die Obertür mit wildem Gekrach zu, stürzte an den Leuten draußen vorbei, die ihn mit tiefem Verneigen wie einen ihrer Herren begrüßten, raste über den Hof bis an den Brunnen in der Mitte, um dessen strohumwickeltes Holzhaus der Wind pfiff, packte den Zorn am Ärmel, der keuchend neben ihm

stand und fuhr ihn an: »Ihr seid wohl alle nicht bei Trost? Der Salomo hat ja den Sonnenstich noch vom Akkon her, mit euch herzureiten! Habt wohl schon zu lange gelebt, was?«

Mitten in dem eiligen Zanken riß er den Zorn an sich, küßte ihn auf die Nase, stammelte: »Die Ota, ganz die Ota – ach du verfluchter Bengel!« Riß ihn an der braunen Schläfenlocke und sah die beiden andern an. »Ihr Kälber, ihr Schafe, was plagte euch, dem Wolf in den Rachen zu laufen! Aber das ahnte mir schon, als ihr heut' früh fortgeritten wart! Die ganze Nacht hab ich so gräßlich geträumt. Die Ota ist mir erschienen, ich soll mich nach dir umsehen, du Strolch du! Na, als ihr weg wart, ritt ich los, euch nach, den Ochsenhof betreut der Hellwig – das fromme Rindvieh – auch allein. Hinterm Bruch sah ich ja gleich wo ihr hinbiestertet. Na, und nachher im Wald traf ich die Sudauer. Schlauer hätte es der Salomo nicht machen können! Ausgerechnet an den Gailgarb zum alten Dorgo ans Sterbebett, wo das ganze Samland auf den Beinen ist. Und sonst noch verschiedene Leute!«

Er tippte immerzu mit dem spitzen Zeigefinger auf seine runde Stirn: »Kamele!« schrie er sie laut an.

Aber sie lachten bloß. Der Zorn riß wie ein Junge an den bunten Gürtelbändern:

»Vetter, du siehst Gespenster.«

»Nette Gespenster!« keifte der Schwabe. »Ich kam grad noch zupaß zu der Rührungsszene. Salomo und Jost mit dem Sohn des Jugendfreundes! Zwanzig Jahre Abgurgeln – vergeben und vergessen! Und der Salomo ganz weg, der hätte gleich zum Trösten die beiden Witwen des Monte geheiratet!

Lauft, lauft Bengels, trabt mal um den Misthaufen, sonst friert ihr an. Na bitte, ecksche, Dauerlauf!«

Er brachte sie wirklich in Trab und hetzte sie zweimal rund um die Mistkaule, deren warmer Brodem durch den Schnee drang, daß der Stetten laut niesen mußte, als sie wieder am Brunnenhaus landeten.

»Witwen, Witwen?« fragte er, neugierig zwischen dem Prusten.

»Ja, natürlich. Beide. Die Töchter des alten Dorgo von Nummer Zwei. Die Samländer haben immer zwei Frauen, der Herkus natürlich auch. Wenn er auch tat wie ein Deutscher und sich vom Pfaffen die Sirguna antrauen ließ. Es war ihm ernst damit. Aber er mußte die

Kleine mitheiraten, um den alten Dorgo nicht zu kränken. Angerührt hat er sie nicht.«

»Woher weißt du das?« fragte der Zorn ein bißchen spöttisch; aber seine Stimme zitterte.

Der Dicke legte den Arm um seine Schulter. »Kleines Vetterchen!« sagte er zärtlich wie eine Kindermuhme und blies ihm in die feine Nase. »Meine Lusche sagt es, das ist ihre Milchschwester.«

»Welche von deinen Beischläferinnen ist das, du Muselmann?« fragte der Stetten halb spöttisch, halb bewundernd. Der Obernitz lachte.

Der Dicke sah den Stetten von oben bis unten an.

»Beischläferin! So was gibt es nicht im Orden, verstehst du! Die kleine Lusche ist meine Hühnermutter.«

»So jung!« lachte der Obernitz.

Bruder Rudolf war versöhnt. »Ihr versteht ja nichts von der Wirtschaft. Dann sitzen die Klucken besser. Kommt so was Altes, erschrecken sie und laufen weg, und die Keichel sterben ab.«

Der Obernitz und der Zorn lachten. Der Stetten aber dachte nicht an die Hühner: »Zwei Frauen – wirklich zwei Frauen?« Er schnob durch die Nase und warf den Kopf in den Nacken. »Das ist sündhaft.«

»Red nicht wie ein Einsiedler!« schrie der Schwabe. »Das ist ein vernünftiger Gebrauch, dann gibt's keine Weiberklöster wie bei uns!«

»Aber Rudi!« Der Stetten war beleidigt.

»Ziere dich nicht, Lewark, weil dein Onkel Bischof ist!« Der Kienheim schlug ihm die magere Hand in das lockige Genick wie eine Eisenklammer. »Ich sage dir, Klöster sind sündhaft. Mein Vetter, Wilhelm Montfort, Gott hab ihn selig, ein Mann wie ein Eichbaum, dreimal so breit wie ich, als er Abt wurde – aber wie er zwanzig Nonnen die Beichte abhören mußt, das bracht' ihn ins Grab . . .«

»Rudi, Rudi!« mahnte nun auch der Zorn. Der Stetten seufzte bloß und drehte den Hals wie im Schraubstock. Der Schwabe lachte und gab ihn langsam frei. »Geh nach Christburg, mein Sohn!« sagte er gemütlich. »In dem Konvent riecht's nach Heiligkeit. Wenn du da vier Wochen bist mit deiner Keuschheit, da siehst du Gesichter . . . Mich schickten sie auch mal hin, aber ich sah was anderes.«

Er lachte schallend über den ganzen Hof, schlug sich auf die Schenkel. »Der fromme Konvent wollte mich geißeln . . .« Er lachte wieder

dröhnend, besann sich und sagte: »Aber dann . . .« Er wurde ernst
und verstummte, räusperte sich und sagte dann ruhiger: »Ja, da
schickten sie mich nach Balga zum schwarzen Reuß. Das bekam mir
besser. Na Kinder, nu kommt mal erst essen.«

Er zog den Arm des Stetten unter den seinen, schob den Obernitz vor
und kommandierte: »Marsch, Kleiner! Sing was! Von deinem berühmten Morunger Ohm, so was recht Liebevolles: ›Die viel Gute,
daß sie selig müßte sein . . .‹ oder so was. Der Rulin brennt drauf, und
der Zabel schluchzt gleich. Kinder!« Er blieb stehn und lachte, daß er
sich schüttelte: »Der Dicke! Habt ihr den gesehn? Der ist ja wohl be-
zanzelt vor Liebe! Wie der die Alte ansah! Aber schön ist das Weib
heute noch!«

»Wer ist sie?« fragte Stetten. »Sie sieht so – so anders aus. Was hatte
sie bloß an? Ist das die Frau des Dorgo?«

»Das nun grad nicht.« Der Schwabe lachte! »Der Pelz war litauisch,
das Diadem auch. Aber das Gesicht nicht. O nein! Und wenn der
dicke Hans die zum erstenmal sah, heiß' ich nicht Kienheim!«

Sie standen wieder vor der Tür des Vorratshauses. Die sudauischen
Knechte trugen die Schüsseln mit Rinderbraten und Geflügel herein.

»Ach, mal essen ohne Vorlesen ist zu herrlich!« sagte der Obernitz,
ehe er eintrat.

Der Kienheim trat mit großen Schritten vor den Hauskomtur.
»Mußte in den Wald nach der Mühle, habe hier auch Unterkunft gesucht bei dem Schnee.«

Bruder Friedrich nickte. Aber seine langgeschnittenen Augen sahen
den Schwaben an, als suchten sie etwas. »Allein, Bruder Rudolf?«
fragte er mit der müden Stimme.

»Mit drei Knechten und zwei Jungknechten. Sie liegen hinten am
Stall bei den Pferden.«

Der Wolfenbüttel lächelte kaum merklich. »Setze dich, iß mit uns. Du
kannst dich neben Zabel setzen. Ihr könnt reden!« sagte er, als der
Kienheim stöhnend über die Bank hüpfte. Er selbst sprach mit großer
Höflichkeit nach dem Gebet zu dem englischen und dem burgundischen Herrn. Der Engländer beklagte sich bitter, daß er noch keine
Elchjagd oder ein Wolfstreiben mitgemacht hätte, und äußerte un-
verblümt seinen Ärger über dies »Räubernest«. Der Braten aber fand
seinen Beifall, noch mehr die mit Wacholderbeeren und Thymian

gewürzte saure Brühe dazu. Seine langen Kiefer arbeiteten wie Mahlsteine, zur stummen Bewunderung der Sudauer.

Der Sieur de Beauffremont stocherte im Fleisch und hielt sich lieber an die in Milch gekochte, mit gebranntem Honig übergoßne Schwadengrütze, die eine junge Magd auftrug. Sie stellte die Schüssel dicht neben den Schwaben auf den Tisch. Aber der aß mit gesenktem Blick und tat, als hätte er sie nie gesehn. Doch unter der Bank angelte sein Fuß behend nach ihrem Bein. Der Burgunder lächelte voll Verständnis, sagte etwas abwesend auf die Frage Bruder Friedrichs, daß er schon verschiedene Hetzjagden mitgemacht hätte, gewiß, nur noch nicht auf Litauer, aber er hoffe doch noch drauf, ehe er nach Ostern mit dem Schiff zurück müsse – und sah der zierlichen Person andächtig nach. Worauf er sich zu dem Zorn wandte und viel lebhafter flüsterte: »Scheußlich, diese Jacken!« Und dann ganz laut und strahlend in seinem zierlichen Französisch versicherte: »Ich hätte nie gedacht, daß diese Tiere so hübsch sind.«

Gerade als der Obernitz losprusten wollte, sagte der Hauskomtur ruhig: »Das hat noch keiner von den Elchen behauptet!« Der Zorn trat dem Stetten so heftig auf den Fuß, daß dieser »Au!« sagte und ihm rasch eins in die Seite gab. Der Elsässer war aber sonst fast so abwesend wie Zabel, dessen schräge Augen über den breiten Bakkenknochen hin und her gingen wie bei einem gefangenen Tier, und der nichts gegessen hätte, wenn der Hasenkop ihn nicht wie eine Muhme mit allem versorgte. Da kaute er es denn lustlos und gedankenlos, nur zuweilen mit einem tiefen Seufzer, beinah stöhnend. Der Hasenkop schüttelte den Kopf und sah den Hauskomtur an. Der sah den Dicken an wie einen Kranken. Dann winkte er Poburs herbei, der jetzt wieder in der Tür stand. »Die Frau läßt sagen, für drei Herren stehen Betten in der Kammer nebenan«, meldete er in fließendem Niederdeutsch. »Für zwei in der Kammer rechts. Und vier können hier schlafen. Wir bringen Kissen und Decken.«

Bruder Friedrich tauschte einen raschen Blick mit dem Kienheim. Der nickte. »Gut, bringt alles«, befahl er.

Es wurde eilig abgeräumt. Die Sudauer brachten eine Menge Wolldecken, Pelze, dick mit Federn und Wolle gestopfte Kissen. Der Burgunder befühlte das Pelzwerk, der Engländer die Decken. »Die weben hier sehr anständig«, äußerte er mit Anerkennung, worauf er sich breit auf die Eckbank setzte, dem einen Sudauer in die Wade trat und ihm klarmachte, daß er wünschte, seiner Eisenhosen entledigt zu werden. Er behielt den Mund auf, als der Sudauer ihn von oben bis unten besah, ihm einen kräftigen Tritt zurückgab und ruhig hinausging.

Endlich fand Fitz-Peter die Sprache: »Dieses Biest! Laßt ihn totmachen!«

Bruder Friedrichs langgeschnittene Augen sahen ruhig auf den empörten Grafen. »Ich kann ihn nicht totmachen lassen, er gehört nicht mir. Es ist kein Sklave, sondern ein Gefangener. Es ist kein Wilder, sondern ein Sudauer.«

»Na, die habt ihr doch vernichtet, nicht? Der Vogt hat mir doch neulich so was erzählt. Ihr gingt und schlugt sie tot. Mein Vetter Pomfret half euch dabei.«

»Der Earl of Pomfret war Gast des Ordens und richtete seine Jagdhunde in der Komturei zu Christburg ab, als wir in der großen Wildnis am Moor die Sudauer schlugen. Damals fielen die meisten von ihnen. Nur Skurdas entkam mit den Letzten seines Adels.«

»Der riß also aus . . .«

»Eure Herrlichkeit irren. Der tapfere Skurdas rückte nicht aus. Er zog sich zurück und verwüstete sein Land. Dabei kam noch ein Teil seiner letzten Leute um. Auch sein Bruder Skomand. Ein ritterlicher Herr, bei dem ich oft zu Gast war zur Falkenbeize.«

Der Hauskomtur sprach ruhig, gleichförmig, aber irgend etwas ärgerte den Engländer. Er klirrte ohne einen Gutenachtgruß ab.

Der Sieur de Beauffremont sah ihm mit schiefgeneigtem Kopf nach, wie einem seltsamen Tier. »Die Dame Winifred, seine ehrenwerte Mutter«, sagte er singend, als lese er es aus einem schön illuminierten Heldenbuch, »kam aus Wales. Sie war eine Klosterhörige und sie konnte kein Englisch. Sie hieß auch nicht Winifred, sondern Eira, die Weiße. Und sie war weiß. Aber sie hatte einen sehr großen Mund . . .« Er brach ab in seinem Singsang, gähnte zierlich, machte eine Verbeugung wie beim Vortanzen, drehte sich noch einmal an der Tür der Kammer, durch die der Engländer abgetrabt war, schnitt eine Grimasse, lächelte, verneigte sich wieder, bekreuzte sich und trat rückwärts in die Kammer, deren Tür er leise zuzog.

»Geck!« sagte der Zorn. »Schad, daß das kein Mädchen wurde«, knurrte der Stetten. Der Obernitz lachte. »Gestern schlief ich mit ihm im Ochsenhof. Er flicht das Haar ein. Er schnürt sich die Taille in ein Leibchen. Er . . .«

Der Hauskomtur sah mit seinem steten Blick auf die Junker. »Der Sieur de Beauffremont, unser Gast, ist ein sehr tapferer Herr, wie sein Vater es war. Er ist auch ausgezeichnet geschickt beim Fechten. Es wäre zu wünschen, daß die jungen Brüder den burgundischen Hof sähen, um zu wissen, was Zucht heißt.«

Der Kienheim rieb gedankenvoll seine Nase. »Ja, da kann man allerlei lernen. Davon habe ich schon in Schwaben viel gehört. Als mein Oheim Montfort von dort wiederkam, brachte er meiner Tante Kammermagd gleich Burgundisch bei.«

»Bruder Rudolf, die jungen Brüder müssen jetzt schlafen. Wir müssen morgen früh auf.«

»Ja, und vielleicht noch früher. Kinderchen, legt eure Schwerter neben euch!« sagte der Kienheim, reckte die Arme und gähnte wie ein röhrender Hirsch. »Du Hanswurst!« knurrte der Hasenkop und warf mit einem Knochen nach ihm, den er auf der Bank fand.

»Wo gehst du hin, Zabel?« »Hinaus an die Luft.« Der Dicke rang nach Atem. »Du kannst mit mir kommen, ich gehe noch einmal nach dem Stall!« Der Hauskomtur ging voran. Zabel folgte mit gesenktem Kopf.

Der Kienheim schritt in die andere Kammer, warf sich krachend auf die Erde auf den erstbesten Strohsack, versuchte, welche der Decken am wärmsten wäre, wickelte sie um sich, richtete sich auf, kniete nieder, betete murmelnd und unterbrach sich dazwischen: »Rulin, Bengel, leg dich hin! Auf die Bank unten. Mit den Füßen an die Herdwand. Lutz, du nach rechts. Stetten, der feine Hund, kann verquer hinterm Tisch liegen.« Dazwischen betete er endlos weiter. Der Hasenkop, der neben ihm kniete, still und andächtig, war viel rascher fertig. »Rudi, hast du eine Strafe?« fragte er leise, als sie dann ausgestreckt lagen. Der knurrte: »Sei still! Noch drei Vaterunser!« Richtete sich auf, betete weiter, sank dann wohlig seufzend zurück. »Ich hab' immer Strafe. Wenn der Hellwig, das gute Biest, mir nicht was abnehmen würde, ich könnte Tag und Nacht beten. Die verfluchten Weiber!« Er lachte leise. »Ja, das ist nun so. Einer hat's nicht wie du, Jostchen, der andere hat's wie ich und der Zabel.«

»Solche müssen nicht in den Orden!«

»Bin ich gefragt? Mein Alter hatte vier Buben. Einer bekam die Burg, einer in Herrendienst, der Kleine, armes Schneckchen, wurde ins Kloster gesteckt. Ich in den weißen Mantel. Und der Zabel, für den war's noch sein Glück, Bankert wie er war.« Er gähnte. »Wer bloß das Weib ist?« Er rutschte näher an den Hasenkop. »Weißt du, Jost? So hab' ich den Dicken noch nie gesehn! Nicht mal, als der Plein gefallen war.«

»Das wird wohl die Nuscha sein.«

»Welche Nuscha? Das klingt so wie was Hiesiges.«

»I wo. Gertrudis glaub' ich, hieß sie. Seine Base aus der Neumark, die die Wenden ihm stahlen. Er redet ja immer von ihr.«

»Das muß doch eine Ewigkeit her sein. Er ist so lang im Orden wie du. Maria und Joseph, so lang an eine Frau denken! Ich würd' die nie mehr erkennen. Wie kommst du drauf, daß die es ist?«

»Ja, damals hieß es, der alte Borke in Kolberg hätte sie bei sich gehabt und dem Swantepolk geschenkt. Und als wir damals bei Skurdas waren, erzählte einer, der Swantepolk hätte sie dem Gedimin überlassen, als er sie mal bei ihm sah.«

»Der Gedimin? In Litauen? Wie soll sie da herkommen? Ist ja Unsinn!«

Der Hasenkop drängte sich dicht an den Kienheim. »Wo blieb der Skurdas? Wo waren die Witwen des Monte, seine Kinder?« Er wälzte sich zurück, als der andere leise pfiff. »Na, du könntest eigentlich Bescheid wissen mit deinen preußischen Kebsen. Die Bande hängt doch alle untereinander zusammen.«

Der Kienheim war jetzt ganz ernsthaft. »Ja, aber wenn sie was nicht sagen wollen, kannst du sie braun und blau schlagen.« Er dachte nach. »Es kann ja bloß 'ne Ähnlichkeit sein. Warum soll's die Nuscha sein?«

Der Hasenkop lachte leise. »Ich sah da hinterm Vorhang noch was. Einen schwarzkopfschen Mönch. So die richtige Wendenflunsche. Wie zu Haus. Na, und der Zabel jammert doch immer, daß sie den einen Jungen aus dem Kietz mit ihr mitschleppten und nicht ihn.«

»Armer Dicker!« Der Kienheim seufzte. »So immer eine Frau lieben – das muß sein wie behext. Ein Unglück.«

»Oder ein Glück!«

»Ach so, ja. Du warst ja ein Wittmann, als du eintratst. Deine Anneken starb im Kindbett, nicht?«

»Ja.« Der Hasenkop lag einen Augenblick still, seufzte tief, sagte ganz leise: »Vier Jahre war sie, als ich sie zuerst sah. In der Kirche . . .«

»Würdest du sie noch erkennen, drüben?«

»Immer.«

»Auch wenn du ganz alt wirst?«

»Ich werde nicht alt. Ich werde bald sterben. Ich fühlte es, als ich heut' den Dorgo sah.«

Den Kienheim schauderte. »Ich will noch lang nicht sterben. Buben will ich haben . . .«

Plötzlich wälzte er sich auf dem Stroh hin und her, schluchzte und stöhnte: »Frei will ich sein, frei, heiraten, Grund und Boden haben!« Er tobte besinnungslos: »Überall ist Fehde im Reich, alle fallen, bloß keiner von uns, daß ich Dispens bekommen kann, ach, ach, ach!« Er rollte hin und her: »Mein Kopf platzt von dem Denken. Und die Lusche ist nicht da. Wenn die ihn mir kratzt, wird's besser. Der Salomo, dieser Sarazen, was muß er euch herschleppen? Warum muß ich euch nachlaufen? Was muß ich hier liegen wie ein Mönch? Das bekommt mir nie, das schlägt auf die Galle.«

Er raste besinnungslos, schlug mit Händen und Füßen um sich, jammerte, weinte, schnob wie ein Kind und wimmerte erst leiser, als es dem Hasenkop gelang, die Hände in sein dickes braunes Haar zu schieben und frauenhaft sanft über den heißen Scheitel zu streichen, wozu er leise die Litanei murmelte.

Im andern Zimmer war der Zorn an die Tür geschlichen und hatte gehorcht. »Er hat den Anfall«, flüsterte er bekümmert. »Hat er die Sucht?« erkundigte sich der Obernitz, der grad die Bänke zusammenschob und mit großer Gewandtheit ein Lager in der warmen Ecke baute.

Der Zorn sah sich um. »Nein, nicht doch! Es ist nur das Blut . . .« Er seufzte, strich sich über die Stirn. »Frei sein . . .«

»Ja«, seufzte der Stetten, der schon lang auf der Bank lag, und schob ein zusammengerolltes Lammfell ins Genick. »Das wäre ja gut und schön, wenn man der Älteste wäre. Aber so ist der Orden noch am besten. Ich werde mal Landmeister.«

Der Obernitz warf ihm ein kleines blaubuntes Kissen aufs Gesicht. »Na, denn schon lieber Hochmeister. Mich kannst dann ja zum Treßler machen und den Rulin zum Spittler. Das ist eine gute Stelle für einen Zorn. Da lernt er Geduld.«

»Geduld!« Der Zorn riß an all seinen Schnallen, daß es klirrte. »Wenn sich das lernen ließe!« Er schleuderte Sporen, Beinriemen, Gürtelgehenk unter den Tisch, warf sich auf die Bank, daß er gleich wieder herunterfiel. »Ob er sie wirklich nie angerührt hat?«

»Wen?« Der Stetten rollte sich herum, daß er die Augen zukneifen mußte vor dem letzten Kienspanglühn. Aber der Obernitz pfiff. »Er meint die Zweite. Ja, das mußt du selbst ergründen. Geh mal und frag' sie. Du kannst ja Preußisch.«

»Sie kann ja auch Deutsch. Die andere sprach's doch wie Wasser. Wenn ich frei wäre, ich nähme sie. Die sieht aus! So denke ich mir die Kaiserin!«

»Da irrst du dich!« Der Zorn lachte. »Kaiser Rudolfs brave Hausmutter sieht anders aus –, 'ne Tonne.«

»So müßte sie aber aussehn!« beharrte der Stetten.

»Fürstinnen müssen nicht schön sein. Dann bringen sie Unglück«, sagte der Obernitz altklug. Er war aufgestanden und kramte in seinen Sachen auf dem Tisch.

»Was weißt du von Fürstinnen, Kleiner?«

»So nicht. Aber als Familie!« orakelte der Thüringer. »Ich bin doch der Neffe des Mohrungers.«

»Dem das Liedersingen auf seine Herrin so schlecht bekam. Na, wenn der alte Dietrich alle vergeben hätte, die seine Markgräfin andichteten, es gäbe keinen Minnesänger mehr in ganz Thüringen.«

»Gibt es auch nicht. Dafür hat euer Rudolf gründlich gesorgt. Mit und ohne Singen hat er uns ausgeräuchert.«

»Ach, laß den Alten zufrieden. Lutz. Ein Knicker ist er ja; aber Ordnung hat er gemacht.«

»Hübsche Ordnung. Geld in den mageren Habsburger Beutel.«

»Zankt euch nicht!« sagte der Stetten und dehnte sich behaglich unter seinen Decken. »Was suchst du da, Kleiner? Komm her.«

Der Obernitz streckte sich aus, stellte einen Helm auf seinen Magen, in den er drei rote Äpfel warf. »Das gebe ich, was gebt ihr?«

Der Zorn warf eine Handvoll Haselnüsse dazu, der Stetten nach län-

gerem Suchen ein paar Pfeffernüsse. »Nicht so wenig! Du hast noch
welche!« schrie der Obernitz. »Ich sah, wie Rudis Lusche sie dir zu-
steckte.«

»Der Heuchler!« sagte der Zorn. »Tut wie Sankt Anton und läßt sich
von der Hühnermutter stopfen.«

»Quatsch!« sagte der Stetten, so gut wie er's beim Nüsseknacken
konnte. »Ich mußte sie doch was fragen. Wegen dem Bach!«

»Bach, was für ein Bach?« Der Obernitz lachte, daß der Helm wackel-
te.

»Wegen dem Wasser denn, du alberner Lutz. Wenn man da hinterm
Ochsenhof aufstaut und nachher noch mal, und dann von der Beek
eine Verbindung gräbt nach dem Moor vor Juditten . . .«

»Dann gibt's einen Teich. Heilige Jungfrau, nun ist der Lewark wieder im Wasser angelangt. Und da ertrinkt er.«

Der Zorn bekam quer über den dünnen Obernitz einen wohlgeziel-
ten Fußtritt.

»Das ist besser als Mädchen. Mit euch kann man ja nicht reden. Der
alte Dirk versteht davon dreimal soviel wie ihr.«

»Das ist ja auch so ein Wasserhuhn. Irgendwo aus dem Moor bei
Bremen.«

»Da schlagen sie vier Pfähle in den Sumpf, bauen sich oben ein Nest,
und da sitzen sie!«

»Kälber!« sagte der Stetten. Dann spuckte er den Apfelstiel an die
Decke und sagte: »Der Hauskomtur hat gemeint, er wird meinen
Plan zu Ostern dem Gebietiger zeigen. Lutz, du mußt was dazu
schreiben. Du kannst das doch?«

»Ach«, sagte der Zorn, »ich kann's auch nicht. Alle Jahre fange ich
bei dem Pfaffen an und male meinen Namen. Aber ich vergesse es
immer.« Er sann nach. »Mein Vater konnte schreiben, auch der
Ohm, sogar die Mutter.«

»Ja«, sagte der Stetten, »mein Vater auch. Der Großvater hat auch
noch gesungen, ging in Österreich zu Hof. Aber wo sollten wir das
lernen? Immer Fehde. Mit sechs Jahren saß ich auf den Leiterwagen
und kutschierte die Weiber in den Wald, als der Sickingen uns zu Leben rückte!« Er lachte behaglich.

Der Obernitz warf den Helm fort, zerprasselte die letzte Haselnuß.
»Ich will euch mal was erzählen: Es waren mal drei Ordensbrüder,

19 Einer der hübschesten Orte in Masuren: Nikolaiken.

20 Das Dorf Schwarzberge im Kreis Lyck lag um die Osthälfte eines kleinen Sees in idyllisch hügeligem Land. Es ist fast ganz untergegangen. Das Foto von 1980 zeigt die Südostecke des Sees. Hinten rechts die Badestelle; dahinter stand früher das Zentrum des Ortes. Wo Gehöfte lagen, wuchern heute Sträucher und Stauden.

21   Ein Blockhaus der Filipponen in Eckartsdorf.

2 Auf dem Mauersee wurde Holz geflößt.

23 Der Herzogs-
kirchener (Gonsker)
See an der Straße
Lyck-Treuburg.
(Aufnahme 1980)

24 Trakehner
Pferde – noch da-
heim in Trakehnen.

einer aus dem Elsaß, einer aus Franken, einer aus Thüringen. Die lagen auf drei Bänken des Nachts und keiner hatte gebetet.«

»Ach, sei still«, sagte der Stetten, »dafür sind wir auf Reisen. Kinder,
das ist doch fein! Und kein Gelese bei Tisch. Aber das von den Mak-
kabäern, was der Pfaff' jetzt liest, ist doch hübsch, das gefällt mir viel
besser als die Heiligenleben.«

»Ja«, sagte der Zorn, »das ist so vernünftig. Mir gefällt das auch besser als so was Erfundenes.«

»Da gibt's aber auch schöne Sachen!« Der Obernitz richtete sich halb
auf, er glühte. »Von der Melisande und ihrem Ritter und vom König
Artus . . . Der Hartung hat das alles, der hat's mir geborgt.«

»Wo hat er das? Der fromme Poppo schnüffelt doch überall 'rum; der
riecht was Unheiliges durch Eichenbalken.«

Der Obernitz lachte. »Ja, ich darf's nicht sagen. Ach, der Hartung –
der platzt, wenn ich von unsrer Fahrt erzähle. Und daß Salomo so
nett war, und der Rudi traurig . . .«

»Der Salomo ist immer nett«, der Zorn sprach's anerkennend. »Er
sieht bloß so streng aus. Aber wenn einem was fehlt – zu dem kann
man immer kommen!« »Ich hatte Angst vor ihm«, seufzte der Obernitz. »Ich auch!« sagte der Stetten. »Aber als ich ihn sah, wie er mit
dem Jost war, und dem Rudi, und erst mit dem Dicken . . .«

»Ja, den liebt er«, sagte der Zorn. »Jetzt hütet er ihn draußen und läßt
ihn beten.«

»Ist er so fromm?« Der Obernitz fragte noch mal, weil beide nicht
antworteten. Dann sagte der Zorn: »Ja–so–so anders. Fromm ist er
schon.«

»Er lacht auch nie«, sagte der Obernitz.

»Der Jost auch nicht.«

Der Zorn sah sich um, richtete sich auf, flüsterte: »Der Poppo sagt,
sie können's nicht mehr. Seit damals . . .« Er sprach kaum hörbar.
»Sie saßen im Gericht über den Nassau. Der Salomo war sein Vetter.
Und Freund. Er hat dabeistehn müssen, als sie ihn einmauerten . . .«

»Oh!« der Obernitz und der Stetten bekreuzten sich. »War er – ein
Leugner?«

»Wer weiß?« Der Zorn zuckte die Achseln. »Der alte Guzzelin war
bei Kaiser Friedrich Liebkind. Na, wie der war, weiß man. Und der
Salomo ist in Malta gewesen.«

»Gewesen ist der überall«, sagte der Stetten nicht ohne Stolz. »Der redet Fränkisch und Türkisch und was man will.«

»Ja«, sagte der Zorn. »Wenn das nicht mit dem Nassau gewesen wäre, der wäre längst Gebietiger. So klug ist keiner. Der kann die Zukunft sehn, wenn er in die Sterne guckt.«

»Die Sterne! Oh!« Der Obernitz setzte sich auf, verschlang die Hände über den hochgezogenen Knien. »Da werde ich ihn mal bitten.«

»Das laß bloß bleiben, du Bähschaf. Wenn der allen Brüdern wahrsagen sollte, könnte er keine Aufsichtsreisen mehr machen.«

»Aber dem Rudi hat er gewahrsagt!« Der Stetten wälzte sich auf den Bauch, stützte das Kinn in die Hände. »Dir wird er's doch erzählt haben, Rulin. Dir erzählt der Rudi alles.«

»Ja!« Der Zorn dachte angestrengt nach. »Wartet mal. An St. Laurentius hat er's ihm gesagt. So war's: ›Solang es Preußen gibt, wird's dort Kienheims geben.‹ Rudi hat geweint, als er's erzählte. Alle seine kleinen Bankerte sterben ihm. Und er sagt, sonst stimmt's immer, was der Sarazen sagt. Er hat auch dem Skurdas alles vorausgesagt, damals, als der noch mit uns gut Freund war.«

Der Stetten seufzte tief: »Der Dirk sagt, den Fluch hat der Skurdas auch von ihm.«

»Unsinn!« knurrte der Zorn. »Dazu brauchen die Preußen keine Deutschen. Die können alle zanzeln. Der Dorgo hier obenan.«

Sie bekreuzten sich alle drei. Der Obernitz seufzte: »Ja, von dem Fluch hab' ich schon in Marienburg gehört. Wächst da wirklich nichts mehr?«

»Nichts.«

Der Zorn fing wieder an:

»Als die neuen Siedler, die wir ansetzten, so klagten, hat der Gebietiger zu Salomo geschickt.«

»Wer sagt das?«

»Der Poppo, der weiß alles, die neugierige Nachtigall.«

»Und was hat er gesagt?«

»Er hat gesagt: ›Wenn der Boden dort dreimal soviel deutsches Blut getrunken hat, wie er sudauisches trank – dann wird der Fluch gebrochen sein, und er wird so fruchtbar werden wie ehedem.‹«

»Heilige Jungfrau!« Der Obernitz riß die Augen auf. »Das ist gräßlich. Als ob sich einem die Adern auftun.«

»Der fromme Albert in Königsberg, der hat so was gesagt«, meinte der Stetten, »von einer Schlacht im Moor, wo alle weißen Mäntel sich rot färben werden von Blut.«

»Sei still, bitte, sei still!« Der Obernitz hielt sich die Ohren zu. »Ich kann so was nicht hören vor Mitternacht. Gleich geht der Kienspan aus!«

»Seht den tapferen Deutschherrn!« Der Zorn lachte. »Gut, daß deine Hosen von Eisen sind, klein Häschen!«

»Ich bin kein Häschen. Nicht wahr, Lewark? Aber was macht man, wenn ein Geist kommt? Oder ein Hexerich? Fallen ist fallen. Aber erst gebannt werden und dann abgemurkst, so mir nichts dir nichts hier in der Ofenecke . . .«

Der Kienspan erlosch wirklich, es rasselte schaurig vor der Tür und der Obernitz fuhr kreischend wie ein Mädchen unter die Marderdecke.

»Na Junkerchen, was is denn? Ich bin's bloß!« klang Peterkes Baß noch heisrer als sonst, und ein Dunst von Warmbier drang bis zu den Junkern.

»Was schleppst du da? Man denkt, der ganze Karwan kommt an!« sagte der Zorn und knuffte den Obernitz in die schmalen Rippen.

»Die Jagdspieße, die Armbrüste, die Messer, die Löffel – alles was uns gehört«, sagte der Alte und richtete sich in der Ecke an der Tür ein. Dann nahm er den Warmbiertopf und schmatzte durchs ganze Zimmer. »Der Herr Hauskomtur schickte mich mit her. Er hatte Angst, die Spieße und ich erkälten uns im Stall.«

»Wen hast du da noch? Da ist doch noch wer?« fragte der Zorn.

»Der Dirk. Er ist mit dem Bruder Rudolf gekommen.«

»Ach! Willkommen, Dirk!« Der Stetten wurde ganz lebhaft.

»Danke, Bruder Lerch.«

»Ich muß dich morgen noch allerlei fragen wegen dem Graben, aber ich kann mich jetzt nicht besinnen . . .«

»Nein, nein! Ihr solltet längst schlafen . . .«

»Hei schlöppt all«, sagte Peterke und schlürfte den Braunbierrest. »Laß ihn. Wenn der Olle dot ist und die Weiber anfangen zu kreischen, wird er schon aufwachen. Na, euer Heinzke, der ist ja auch mitten mang.«

»Gehört ja auch zu ihnen.«

»I wo. Is schon inne Wieg getauft und gehört zur Ordensmühl in Po-
bethen.«

»Ja, manchmal besinnt man sich . . .«

»Du alter Gauner, du besinnst dich wohl auch? Meinst, ich weiß
nich, daß dein Vater ein Stedinger war?«

Es gab ein Geklirr, ein Gestampf, der Warmbiertopf ging in Scherben. Peterkes Fäuste drückten den mageren Niedersachsen auf die
Bank.

»Man immer ruhig. Ich weiß es und halt den Mund. Der Zabel weiß
es, der Jost und der Salomo. Na, und daß die nich reden, weißt auch.
Das fuhr mir so 'raus. Gott erbarm' sich, ich denk', du heulst.
Mensch!«

Er weinte wirklich. »Hast Angst, daß wer gehört hat?« Peterke
rutschte auf der Bank hin und her. »Die schnarchen alle.« Er horchte,
was der andere unterm verbißnen Weinen stammelte: »Immer dasselbe? Totschlagen, sengen, Wildnis?« »Bet' mal'n Vaterunser, Dirk.
Das liegt an der heidomackschen Luft hier. Das bringt das wieder
'raus bei dir . . . oder nei, wart man, wir singen was, das hilft besser.«
Er brummelte halblaut und falsch in jedem Ton. »Christ sich zur Mar-
ter hingab – er ließ sich legen in ein Grab. – Na, Dirk, nu sing doch!«
Der wand sich bloß in seinem Jammer. Aber ein anderer fiel ein, halblaut und glockenrichtig, irgendwo unten auf der Erde, wo er herum-
rutschte – der Zorn. Zwischen dem langen, halb geflüsterten Kyrie
hörte man das Scheuern seiner Knie auf dem Estrich.

Der Hasenkop steckte seinen Kopf durch die Tür. »Leiser, leiser;
Bruder Rudolf schläft. Und die Fremden.« Er lachte in seiner stillen
Art. »Bloß nicht, daß ihr den Engländer weckt. Ich geh mal die an-
dern suchen.«

Peterke unterbrach seine Andacht: »Der Herr Hauskomtur ist im
Stall . . . damit löst er die Christenheit – von der heißen Hölle.«

Der Hasenkop trat vor die Tür. Das Licht aus der Küche, in der Braten
und Kochen weiterging, nur beträchtlich leiser, fiel weit auf den be-
schneiten Hof. Das Schneetreiben hatte aufgehört, wie Wellen lag
der Schnee an den Holzhäusern. Der ganze Hof war jetzt voller Menschen. Ein Teil stand unbeweglich vor dem Haupthaus, die Türen
waren geschlossen, nur durch die Lederfenster glühte das Licht. Die
meisten standen dicht gedrängt vor der Badestube im Zwischenbau,

aus deren Fugen der weiße Qualm drang, Wasserplätschern und Rutenschlagen. Sie riefen in Abständen immer dasselbe Wort, schienen auf eine Antwort zu warten, wiederholten ihren Ruf.

Vor dem Brunnenhäuschen war ein Feuer angezündet. Schwarze Gestalten standen davor, unförmlich in den dicken Pelzen und Tüchern. Sie warfen die Arme hin und her, hüpften von einem Bein aufs andere oder starrten vornübergebeugt in die prasselnde Glut, über die sie die Hände hielten. Der Hasenkop schritt an ihnen vorbei, groß, hager, federnden Schritts.

Sie wandten die Köpfe. Es waren fast alles Weiber. Eine Alte kreischte etwas heiser wie eine Krähe. Eine Jüngere schrie sie an und hielt einem Jungen, der etwas sagen wollte, den Mund zu.

Ein paar Männer, aus dem Trupp vor der Badestube, drehten sich um – ohne den üblichen Gruß der Unfreien. Sie riefen den andern leise etwas zu. Stumm wie Schatten glitten sie dem Hasenkop nach bis zur Stalltür. Der tat, als merke er nichts.

Die Tür war nur angelehnt. Eine ungefüge Laterne stand in der Ecke. Warm und beizend schlug ihm der Stalldunst entgegen. Das sägende Schnarchen der deutschen Knechte, die in einem leeren Verschlag im Stroh lagen, das rieselnde Rauschen der Halme, das Mahlen der Pferde, das Hin- und Herschlagen der Schweife, ein Hufstampfen, ein Schnobern mischte sich mit dem leisen Winseln und Heulen der Hunde, die hinter dem Bretterverschlag lagen. Das ungewisse Licht der Laterne zeigte Sielenzeug und Ketten an der hellen Wand und die weißen Pelze der beiden Männer, die auf der schmalen Holzbank zwischen den Futterkisten saßen. Der Hauskomtur saß seiner Gewohnheit nach auch hier anmutig und fürstlich mit leicht geneigtem Haupt. Der Zabel hatte die Ellbogen auf die Knie gestemmt, er wühlte mit den Händen in dem dicken welligen Haar und achtete nicht auf den Eintretenden, dem der Hauskomtur leise zunickte.

»Sie ist es, du kannst mir glauben, sie ist es. Sie sieht noch gerade so aus wie damals unterm Machandel. Einen Kuß wollte sie mir geben, und ich lief davon.«

»Warum liefst du davon, Hans?«

»Weiß ich? Weil ich ein dummer Jung war. Oder weil mir einfiel, daß ich bloß ein Bankert war. Und sie dem alten Hans Quitzow seine richtige Nichte. Sie konnte einem das so zeigen.«

»Ja, Hans, nun ist das umgekehrt.«

»Umgekehrt? Nein, es ist noch immer so. Wie sah sie aus? Wie eine Prinzessin. Und mein Muttervater saß im Kietz. Dafür stammt er zwar von Triglaw selbst. Aber Kietz bleibt Kietz.«

»Unsinn. Seit zwanzig Jahren bist du ein Deutschherr. Warst doch stolz auf den weißen Mantel.«

Der Zabel sah auf. Ein beinah kindliches Lächeln ging über sein breites Gesicht.

»Ja, Jost. Aber weshalb nahm ich ihn? Weil es hieß, die Nuscha säße da oben irgendwo an der Weichsel. Und der ganze weiße Mantel . . .« Er bückte wieder den Kopf wie ein stößiger Bulle. »Unehre hab' ich ihm nicht gemacht. Nein. Aber was ich tragen müßt', das wär' ein blauer Pelz mit einem bunten Gürtel, wie ihn mein Alter trug. Und ein Hof, und Felder, und Vieh und eine Frau.« Er stöhnte. »Da wär' ich ein braver Kerl geworden. So . . .«

Er schob die lange kühle Hand des Hauskomturs fort. »Laß, Fritze. Ja, solang der Krieg war, da ging's. Aber dann, als der Plein fiel . . . und nun das Stillsitzen auf dem Hof und in den Mühlen rumschnüffeln, dabei verkomm ich. Zweimal hab' ich mich schon besoffen wie ein Schwein. Und die Mädchen – ich werd' alt – mit dem erstbesten jungen Luntrus setzen sie mir Hörner auf. Und ich soll zahlen, daß sie bloß heiraten und Maul halten, und hab' doch keinen Pfennig. Und mich ducken vor dem Gebietiger und Pön bezahlen und bei dem frechen Lümmel von Hauspriester zu Kreuz kriechen.«

Er stöhnte laut. Nebenan die Welpen winselten piepsend, als ob sie wer trat. Etwas rauschte an der Wand. Der Hasenkop hob die Pelzkappe von den Ohren und legte den Kopf an die Latten. Er sah den Hauskomtur an. Der schob an dem Eisendeckel der Laterne. Der Zabel merkte es nicht, der wiegte stöhnend den Oberkörper hin und her. Der Schein glitt oben an der Lattenwand entlang. An der Ritze in Schulterhöhe sah der Hasenkop etwas glänzen, braun und blank. Seine lange Hand stieß ein Türchen auf, griff in die Dunkelheit und zog einen hervor am härenen Kuttenärmel. »Der Wende!«

Der Mönch stand, noch immer geblendet vom Licht, mit den Braunaugen blinzelnd, eine erschrockne, fleckige Röte auf den breiten, gelblichen Backenknochen. Er hatte eine kleine gebogene Nase wie ein Schnäbelchen und ein ständiges Lächeln um die dünnen Lippen.

»Mit Verlaub«, begann er.

Der Dicke sah auf. Seine blutunterlaufenen Augen wurden starr und ausgefahlt wie die eines Fieberkranken. Ein gurgelndes Stöhnen kam aus seiner Brust.

Der Hauskomtur griff nach seiner Hand und tätschelte sie wie die eines kranken Kindes. Dabei drehte er sie langsam um, breit und schwer lag sie auf der Häckselkiste, das rote Licht der Laterne schien auf die mächtige Handfläche mit den wenigen starken Linien. Der überlange, spitze, bräunliche Zeigefinger des Komturs mit dem hellen Nagel zog die Lebenslinie nach, während er ohne aufzusehn fragte:

»Mönch, was sollst du Bruder Zabel bestellen?«

Der Wende duckte sich, breitete die Arme aus, spreizte die kleinen beweglichen Hände, lächelte noch mehr, wiegte sich hin und her, war ganz Beflissenheit. Endlich sagte er:

»Ein alter Freund möchte ihn sprechen. Ein Verwandter.«

Und während er sich in Verbeugungen erging, die dem Burgunder Ehre gemacht hätten, ließ er wie unversehens einen kleinen blanken Silberring mit blaufunkelndem Stein auf die Kiste neben Zabels Hand fallen. Die schloß sich um den Ring. Dann stand der Dicke auf, schwerfällig, beinah greisenhaft. Er schwankte wie betrunken. Der Mönch sprang zu und stützte ihn. Dabei führte er rasch den Saum des weißen Mantels an seine Lippen. Sein gelbes Gesicht wurde fahl, ein Ausdruck hingebender Anbetung, feierlichen Ernstes glitt über sein starres Gesicht.

Zabel streichelte mit der Faust, die immer noch den Ring hielt, über das maulwurfsglatte Haar um die Tonsur. Der Mönch sah ihn an.

»Du warst bei ihr, damals?«

»Ja. Wir wurden zusammen in Stettin verkauft.«

Zabel stöhnte und griff mit der Linken an die Brust. Der viel Kleinere hielt ihn. »Wir hatten's gut. Der alte Borke war ein nobler Herr. Und erst der Swantepolk. Der ließ mich zum Mönch machen, damit sie einen Hauskaplan hatte. Ja, da war's schön!«

»Und der Gedimin?« Die Stimme des Zabels klang heiser; er fragte stockend wie aus der Trunkenheit.

Der Mönch sah ihn unverwandt an, ergeben, sanft, eindringlich und jetzt ganz ohne Lächeln.

»Tapfer war er, groß. Ein Fürst. Wer konnte nein sagen, wenn er was wollte?«

Zabel stöhnte wieder. »Hat sie Kinder?«

Der Mönch sah rasch auf. »Er war schon alt. Ein Greis. Ihre Tochter starb ganz klein.«

Er besann sich auf die beiden anderen Herren. Während des Redens hatte er Zabel weitergeschoben, nach dem dunklen Verschlag, in dem er gestanden. Ein feiner Zugwind kam von dort von einer unsichtbaren Tür und ließ das Stroh am Boden rauschen. Er sprach mit halb zurückgewandtem Haupt, als redete er zu dem Hauskomtur, der ganz still dasaß und ihn anblickte.

»Einen schönen Witwensitz hat er ihr gelassen, der Gedimin, eine Tagesreise von Wilna ab nach Süden. Wir haben so viel Vieh – wir ziehen auch Pferde. Es ist gutes Land, sehr schwer, lehmig. Ich hab' einen Obstgarten, schöne Äpfel, keltere Most . . . aber die Milch, die Milch ist wie zu Haus. Sie melken nur schlecht aus, diese Litauer, sind faul. Ein Herr fehlt.«

Aus der Dunkelheit schimmerte der mächtige weiße Rücken des Zabel als er sich bückte. Seine Sporen klirrten, dann klappte eine Tür, ein Riegel wurde vorgeschoben.

Der Hasenkop, der ganz regungslos gestanden hatte und dem wie einem Spuk zugesehn, wachte auf: »Hans!« rief er.

Der Hauskomtur stand schwerfällig auf. »Er kommt wieder«, sagte der Hasenkop. »Nein!« Der Hauskomtur sah auf den roten Schein rund um die Laterne, als läse er darin. »Er kommt nicht mehr.«

Der Hasenkop weinte. Lautlos, mit bebendem Körper. »Ich dachte, der sargt mich ein.«

Der Hauskomtur legte die lange Hand auf seine Schulter. »Laß ihn! – Ein langes Leben steht vor ihm. Sehr alt wird er werden. Und noch Söhne haben.«

»O, Hans, Hans!«

Der Komtur zog den Hasenkop zur Tür. Er horchte hinaus, stieß vorsichtig das Tor auf. Das Feuer am Brunnenhaus war im Herunterbrennen. Sie gingen im Schatten der Scheunen, vor der weißen Wand, dem weißen Grund wie Gespenster durch ihre Mäntel gedeckt. Zwischen einem großen Holzhaufen, künstlich rund geschichtet wie eine große Bienenbeute, und dem eckigen Wachttürmchen am Tor blieben sie stehen. Niemand konnte sie hier sehn, auch nicht die paar Leute, die hier noch als letzte am Rand der Dunggrube standen, in den warmen weißen Qualm gehüllt, der daraus aufstieg und sich mit dem Dampf aus ihren Mündern mischte, wenn sie dieselben aufrissen, um taktmäßig mit den andern immer dasselbe zu brüllen – starr mit dem Gesicht nach dem Badehaus gerichtet. »Komm, zeige dich! Ach, ach, zeige dich!« Dann kam eine Pause, ein Hin- und Herhüpfen in dem Schnee, der wie Dünensand pfiff, und dann hoch und gellend: »Laß sie töten, töten, töten!«

Sie hatten es nun schon bis zur Heiserkeit geschrien und waren wie betrunken davon. Die beiden Deutschherrn sahen sich an. Beide griffen an ihre Schwerter. Der Hasenkop zeigte nach dem Stall: »Zurück?« Der Hauskomtur zuckte die Achseln: »Zu spät!«

Die Menschen im Hof schrien laut auf, es war ein einziger jubelnder Schrei, und drängten vorwärts, um gleich darauf sich platt auf den Schnee zu werfen. Eine blendende Helligkeit flutete aus der schmalen Türe des Badehauses, ein paar Knechte mit Fackeln traten heraus, schwenkten sie hin und her, daß ein Sprühregen von Funken über Wolm und überdachtes Treppchen in den Schnee stob, wichen zur Seite und hielten die Fackeln hoch. Unten aus dem Heizraum rannten ein paar Weiber heraus mit großen Laken und Decken. Die kraushaarige alte Magd lief über den Schnee, sprang behend wie ein Junge über die Leiber der Liegenden, entriß einer Frau das Badetuch und stürzte dem riesengroßen nackten Mann entgegen, der jetzt oben aus dem Badehaus trat, den vom Bad glühenden, mächtigen blonden Körper, den langen Bart ziegelrot leuchtend in der Fackelglut. Mit den langen Beinen sprang er immer über drei Stufen hinab, warf sich in den Schnee, wälzte sich darin, sprang auf, warf sich noch zweimal nieder, sprang auf die Stufen zurück, breitete die Arme weit aus und ließ sich von den Weibern in die Tücher wickeln und reiben. »Skurdas!« sagten der Hauskomtur und Jost Hasenkop wie aus einem Mund.

Die kraushaarige alte Magd kniete vor dem Nackten, umschlang seine Knie, rieb ihren Scheitel an seinen Schienbeinen und schluchzte laut. »Mein Falke, mein Adler, mein goldner Vogel – o mein schönes, schönes Söhnchen!«

Er setzte den langen Fuß auf ihre Schulter, strich mit der Sohle zärtlich über ihr graues Haar, sah auf sie nieder mit den stahlblauen Augen: »Amme!« sagte er schmeichelnd wie ein Kind. Dann blickte er auf die Liegenden.

»Was wollt ihr?« Seine Stimme klang brüchig.

»Sie töten« schrie einer. »Töten, töten!«

Skurdas warf den Weibern die Decken zu; zwei junge Knechte sprangen zu und warfen ihm Kittel und Mantel um.

»Nein!«

»Nein!« wiederholte er, als sie murrten.

Ein Mann erhob sich halb. Er war alt, hatte einen grauen Bart und graue Schläfenzöpfe unter der Pelzkappe.

»Der Fürst stirbt. Er muß sein Opfer haben!«

»Er wird es haben!«

Der Alte fragte wieder, demütig, aber beharrlich:

»Wirst du es bringen?«

»Ich werde es bringen.«

Eine junge Stimme, die Stimme einer Frau, rief aus der Dunkelheit: »Komm wieder, Skurdas! Kämpfe wieder!«

Skurdas lächelte. Er sah auf die Alte nieder, die seine buntgewirkten Schuhbänder kunstvoll verschnürte.

»Ich schwur, daß es mein letzter Kampf war, als Skomand fiel.«

Die hohe Stimme rief wieder: »O du Starker, hast du Angst zu kämpfen?« –

Einen Augenblick war es totenstill. Der Wind sauste oben am Rohrdach, die Fackeln knisterten, aus der Badestube klang das schnaubende Zischen des Dampfes auf den heißen Steinen.

Skurdas trat vor. Seine helle Hand hob den glänzenden, langen seidenen Bart, warf ihn seitwärts wie ein goldenes Tuch. Ein weißer Lappen lag darunter, blank von Wachs. Er hob ihn auf. Eine lange Wunde, dunkel und eitrig, kroch wie ein ekles Tier auf der hellen Haut. Nun der Verband fortgenommen war, hörte man das rasselnde Atmen der breiten Brust.

Er ließ den Bart drüber fallen, wickelte sich in seinen blauen Mantel und ging langsam durch den Schnee nach dem Haupthaus. Nur die Amme folgte ihm ganz dicht. Sie küßte unablässig seine Schultern und weinte laut vor sich hin.

Im Augenblick, als die jungen Knechte die Tür der Halle vor ihm aufrissen, erhoben sich die Leute. Sie riefen seinen Namen, lachten und weinten. Der Greis und ein anderer alter Mann lagen sich in den Armen. »Vergib, Pönopp!« – »Verzeih mir, Samel!« Sie küßten sich laut und schallend dreimal auf die Backen und schluchzten laut auf: »Wir sahen ihn noch einmal!«

Zwei der Sudauer Knechte, die dicht vor dem Deutschherrn im Schnee knieten, neben Heinzke, der sie ebensowenig wie jene sah, hielten sich halbaufgerichtet umschlungen. Sie mußten Zwillinge sein, waren sich gleich wie zwei Erbsen.

»Er war es! Bruder, er war es!«

Sie wiederholten es, schluchzten auf, sahen nach dem Haupthaus. »Oh, so schön, so groß!« rief eine alte Frau. »So krank!« eine andere. Und das Schluchzen ging ringsum, immer wieder unterbrochen. »Er war es! Wir sahen ihn!«

Über all dem hatten die beiden Deutschherrn sich sacht am Haupttor vorbeigepirscht nach der andern Seite, wo das Torhüterhüttchen stand. Schon eine Weile hatten sie draußen an dem ungefügen Tor ein Rufen und Klopfen gehört. Nun wurde im Hüttchen ein kleines Klappfenster aufgestoßen, und von draußen war deutlich das leise, halberstickte Blaffen eines Hundes zu hören und eine halblaute Frauenstimme, die in höchster Eile auf preußisch, mit deutschen Brocken untermischt, auf den unsichtbaren Torwart einredete: »Wirst du aufmachen oder nicht, du Schweinepriester! Soll ich hier totfrieren? Dürfen? Natürlich darfst du aufmachen! Du kennst mich nicht, mich kennst du nicht, du Beest? Die Tochter vom alten Laukstiete, vor dem deine Mutter noch auf der Erde rutschte? Kebse – sagst du! Du Hundskret infamer! Ich werde der Sigurna sagen, daß sie dich versäufen läßt. Wirst du mich einlassen oder nicht, du Gniefke?!« Und nun donnerte es mit Händen und Füßen gegen das Tor.

»Die Lusche!« sagte eine rauhe Stimme nicht ohne Anerkennung. Peterke stand im Schatten neben den Herrn. »Mach auf, oller Dammel!« schrie er halblaut ins Torwärterhaus. Der alte Knecht schlurrte vor, schimpfte leise vor sich hin, stieß aber die Riegel an der kleinen Seitentür zurück. »Nimm das Pferd, reib's ab, aber ein bißchen fix, ja!« schnob es ihn an.

Eine sehr kleine Person glitt durch das Tor, in einem viel zu langen, viel zu weiten weißen Schafspelz, den sie kunstreich wie ein Jüngling mit buntgewebten Bändern um Hals und Gürtel gebunden hatte und der weit nachschleppte und ihre in Pelzhosen gewickelten kurzen, aber trotz der Vermummung zierlichen Beine freigab. Im Arm, halb im Pelz verborgen, trug sie einen schwarzen Spitz, dessen bernsteingelbe Augen ebenso aus dem Dunkel funkelten wie ihre hellen aus dem frostgeröteten hübschen Gesicht unter der wie ein Visier hochgeklappten grünen Walkmütze, aus der rechts und links zwei mit roten Bändern durchflochtene weißblonde, kurze, steife Zöpfe vorhingen. Sie sah die weißen Mäntel, der Hund blaffte vergnügt, sie stieß einen kleinen entzückten Schrei aus, stürzte auf den Hauskomtur zu und schrie:

»Wo ist der Rudi?«

Im selben Augenblick erkannte sie ihn. Sie riß den Mund weit auf wie ein erschrocknes Kind und schlug sich ein paarmal mit der Hand drauf, die in einem weiß und grün gemusterten Fausthandschuh stak und wie die Pfote einer Froschprinzeß aussah. Dann legte sie den Kopf zur Seite, lächelte, bückte sich ganz rasch und trotz Pelzhemd und Pelzhosen nicht ohne Anmut, griff seinen Mantelsaum, beugte sich aber wie eine Halbfreie nur auf seinen Ärmel, den sie flüchtig küßte, murmelte: »Verzeiht, gnädiger Herr – er ritt Euch nach – ein Wahnsinn.«

»Ein Wahnsinn für dich. Bei dem Schneesturm. Wen hast du mit?«

»Den Pregel!« Sie hob den Spitz hoch, lachte, diesmal ganz unbekümmert. Dabei fiel ein langes Dolchmesser ihr vor die Füße. Sie wollte sich bücken, stöhnte aber leise. »Heb's auf!« sagte der Hauskomtur zu Peterke. Der hob's auf. »Was wolltest du damit?« fragte der Komtur. Sie lachte jetzt halb verlegen. »Totmachen!« gab sie dann offen zu.

»Wen – die hier?« fragte er streng. »Deine Leute?«

Sie zog die Brauen zusammen. »Meine Leute – seine Leute! Wer ihm was tut!«

»Und wenn sie dich totschlagen?«

Sie sah ihn an mit den hellen funkelnden Augen. Niemand im Konvent wagte es, den Hauskomtur voll anzublicken. Sie zuckte die Achseln: »Was liegt an mir?«

Plötzlich schluckte sie. Tränen rollten groß und glasklar wie bei einem Kind über ihr Gesicht. »Wo ist er, wo?« Die beiden Herrn schwiegen, sahen fort. Aber Peterke winkte ihr. Gleich versiegten ihre Tränen, sie lachte glücklich, drückte den Hund so zärtlich, daß er jaulte, und folgte dem Alten. Dabei gewahrte sie Heinzke, der immer noch in einer Art sturen Verzücktheit am Rand der Düngergrube kniete. Sie raffte den Pelz, ging eilig auf ihn zu, trat ihm kräftig in die Seite und schrie ihn an: »Was träumst du? Bist du besoffen? Gleich wirst du zum Herrn kommen. Marsch, wird's mal!« Er starrte sie offenen Mundes an, erhob sich schwankend, nickte mit dem dicken runden Kopf und folgte ihr halbseitlich, von dem Spitz aufs verächtlichste angeblafft.

»Ja!« sagte der Hasenkop und sah ihnen nach. »Der Rudi!« – Er seufzte. »Ihren Alten mußten wir ja aufbaumeln. Und sie ist Hühnermutter auf dem Ochsenhof. Aber das freie Blut merkt man.«

»Und das wilde!« Der Hauskomtur lächelte sanft und wohlwollend, wie er lächelte, wenn er im Roßgarten auf dem Stutenhof die jungen Pferde streichelte.

»Schwanger ist sie auch wieder!« Der Hasenkop schüttelte den Kopf. »Und reitet bei dem Schnee bis hier! Mit einem Messer . . .« Er lachte leise, wie es seine Art war. »Diese Puppe!«

Ein gellender, langgezogener Schrei zerriß die Nacht, fegte über den Hof wie ein Peitschenknall. Die Hallentür drüben wurde aufgestoßen, die Leder von den Fenstern gerissen. Hoch, schrill, schneidend kam der Schrei von innen, ein langgezogenes Heulen von wimmernden Frauenstimmen folgte, ein plötzlich ebenso langgezogenes, ebenso in Wimmern ersterbendes Heulen der Hunde.

Der ganze Hof wurde wach. Die Leute, die noch am Brunnenhaus standen, das Gesinde, das aus der Küche, dem Badehaus, den Ställen quoll, laut jammernd, kreischend, heulend, rufend – alles mischte sein Geschrei so laut, so gellend wie es nur ging, in das gleichförmige, irrsinnige, auf- und abschwellende Gekreisch aus der Halle. »Tot, tot!« schrien die Weiber.

»Tot, tot!« schrien die Männer. »Ach, tot, ach, tot!« schrie der alte Torwächter, warf die Pelzhaube in den Schnee und raufte sein dünnes graues Haar. Der Hauskomtur nahm den Helm ab. Der eisige Nachtwind wehte das tiefschwarze Haar unter der weißen Pelzhaube vor. Der Hasenkop nahm langsam auch den seinen ab. Sein

Schädel war ebenso lang und schmal wie der des Komturs, aber sein Haar grau und glatt wie Eisen. Sie neigten die Köpfe im Gebet. »Gott und die Heilige Jungfrau seien ihm gnädig!« sagte der Komtur. Dann gingen sie langsam über den Hof durch die klagenden Leute. Die sahen sich gar nicht nach ihnen um. Die Küchentür stand weit auf, es roch betäubend süß nach heißem Lindenhonig und beizend nach Schnaps, die Weiber rannten hin und her und mischten beides in großen Holzeimern. An der Tür drängten sich schon die Leute, von dem süßen Geruch angezogen, mit gierigen Augen, während sie noch ohne aufzuhören jammerten.

Die beiden Herren traten in die Stube. Es war warm und behaglich hier. Ein Talglichtstumpf brannte in einer tönernen Schale auf dem Tisch, der Obernitz starrte in das Flämmchen, hatte die Finger in die Ohren gestopft und sah verschlafen und verwildert um sich. »Wie sie kreischen! Wie Katzen!« murrte er. Der Stetten rang noch mit dem Schlaf, warf sich auf der Bank hin und her und jammerte ärgerlich. Der Zorn saß hochaufgerichtet, ganz starr, lauschte auf die Klage und drehte den Rosenkranz. In der Tür der zweiten Kammer stand der Engländer: »Warum lief der Sieur de Beauffremont weg?« knurrte er. »Und dies Geplärre. Wozu?«

»Der edle Fürst ist tot«, sagte der Hauskomtur. Er setzte sich auf seinen alten Platz und drehte den Rosenkranz wie der Zorn.

»Ist er? Nun, deshalb können sie einen doch schlafen lassen!« Fitz-Peter gähnte und trat in die Kammer zurück.

Jost Hasenkop schritt durch das Gewühl, stieß an jemand, der auf der Schwelle kauerte. »Peterke!«

»Ja, Bruder Jost.«

»Die jungen Brüder sind wach. Wo ist die Lusche?«

»All weg! All lang weg. Als sie sah, er lag stille, war sie ruhig. Er wachte auf, und da sagte sie: ›Da bin ich!‹ Ich dachte, er wollt' sie hauen. Aber nei. Er sagt' bloß: ›Is schön!‹ und schlief gleich weiter. Da sagt ich: ›Das geht hier nich, auch wegen die fremde Herrn und die Leute hier. Da wird denn gleich so geklatscht und dann heißt's: ›Na ja, die Deutschherrn!‹ Und da hab' ich gesagt: ›Nu komm man, nu bringen wir dich zu die Fräuleins'‹, hab' ich gesagt. Na und da kam sie auch! Der Dirk hat sie 'rübergebracht. Er muß gleich kommen.«

Den Hasenkop hielt es nicht in der Kammer. Er hörte auf das friedliche Atmen Rudis, der trotz des Lärmens ganz fest schlief. Dann schlich er leise hinaus.

Der eisige Ostwind hatte sich gelegt. Das feine Sprühen des Schnees hatte aufgehört. Die Luft war ganz still, so kühl wie der Duft von frischem Schlehdorn. Aber der heiße Brodem nach Gebratenem und Süßem, der aus der Küche kam, verschlang die Frische. Der ganze Hof war jetzt schwarz von Menschen, die sich Essen und Trinken zureichten, schmatzten, schlürften. Es stöhnte und rülpste vor Behagen, das heiße Wildfleisch qualmte, der Geruch von Speck und saurem Schmand mischte sich mit dem der Wacholderbeeren. Die Kinder, die überall dazwischen herumliefen wie kleine wandernde Bündel von Tüchern und Pelzwerk, leckten die Holzbecher aus, schleckten die Ränder ab, sangen und kreischten. Gleichförmig hallte über all dem das Klagegeschrei aus der Halle.

Jost Hasenkop schritt durch das Gewühl, stieß ein paar schon Taumelnde beiseite und ging nach dem Seitenflügel des Wohnhauses. Dort waren bei den preußischen Edeln die Frauenkammern. Aus der einen, hinter dem laubenartigen Vorbau mit den schweren Holzsäulen, schimmerte Licht. Er trat vorsichtig in den Schatten der Säule. In dem Wildleder war ein Spalt. Er sah in eine schmale Stube, deren Balkenwände mit buntgewirkten Decken behängt waren. An eisernem Haken hing eine kleine silberglänzende, mit bunten Steinen besetzte Ampel von fremder Arbeit. Auch ein Teil der Decken, die über das Bett und den ungefügen Stuhl mit den bunten gedrechselten Säulchen an der Lehne geworfen waren, war fremdartig bunt und schimmernd.

Auf dem Stuhl saß der dicke Zabel. Er hatte das Gesicht in den weißen Mantel vergraben, der schwere Kopf lag auf dem linken Arm auf der Lehne, mit der Rechten stieß er die Frau zurück, die vor ihm stand und sich über ihn beugte. Ein großes goldfunkelndes Diadem stand wie ein Heiligenschein um ihr schönes, rosiges, ruhiges Gesicht. Bunte Perlenketten fielen mit ihren braunen Zöpfen auf den leuchtend grünen ärmellosen Mantel. Bernstein- und Korallenketten hingen von ihrem vollen Nacken über das schwarzgestickte weiße Hemd bis auf das golddurchwirkte, rotgestreifte Tuch, das sie als Rock umgewickelt hatte und aus dem langsam ihr rundes Knie sich ihm entgegenschob, während sie mit den ringestarrenden Händen das Hemd öffnete, daß die abwehrende schwere Hand des Mannes ihre blühende Brust faßte. Sie lächelte dazu ihr ruhiges triumphierendes Lächeln, und ihre kornblumenblauen Augen sahen über ihn fort.

Einen Augenblick lang lag die schwere braune Hand auf ihrem rosigen Fleisch, aber sie liebkoste es nicht. Er sah auf, verzweifelt, überhitzt, stöhnend, sein Arm sank schwer herab, er schüttelte mit dem Kopf und sank in sich zusammen.

Sie hatte die schwarzgemalten Brauen erstaunt hochgezogen, wiegte den Kopf hin und her, daß das Diadem aufglänzte, und ein spitzbübisches Lächeln glitt um ihren kirschroten Mund.

Unter den Decken zog sie etwas hervor, etwas Schweres und Ungefüges, und während sie sich über Zabel neigte, ihren Arm um seine Schulter lehnte, seinen Kopf an ihre weiche Brust preßte in den Duft ihrer Gewänder, einen Duft von Bernstein, Rosen und Sandel, der durch die Fensterritzen betäubend bis in die Winterkälte drang, hielt sie ihm mit kosenden Lauten – wie man einem bockenden Kind ein Spielzeug zeigt – einen dunkelblauen nerzgefütterten Pelz entgegen und ließ einen langen schmalen Bindeschal auf seinen Knien tanzen. Leuchtend rosenrot, zwiebelgelb, schneeweiß, birkengrün und blau wie der See wand er sich auf dem blauen Tuch, dem braunen Fell, über dem weißen Mantel, den sie geschickt wie im Spiel von Zabels Schultern streifte.

Er brüllte auf wie ein Stier, er schluchzte, er warf sich in ihren Armen hin und her, er küßte das blaue Tuch, streichelte es, riß den Schal an den Mund, und dann in einem langen Kuß, wie ein Verdurstender, fand er den kirschroten Mund, als das Diadem sich wie eine Sonne über ihn neigte.

Jost Hasenkop stöhnte auch, griff sich oben an den Hals, faßte taumelnd nach einer Holzsäule und rang nach Atem. Irgend etwas bewegte sich da, und die selbst im Flüstern noch wohlklingende Stimme des Sieur de Beauffremont sagte neben ihm: »Eine etwas unruhige Nacht. Ja, ich konnte auch nicht schlafen!« Und seine Hand, nackt und weiß und wohlduftend wie die einer Frau, winkte ihm aus dem spärlichen Lichtschein Lebewohl.

Der Deutschherr taumelte aus der Laube heraus. Ein paar schwankende Leute fielen ihm entgegen, sie hatten eine große Rehkeule ergattert und ein ganzes Eimerchen heißen Schnaps und machten es sich gemütlich. Sie waren schon so betrunken, daß ihnen der weiße Mantel weder Respekt noch Haß einflößte. »Komm, sauf auch!« sagte der Mann. Und die jüngere der beiden Weiber kreischte kichernd eine Schweinerei.

Dem Hasenkop war elend zumute. Er ging langsam an dem Säulengang entlang nach dem Haupthaus. »Eine Kirche!« dachte er. »Eine Kapelle!« Aber es war nichts mit dem Beten. Die Gedanken liefen ihm davon wie Hunde.

Die Halle sah anders aus wie am Abend. Stühle, Felle, Decken, die bunten Bettvorhänge – alles war schon fortgeschafft, das Feuer im Kamin gelöscht und sorgfältig ausgekratzt. Dafür war es als ob der Winter hier eingezogen wäre. Es war eisigkalt, wenn auch die Fenster nun wieder verhängt waren. Über sie und die Wände, über Bettstatt und Kamin waren große, weiße, vor Alter gelbliche Decken aus kostbarem schneeweißem Tuch gebreitet.

Der Fürst lag in der Mitte des Saales aufgebahrt auf einem mit weißen Decken belegten breiten Lager, aus dem mächtige Kiefern- und Tannenäste sahen, auf denen noch der Schnee lag. Es mußte auch Heu darunter sein, ein Sommerduft von Kräutern stieg mit dem Harzgeruch von dem breiten Lager. Der Tote selbst lag schon in dem jetzt noch weit aufgeklappten Leichensack aus blutroter, glänzender Leinwand. Eine furchtbare Müdigkeit war auf dem mächtigen wächsernen Gesicht, das in dem wilden dunkelgrauen Haar, dem breiten Bart wie ein Löwenhaupt auf der purpurnen Decke lag. Er trug den schneeweißen Leinenrock der Waidelotten. In den frauenhaft zierlichen Händen, deren zarte Finger der Tod krümmte, hielt er ein ungefüges riesiges Schwert. Griff und Gehenk waren von kunstvoller Arbeit von altersschwarzem Silber mit großen Amethysten in den glänzenden Schneckenspiralen. Eine uralte Kette aus unregelmäßigen Amethysten, aus altersrotem Bernstein, gläsernen und silbernen Kugeln hing um seinen Hals und lag wie ein Kranz um den gelb und roten Apfel auf seiner Brust und die kreuzweis gebundenen, an den Spitzen umgeknickten Rautenzweige. Den weißen Ärmel am linken Arm schnürten drei Armringe, die aus Silber gedreht mit vergoldeten Silberschnüren umwunden, wie kleine Schlangen um die Leinwand lagen. Unter den wirren Locken blitzten die großen durchbrochenen Ohrgehänge, die von dem bronzenen Stirnreif niederhingen und tiefe Schatten auf die eingesunkenen Augen warfen.

Licht geisterte hin und her über das Totengesicht. Es kam von dem Feuer, das in einer grünen Schale zu Kopfende des Toten brannte. Sie stand sehr hoch auf dem flach abgesägten Stubben einer riesigen Esche. An ihm lehnte der alte Supplitt in seinem weißen Kittel mit der weißen Stirnbinde, selbst wie ein Toter. Zwei weißgekleidete junge Männer knieten vor ihm mit verbundenem Mund und reichten ihm aus ihren Kitteln Kienäpfel, zerkleinertes Harz und kleine Zweige zu. Jedesmal, wenn er mit einem flachen Silberlöffel neue Nahrung in die aufprasselnde und qualmende Glut in der Schale warf, neigte sich der Alte über den Toten und fragte ihn:

»Hast du nicht schöne Söhne gehabt, tapfere?«

»Hast du nicht schöne Töchter gehabt?«

»Hast du nicht edle Pferde gehabt?«

»Bist du nicht der letzte unsrer Fürsten gewesen?«

– und schien auf Antwort zu warten. Die kam von den in weiße Laken gehüllten Weibern, die, je sechs und sechs, rechts und links von dem Totenlager auf dem mit Tannenspitzen und weißem Sand bestreuten Estrich lagen, sich hin- und herwiegten und in schrillsten Tönen kreischten: »Und dennoch bist du gestorben! Ach, Ach! Und dennoch bist du gestorben!«

Es lag etwas Schaurig-Beklemmendes und zugleich Einschläferndes in singender Frage und kreischender Antwort, in der dämmrigen Kälte, dem zuckenden Licht, dem vielen fahlen Weiß. Der Hasenkop drehte schaudernd an der Tür um.

Diesmal prallte er gegen den Engländer, der dastand und ohne Scheu die Wandbehänge aufhob, befühlte, rieb und beroch. »Wohl immer hier so bei Begräbnis? Gutes Tuch, hä? Nicht prima Ware, aber beste Mittelsorte. Werde gleich in Fischhausen dem Kaplan einen Brief an Robin den Tuchmüller diktieren. Da läßt sich noch was machen. Kann gleich mit der Ostersendung für die Elbinger Komturei mit. Möchte bloß wissen, wo dies her ist? Tolle Webart! Aber sehr gut, sehr reell!«

Und ritsch, hatte er mit seinem Jagdmesser eine kleine Probe herausgesäbelt.

Am Türpfosten stand Poburs der Knecht. Er hob die Hand mit einem Blick wie ein Irrer. Jost Hasenkop bog sein erhobenes Gelenk: »Laß!« sagte er. »Ein Fremder!«

Der alte Knecht ließ den Engländer vorbeigehen – man sah Fitz-Peter an, daß er ganz froh war herauszukommen – dann neigte er das fahlhaarige Haupt. Und plötzlich bückte er sich und küßte den Ärmel des Deutschen Herrn.

Auf dem Hof wichen die Leute zur Seite nach dem Brunnen und den Vorlauben zu, aber nicht vor ihnen. Das Bohlentor, das zwischen Geschirrkammer und Vorratshaus nach dem zweiten Wirtschaftshof führte, wurde aufgestoßen, zwei schwelende Kienfackeln in die Eisenringe an den Ziegelpfosten gesteckt. In ihr unruhiges Glimmen stieß der Wind, der sich jetzt plötzlich mit einem langen, wilden, tierischen Geheul erhob, von Südwesten her über den Wald strich, die Kiefern draußen sausend und orgelnd zusammendrückte und in jähen Stößen atemraubend über den Hof fegte.

Rufe, Peitschenknallen, Wiehern, Hufgetrappel kam näher. Das Schmatzen verstummte. Selbst die Halbbetrunkenen stellten die Holzeimer fort und richteten sich auf. Alles spähte nach dem Bohlentor. Keiner achtete jetzt auf das Haupthaus, aus dessen Vorlaube laute Axtschläge dröhnten.

Von den sudauischen Knechten geführt, kamen die Pferde des Fürsten. Voran der Beschäler, ein glänzender Goldfuchs. Das rote Licht glitt wie Blut über seine Flanken, seine lange bänderdurchflochtene, lichte Mähne, der lange falbe Schweif wehten im Sturm.

Fitz-Peters knochige Hand packte Jost Hasenkops Arm. »Oh!« sagte er langgezogen, mit vor Bewunderung röchelndem Atem.

In einem sachten Trab wie auf der Koppel, prahlerisch schnaubend, glühend vor Stolz und Freude, umkreiste der Hengst den Hof. Die riesengroßen Sudauer liefen nebenher, heiß und rot, mit gleichmäßig schwingendem Schritt und warfen die Köpfe zurück im gleichen Entzücken.

Noch sechs Pferde, Braune, Rappen, ein Scheck, aber kein Schimmel, folgten. Der Engländer geriet in einen Rausch. Er und der Deutschherr waren fast bis vor die Tür der Gästekammer gedrängt, mitten unter die dicht gestauten Leute geraten, die sie jetzt plötzlich wie eine Woge wieder weiter in den Hof trugen.

»Die Heldenmutter! Die Heldenmutter!«

Als Letzte kam, von Poburs geführt, eine ganz alte Stute. Ihr braunes Fell schimmerte silbrig, sie war blind auf einem Auge, langsam und steif umkreiste sie den Hof, immer noch stark, immer noch edel. Ein paar alte Leute drängten sich vor, streichelten sie, klopften ihren Hals.

Neben den Herren stand plötzlich Peterke: »Ja, das is sie!« sagte er. »Die ritt er immer damals!« Er sah den Engländer an: »Dem Herr Komtur sein Brauner, der is von ihrem Sohn, dem Samo. Dem Skurdas sein Gaul, der ihn damals rettete, der ›Weißsock‹ sagten wir, der war auch von ihr. Vom Suleimann, den der Herr Komtur mitbrachte. Ach, der Haff!«

Aus dem Bohlentor drängte es laut jaulend, heulend, winselnd, an den langen rotbunten Leinen zerrend, die die beiden stämmigen samländischen Jägerjungen kaum halten konnten – die Meute des Fürsten. Ein großer, schwerer brauner Jagdhund, ebenso alt, ebenso steif wie die Stute, trabte frei voraus und mit leisem Blaffen auf sie zu. Er schnoberte ein bißchen, seine Augen sahen aus, als hingen vereiste Tränen dran. Er hielt sich dicht an die Stute, und beide stakten zusammen, neben Poburs, auf die Haupthalle zu. Der Hund kniete sich schwerfällig hin, bog den Hals zurück und heulte langgezogen auf. Die Stute senkte den Kopf. Sie zitterte, große Schweißflocken standen schaumig auf ihren tiefatmenden Flanken.

Die andern Pferde, die von ihren Lenkern in die Ecke zwischen Halle und Badehaus getrieben waren, packte eine rasende Unruhe. Der Hengst schnob und stieg und schlug aus. Die Hundekoppel riß, tobte, blaffte, heulte, versuchte nach allen Richtungen davonzustürzen. Die Menschen schrien auf, und dazu schnob und jammerte der Weststurm, der ruckweise über die Firste stieß und den beizenden Rauch herunterdrückte. Einen Augenblick verstummte er und es verstummte auch die Unruhe. Man hörte vom Wirtschaftshof das schrille Krähen der Hähne.

Es wurde hell in der Vorlaube. Die Eingangspfosten der Tür waren gefällt wie Bäume, die mächtigen Balken trugen noch das Dach über der nun breiten Öffnung, die den aufgebahrten Fürsten freigab. Das Jammern der Klagefrauen war verstummt. Wie Schneehaufen hockten sie neben dem Lager, still und tödlich erschöpft. Der eine der verhüllten Jünglinge versorgte das Feuer. Der andere stand neben dem alten Supplitt in der Vorlaube. Der Alte hatte seinen weißen Priesterrock geschürzt, die Binde fest um den kahlen Schädel gewikkelt, die Ärmel weit zurückgekrempelt. Er sang murmelnd vor sich hin, der Junge fiel von Zeit zu Zeit ein. Dabei schliff er an einem schwarzen Stein ein langes, blankes Messer. Dann gab er den Stein dem Jungen, der ihn in einem weißen Leintuch auffing. Die Leute in der Ecke kreischten auf, der Hengst, den sein Führer auf die Halle getrieben, stieg kerzengerade, schäumend vor Entsetzen.

»Fort, fort!« – Jost Hasenkop und Peterke zogen den langen Fitz-Peter wie eine Puppe am Arm und rissen beinah den alten Sudauer um, der dort mit den Jagdfalken stand. Es war ein sehr alter Mann und er war so weiß im Gesicht wie ein Toter.

»Was ist – was gibt's?« fragte der Engländer ganz verstört, als sie ihn über die Schwelle der Gastkammer drängten und Ober- und Untertür hinter sich abriegelten. Er sah mit Verwunderung, wie aufgeregt sie atmeten. Von draußen kam ein rasender, langgezogener Schrei der bis zum Toben erregten Menge.

Dann wurde es totenstill, ein Wiehern kam durch die Balken und dann wieder und wieder dieser gleiche rasende Schrei.

»Das Opfer!« sagte der Hasenkop und wischte sich den Schweiß ab. Dann stieß er die zweite Tür auf.

Aus der Gastkammer kam behagliche Wärme, kamen Licht und junge Stimmen, ein zwitscherndes Kinderlachen. Der Komtur war nicht mehr dort. Nur der Sieur de Beauffremont, geschnürt und gelockt, saß zierlich vor der warmen Wand, schnalzte mit den zarten Fingern und trällerte vor sich hin. Mit seinen blanken Augen sah er lachend auf die drei Junker, die jungenhaft vergnügt um den Tisch kauerten. Auf einem Thron, den sie aus ihren Fellen und Kissen erbaut, saß der kleine Gaudins, heiß und strahlend, ein schiefgerücktes Rautenkränzchen in den verwehten Flachslocken, unablässig redend und lachend mit seiner süßen hellen Stimme. Selbst der alte Dirk, der in der Tür zur Nebenkammer stand, starrte verzückt auf das schöne Kind.

»Nein, nein, ich bleibe nicht bei euch, nein, auch nicht bei Herrn Friedrich!« rief der Kleine und wand sich anmutig hin und her, um zu jedem zu reden. »Ich reite gleich weiter.«

»Nach Burgund?« fragte der Beauffremont.

Der Kleine nickte. »Ja, dahin auch!« Er blickte wohlgefällig auf den Herrn. »Da gehn die Leute schön angezogen!« Der Beauffremont verneigte sich dankend. »Nein, ich reite zum Kaiser. Der muß mich zum Ritter schlagen! In Mainz oder Aachen.«

»Dann mußt du dich erst taufen lassen!« meinte der lange Stetten ernsthaft.

Der Kleine sah ihn an, warf ihm ein kleines Lammfell an den Kopf, schürzte die Lippe: »Ich bin getauft. Herkus auch!«

»Du bist ein Christ?« Die drei Junker sahen alle drei zu ihm auf. Der kleine Gaudins lächelte zu ihnen herunter, engelhaft und fürstlich. »Ein richtiger! Nicht wie ihr!« Er nestelte ein Kettchen unter der schneeweißen Leinenbluse vor, die er jetzt trug und küßte das goldne griechische Kreuz. »Das hat mir noch der Ohm Gedimin geschenkt«, sagte er. »Herkus hat auch eins.« Er zeigte es nicht ohne Stolz. Die Junker, auch der Burgunder, sahen gespannt auf die schwere, fremdartige Arbeit mit dem blauglühenden Schmelz des Heiligenscheins.

»Der Ohm Skurdas befal, es sollte uns abgenommen werden – vorhin, als der Poburs uns ins Badehaus brachte. Aber die Muhme Nuscha gab sie uns wieder, als sie abfuhr. Ich habe die Nuscha lieb. Ihr auch?«

Als seine Bewunderer schwiegen, legte er das Köpfchen zur Seite, sah den Hasenkop an und sagte: »Der dicke Zabel hat sie lieb. Der gibt ihr ein Küßchen. Der darf auch mit Muhme Nuscha Schlittchen fahren.«

»Oh, oh«, – schrie er dann und rutschte behend auf den Obernitz zu, an den er sich wie ein Kätzchen schmiegte. »Der Herkus! Nein, ich will nicht, ich will nicht kommen, ich will nicht zu dem toten Großvater, ich will bei euch bleiben, hier ist's so lustig!« Seine Tränen rollten, er hatte sich zwischen den langen Stetten und den Thüringer geschmiegt und sah bittend auch zu dem Zorn hin, der aufgesprungen war. In der Türe stand Herkus und hinter ihm Poburs.

Auch Herkus war wie sein Bruder schneeweiß gekleidet. Auch er trug in dem seidenen Flachshaar den grünen Rautenkranz. Aber sein engelhaft schönes Gesicht war so weiß wie der Leinenkittel. Schwarz brannten die großen blauen, tiefumschatteten Augen. Er neigte leise und gnädig den Kopf. Die Junker sprangen auf. Der Beauffremont legte die spitzen Finger aufs Herz und neigte sich höfisch und ernsthaft.

»Gaudins!« Ganz leise sprach der Knabe. »Du mußt kommen!«

Dann hob er den leicht gesenkten Kopf. Der Kleine schluckte die Tränen herunter. Er seufzte tief, schob die Lippe vor, stieß die Kissen beiseite und glitt zögernd vom Tisch.

In der Tür der Schlafkammer, die sich knarrend drehte, stand der Komtur. Hinter ihm, schlaftrunken, heiß und rot, mit verwildertem Kraushaar, der Kienheim. Er riß die Augen auf, entsetzt, als sähe er Gespenster, hob die Hand, zeigte auf die Knaben.

»Die Kinderlein, die Kinderlein! Im weißen Hemd, im Rautenkränzel – o Maria, gnädige Mutter, bitt für sie!«

Herkus hob seinen Kopf. Er trat einen Schritt vor, auf den Komtur hin und sah ihn an. Die Herren blickten auf die beiden.

»Ich wäre gekommen!« sagte der Knabe. Seine Stimme klang wie vorhin, als er den Kleinen rief – wie die Stimme eines Schwerkranken, langsam, leise, und doch ganz vernehmlich. Und etwas wie der Schatten eines Lächelns glitt über das wächserne Gesicht.

Poburs, der Knecht, stöhnte auf. Er trat ein paar Schritte vor, es sah aus, als wollte er sich auf den Komtur zu stürzen, vor ihm hinknien. Herkus sah ihn an, da hielt er inne.

»Komm, Gaudins!« Er griff nach der Hand des Kleinen. »Der Ohm wartet. Sage dem Herrn Komtur und den Herren Lebewohl.« Der Kleine griff die Hand des Bruders. »Oh, bist du kalt!« rief er schmollend. Dann zog er ihn auf den Komtur zu. Der hielt ihm die Hand hin. Aber der Kleine reckte sich auf den Zehenspitzen und hielt ihm das kleine glühende Gesicht entgegen. Erdbeerrot und frisch lächelte sein Mündchen. Da bückte sich Friedrich von Wolfenbüttel und küßte das Kind. Dabei umschlang er auch den Großen. Sein Mantel, weich und weiß, fiel über die Knaben.

Der Große machte sich frei. »Es ist Zeit!« sagte er mit spröder Stimme. »Lebt wohl.«

Sie gingen zur Tür. Der Kleine winkte, er warf Kußhändchen und lächelte schelmisch, daß seine Grübchen spielten. Der alte Knecht schob ihm das Kränzchen zurecht und blickte nach dem Komtur aus rotgeränderten Augen, klagend wie ein Tier.

Die Junker standen betreten und verängstigt, als die Tür sich öffnete. Vom Hof kam jetzt kein Laut, nur das Schnauben des Tauwinds. Dann war es still.

»Laßt uns beten!« sagte der Komtur. Er kniete nieder, der Kienheim neben ihm schluchzte laut auf wie er schwerfällig hinkniete. Ganz mechanisch folgten die Junker, zuletzt die beiden Fremden und Dirk und Peterke, der sich mit dem Handrücken über die Augen fuhr und durch die Nase schnob.

»Aus der Tiefe rufe ich, Herr, zu Dir«, betete der Komtur. Neben seiner Stimme hörte man das Klirren seines Rosenkranzes. Die großen altersbraunen Bernsteinperlen mit den bunten Seidenquasten und Korallengliedern blitzten zwischen seinen langen Händen.

Der Engländer hörte schon vor dem letzten Vers auf. Er stützte sich auf die Bank, sah in das qualmende Licht, er sprach durch die Stille: »Lady Gwendolyn brachte mir keine Söhne. Nur Töchter. Bloß den Bankert hab' ich von Robins Tochter. Sie war flachshaarig. Aber er sieht aus wie ich, voll Sommersprossen. So groß ist er wie der große Junge –«

»O Maria, sei uns gnädig, jetzt und in der Stunde unseres Absterbens«, betete der Komtur. Fitz-Peter fuhr auf wie aus einem Traum und mühte sich seine Gedanken zu sammeln.

Es klopfte, es hämmerte draußen gegen die Tür, es schrie und rief. Ein Hund winselte.

Peterke und Dirk sprangen auf und öffneten.

»Rudi, Rudi!« Halb rasend, mit wirren Zöpfen, stolpernd über ihr langes, weißes, loses Trauergewand, stürzte Lusche ins Zimmer und geradewegs auf den knienden Kienheim zu, den sie fast umwarf als sie die Arme um ihn schlang, laut aufweinend, wie ein verängstigtes Kind. Der Spitz sprang an ihm hoch, verängstigt wie sie.

Hinter ihr kam noch eine, ebenso sinnlos vor Entsetzen, das weiße Trauertuch im Genick, das weiße Kleid am Hals zerrissen vor Angst und Schrecken, die junge Schwester der Sirguna, die zweite Witwe des Preußenherzogs. »Oh, oh!« stöhnte sie und schlug mit den Knöcheln der geballten Linken gegen den Mund.

Der Zorn war aufgesprungen und lief ihr entgegen. Sie raste geradewegs gegen ihn, stieß einen leisen Schreckensschrei aus, sah sich wie irr um, gewahrte noch, daß Dirk und Peter die Türen zuzogen, atmete röchelnd auf und fiel schwer wie eine Sterbende in die offenen Arme des Elsässers, der sie mit einem halb erschrocknen, halb verzückten Gesicht auffing.

Der Obernitz riß den Mantel auf wie ein Kind bei Gewitter, der Stetten drehte den Kopf wie eine Wetterfahne, der Engländer sagte ein langgezogenes »Oh«. Nur der Beauffremont griff in den Beutel am Gürtel, holte ein blankpoliertes Bisamäpfelchen vor, schraubte den Deckel ab und hielt der Ohnmächtigen das lavendelduftende Salz unter die Nase, bis sie nieste. Worauf er das Büchschen dem Obernitz in die Hand drückte und sie nun aus einem ebenfalls aus der Sammettasche hergezauberten Silberfläschchen mit ungarischem Wasser besprengte, wobei er auch ein paar Tropfen, scheinbar absichtslos, in die Ecke spritzte, wo Lusche neben dem Kienheim kniete und immer noch fassungslos schluchzte, während er sie mit zitternden Händen streichelte und hilflos küßte, ohne daß der Komtur es beachtete oder verbot.

Der Spitz schnüffelte beruhigt und kauerte, immer noch zitternd, an seines Herren Seite.

Jetzt trat Peterke auf die beiden zu, löste die Arme der Frau von Bruder Rudis Hals, richtete die Wankende auf und führte sie in die Kammer. »Sie muß sich hinlegen!« sagte er ruhig. »Das is nuscht, so hucken und heulen. Und nu erst ein Schnapschen!« Er redete wie zu einem Kind. Der Kienheim stand auf, lehnte sich an den Türpfosten, seufzte tief und sah den Komtur wie ein Junge an. »Salomo!« sagte er leise. »Ich will nach Hause – Wallfahrten will ich, leben wie ein Mönch – aber nicht an dem Unschuldigen, nicht an dem Unschuldigen soll er strafen.«

Er sprach leise und rasch, wie einer der im Fieber redet. Sein Kopf rollte hin und her am Türpfosten. Der Komtur stützte ihn und winkte dem Hasenkop. Der hielt den Kienheim, ehe er vornüberkippte. Der Schweiß troff von seiner runden Stirn, die der Hasenkop wie eine Kindermuhme trocknete, während er ihm leise zuredete.

»Nicht ausrotten, nicht ausrotten«, stammelte der Kienheim. »Nach St. Jakob von Compostella will ich gehn, barfuß über die Berge – aber nicht ausrotten, barmherzige Mutter!«

»Ja, ja! Nein, nein!« murmelte der Hasenkop. Er schwankte selbst hin und her, stemmte sich mit aller Gewalt seines sehnigen Körpers gegen die Schwelle, um nicht unter der Last des Kranken hinzustürzen. Denn daß der Kienheim krank war vor Schrecken, merkten nun auch die Junker. Der Stetten sprang herzu und half ihn stützen. Der Obernitz reichte halb gedankenlos den Bisamapfel einmal nach rechts, einmal nach links hin.

Fitz-Peter hatte sich auf die Bank gekniet und stieß mit aller Wucht gegen die Balkenriegel, die fast unter der niedrigen Decke einen langen schmalen Holzladen festhielten. Endlich polterten die Klötze herunter. Fitz-Peter hakte den Holzladen auf. Eisige feuchte Kälte drang wie Rauch in die dumpfige Stube, blies den tropfenden Lichtstumpf auf dem Tisch aus, ließ die Flamme im Tonlämpchen klein und bleich zusammenschrumpfen. Das Sausen der Wipfel, das Krächzen der Krähen klang herein. Schwarz und weich standen ein paar alte Kiefernkronen vor dem fahlvioletten Morgenhimmel.

Die Türen wurden aufgestoßen. Sie waren nicht abgeriegelt. Der Komtur trat einen Schritt vor.

Es waren zwei der Sudauer, die da standen, grau und gespenstisch, vor dem dämmerungsblauen Schnee.

»Die Pferde für den Herrn Komtur und die Deutschen Herrn!« meldete Skrodzka.

Der Komtur nickte. »Wir brauchen einen Schlitten.« Peterke sah erstaunt auf. »Bruder Rudis Jung soll vorfahren und ordentlich Pelze und Decken mitbringen. Und eine alte Frau zur Begleitung und auch noch zwei Hunde zum Bewärmen!«

Skrodzka neigte sich. Seine schmalen hellen Augen glitten nach der Tür, aus der ganz leise Luschens Weinen klang, streiften die Frau im weißen Kleid, die jetzt, immer noch von dem Zorn gestützt, auf der Ofenbank saß, die Hände im Schoß rang und von Zeit zu Zeit leise wimmerte.

Die Sudauer gingen. Der Komtur setzte sich auf seinen Platz an der Wand. »Räumt auf!« befahl er. Er stützte den Kopf in die Hand und sah in den fahlen Morgenhimmel, der jetzt silbern erblaßte. Der Nebel jagte davor im Wind. Nun färbte sich das Gewölk, wurde heller. Der Engländer blies das Öllämpchen aus und gähnte. »Was Warmes!« knurrte er.

Der Sieur de Beauffremont hatte ein rundes Metallspiegelchen vorgezogen, hockte auf der Tischecke vorm Fenster und machte sich mit einem Mantelzipfel, den er mit ungarischem Wasser begossen und einem kleinen elfenbeinernen Kamm – dessen zierlich geschnitzte Krone, in der sich ein nacktes gekröntes Weibchen reckte, er dazwischen wohlgefällig betrachtete – so schön, wie es hier möglich war. Der Stetten strählte seine wirren Locken mit den Fingern und rieb das Gesicht mit einem Klumpen Schnee vom Fensterbalken ab. Er war nun der einzige, außer Peterke, der rotbäckig aussah. Die andern blickten bleich und hohläugig wie Tote. Fitz-Peters Sommersprossen standen wie ein Gitter über der fahlen Haut.

»Der Schlitten!« meldete Skrodzka. Der Komtur stand langsam auf. Dirk half ihm beim Umschnallen des Schwerts. Peterke brachte das Pelzwams und legte den schweren Mantel drüber.

Hinter dem Sudauer kam die alte Magd mit dem krausen Haar. Sie war dick eingemummt in eine Schafspelzjacke, mit einem wulstartigen Tuch um das lange blasse Gesicht. Sie trug Pelze und Tücher. Hinter ihr kam eine junge Magd mit einer Platte, auf der weißgescheuerte Holzbecher mit frischgemolkener Milch standen. Die Milch dampfte in der Kälte, es roch behaglich und vertraut nach Vieh und Stall. Ein Krug mit Branntwein, ein blankgebrannter Doppeltopf mit zerlassenem Honig, auf dem schwefelgelber Schaum schwamm, standen zwischen den Bechern. Das Mädchen trat knicksend vor den Komtur. Er streckte die Hand nach dem Becher. Aber er trank nicht davon, sondern reichte ihn dem Kienheim, nachdem er mit dem schweren Zinnlöffel den Honig drin verrührt hatte.

Die fremden Herren traten herzu, leise seufzend. »Brot!« sagte der Engländer.

»Es ist keins mehr da!« antwortete die Junge mit demütiger Verneigung. Ihre hellen, tiefumschatteten Augen hingen an dem Burgunder. »Hier wird nicht mehr gebacken!« sagte die Alte. Ihr Kiefer zitterte beim Sprechen.

Der Obernitz setzte den Milchbecher seinem Pflegling an die Lippen. »Trinkt, Fräulein!« Sie trank gehorsam. Dabei blickte sie auf wie ein Kind. Zum erstenmal kam Bewußtsein in die großen graublauen Augen, ein Erkennen und Aufmerken. Sie hörte erst mit dem letzten Schluck auf und atmete tief, als sie ihm den Becher zurückgab. Er stellte ihn auf das Brett, ohne hinzusehen. Seine Blicke hingen fest an denen der Frau, über deren blasses Gesicht ein leises Lächeln glitt.

Da sah man, wie jung sie war. Trotz des dunkleren Haares glich sie ihrem Neffen Herkus wie eine Schwester.

»Helft dem Fräulein in den Pelz!« befahl der Komtur der Alten und winkte der Magd, daß sie die Platte auf den Tisch stellte. »Rudi, nimm Abschied von Lusche!«

Der Kienheim, der am Arm des Hasenkop ruhelos hin und her ging, blieb stehn. Seine matten Augen blickten den Komtur an wie gebannt von seinem Blick. »Abschied!« sagte er wie ein Erwachender. Dann drehte er sich um, ließ den Hasenkop los und umfing die kleine Frau, die mit ausgebreiteten Armen auf ihn zukam. Sie hatte das weiße Trauerkleid abgeworfen, trug die lose helle Flauschjacke, den weiten dunkelgrünen Rock, in dem er sie immer kannte. Sie hing an seinem Hals, streichelte ihn, weinte und stammelte. »Er lebt, er hat sich bewegt! Heilige Mutter Gottes, drei Kerzen will ich opfern! Der Schrecken – ich dachte, nun ist er wieder tot. Aber sie ist gut, o sie ist gut, das liebe Mutterchen!«

Der Komtur klappte den Lammfellkragen hoch und sah fort von den beiden. »Das Fräulein wird von ihrer Milchschwester begleitet. Heute nacht werden sie im Marienkloster in Königsberg bleiben. Morgen ist Aschermittwoch. Da können sie nicht weiter. Am Tag darauf werden sie weiterreisen. Ich werde einen Geleitbrief mitgeben an die frommen Schwestern in Thorn.«

Lusche sah auf. »Thorn?« fragte sie. Aber dann faßte sie das andre Wort. »Aschermittwoch!« Ihr bewegliches Gesicht färbte sich rosig, sie wandte sich rasch um, schlug die kleinen Hände zusammen: »Rudi! Ich habe angeteigt!« Sie schnalzte vor Bedauern. Dann zog sie die geraden Brauen zusammen. »Und die Kathrine wird nicht die Glucken setzen! Oh, die schlechte Person! Paß' auf, Rudi! – alles steckt sie dem Mahlknecht zu, das Biest. Laß sie durchhauen, wenn sie stiehlt, gründlich, hörst du? Der Hellwig wird dir's schon sagen!« Sie rang die Hände, stampfte auf, trat auf den Komtur zu: »Gnädiger Herr, wie soll das werden? Alles tragen sie ihm weg! Zu gut ist er, allen schenkt er!« Ihr Gesicht glühte vor Stolz, sie lachte leise. »Ja, er ist nicht wie die Deutschen, der Rudi, kein bißchen gnief – ein wirklicher Herr ist er, wie unsre! Dem tut keiner was, der kann bei Nacht durch die Kaporner Heide reiten!«

Sie besann sich, wo sie war, erschrak, zog die Achseln hoch, bückte sich und riß den Mantelzipfel des Komturs rasch an die Lippen. »Ich gehe, gnädiger Herr, ich gehe – auch ins Kloster, wenn's sein muß. Wenn der Jung lebt, ist alles gleich. Bloß geistlich darf er nie werden. Gnädiger Herr, was ist das für seinen Vater? Für manche paßt es. Wer so aussieht wie Ihr, der kann's. Aber der Zabel konnte es auch nicht. Und der Rudi geht drauf dabei! Da hilft kein Wallfahren!«

Sie kniete vor ihm, umklammerte seine Füße: »Gnädiger Herr, macht, daß er freikommt!«

Der Komtur sah still auf sie nieder. »Dann muß er heiraten«, sagte er leise und langsam.

Sie blickte rasch auf: »Eine Deutsche?«

Irgend etwas in dem Blick, den alle fürchteten, gab ihr Mut. Sie legte den Kopf auf die Seite und lächelte. »Das werd' ich doch sehn!« sagte sie und stand auf, so rasch es ihre Schwerfälligkeit zuließ. Sie winkte der Alten, die ihr in den Pelz half, sie drin einwickelte, ihr das Tuch umschlug. Es war zu fest, und Lusche kniff die Alte kräftig in die roten Finger. Dann ließ sie sich den Spitz reichen und kraulte ihn zärtlich, während sie der Magd die kleinen hochspannigen Füße hinhielt, um sich die warmen Schafwollsocken überziehen zu lassen. Sie lächelte immer noch.

»Bruder Zorn, du geleitest die Frauen!«

Der Zorn, der gerade dem Fräulein das Tuch umlegte, wandte sich bei den Worten des Komturs. Eine dunkle Röte lief ihm fleckig über Stirn und Kinn. Er seufzte tief und trat zur Seite. Das Fräulein ging auf den Komtur zu. Sie verneigte sich und stammelte ein paar Dankesworte. Ihr Mund bebte, sie zitterte immer noch wie im Fieber. Der Komtur blickte sie an, wie er die Kinder des Herkus betrachtet hatte, mit einem sanften und ruhigen Erbarmen. Er reichte ihr die schmale Hand, sie bückte sich, ihre flatternden Lippen streiften darüber. »Ihr werdet gut aufgehoben sein bei den frommen Frauen«, sagte er freundlich. »Möchtet Ihr Frieden finden!« »Ja«, flüsterte sie, faltete die Hände und senkte den Kopf, als er das Kreuz über sie schlug. Aber ihre Augen suchten verängstigt den Zorn.

Skrodzka riß die Tür auf, als die Frauen herausschritten. Draußen hielt ein großer neuer Kastenschlitten. Bunte Decken lagen auf den Strohschütten, dicke Schafpelze darüber. Die beiden zottigen großen Braunen ruckten in den Leinen, daß die dicken Glocken klingel-

ten. Es hallte durch die neblige Morgenluft. Heinzke hielt die Zügel.
Er hatte die Ohrenkappe zurückgeschlagen. Sein Gesicht sah nicht
nur vom Frost rot und gedunsen aus. Seine schmalen Augen irrten
hin und her zwischen den entzündeten Lidern.

»Na, Heinzke – und wo warst du heut nacht?« tuschelte Peterke, als
er die Frauen im Schlitten verstaute. Pregel lag auf Luschens Schoß,
er knurrte ein bißchen, als er die beiden Hunde unten im Stroh sah.
Die lagen aber still und verschüchtert und taten als ob sie schliefen,
als Peterke den Pelz über sie zog und um Lusche feststopfte.

Der Knecht blinzelte und sah geradeaus. »Bist all nüchtern, du Luntrus?« murmelte Dirk und beklopfte den Braunen. »Schmeiß man
nich um!«

»Wenn du Dammel Dummheiten machst, spießt dich der Zorn!«
sagte Peterke leise und gab Heinzke eins zum Abschied in die Rippen. »Denn is heut schon für dich Aschermittwoch, du Heidomack!«
Er trat zurück. Ein Sudauer führte das Pferd des Zorn vor den
Baumstumpf an der Gästekammer. Der Zorn saß auf. Der Fuchs
tanzte über den zertrampelten Schnee. Zwei Knechte folgten ihm; sie
ritten links, der Junker rechts von dem Schlitten, der nun mit hellem
Geklingel anzog, in weitem Bogen um Brunnen und Düngergrube
fuhr, um den ganzen Hof nach der Hauptausfahrt, deren Torflügel
weit aufstanden, in den Waldweg, in die graue, schattenlose
Schneedämmerung bog.

Niemand war auf dem ganzen Hof zu sehen. Wie leergefegt lag der
zerstampfte, vom Tauwind blankgefegte Schnee im fahlen Licht.
Aus der offenen Küchentür kam weder Qualm noch Essensdunst.
Eine umgestoßene Küchenbank lag auf der Schwelle.

Die junge Magd stellte das Brett mit den leeren Bechern mit abge-
wandtem Kopf daneben. Dann ging sie langsam über den Hof nach
dem Haupttor. Ein struppiger gelber Köter kam aus der Stalltür neben dem Torhüterhüttchen und folgte ihr scheu mit eingekniffenem
Schwanz. Als sie das Tor hinter sich hatte, hob sie den schweren ge-
streiften Rock und zog ihn über den Kopf. Ihr roter Unterrock leuchtete vor dem Schnee. Sie begann zu laufen, der Hund jagte aufblaf-
fend neben ihr her. Dann verschluckte beide der Wald.

Der Komtur sah ihnen nach. Er wandte sich zu Skrodzka. »Die
Pferde vor das Haupthaus!« Der Sudauer neigte sich und winkte

nach den Knechten, die in der Hofecke vor den Frauenkammern mit den Reitpferden der Herren warteten.

Langsam schritt der Komtur an ihnen vorbei. Dicht hinter ihm folgten die beiden fremden Herrn, dann der Hasenkop, der den immer noch schwankenden Kienheim führte, der mit gesenktem Kopf ging. Die beiden Junker gingen neben ihm und halfen den Kranken stützen. Ganz zuletzt kamen Peterke und Dirk. Eine rieselnde Feuchte benahm ihnen den Atem. Es tropfte von den Dächern.

»Wie wir gehn!« flüsterte der Stetten. »Wie hinter einem Sarg!«

Krähen zogen laut krächzend über den Hof. Der Nebel jagte ganz tief übers Rohrdach, zerrissen wie zerfetzte Laken. Ein Streifchen grünlichen Morgenhimmels sah hervor, ein paar Kiefernzweige, der spitze, schmale Wipfel einer Tanne hinterm First. Dann verschlang alles der weiße Qualm.

An den Frauengemächern hingen die Leder zerrissen vor den kleinen Fenstern, die strohgeflochtenen Schutzdecken hingen tief herunter, drinnen war wilde Unordnung. In der Vorlaube lagen bunte Decken, Kissen und Felle. Ein Duft von Sandelholz und Rosen stieg aus all dem auf. Der Beauffremont schnupperte und sein Mund zuckte.

Auch aus dem einzigen Fenster des Haupthauses hing das Leder zerfetzt heraus. Die offene Halle gähnte dunkel wie ein Schlund. Über die gefällten Pfosten waren Stroh und Tannenreisig gebreitet.

»Bruder Rudolf bleibt draußen. Peter und Dirk, führt ihn zurück!« Der Komtur wandte sich zu spät. Der Kienheim merkte wo er war, schrak zusammen, streckte schaudernd die Hände nach der Halle und schrie laut und verängstigt wie ein von der Mahr Gedrückter: »Nein, nein! Nein, nein!« Er wand sich hin und her, als wollte er davonlaufen. Aber der Niedersachse und der Preuße hielten ihn fest. Peterke redete dazu auf ihn ein wie eine Großmutter. »Man stillche, man schön stillche! Da ist ja nuscht, da gehn wir gar nich rein. Wir gehn bloß so hin und her, hin und her zu die Pferdchens!« So gelang es ihm, den Tobenden zurückzuführen.

Fitz-Peter klappte den Pelzkragen hoch um die Kapuze, als bliese noch der Frostwind in sein kahles Genick, des Burgunders Mädchenhaut verfärbte sich, als sie dem Komtur nachschritten in die Halle. Der Stetten faßte heimlich nach des Thüringers Hand. »Lutz!«

sagte er. Er mußte reden vor Grauen. Und es beruhigte ihn, als er in dessen Hand den Rosenkranz fühlte. Er blinzelte und klappte ein paarmal mit den Lidern.

Etwas schlug gegen seine Hüfte, etwas, was an dem linken Türpfosten hing, der noch stand – ein Menschenfuß. Der Stetten kreischte laut los und wich zurück, der Obernitz mit ihm. Da oben hing Poburs, der Knecht. Das weiße Haar wehte im Zug über seinem lila Gesicht. Er streckte die geschwollene blaue Zunge heraus wie zum Hohn.

Die Kälte und Stille in der Halle tranken den Schrei des Junkers auf. Der Komtur ging ein paar Schritte voran über die raschelnde Tannenstreu, der Sand knirschte unter schweren Schuhen. Er nahm den Helm ab, die andern folgten ihm. Er sprach in die fahle Dämmerung: »Edle Frau, wir danken Euch für das Gastrecht in dieser Nacht. Euch und den Euren.«

Keine Antwort kam. Aber etwas in weiße Tücher Gehülltes, was zu Fußende des Totenlagers kauerte, hob das Haupt, das auf den Armen, auf den hochgezogenen Knien gelegen und schlug mit den verhüllten Händen das Schleiertuch zurück. Der Stetten krallte seine Finger in die Hand des Gefährten. Am liebsten hätte er wieder geschrien, so laut wie der Kienheim. Es war die Witwe des Monte, die sie da anblickte aus tiefeingesunkenen Totenaugen.

Ganz leise, aber sehr deutlich, sehr langsam sprach der Komtur: »Edle Frau, kommt mit uns. Wir geben Euch sichres Geleit. Das Katharinenkloster in Danzig, das Euch erzog, wird seine verwaiste Tochter aufnehmen.«

Ebenso leise, verhallend wie das Flüstern des Herbstwindes im Schilf, klang es wider:

»Du weißt, daß ich abfiel.«

»Die Kirche erwartet ihr Kind solange es lebt.«

»Du irrst dich, Friedrich von Wolfenbüttel. Ich bin tot.«

»Das Erbarmen Unsrer Lieben Frau findet die Seelen.«

»Meine nicht mehr.«

Die Frau richtete sich auf wie ein Geist in seinen Grabtüchern. Sie trat ein paar Schritte zurück und fiel schwer vor dem Totenlager in die Knie. Sie zog die weiße Leinendecke zurück. Über dem purpurnen Leinensack, der jetzt über das Haupt des Fürsten gebreitet war,

25 Das Krönungsschloß der preußischen Könige in Königsberg. Radierung von Hugo Ulbrich, 1908.

26   Königsberg: Hundegatt, Alte Universität.   27   Der Königsberger Don

28 Königsberg,
alte Lagerhäuser
im Speicher-
viertel.

lagen die toten Söhne des Herkus Monte. Der älteste lag zur Rechten des Ahns lang ausgestreckt, die zarten Arme über der Brust verschränkt, den Kopf ein wenig zur Seite geneigt. So schnell, so sicher war der Todesstoß geführt, daß nur ein schmaler Blutstreif auf dem weißen Leinenkittel über dem Herzen stand, daß noch ein wenig Farbe auf dem schönen Antlitz lag. Nur die Augen waren tief umrandet und der Nasenrücken trat scharf hervor. Der kleine Gaudins lag mit weitausgebreiteten Armen wie ein erfrorener weißer Schmetterling bäuchlings auf der purpurnen Leinwand. Seine Locken glänzten unterm welkenden Kränzchen, zierlich wie eine Muschel sah ein kleines Ohr aus den seidnen Ringeln, das eine der schlanken Beine mit dem weißen Ledersöckchen hing schlaff herab. Die Mutter hob es vorsichtig hinauf, legte es zurecht, streichelte es und legte die Stirn daran.

»Frau Sirguna!« begann jetzt der Hasenkop. Sie zuckte zusammen bei ihrem Namen, dann schüttelte sie mit dem Kopf. »Geht!«

Da gingen sie.

Der Komtur bedeckte sich. Er winkte den andern voranzugehn. Fitz-Peter schüttelte sich, als er über die Schwelle trat. Mit großen Schritten ging er und der Sieur de Beauffremont davon. Der Burgunder roch am Bisamapfel.

Der Hasenkop hieß die Junker ihnen folgen. Er selber blieb auf der Vorlaubenschwelle stehn.

Der Komtur trat einen Schritt zurück in die Halle. Er verschränkte die Hände über der Brust und verneigte sich dreimal ganz tief vor der Frau, deren Augen ihn aus der Dämmerung anblickten. Als er sich beim drittenmal aufrichtete, nickte sie.

Es flammte in der dunklen Ecke am Vorhang heiß und rot und lebendig. Der alte Supplitt stand plötzlich da, noch in dem weißen Kittel. Dann klappte eine Tür, es wurde wieder dunkel. Aber der Komtur und der Hasenkop hatten den Blondbärtigen gesehn, der neben ihm stand und die Fackel hielt.

Sie schritten beide über den Schnee, sie saßen eilig auf. Keiner sprach. Dann sprengten sie davon. Erst im Wald merkten sie, daß die Sudauer ihnen nachliefen. Wo der Weg umbog, stoben sie wie die Hasen rechts und links zwischen Kadik und Tannendickicht davon. Die Äste knarrten im Tauwind. Er sang und winselte wie ein Hund.

Von Osten kam ein gelblicher Schein durch den Dunst, eine fahle
Klarheit zog über die Wipfel, der Wind verstummte eine Weile,
plötzlich zwitscherte ein Vogel hinter den dickverwachsenen Jung-
tannen.

Der Stetten drängte seinen Gaul an den Braunen des Obernitz:
»Sahst du's – alle Ställe waren leer?«

Aber der dicke Friese des alten Peterke drängte ihn zur Seite: »Trab,
Junkerchen, weiter! Nach rechts halten! Wir verhampeln uns ja!«

Richtig, die Knechte waren schon hinter ihnen. Der Komtur sah sich
um. Da kam Ordnung in ihren Zug.

Der Kienheim saß zuerst wie ein Sack. Aber die Schneeluft und der
Ritt ermunterten ihn. Er atmete gleichmäßig, und sein übermüdetes
Gesicht verlor die fahle Wachsfarbe. Der Wald wurde lichter, es
schimmerte lakenweiß durch die säulenhohen Stämme – das Feld.
Ein paar uralte Kiefern rückten noch weit in die Schneefläche vor,
reckten rotschuppige, verknorzte Zweige darüber. Ein kleiner Bach
schnitt durch die sanft gewellte weiße Fläche in tiefen Windungen.
Korallenrot hingen die Ellernwurzeln von dem morschen Schnee bis
ins brüchig-gelbe Eis. Die warme schwarze Erde sah feucht hervor.
An den Zweigen schaukelten runde dunkle Kätzchen, dicht bei
dicht.

Es ging langsam. Der Weg war spiegelglatt, er drehte sich in großen
Windungen durch die Äcker. Schneeberge, hohl wie Wellen, türm-
ten sich nach Osten, hatten die Weidenstubben bis zu den gelbgrü-
nen Ruten eingestiemt, die ihn zeichneten. Hin und her kam eine ge-
krümmte Birke mit stiftfeinen, noch braunen Kätzchen, eine grau-
zottige Eberesche. Ein paarmal nur ein Strohwisch, an abgebrochene
Stämmchen gebunden. Der Wind ließ nach, der Nebel lief vor ihm
davon nach dem Wald. Es roch schon nach Erde. Und scharf, frisch
und seltsam rein.

»Da!« rief Peterke. Er deutete nach dem Waldrand, nach Südost, wo
sie herkamen.

Es stieg schwarzgrau auf hinter den Wipfeln, wurde dunkler und
dunkler, ballte sich drohend vor der Morgenhelle, war rot und gelb
durchflammt, qualmte und zerteilte sich. Der Wind trug's herüber,
es beizte die Augen, fraß im Hals, als kröche aus dem Schwarzgrün
da drüben ein Gift. Es roch brenzlig und bitter.

»Der Hof!« sagte der Komtur. Er hielt an und wandte sein Pferd. Es wurde unruhig. Er klopfte sanft den glänzenden taubengrauen Hals, die dunkle Mähne, sprach ihm zu. So sah er nicht, wie Peterke den Helm abnahm und durch die Nase schnob. Aber auch der Stetten schnallte seinen ab und starrte hinein. Große weiße Tränen fielen aus seinen braunen Augen.

Silbrig hell kam ein feines Geläut schaukelnd übers Feld. Dort aus der Richtung des Brandes bog ein Schlitten aus dem Wald. Die drei Pferde jagten über den Schnee. Zwei Männer saßen drin, einer lenkte. Puppenklein, aber ganz scharf waren sie zu erkennen, selbst das Blau und Birkengrün der Decken und der rote Anstrich des Holzes. Der Schlitten hielt schnurgerade auf das Dorf zu, das mitten in dem Weiß lag, ein Gewirr von bräunlichsilbernen Obstwipfeln, von kornblumenblauen Schatten auf weißgekalkten, rosig flimmernden Wänden, von grünlichbemoosten Rohrdächern, über denen rot und wuchtig der schwere viereckige Kirchturm stand.

»Wenn wir hier querüber reiten, kriegen wir sie!« sagte einer der jungen Knechte.

»I wo! Die sind in 'ner Stund' am Haff!« meinte Dirk.

»Wer weiß, wer da schon warten mag!« Gelächter prustete los.

»Halt's Maul!« knurrte Peterke.

»Hei, wer da kommt!« schrie ein Knecht und deutete mit der Hand im grauen Fausthandschuh wie ein Wegweiser nach dem schmalen Weg, der hier von der Straße ab durch die Felder führte.

Es brummelte durch den sonnigen Dunst wie eine Hummel, übertönt von hellem Gelächter. Hinter einer Schneewehe tauchten sie auf – ein grüngestrichener Stuhlschlitten, zwischen dessen bunten Flikkerdecken gelbe Strohhalme vorhingen, und in dessen Lehne ein rotbezogenes Federkissen gestopft war, auf dem zwei ganz gleiche kleine Mädchenköpfe wie Winteräpfel lagen. Unter den Schafwollmützen wehte das gelbblonde Haar. Sie waren dick vermummt und aßen einträchtig an einem noch dampfenden Bratapfel. Zwei große halbwüchsige Jungen liefen nebenher, einer drehte den Brummtopf. Ein großer und starker, der ganz den Zwillingsschwestern glich, schob den Schlitten. Zwei große Mädchen folgten mit einem mit Flittern und Bändern behangenen Tannenbäumchen. Sie trugen alle graue Schafspelzjacken, weit aufstehend, daß man ihre krapproten, lilablauen und leuchtendgrünen Röcke und Jacken sah. »Der Herr, der Herr!« schrien die Mädchen. Sie setzten sich in Trab und winkten dem Kienheim zu.

Der Komtur, der eine Strecke voraus war und eifrig mit den fremden Gästen sprach, wandte sich. Er runzelte die Brauen, als er die Kinder sah, ritt ein paar Schritte zurück und fragte streng: »Wo kommt ihr her?«

Der Große ließ den Schlitten stehn, trat vor, stand stramm: »Wir gehn Fastnacht singen!«

»So weit?« Der Junge sah furchtlos auf. Es war ein gutes, helles, blondes Gesicht, langgezogen, mit schmalem Kopf:

»Der Bruder Rudolf hat erlaubt, und«, er lächelte ein bißchen, »der Vater hat auch erlaubt.«

»Wer ist dein Vater?«

»Der Müller von der Beek, der gestern zum Herrn Komtur kam wegen dem Wehr.«

»Wo seid ihr doch her?«

»Vom Werder!«

»Der Vater spricht aber nicht so!«

»Der Vater war bloß kurz dort. Er kam aus dem Bremischen . . . wie der Dirk. Tag Dirk!«

Der Junge nickte nach den Knechten. Er stand aufrecht und selbstbewußt, wie es freier Leute Kind zukam.

»Und das sind deine Schwestern?«

»Die Große, die Sine. Und die beiden vom Pärchen.«

»Und die andern?«

Der Komtur fragte nicht ohne Wohlwollen. Die Knechte sahen sich an. Auch die beiden jungen Brüder. Der Kienheim hatte Farbe bekommen und blickte stolz auf die Kinder. Sie sahen stattlich und gesund aus.

»Die sind vom Abbau.«

»Seid ihr deutsch?«

»Halb!« antwortete jetzt der Kienheim. »Darf ich sie was fragen?«

»Wo wart ihr heut nacht, ihr Bowkes?« Der Große lachte und zeigte auf den einen Jungen. »Bei Samels Großmutter an der Kaup.«

»Schmiß die euch nicht raus?«

Alle lachten. »Die freute sich noch. Sie war ganz allein, graute sich so!« »Wir kriegten Warmbier und Keilchen!« schrie der Junge mit dem Brummtopf.

Eins der großen Mädchen trat vor, Ihre Haube war ins Genick gerutscht, silbrig wehten die Härchen aus den mit grünen Wollfäden durchflochtenen Zöpfen. Sie zeigte beim Lachen die breiten weißen Zähne: »Wir haben vorgetanzt!«

»Na, tanzt mal hier! Der Herr Komtur will das sehn. Und die Herren da auch!«

Die großen Mädchen kicherten und warfen die Schürzen über den Kopf. Die Zwillinge kreischten, als sie das sahen und hielten sich die Augen zu.

»Die schämen sich!« sagte Peterke.

Selbst der Komtur lächelte. Er griff in die Tasche, warf ein paar Geldstückchen in den Schnee. Die Mädchen ließen die Schürze sinken, hoben's auf, spuckten drauf und lachten dankbar. Der Beauffremont spendete ein paar größere Geldstücke, der Engländer ein ganz großes. Der Hasenkop warf ihnen einen Apfel zu, die Knechte Brot, einer ein Stück Kuchen. Die Kinder lachten und schrien, der Brummtopf brummte, die großen Mädels sangen und begannen sich im Schnee hin und her zu drehn.

»Wo geht's nun hin?« fragte der Kienheim. Seine Augen glänzten.

»Zum Ohm in die Forst!« schrie der Große, denn die Pferde trabten schon los.

»Loof an die Linge!

De Kruus klang klinge . . .«

Schrill und hoch klangen ihnen die Kinderstimmen nach durch die sonnige Luft. Der Wind sauste und trug sie über das lakenweiße Feld. Flimmernd und gleißend dehnte sich die Schneefläche unter der glänzenden blauen Unermeßlichkeit des Himmelmantels.

Der Komtur deutete nach links. Die fremden Herren hielten an, die rauhe Stimme Fitz-Peters fragte, der Beauffremont hielt die Karte fest, die der Komtur vorzog und beugte sich über das knatternde Pergament.

Hinter dem unerträglich blendenden Saum des Schnees glänzte ein Streifen tieferen metallischen Blaus, purpurn abgegrenzt gegen das milde Licht des Westhimmels. Es funkelte wie ein Fischleib, war von lichtgrünen und braunen Streifen durchströmt, von weißen Brandungskämmen gegittert, war im Norden gekrönt von dem lichten Muschelgelb des Dünenzugs – die See!

Fitz-Peters Hand fuhr aus dem weißen Handschuh, deutete knochigbraun nach Nordwest.

Der Komtur drehte sich ein wenig, er nickte den Brüdern zu. Der Schein eines Lächelns lag auf dem langgezogenen dunklen Gesicht.

»Man tief atmen, Junkers!« mahnte Peterkes rauhe Stimme. »Das is gesund gegen die Frühlingssonn!«

»Ach!« sagte der Stetten. »Können wir nicht dicht ran, an den Strand?«

Er war heiß und rot, hielt die Hand über die Augen: »Ein Segel!«

Der Obernitz seufzte: »Da mitfahren dürfen! Nach Schweden!«

Dirk hielt neben ihm, seine grauen scharfen Augen folgten dem Schiff. »Ein ganz großes«, sagte er. »Die fährt nach Riga!«

Peterke lachte: »Laß ihr!« Er bückte sich zur Seite, sein verwittertes breites Gesicht, schlau und behaglich, beinah zärtlich, sah den Kienheim an: »Na, Bruder Rudi, wo is am schönsten?«

Der Komtur ritt näher, ließ dem Burgunder die Karte. Sein weißer Mantel flog um ihn, das Pferd tanzte, die dunkle Mähne glänzte. »Nun Rudi?« sagte auch er und nickte dabei dem Hasenkop zu, der leise lächelte und auf den Kienheim blickte.

Der hob sich im Sattel, riß den Lederknopf an der Kapuze ab, daß der Pelz hintenüberglitt auf den Mantel und der Seewind über seinen breiten Hals wehte. Er bog den Kopf weit zurück und sah mit den blanken braunen Augen in die blaue Lichtflut des Frühlingshimmels. Dann ließ er die Zügel los, breitete die Arme aus, lachte sein altes Jungenslachen und schrie lang und laut, daß die fremden Herren sich erstaunt umwandten – einen schwingenden jauchzenden Schrei, den der Wind über den rieselnden schmelzenden Schnee der Äcker ins Land trug.

Ortsnamen

Balga: preuß. »Honeda«, Komturschloß am Frischen Haff
Christburg: Komturschloß südlich Elbing
Elbing: »Tochter« der alten Gotenstadt Truso, 1237 gegründet
Fischhausen: Ordensburg und Stadt an der Haff-Wiek, Sitz des Bischofs von Samland
Gailgarb: Galtgarben, höchste Erhebung des Samlandes
Kaporner Heide: Hochwald im Samland. Heide bedeutet Wald
Kaup: Wäldchen bei Cranz. Großer Wikingerfriedhof
Natangen: alter preußischer Gau südlich des Pregels
Romowe: Heiliger Hain der Preußen, hier der am Nordstrand des Samlandes
Sudauen: Damals blühende, reiche Landschaft im Südosten Ostpreußens. Die Sudauer waren fest- und prachtliebend

Mundartliche Ausdrücke

Abbau: Zum Dorf gehörendes Einzelgehöft
Alus: Helles, herbes Bier
Borke: sehr vornehmer pommerscher Uradel
Bowke: Halbstarker, aber auch freundlich: kleiner Schlingel
Dammel: plattd. für Dummkopf
Ecksche: Na, wirds bald, vorwärts marsch, na los!
Gedimin: bedeutender Fürst der Litauer
Gnief: kleinlich. Gniefke: Geizkragen, »kleinpüttriger Kerl«
Heidomack: halb spaßhaft: oller Heide!
Hundskret: bösartiges Schimpfwort
Hucken: Sitzen (nicht: hocken), – im Gefängnis
Kadik: Wacholder, ndd. Machandel, Kaddig
Karwan: Troß, Bagagewagen, auch Wagenschuppen (Karawane)
Keichel: Kücken
Keilchen: Feste, längliche Mehlklöße (mit Specksoße)
Kietz: Wendenviertel in den deutschen Städten der Mark
Komtur: (commendator) leitete im Ordensstaat einen größeren Verwaltungsbezirk (Komturei), sein Stellvertreter war der Hauskomtur. Die Burg wurde festes »Haus« genannt

Landmeister: der oberste Ordensbeamte in Preußen, bevor der Sitz
  des Hochmeisters in die Marienburg verlegt wurde
Treßler, Spittler: Schatzmeister, Vorsteher des Spitalwesens
Luntrus: junger, frecher Taugenichts
Nuscht: ndd.: nichts (»ein kleines Nuschtchen von Kind«)
Reinfall: Wein aus Südtirol
Schmand: Sahne
Triglaw: der oberste Gott der Wenden, Heiligtum auf Arkona
Vergeben: vergiftet (plattdt.)
Waidelotten: Priester der Preußen
Warpkittel: Halblange lose Männerjacke aus grobem Wollstoff
Wolm: Hoher, meist hölzerner Vorbau am Haus
Zanzeln: zaubern, besprechen, plattdt. »töwern«
Zarm, Zarem: festlicher Leichenschmaus mit Verwandten

Über Agnes Miegel siehe Seite 142. Das vorstehende längere Werk (erschienen 1926) gilt als ihre bedeutendste Prosa-Arbeit und eine Art Stammes-Epos der Ostpreußen. »Es gibt keine stärkere Dichtung der Grundlagen des preußischen Ostens als diese Erzählung«, schrieb Paul Fechter und stellte sie neben die »Judenbuche« der Annette von Droste-Hülshoff. In ihr wird, nach Adalbert Schmidt, das, was geschichtlich im Dunkel liegt, mit intuitiver Sicherheit erhellt: »Wie in einem düsteren Alptraum begegnen einander die Welt der Ordensritter und die sterbende des alten Preußen.«

Agnes Miegel

Die Frauen von Nidden

Die Frauen von Nidden standen am Strand
Über spähenden Augen die braune Hand,
Und die Boote nahten in wilder Hast,
Schwarze Wimpel flogen züngelnd am Mast.

Die Männer banden die Kähne fest
Und schrien: »Drüben wütet die Pest!
In der Niedrung von Heydekrug bis Schaaken
Gehn die Leute im Trauerlaken!«

Da sprachen die Frauen: »Es hat nicht Not, –
Vor unsrer Türe lauert der Tod,
Jeden Tag, den uns Gott gegeben,
Müssen wir ringen um unser Leben,

Die wandernde Düne ist Leides genug,
Gott wird uns verschonen, der uns schlug!« –
Doch die Pest ist des Nachts gekommen
Mit den Elchen über das Haff geschwommen.

Drei Tage lang, drei Nächte lang,
Wimmernd im Kirchstuhl die Glocke klang.
Am vierten Morgen, schrill und jach,
Ihre Stimme im Leide brach.

Und in dem Dorf, aus Kate und Haus,
Sieben Frauen schritten heraus.
Sie schritten barfuß und tiefgebückt,
In schwarzen Kleidern, buntgestickt.

Sie klommen die steile Düne hinan,
Schuh und Strümpfe legten sie an
Und sie sprachen: »Düne, wir sieben
Sind allein noch übrig geblieben.

Kein Tischler lebt, der den Sarg uns schreint,
Nicht Sohn noch Enkel, der uns beweint,
Kein Pfarrer mehr, uns den Kelch zu geben,
Nicht Knecht noch Magd ist mehr unten am Leben, –

Nun, weiße Düne, gib wohl acht:
Tür und Tor ist Dir aufgemacht,
In unsre Stuben wirst Du gehn
Herd und Hof und Schober verwehn, –

Gott vergaß uns, er ließ uns verderben.
Sein verödetes Haus sollst Du erben,
Kreuz und Bibel zum Spielzeug haben, –
Nur, Mütterchen, komm uns zu begraben!

Schlage uns still ins Leichentuch,
Du unser Segen, – einst unser Fluch.
Sieh, wir liegen und warten ganz mit Ruh«, –

Und die Düne kam und deckte sie zu.

Über Agnes Miegel siehe Seite 142. Dieses Gedicht erschien bereits 1907.

Louis Passarge

Landleben in Wolittnick, um 1830.

Das ganze Leben bei uns in *Wolittnick* war das denkbar einfachste. Die niedrigen Zimmer in dem strohgedeckten Wohnhause hatten kahle, weißgetünchte Wände und ungeheure, kaum behauene Balken, die man fast mit den Händen erreichen konnte. Die Fenster mit ihren kleinen, in Blei gefaßten Scheiben schlossen schlecht; im Winter befroren sie oft fingerdick, tauten sie dann wieder auf, so floß das Wasser auf den roh gedielten Fußboden hinab. Große Kachelöfen dienten zur Erwärmung und die Röhren darin zum Braten unserer »Eiseräpfel«. In der gemeinschaftlichen Schlafstube war es ein rohgeschrögter Ofen, hinter dem wir Kinder spielen konnten, doch hing er im Winter meist voll von den Windeln des jüngsten Kindes. Wir wurden gewarnt, den Kopf in den andern engen Raum zwischen Ofen und Wand zu stecken, denn in Rippen beim Hauptmann von der Gröben hätte dessen Tochter Valeska dabei fast den Tod haben können, wäre man ihr nicht durch das Einschlagen des Ofens zu Hilfe gekommen. Natürlich probierten wir immer gern, ob wir für unsern Kopf wohl freien Spielraum hätten.

Die eisernen Äpfel, von denen ich sprach, kamen aber aus dem Vorwerk Pammern, wo ein Justhaus meines Vaters stand. Sie waren in der Tat hart wie Eisen und wurden erst zu Weihnachten, und auch dann nur wenn gebraten, genießbar. Vielleicht haben dieses jene Leute gewußt, welche sagten, daß es in Ostpreußen keine anderen reifen Äpfel gäbe, als gebratene. Übrigens hat man hier vortreffliches Obst, auch Äpfel, die ich den berühmten Tiroler Maschansker und Calviller vorziehe. Ihr Geschmack ist kräftiger, auch aromatischer. Aber welch seltsame Vorstellungen hat man nicht in der Ferne von unserer Provinz! Fragte mich doch einmal ein Schweizer, ob bei uns noch Getreide wachse! Ein Italiener in Rom sagte zu mir: So, aus Königsberg? *Vicino da Pietroburgo.* (Nahe bei Petersburg.)

Mit dem Essen wurden wir nicht verwöhnt. Die ersten zehn Jahre meiner Jugend (1825–1835) fielen in einen ungewöhnlichen wirtschaftlichen Niedergang. Die ländlichen Produkte waren so gut wie wertlos; der Scheffel (fast ein Zentner) Roggen galt zeitweise 60 Pfennig. Selbst später, in guter Zeit, wurde ein Pfund Butter in Pillau nur mit dreißig bis vierzig Pfennig bezahlt . . .

Mit der großen Welt standen wir damals eigentlich nur in Verbindung, wenn nach Königsberg gefahren wurde. Von dort kam alles, was dem wünschenswerten Luxus angehörte. Gewöhnlich fuhren die Eltern in der Frühe des Morgens fort und legten den fünf Meilen (38 Kilometer) langen Weg gemächlich in vier Stunden zurück, immer sehnlichst von den Kindern erwartet, welche auf etwas Mitgebrachtes hofften. Den sonstigen Bedürfnissen entsprachen herumziehende Händler; namentlich die sogenannten *Schottmäner*, welche, stark beladen, zu Fuß durch das Land zogen. Ursprünglich waren es wirkliche Schotten gewesen, später hatten sie nur noch deren Namen geerbt. Unter den *Plunderführern* verstand man Leute, die in einem kleinen Wagen Lumpen sammelten und zugleich den Leuten allerlei Krimskrams anboten. Sie meldeten sich durch eine Pfeife an, deren Getöne uns stets lieblich klang, kamen sie doch aus der großen geheimnisvollen Welt und brachten uns schöne Dinge, namentlich Ringe und Busennadeln von Blei.

Vor Neujahr zog der Musikus *Schöneck* von Heiligenbeil mit seinen Lehrlingen von Ort zu Ort, oft durch tiefen Schnee und halb erfroren, und blies das Neue Jahr ein. So gab es denn immer allerlei Abwechselung in unserem einförmigen Dasein.

Über Louis Passarge siehe Seite 54. In »Ein ostpreußisches Jugendleben« (1903) schilderte er das Landleben in seinem Heimatort Wolittnick zur Zeit seiner Kindheit um 1830/40.

Louis Passarge

Ostpreußische Bräuche

Einige Volksgebräuche.

In Wolittnick erschienen am heiligen Weihnachtsabend der *heilige Christ,* welcher die trägen Spinnerinnen kräftig durchprügelte, und die *heiligen drei Könige* mit einem sich drehenden Stern; am häufigsten aber Jungen mit einem *Brummtopf,* einem kleinen Fasse, daran sich ein Strang von Pferdehaaren befand, die, naß gemacht und mit der Hand gestrichen, kräftig brummten. Dabei sangen sie ihre Wünsche, zum Beispiel:

> Wir wünschen dem Herrn einen goldenen Tisch,
> Auf allen vier Ecken gebratenen Fisch.

> Wir wünschen dem Herrn eine Kanne mit Wein,
> Auf daß der Herr kann lustig sein.

> Wir wünschen der Frau eine goldene Kron
> Und übers Jahr einen jungen Sohn.

Sehr gefürchtet war am Neujahrsabend der *Neujahrsbock,* in dem einer der Knechte mit geschwärztem Gesicht und einem sehr reellen Kantschu steckte. Seine Ankunft erweckte stets einen allgemeinen Aufruhr der Mägde, denn auf diese war es doch in erster Reihe abgesehen.

Wir Kinder griffen nach *Glück,* das unter verdeckten Tellern in folgenden Gestalten auftrat: Himmelsleiter, Totenkopf, Kind, Wiege, Schlüssel, Brot, Geld, Glück u. a.

Um in die Zukunft zu blicken, setzte sich die Magd auf den Boden und warf den Pantoffel (Schlorre) des rechten Fußes rückwärts über den Kopf. War die Spitze der Werfenden zugewendet, so blieb sie im Hause, umgekehrt nicht.

In Berlin wirft man so die Schalen eines geschälten Apfels über den Kopf; sie werden dann die Anfangsbuchstaben des Namens des Zukünftigen bilden.

Bei uns setzte sich die Neugierige nachts zwischen elf und zwölf Uhr auf einen Stuhl und stellte einen andern daneben, damit der Zukünftige darauf Platz nehme. Oder sie schaute, ein Licht in der Hand haltend, in den Ofen, der ja bekanntlich auch in den Märchen eine nicht kleine Rolle spielt.

Weniger harmlos war das sogenannte *Rosomock-Jagen*. Ein Nichtwissender wurde unten an die Bodentreppe mit einem großen Getreidesack gestellt, um den Rosomock aufzufangen. Indem er so gespannt auf den oben unter furchtbarem Lärmen gejagten Spuk wartete, wurde er mit einem Eimer Wasser begossen. Hierbei zeichnete sich einst besonders Wessel durch seinen opferfreudigen Humor aus. Freilich mußte er nicht kurz vorher sein Gesicht (beim sogenannten Mehlchenschneiden) in einen Teller mit Mehl getaucht haben, denn dann trug er eine Maske von Kleister zur Schau. Übrigens bemerke ich, daß Rosomock ein slavisches Wort ist für die wilde Katze, den skandinavischen Vielfraß (*Järv*).

Beim *Mehlchenschneiden* wurde ein auf einem Teller aufgestülptes Häufchen Mehl, nach der Reihe, solange angeschnitten, bis eine oben eingesteckte Münze herabfiel. Derjenige, bei welchem dieses geschah, hatte die Aufgabe, die Münze mit dem Munde aus dem Mehl herauszunehmen.

Ganz unschuldig war das *Gießen geschmolzenen Zinns* in kaltes Wasser und die Deutung der dadurch gebildeten mannigfachen Figuren; ferner das *Häckselchen-Pusten*, welches darin bestand, daß ein jeder der Teilnehmer, die rings um einen Tisch saßen, in einen Haufen Häcksel einen Pfennig warf. In dem Häufchen, das sodann jeder Mitspielende zugeteilt erhielt, suchte dieser durch Fortpusten des Häcksels zu ermitteln, ob darin Geld vorhanden sei. Der Inhalt war sein Gewinn.

Am Johannisabend banden wir zwei nebeneinanderstehende Pflanzen, die *Beifuß* hießen, in einem lockeren Knoten zusammen. Blieb dieser ungelöst und wuchsen die Spitzen munter aufwärts, so bedeutete das für die Bindenden eine längere Lebensdauer.

Auch *Wolfsbohnen* wurden unter den Balken der Stube gesteckt, in der Hoffnung, daß sie dort keimen würden. Doch weiß ich nicht, welche Erwartung man daran knüpfte. Wahrscheinlich auch hier die eines längeren Lebens.

Über Louis Passarge siehe Seite 54. Auch die Schilderung interessanter alter ostpreußischer Bräuche stammt aus »Ein ostpreußisches Jugendleben«.

Ernst Wichert

Urlaub an der Ostsee im 19. Jahrhundert

Bis die Eisenbahnbrücken über Weichsel und Nogat fertig wurden, waren für die meisten Königsberger Familien, die sich eine Sommerfrische erlauben durften, die Kosten weiterer Ausflüge unerschwinglich. Noch zu Anfang dieses Jahrhunderts war dort ein solcher Luxus überhaupt unbekannt. Seebäder zu nehmen, verbot schon der Umstand, daß die ganze Bernsteinküste fiskalisch war und nicht vom Publikum betreten werden durfte. Auf alten Karten finden sich an verschiedenen Stellen noch die Galgen für Bernsteindiebe angezeichnet. Erst in den dreißiger Jahren wurde der Strand zugänglicher, und nun quartierten sich im Juli und August Königsberger Familien in den Fischerdörfern der Nordküste des Samlandes ein, anfangs mit den allerprimitivsten Badeeinrichtungen vorlieb nehmend.

Am meisten besucht waren Cranz und Neu-Kuhren. Als sich hier schon jährlich eine größere Gesellschaft zusammenfand, Promenaden angelegt, städtische Wohnungen hergerichtet, Hotels erbaut und feste Badebuden aufgestellt wurden, war's einigen Familien, namentlich der Universitätsprofessoren, Lehrer und höheren Beamten, da nicht mehr still und »gemütlich« genug, und sie zogen deshalb weiter nach Westen. In Sassau wurde Ferdinand Gregorovius ständiger Sommergast; eine halbe Stunde davon entfernt in dem lieblichen Rauschen aber schlugen die Reuschs, Hilberts, Hagens pp. ihr Zeltlager auf. Von einem solchen konnte ganz wörtlich gesprochen werden, denn die Wohnungen in den kleinen und niedrigen Fischerhäuschen wurden meist nur als Schlaf- und Aufbewahrungsräume benutzt, während das Zelt unter dem »Kruschkeboom« (Kruschken sind kleine Holzbirnen) Alt und Jung zu allen Mahlzeiten und zu geselligem Verkehr versammelte. Der Wirt hatte die Verpflichtung, am Strand eine Bude von Strauch oder Stroh mit einem Holzbänkchen innen, aber ohne schließbare Tür, aufzurichten; bei

irgend gutem Wetter zogen sich die Herren im Freien aus. Sie wußten auch nichts von Bademänteln und Schwimmhosen, selbst das
Handtuch wurde von einigen verschmäht, und Wannen zum Ab-
spülen der Füße waren überhaupt unbekannt; man watete solange
durch den warmen Sand, bis die Füße trocken wurden, oder ging
barfuß über die Heide nach Hause.

Ungefähr so, wenn auch schon ein klein wenig kultivierter, habe ich,
nachdem ich mit meiner Familie einen Sommer in dem hübschen
Seebade Kahlberg auf der Frischen Nehrung unweit von Elbing, einen andern in Neu-Kuhren zugebracht hatte, Rauschen vorgefun-
den, wo ich dann siebzehnmal immer in demselben Fischerhäuschen
hoch oben einkehrte und in dem kleinen Gärtchen mein Zelt aufschlug. An diese genußreichen Sommeraufenthalte von vier bis fünf
Wochen werde ich nicht aufhören mit tiefer Sehnsucht zurückzu-
denken.

Das Dorf Rauschen liegt eine knappe Viertelstunde von der See entfernt in einem lieblichen Tal, das von einem hier zum Mühlenteich
aufgestauten Flüßchen durchzogen ist. Die Häuser, meist noch mit
Stroh gedeckt, steigen in drei oder vier Staffeln an der gegen den
Seewind geschützten Wand auf und sind von Obstgärten umgeben,
die obersten auch von prächtigen alten Eichen beschattet. Die Hügel
drüben sind bewaldet bis in die sogenannten Katzengründe hinein,
die ihren Namen von den weißen, in die Birken- und Eichenpläne
eingelagerten Sandschollen erhalten haben sollen. An der einen
Schmalseite des Teichs stehen auf dem Mühlendamm uralte Linden,
die ihre Zweige bis ins Wasser senken. Zwischen dem Dorf und dem
etwa 150 Fuß hohen, zerklüfteten Seeufer zieht sich die Heide hin,
deren Sandkuppen spärlich mit Birkenstrauch, üppig mit Wachhol-
der (in Ostpreußen Kaddick genannt), Heidekraut und kleinen
blauen Glockenblumen besetzt sind; unregelmäßige Sandpfade führen zwischen ihnen durch und über sie hin. So war's wenigstens
damals zu Anfang meiner Bekanntschaft noch. Denn jetzt sind auch
dort einige Villen gebaut und auf der Heide Anpflanzungen gemacht, durch die ein breiter schnurgerader und von Bäumen einge-
faßter Weg zur Strandtreppe führt. Auch zieht man sich jetzt schon
ganz gesittet zum Baden in Holzbuden aus und findet sogar Bretter
über den Sand gelegt. Die Idylle hat dadurch aber doch nur wenig

verkümmert werden können, und den verwöhnten Badegästen von heute wird sie vielleicht so erst genießbar.

Anfangs Juli zogen die Wirte aus ihren Wohnräumen aus in die leere Scheune oder den Stall (meist mit der Wohnung unter einem Dach). Haus und Stuben wurden dann mit Kalk geweißt. Man fand nur das allergeringste Mobiliar vor. Deshalb mußte alles sonst unumgänglich Erforderliche an Möbeln, Betten und Küchengerät mitgenommen werden. Damit wurde ein langer Kremser beladen, dessen vordere Sitze für die auswandernde Familie freiblieben. Erst in den letzten Jahren habe ich mir einen zweiten Wagen gestattet, der uns schneller zum Ziel brachte. Wenn die weißen Seeberge sichtbar wurden, spannte sich schon die Aufmerksamkeit der Kinder, und sobald sich aus der Einsenkung der blaue Wasserstreifen hob, brach jubelnd der Kanon los: »Ich seh' die See – ich seh' die See« – und endlos wiederholt: »ich seh' die See.« Und dann wurden die Zeltstangen mit grauer Leinwand bekleidet, wobei der Wirt für einen Extra-Taler zur Begrüßung zu helfen das Recht hatte, die niedrigen Stuben (ich stieß mit dem Kopf an die Balkendecke) möbliert, die Verhältnisse in der mit den Wirten gemeinsamen Küche, eigentlich nur einem Herde unter dem zwischen zwei Türen liegenden Schornstein, geordnet. Man versuchte Plattdeutsch zu sprechen, und ich habe sogar Spaßes halber in samländischem Dialekt gedichtet.

An schönen Spaziergängen fehlte es nicht. Im Wäldchen drüben oder am Teich entlang zu den Teichwiesen, oder den Weg aufwärts an einigen Hünengräbern vorüber nach der romantischen Gausupp-Schlucht und dem Waldhäuschen, in dem so köstliche Schaumflinsen gebacken wurden, oder am entgegengesetzten Taleinschnitt hinauf nach Sassau, Lappönen und dem durch seine einsame Tanne weithin sichtbaren Tikrenen, dessen Spezialität eine herrliche »Schmand mit Glumse« (Sahne mit Quark) war. Auf einem Bauernwägelchen war leicht die Oberförsterei Warnicken mit der tiefen auf die See auslaufenden Wolfsschlucht, das reizend auf der Höhe gelegene Fischerdorf Klein-Kuhren und der Wachbudenberg, Groß-Kuhren mit dem merkwürdigen Zipfelberg zu erreichen. Wie oft habe ich unter den Rieseneschen des Warnicker hohen Strandparks die Glutscheibe der Sonne majestätisch in die See tauchen sehen!

Vorüber, vorüber! Im Sommer 1895 frischten wir noch einmal die alten schönen Erinnerungen auf, als wir in Rauschen unsere Kinder, Professor Richard Garbe und Frau Anna, und die drei Enkelchen besuchten.

Über Ernst Wichert siehe Seite 61. Ostpreußen besaß u. a. mit Cranz, Rauschen, Groß-Kuhren und Kahlberg herrliche Badeorte an der Ostsee. Daß dort schon im vorigen Jahrhundert Urlaub gemacht wurde, wird durch Wicherts Schilderung aus »Richter und Dichter« (1899) belegt.

Ernst Wichert

Student in Königsberg

Die Provinz Preußen lag damals noch ziemlich isoliert von dem Hauptkörper der Monarchie und gar von deren westlichen Bestandteilen. Sie hatte unter dem Deutschen Orden und später unter polnischer Oberhoheit bis tief in das XVII. Jahrhundert hinein ihre eigne, sehr interessante Geschichte gehabt, an welche noch viele Baudenkmäler erinnerten, besaß in den Litauern, Masuren und Polen beachtenswerte Reste der ursprünglichen Bevölkerung und zeigte in mancherlei sozialen Einrichtungen und Gewohnheiten eine unverkennbare Ähnlichkeit mit den benachbarten russischen Ostseeländern. Die Söhne der reichen Kur- und Livländer studierten jedoch nicht mehr, wie ehemals, in Königsberg. Auch diese Stadt hatte in ihrem äußeren Ansehen noch vieles, was an eine viel frühere Zeit erinnerte, als sie sich noch aus drei Städten mit selbständigen Magistraten und ihren Vorstädten und Freiheiten zusammensetzte. Es wurden überall noch Überbleibsel der alten Mauern, Türme und öffentlichen Gebäude sichtbar. Teile des hochgelegenen Schlosses wiesen auf das XIII. Jahrhundert zurück. Auch die Universität befand sich noch ungefähr in der Beschaffenheit, die ihr der Stifter, Herzog Albrecht von Brandenburg, gegeben hatte. Die grauen Häuser hinter dem alten, langgestreckten Dom mit ihren kleinscheibigen Fenstern, durch welche die niedrigen Hörsäle ihr nicht allzu reichliches Licht erhielten, und mit den Steinwappen über den Türen machten aber doch einen anheimelnden Eindruck. Die an den Dom gebaute Stoa Kantiana, allerdings durch ein Gitter abgesperrt und auch für die Professoren nicht im Gebrauch, enthielt die Grabstelle des Philosophen, der vor fünfzig Jahren starb, der ganzen Welt eine Leuchte gewesen war und nicht aufhörte, sie mit seinem Ruhm zu erfüllen. Hieß doch von ihm her Königsberg »die Stadt der reinen Vernunft«, welchen Namen sie sich durch ihre politische und religiöse Freigeistigkeit zu erhalten suchte. Weiter hinaus erinnerte die

Kneiphöfische Langgasse mit dem »Grünen Tor« und der über dem Pregel erbauten Börse an Danzig. In den schmalen Häusern der Magisterstraße und der Altstädtischen Wassergasse wohnten die Studenten, gewöhnlich zwei zusammen in einem Zimmer, das für vier bis fünf Taler monatlich zu mieten war. Hier in der Nähe hatten die Verbindungen auch ihre Fechtböden, wie übrigens auch die Handwerker ihre Gesellenherbergen, durch uralte Schilder mit allerhand Bildwerken und Sprüchen kenntlich. Königsberg, obgleich eine ansehnliche Handelsstadt und von einer zahlreichen Beamtenschaft bewohnt, war doch nicht so groß, daß sich der Student in ihr verlor. Ganz im Gegenteil spielte er immer noch eine Rolle. Jeden Winter wurden »im Junkerhof« von der vereinigten Studentenschaft mehrere Bälle gegeben, die von der besten Gesellschaft besucht waren, und zu denen die Spitzen der Behörden von den in offenen Kutschen vorfahrenden Entrepreneuren in studentischem Wichs eingeladen wurden. Es galt den jungen Damen als eine besondere Ehre, diese Bälle zu eröffnen. Am Schluß stellten sich im Ballsaal die Chargierten in einen Kreis und sangen das Gaudemus igitur unter Zusammenschlagen der Schläger. Auch waren studentische Aufzüge in Equipagen, die von den Besitzern gern hergeliehen wurden, mit Vorreitern an der Spitze, nicht selten. Alle Studenten, nicht nur die in derselben Verbindung, duzten sich; der silberne Albertus an der Mütze war das Erkennungszeichen.

An alledem hat sich bald darauf schon viel geändert. Die Eisenbahn, welche Königsberg mit Berlin verbinden sollte, war bereits im Bau begriffen, die Festungswerke wuchsen rund um die Stadt, ein prächtiges Universitätsgebäude, zu welchem der Grundstein 1844 von König Friedrich Wilhelm IV. gelegt war, erstand auf dem früheren Königsgarten, während für ein neues Kneiphöfisches Gymnasium der Platz auf dem alten Universitätshofe freigelegt wurde, die Zahl der Studenten verdoppelte sich, aber die frühere Einmütigkeit war hin. Mit steigendem Wohlstand der Provinz wurde auch viel auswärts studiert und das nur sich selbst nicht lächerliche närrische Unwesen von dort eingeführt. Ich freue mich, das alte herzhafte Studentenleben noch kennengelernt zu haben.

Über Ernst Wichert siehe Seite 61. Er studierte in Königsberg um 1855.

Hermann Sudermann

Die Reise nach Tilsit

Wilwischken liegt am Haff. Ganz dicht am Haff liegt Wilwischken. Und wenn man von dem großen Wasser her in den Parwefluß einbiegen will, muß man so nah an den Häusern vorbei, daß man Lust bekommt, ihnen vom Kahn aus mit ein paar Zwiebeln – es können auch Gelbrüben sein – die Fenster einzuschmeißen.

Um die schönen, blanken Fenster wäre es freilich schade. Denn Wilwischken ist ein sauberes Dorf und ein reiches Dorf. Seine Einwohner betreiben neben der Haff- und der Flußfischerei einträgliche Akker- und Gartenwirtschaft, und die Zwiebeln von Wilwischken sind berühmt.

Die stattlichste Wirtschaft von allen ist die, die an der Mündung der Parwe gleichsam die scharfe Ecke bildet, und sie gehört dem Ansas Balczus.

Der Ansas Balczus ist nicht etwa ein gewöhnlicher Fischer, der bei jedem Raubfang sein Teil einscharren muß und nie genug kriegt, der am Montagabend seine Barsche in Heydekrug unterm Preis ausbietet und am Dienstagnachmittag betrunken heimfährt; der Ansas Balczus ist beinahe schon ein Herr, der mit den Deutschen deutsch spricht wie ein Deutscher, der sich sein Glas Grog süßt wie ein Deutscher und der sich bei seinen Prozessen so gut zu verteidigen weiß, daß er die Anwaltskosten sparen kann.

Er hat sich auch eine feine Frau genommen, der Ansas Balczus. Sie stammt aus Minge und ist die Tochter von dem reichen Jaksztat, dem die großen Haffwiesen gehören. Daß er die Indre Jaksztat bekommen würde, hätte keiner geglaubt, denn um die rissen sich alle, und sie ging so blaß und sanft an ihnen vorbei, als ob sie eine Sonnentochter gewesen wäre.

Nun *hat* er sie aber und kann stolz auf sie sein. Sie hat ihm drei hübsche Kinder geboren, und sie sorgt für die Wirtschaft, als wäre sie mit der Laime, der freundlichen Göttin, im Bunde. Ihre Butter wird ihr von den Händlern schon weggerissen, wenn sie noch in der Milch steckt, ihr Johannisbeerwein ist der kräftigste weit und breit, und im Brautwinkel stehen seit vorigen Weihnachten zwei rote Plüschsessel. Man erzählt sich sogar, daß sie der kleinen Elske, wenn sie sieben Jahre alt sein wird, ein Klavier kaufen will. Und dabei geht sie noch ebenso sanft und blaß ihres Wegs, wie sie es als Mädchen getan hat, und wird so rot wie ein Nelkenbeet, wenn man sie anspricht.

So ist die Indre Balczus. Und wenn *ich* der Ansas wäre, ich würde meine Hände zum Himmel heben, morgens und abends, daß *sie* meine Frau ist und keine andere.

Und so war es auch früher, aber seit die Busze als Magd ins Haus gekommen ist, hat es sich sehr verändert. So sehr verändert, daß die Nachbarfrauen schon lange die Köpfe zusammenstecken, wenn von dem Hof des Balczus Schimpfen und Weinen herüberschallt.

Das Schimpfen kommt von dem Ansas. Die Stimme kennt ein jeder. Aber weinen tut nicht die Indre – *wenn* sie's tut, so nur ganz leis und in der Nacht –, es sind die drei Kinder, die da weinen über all das Üble, das ihre Mutter erleiden muß. Und manchmal mischt sich auch ein Lachen darein, ein gar nicht gutes Lachen, hart wie Glas und schadenfroh wie Hähergeschrei.

Der Teufel hat diese Busze ins Haus gebracht. Wenn sie nicht selbst eine Besitzerstochter wäre und als solche stolzen und hoffärtigen Sinnes, hätte sie so viel Schaden gar nicht anrichten können. Warum muß die überhaupt dienen gehen mit ihren blinkernden Achataugen und dem Fleisch wie von Apfelblüten? Wer weiß, wie vielen die schon die Köpfe verdreht hat! Aber sie nimmt sie und läßt sie laufen, und wenn sie irgendwo einen ganz verrückt gemacht hat, dann lacht sie und geht in einen anderen Dienst.

Hier in dem Hause des Balczus sitzt sie nun als das leibhaftige Gegenteil der stillen und sanftmütigen Frau. Singt und schmeißt und rumort vom Morgenstern an bis in die späte Nacht, schafft für drei und wird schon aufgebracht, wenn man ihr nur sagt, sie möchte sich schonen.

Seit nun gar der Wirt bei ihr in der Kammer gewesen ist, kennt sie überhaupt keinen Spaß mehr. Es ist ein Elend, mitanzusehen, wie sie die Herrschaft mehr und mehr an sich reißt, und er ist schwach und tut, was sie will.

Sonst kommt das wohl in Wirtschaften vor, wo die Frau arm eingezogen ist oder aber kränklichen Leibes und darum die Dinge gehen
läßt, wie sie gehen. Aber der Indre gegenüber, dem reichen Jaksztat
seiner schönen Tochter, die bloß zu fein und zu hochgeboren ist, um
sich mit so einem Biest auflegen zu können, da versteht man die Welt
nicht mehr.

Eines Tages, als er wieder betrunken gewesen ist und sie geschlagen
hat, kommt die Nachbarin, die Ane Doczys, zu ihr und sagt: »Indre,
wir können das nicht mehr mit ansehen, wir ringsum. Wir haben beschlossen, ich schreib's deinem Vater.«

Die Indre wird noch blasser, als sie schon ist, und sagt: »Tut's nicht,
sonst nimmt er mich mit, und was wird dann aus den Kindern?«

»Wir tun's doch«, sagt die Doczene, »denn solch ein Frevel darf nicht
sein auf der Welt.«

Und die Indre bittet auch noch für ihren Mann und sagt: »Spricht es
sich immer weiter herum, so kommt er ganz sicher ins Unglück. Heiraten darf er sie nicht wegen des Ehebruchs. Auf den müßt' ich klagen, denn nur so kann ich die Kinder zugesprochen kriegen. Schon
jetzt betrinkt er sich immer häufiger. Was dann erst wird, das überlegt sich ein jeder.«

»Aber soll denn das immer so fortgehen?« fragt die Doczene.

»Sie ist schon aus fünf Brotstellen weggelaufen, wenn sie genug gehabt hat«, sagt die Indre, »und mit ihm wird sie's nicht anders machen.«

Aber die Ane Doczys, mitleidigen Herzens, wie Nachbarinnen sind,
denen es morgen ebenso gehen kann, warnt sie wieder und wieder.
»Wir haben uns auch erkundigt«, sagt sie, »das sind dann immer
Saufbengels gewesen und Duselköpfe. So einen wie deinen Mann
läßt die nicht los.«

Dies Wort führt der Indre so recht zu Gemüte, was für einen vortreff-
lichen Mann sie gehabt hat, ehe die Busze ins Haus kam. Aber sie
weint und klagt nicht, denn es ist nicht ihre Art. Sie wendet nur ein
wenig das eingefallene Gesicht und sagt: »Wie Gott will.« Nun, vor-
erst geht es so, wie die Doczene will.

Die kommt nach Hause und sagt zu ihrem Mann, der auf der Ofenbank liegt und schläft: »Doczys«, sagt sie, »hier sind die Wasserstiefel. Setz die Segel ins Mittelboot, wir fahren nach Minge.«

»Aus welchem Grund fahren wir nach Minge?« fragt er ungehalten; denn wer schläft, will Ruhe haben.

Aber die Doczene, in Wut bei dem Gedanken, daß es ihr morgen ebenso gehen kann, fackelt nicht viel und stößt ihn herunter. Er bekommt auch noch die schweren Stiefel angezogen, und eine halbe Stunde später fahren die beiden nach Minge.

Am Tage darauf kommt der alte Jaksztat in Wilwischken an. Er ist nicht zu Kahn gekommen, das hätte zu armemannsmäßig ausgesehen, sondern hat den Umweg über Land nicht gescheut, um seinem Schwiegersohn mit dem Verdeckwagen und dem neusilbernen Kummetgeschirr unter die Nase zu reiben, welcherart das Haus ist, aus dem seine Frau herstammt.

Des reichen Jaksztat erinnern wir uns noch alle. Der o-beinige, kleine Mann mit dem lappigen Knochengesicht und den ewigen Rasiermesserkratzern war ja bekannt genug. Als er starb, ist er schließlich gar nicht so reich gewesen. Aber das tut nichts zur Sache.

Die Busze, die ihre Augen überall hat, sieht als erste das Fuhrwerk vorfahren und tritt aus dem Hause.

Was er wünsche, fragt sie, die Arme einstemmend, und funkelt ihn an.

Er, nicht faul, nimmt seinem Kutscher die Peitsche aus der Hand und reißt ihr eins über. Lang übers Gesicht und den nackten rechten Arm herunter flammt die Strieme.

Und was tut sie? Sie packt den alten Mann, zieht ihn vom Wagen und fängt ihn mit den Fäusten zu verprügeln an. Der Kutscher springt vom Bock, der Ansas Balczus kommt aus dem Hause gestürzt, und beiden Männern zusammen gelingt es erst, ihn der wütenden Frauensperson zu entreißen. Weiß Gott, sie hätte ihn sonst vielleicht umgebracht.

So schlimm dies Vorkommnis an und für sich sein mag, in der nun folgenden Unterredung gibt es dem Alten Oberwasser. Denn so weit vom Wege abgekommen ist der Ansas Balczus doch noch nicht durch seine Kebserei, daß er nicht wüßte, welche Schande ein solcher Empfang dem Hause weit und breit bereiten muß.

Nun steht er in seiner ganzen Länge mit dem hinter die Ohren gestrichenen gelben Flachshaar und dem braunen Sommersprossengesicht vor dem Alten und weiß nicht, wo er die Augen lassen soll. Der schnauft immerzu vor Zorn und weil ihm noch vom Herumrangen die Luft fehlt.

»Wo ist deine Frau?«

Wie soll der Ansas Balczus wissen, wo seine Frau ist? Die läuft in ihrer Ratlosigkeit oft genug aus dem Hause, dorthin, wo sie vor Schimpf und Schlägen sicher ist.

»Ich bin der reiche Jaksztat!« schimpft der Alte. »Mir soll so was passieren!«

Der Ansas Balczus entschuldigt den Überfall, so gut es geht. Aber was kann er viel sagen?

»Diese Bestije, diese Patartschke muß sofort aus dem Hause!«

»Na, na«, brummt der Ansas. Wäre das nicht eben geschehen, so hätte er wahrscheinlich die Brust ausgestemmt und geschrien, das sei *seine* Wirtschaft, hier hab' er allein was zu sagen, aber jetzt brummt er bloß: »Na, na.«

Der Alte merkt sofort, daß sein Weizen blüht, und nun legt er los. Es gibt nicht viel Schimpfwörter im Litauischen, die der Ansas für sich und sein Frauenzimmer *nicht* zu hören gekriegt hat in dieser Stunde. Und schließlich ist er ganz windelweich, sitzt auf der Ofenbank und weint.

Indre kommt nach Hause. Sie hat die beiden Ältesten aus der Schule geholt und geht über den Hof, den kleinen Willus auf dem Arm, schlank und rank, geradeso wie die katholische heilige Jungfrau.

Wie sie das väterliche Fuhrwerk sieht, schrickt sie zusammen, setzt das Kindchen auf die Erde und sieht sich um, als weiß sie nicht, wo sich am raschesten verstecken.

Aber noch rascher ist der Alte. Zur Tür hinaus – und sie packen – und sie hereinziehen – hast du nicht gesehen!

»Jetzt fällst du vor ihr auf die Knie«, fährt er den Schwiegersohn an, »und küssest den Saum ihres Gewandes!«

So ohne Willen, wie der auch ist, das will er doch nicht. Aber der Alte hilft kräftig nach, und richtig, da liegt er vor ihr und sagt mit einem Schluchzer: »Ich weiß, ich bin ein Sünder vor dem Herrn.«

»Steh auf, Ansas«, sagt sie in ihrer milden Weise und legt die Hand auf seinen Kopf. »Wenn du dich jetzt zu sehr demütigst, vergißt du es mir nachher nicht, und es bleibt alles beim alten.«

Ach, wie gut hat sie ihn gekannt!

Aber vorläufig geht er auf alles ein und verspricht dem Alten, daß die Busze mit seinem Willen den Hof nicht mehr betreten soll und daß sie jetzt auf der Stelle abgelohnt werden soll.

Die Indre warnt den Vater, so Hartes nicht zu verlangen. Aber er besteht darauf.

Er hätte es lieber nicht sollen.

»Die Busze! Wo ist die Busze?«

Da kommt die Busze. Sie hat das Gesicht mit einem Taschentuch verbunden wie eine mit Zahnschmerzen, und um den rechten Arm hat sie eine nasse Schürze gewickelt. Zum Kühlen.

Sie stellt sich in die Tür und sieht die drei ganz freundlich an.

»Na also, was ist?« sagt sie. »Ich hab' zu tun.«

»Du hast hier nichts mehr zu tun«, sagt der Alte, »und das wird dir dein Brotherr gleich klarmachen.«

»Da bin ich doch neugierig«, trumpft sie als eine, die ihrer Sache sicher ist.

Der Ansas Balczus weiß nicht, wo anfangen und wo aufhören. Aber weil sie mit ihrem verbundenen Gesicht nicht gerade sehr hübsch aussieht, wird es ihm leichter. Er stottert was von »Hausfrieden« und »man muß Opfer bringen« und so. Sehr würdereich sieht er nicht aus.

Sie lacht laut auf und lacht und lacht. »Haben sie dich richtig kleingekriegt, du Dreckfresser?« fragt sie. »Ums übrige wirst du ja bald wissen, wo du mich finden kannst.«

Damit dreht sie sich um und schlägt die Tür hinter sich zu. – – –

Jetzt könnte der Friede wohl wiederkommen. Und anfangs scheint es auch so. Der Ansas tut freundlich zu seiner Frau, und als er mit Fischen auf den Heydekrüger Markt gefahren ist, bringt er ihr aus dem Hofmannschen Laden sogar ein Seidenkleid mit. Aber er hat einen schiefen Blick, und wenn er kann, geht er ihr aus dem Wege.

Die Indre schreibt nach Hause: »Es ist alles wieder gut.« Aber auf das Papier sind ihre Tränen gefallen.

Denn die Busze ist immer noch da. Sie hat sich bei den Pilkuhns eingemietet, die hinten am Abzugsgraben wohnen, und was das für Gesindel ist, das weiß in Wilwischken ein jeder. Sie tut so, als arbeitet sie in den Wiesen, aber man kann kaum ins Dorf gehen, dann trifft man sie irgendwo. Sie hat sogar die Dreistigkeit, den beiden

Kindern, wenn sie aus der Schule kommen, Gerstenzucker zu schenken.

Und wohin geht der Ansas, wenn es dunkel wird? Kein Mensch weiß. Er geht an der Parwe entlang, wo die Weidensträucher so dicht stehen, daß sich kein Abendrot zum Wasser hinfindet. Und die Leute, die vor den Türen sitzen, reden leise hinter ihm drein: »Jetzt trifft er sich mit der Busze.«

Es ist eine Schande zu sagen: Er trifft sich wirklich mit der Busze. Dort, wo sich kein Abendrot zum Wasser hinfindet, sitzen sie bis in die Nacht hinein und schmieden Pläne, wie es werden soll. Aber was sie auch übersinnen – die Frau, die Indre, steht immer dazwischen. »Laß dich scheiden!«

Laß dich scheiden! Leicht gesagt. Aber die Kinder! Der Endrik, der Älteste, soll einmal das Grundstück erben. Und die Elske, die ihm selbst aus den Augen geschnitten ist, wird demnächst gar Klavier spielen. Solche Kinder stößt man nicht von sich. Von dem kleinen Willus gar nicht zu reden. Außerdem hat der Schwiegervater, der reiche Jaksztat, die zweite Hypothek hergegeben. Wo kriegt man die her, wenn er kündigt?

Aber die Indre muß fort! Die Indre muß aus dem Wege! Die Indre mit ihrem Buttergesicht. Die Indre, die ihm nachspioniert. Die Indre, die allabendlich von Tür zu Tür läuft, um ihn schlecht zu machen vor den Leuten. Die Pilkuhns wissen, daß es nichts Abscheuliches gibt, was sie nicht erzählt von ihm. Sogar daß er einen Bruchschaden hat, hat sie erzählt. Woher sollen es die Pilkuhns sonst wissen? Ja, so schlecht ist sie bei all ihrer Scheinheiligkeit.

Also die Indre muß fort. Das ist beschlossene Sache. Es fragt sich bloß, wie.

Er natürlich will nichts davon hören, aber es muß ja doch sein.

Manche Frauen sterben im Kindbett – man braucht kaum einmal nachzuhelfen, aber das kann lange dauern und bleibt eine unsichere Sache.

Gift? Das kommt auf. So sicher, wie zwei mal zwei vier ist. Und wer's dann getan hat, weiß heute schon das ganze Dorf. Ertrinken? Aber die Indre geht nicht aufs Wasser. Das ganze vorige Jahr ist sie nicht einmal auf dem Wasser gewesen.

Sie wird schon gehen – man muß ihr nur zureden.

Na, und dann? Wird sie etwa freiwillig 'reinspringen? Ja, selbst *wenn* sie's täte, wer würde es glauben? Kommt man ohne sie zurück, sitzt man auch schon in Untersuchung.

Gift oder Ertrinken – es ist ein und dasselbe.

Aber die Busze hat einen klugen Kopf, die Busze weiß Rat.

Ob er schwimmen kann.

Er kann schon schwimmen. Aber in den schweren Stiefeln nutzt das nichts. Da wird man auf den Grund gezogen wie die »Kulschen« – die kleinen Steine im Staknetz.

Dann muß man barfuß 'raus. Jetzt im Sommer fährt jeder barfuß 'raus.

Er, der Ansas, hat das nie getan, und das wissen die Leute.

Ob die Indre schwimmen kann.

Wie die bleiernen Entchen – so kann die Indre schwimmen.

»Also, es wird gehen«, meint nachdenklich die Busze.

»*Was* wird gehen?«

Ob er sich des Unglücks erinnert, im vorigen Sommer, an der Windenburger Ecke, wobei die zwei Fischer ums Leben gekommen sind? Wie soll er sich dessen nicht erinnern. Der eine der Toten ist ja sein Vetter gewesen.

Ob er auch weiß, wie es geschehen ist.

Genau weiß es niemand, aber man nimmt an, daß sie betrunken gewesen sind und die gefährliche Stelle verschlafen haben, die Stelle hinter dem Leuchtturm, wo der Wind plötzlich einsetzt und wo man scharf aufpassen muß, will man nicht kentern wie ein zu hoch beladener Heukahn.

Ob man das Kentern nicht auch künstlich machen kann!

Ja, wenn man durchaus ersaufen will.

Ob man sich nicht aufs Schwimmen einrichten kann!

Bis an Land schwimmt keiner.

Ob man es nicht den Schuljungens nachmachen kann mit Binsen oder Schweinsblasen, die einen stundenlang über Wasser halten!

Man kann schon. Aber es ist ungebräuchlich und würde bemerkt werden.

Dann müßte man sie nach dem Gebrauch aus der Welt schaffen.

»Ja, aber wie?«

Die Busze wird nachdenken.

So reden und beraten sie Stunden und Stunden lang, Nacht für Nacht. Die Busze fragt, und er antwortet. Und aus dem Fragen und dem Antworten backen sie bei langsamem Feuer den Kuchen gar, an dem die Indre sich den Tod essen muß.

Eins bleibt immer noch das Schwerste: wie sie am besten zu dem Ausflug zu bringen ist. Mehrere müssen es sein, die glücklich verlaufen, ehe der Schlag geführt werden kann. Wo aber die Gründe hernehmen, um die häufigen Fahrten zu rechtfertigen? – Und wie selten auch weht der Süd oder der Südwest, bei dem allein das Unternehmen gelingen kann, und noch dazu in der gehörigen Stärke. Darum muß noch etwas Besonderes gefunden werden, ein Grund wie kein anderer. Einer, der jede Vorbereitung unnötig macht und gegen den es keinen Widerspruch gibt.

Bis dahin aber, das legt ihm Busze immer wieder ans Herz, heißt es freundlich zu der Indre sein, damit ihr jeder Verdacht genommen wird und auch die Nachbarn glauben können, es sei nun alles wieder in Ordnung.

Und er ist freundlich zu der Indre – so freundlich, wie's einer versteht, der sich nie im Leben verstellt hat. Er schlägt das Herdholz klein und trägt es ihr zu, er hilft ihr beim Garnkochen, er bessert den Stöpsel im Rauchfang, er küßt sie beim »Guten Tag« und »Gute Nacht«, und er schläft sogar an ihrer Seite, aber er rührt sie nicht an. Die Indre drückt sich still an die Wand, wenn er um Mitternacht heimkommt, um den Dunst der Magd nicht zu atmen, den er nach wie vor an sich herumträgt.

Und schließlich – die Busze hat es so verlangt – bringt er auch das schwerste Opfer und geht des Abends nicht mehr ins Sumpfweidendickicht. Von nun an verkehren sie nur durch den Briefträger. Die Aufschriften sind von einem jungen Kanzlisten in Heydekrug, dem er weisgemacht hat, er könne nicht schreiben, auf Vorrat gefertigt, und drinnen stehen Zeichen, die nur sie beide verstehen.

So muß auch die Indre glauben, der heimliche Verkehr habe aufgehört. Aber täuschen läßt sie sich darum doch nicht. Ihr ist manchmal, als habe sie die Gabe des zweiten Gesichts, und oft, wenn er sich vor ihr wunder wie niedlich macht, denkt sie bei sich: »Wie seh' ich ihn doch durch und durch!«

Eines Tages kommt er besonders liebselig auf sie zu und sagt: »Mein

Täubchen, mein Schwälbchen, du hast böse Tage gehabt, ich möchte dir gern etwas Gutes bereiten, such es dir aus.«

Sie sieht ihn nur an und weiß schon, daß er Hinterhältiges im Sinne führt. Und sie sagt: »Ich brauche nichts Gutes. Ich hab' ja die Kinder.«

»Nein, nein«, sagt er, »es muß sein. Schon wegen der Nachbarn. Auch deinem Vater will ich einen Beweis meiner Sinnesänderung geben. Weißt du nichts, so denke nach, und auch ich werde mir den Kopf zerbrechen.«

Am nächsten Tage kommt er wieder. Aber sie weiß noch immer nichts.

Da sagt er: »Nun, dann weiß ich es. Du hast noch nie die Eisenbahn gesehen. Laß uns nach Tilsit fahren, damit du einmal die Eisenbahn siehst.«

Sie sagt darauf: »Die Leute erzählen sich, daß die Eisenbahn nächstens bis nach Memel geführt werden soll, und Heydekrug wird dann eine Station werden. Wenn es so weit ist, kann ich ja einmal zum Wochenmarkt mitfahren.«

Aber er gibt sich nicht zufrieden.

»Tilsit ist eine schöne Stadt«, sagt er, »wenn du nicht hinfahren willst, so weiß ich, daß du einen bösen Willen hast und an Versöhnung nicht denkst, während ich nichts anderes im Sinne habe, als dir zu Gefallen zu leben.«

Da fällt ihr ein, daß er die Zusammenkünfte mit der Magd wirklich aufgegeben hat, und sie beginnt in ihrer Meinung wankend zu werden.

Und sie sagt: »Ach Ansas, ich weiß ja, daß du es nicht aufrichtig meinst, aber ich werde dir wohl den Willen tun müssen. Außerdem sind wir ja alle in Gottes Hand.«

Der Ansas hat die Gewohnheit, daß er rot werden kann wie irgendein junges Ding. Und weil er das weiß, geht er rasch vor die Tür und schämt sich draußen. Aber ihm ist zumut, als *muß* er es tun und ein Zurück gebe es nicht. Als wenn ihn der Drache mit feuriger Gabel vorwärts schubst, so ist ihm zumut. Und darum fängt er an demselben Tage noch einmal an.

»In Tilsit ist ein Kirchturm«, sagt er, »der ruht auf acht Kugeln, und darum hat ihn der Napoleon immer nach Frankreich mitnehmen

wollen. Er ist ihm aber zu schwer gewesen. Eine so merkwürdige
Sache muß man doch sehen.«
Die Indre lächelt ihn bloß so an, sagt aber nichts.
»Außerdem«, fährt er fort, »gibt es ja ein Lied, das geht so:

>   Tilschen, mein Tilschen, wie schön bist du doch!
>   Ich liebe dich heute wie einst,
>   Die Sonne wär' nichts wie ein finsteres Loch,
>   Wenn du sie nicht manchmal bescheinst.

Nun weißt du hoffentlich, was für eine schöne Stadt Tilsit ist.«
Wie er sich so zereifert, lächelt ihn Indre noch einmal an, und er wird
wieder rot und redet rasch von anderen Dingen.
Am nächsten Morgen aber sagt er ganz obenhin: »Nun, wann wer-
den wir fahren?« Als ob es längst eine abgemachte Sache wäre.
Sie denkt: »Will er mich los sein, so kann er es auf tausend Arten. Es
ist das Beste, ich füge mich.«
Und zu ihm sagt sie:
»Wann du wirst wollen.«
»Nun, dann je eher, je besser«, sagt er.
Es wird also der nächste Morgen bestimmt.
Und wie die Busze es ihm eingegeben hat, läuft er am Nachmittag
von Wirtschaft zu Wirtschaft und sagt: »Ihr wißt, liebe Nachbarn,
daß ich mich schlecht aufgeführt habe. Aber von nun an soll alles an-
ders werden. Zum Zeichen dessen werde ich mit der Indre eine Ver-
gnügungsfahrt nach Tilsit machen. Damit will ich sozusagen die Ver-
söhnung festlich begehen.«
Und die Nachbarn beglückwünschen ihn auch noch. Genau, wie die
Busze es vorhergesagt hat.
Was aber tut die Indre inzwischen?
Sie legt die Sachen der Kinder zurecht, schreibt auf ein Papier, was
sie am Alltag und am Sonntag anziehen sollen und wie die Stücke
Leinwand, die sie selber gewebt hat, künftig einmal zu verschneiden
sind. Auch ihre Kleider verteilt sie. Das neue seidene kriegt die Ane
Doczys, und die Erbstücke kommen an Elske. Dann legt sie noch ihr
Leichenhemde bereit und was ihr sonst im Sarge angezogen werden
soll. Und dann ist sie fertig.

9 Erntezeit in Ostpreußen.

30 Gumbinnen, das Regierungsgebäude.

31 Tilsit, Königin-Luise-Brücke und Deutsche Kirche.

32   Schönes Laubenhaus in Gilge am Kurischen Haff.

Draußen auf dem Hof spielen die Kinder. Sie denkt: »Ihr Armen werdet schlechte Tage haben, wenn die Busze erst da ist.«

Dann geht sie hinüber zur Ane Doczys, kurz nachdem der Ansas dagewesen ist, und sagt: »Dem Menschen kann leicht etwas zustoßen. Ich weiß, daß ich von dieser Reise nicht wiederkommen werde.«

Die Ane ist sehr erschrocken und sagt: »Warum sollst du nicht wiederkommen? Nach Tilsit ist bloß ein Katzensprung. Und es soll ja auch ein Versöhnungsfest sein.«

Die Indre lächelt bloß und sagt: »Wir werden ja sehn. Darum versprich mir, daß du auf die Kinder achtgeben wirst und dem Großvater schreibst, wenn es ihnen nicht gut geht.«

Die Ane weint und verspricht alles, und die Indre geht heim. Sie bringt die Kinder zu Bett und betet mit ihnen und stärkt sich in dem Herrn . . .

In der Frühe, lang' vor der Sonne, fahren sie ab.

Er, der Ansas, hat seine Sonntagskleider an, und auch sie hat sich geschmückt, denn es soll ja ein Versöhnungsfest sein. Sie trägt die rote, grüngestreifte Marginne, den selbstgewebten Rock, in dem sie vor neun Jahren mit ihm zur Versprechung nach der Kirche gefahren ist, und ein klares Mädchenkopftuch gegen die Sonnenstrahlen.

Auch zu essen und zu trinken hat sie mitgenommen und in dem vorderen Abschlag verstaut.

Er ist auf Klotzkorken und hat die leichten Wichsstiefel in der Hand. Im letzten Augenblick bringt er noch etwas angetragen, in Sackleinwand gepackt, das wirft er neben sich vor das Steuer und sieht sie verstohlen dabei an, als ob er eine Frage erwartet.

Aber sie fragt nichts.

Wie er das Großsegel setzt, gewahrt sie, daß ihm die Hände zittern. Er will sich nichts merken lassen und sagt: »Es ist ein hübsches kleines Windchen, wir können zu Mittag in Tilsit sein.« Sie sagt: »Mir ist es gleich.« Und er meint: »Ob es hin auch noch so rasch geht, zurück muß man kreuzen.«

Dann wirft er das Schwert aus und setzt auch den Raginnis, das kleine Vorsegel. Er sitzt nun halb zugedeckt von all der Leinwand, so daß sie ihn kaum sehen kann.

Der Kahn fährt wie an der Leine, und rings in dem Wasser glucksen die Fischchen.

Über das weite Haff hin ist es nach Westen wie eine blaugraue Decke gebreitet, nur drüben die Nehrung steht dunkelrot im Morgenschein.

Wie sie um die Windenburger Ecke herumkommen, dort, wo die Landzunge sich spitz in das Wasser hineinstreckt, lockert er erst die Segelleine und wirft dann mit raschem Griff das Steuer um, denn von nun an geht es mit vollem Wind geradeswegs nach Osten.

So oft sie zum Vater nach Minge fuhr, vor dieser Stelle hat sie schon immer Angst gehabt, denn wenn irgendeinmal ein Unglück geschehen ist, dann war es nur hier.

Und sie sucht in ihrer ungewissen Angst das liebe Minge, das in der Ferne ganz deutlich zu sehen ist, und denkt bei sich: »Ach Vater, wenn du wüßtest, was für einen schlimmen Weg die Indre fährt.« Aber sie ist still im Herrn. Nur die gefährliche Stelle macht ihr das Herz eng.

Und dann fährt der Kahn glatt auf die Mündung zu, die mit ihren Grasbändern rechts und links schon lang' auf sie zu warten scheint.

Da liegt nun vor ihr der breite Atmathstrom, breit wie die Memel selber, von der er ein Arm ist, und das hübsche kleine Windchen macht auf dem Wasser ein Reibeisen.

»Zwei Mundvoll mehr wären gut«, sagt der Ansas halb abgewandt zu ihr herüber, »denn wenn der Gegenstrom auch schwach ist, der Kahn merkt ihn doch.«

Sie denkt bloß: »Ich möchte nach Minge.« Aber Minge liegt längst im Rücken. Denn drüben ist schon Kuwertshof, das einsam zwischen Wasserläufen gelegene Wiesengut, von dem die Leute sagen, daß, wer darauf wohnen will, sich Schwimmhäute anschaffen muß, sonst kann er nicht vor und nicht zurück.

»Auch ich kann nicht vor und nicht zurück«, denkt sie, »und muß mithalten, wie er es bestimmt.«

Nun macht der Strom den großen Ellbogen nach Süden hin, und die Segel schlagen zur Seite, so daß sie ihn mit seinem ganzen Körper sehen kann.

Sie sitzt auf der Paragge, dem Abschlag vorn an der Spitze, und er hinten am Steuer. Der Mast steht zwischen ihnen.

Ihr ist, als will er sich vor ihren Blicken verstecken. Er rückt nach rechts, er rückt nach links, aber es hilft ihm nichts.

»Du armer Mann«, denkt sie, »ich möchte nicht an deiner Stelle sein.« Und sie lächelt ihn traurig an, so leid tut er ihr.

Auf der rechten Seite kommt nun Ruß, der große Herrenort, in dem so viel getrunken wird wie nirgends auf der Welt. Vor dem Rußner Wasserpunsch fürchten sich ja selbst die Herren von der Regierung. Zuerst mit den vielen Flößen davor der Anckersche Holzplatz und eine Sägemühle und dann noch eine und noch eine.

Die Dzimken, die Flößer, die mit den Hölzern stromab aus Rußland kommen, sitzen in ihren langen, grauen Hemden auf der Floßkante und baden sich die Füße. Hinter ihnen rauchen die Kessel zum Frühstücksbrot.

»Er wird mir wohl Gift 'reintun«, denkt sie. Aber noch hat sie das mitgebrachte Essen in ihrer Hand, und was anderes wird sie nicht zu sich nehmen.

Die Insel Brionischken kommt mit ihrer neuen Sägemühle. Auch hier liegen Holztriften fest, und die Dzimken, die Tag und Nacht Musik machen müssen, fangen schon an, die Kehlen zu stimmen. Eins von den Liedern kennt sie:

> Lytus lynòju, rasà rasòju,
> O mùdu abùdu lovò gulèju.

Sie denkt: »Wenn alles so wäre wie einst, dann würden wir jetzt mitsingen.«

Die Dzimken winken ihnen auch einladend mit den Händen, aber keines von ihnen beiden grüßt wieder. Und viele andere haben ihnen während der Fahrt noch zugewinkt, aber niemals haben sie Antwort gegeben.

Hinter Ruß kommt, wie wir ja wissen, eine traurige Gegend. Links das Medszokel-Moor, wo die Ärmsten der Armen wohnen, rechts das Bredszuller Moor, das auch nicht viel wert ist. Aber dahinter erhebt sich auf Hügeln und Höhen der Ibenhorst, der weitberühmte Wald, in dem die wilden Elche hausen.

Und sie muß an jenen Frühlingstag denken, vor sieben Jahren. Sie trug damals die Elske im sechsten Monat und war in der Wirtschaft schon wenig mehr nütze. Da sagte er eines Tages zu ihr: »Wir wollen nach Ibenhorst fahren, vielleicht daß wir die Elche sehen.« Aber er nahm nicht wie heute die Waltelle – das Mittelboot –, denn damit kommt man in den kleinen Seitenflüssen nicht vorwärts, sondern den Handkahn. In dem fuhren sie nun eng aneinander gedrückt durch das Gewirr der fließenden Gräben, durch Rohr und Binsen, stunden- und stundenlang. Und sie hatte den Kopf auf seinem Schoß liegen und sagte ein Mal über das andere: »Ach, was brauchen wir Elche zu sehen, es ist ja auch so ganz wunderschön.« Und schließlich sahen sie doch einen. Es war ein mächtiger Bulle mit einem Geweih, rein wie zwei Mühlenflügel. Der stand ganz nahe im Röhricht und kaute und sah sie an. Ansas sagte: »Sehr wild scheint der nicht zu sein, ich fahr' einfach auf ihn los.« Aber die Elske in ihrem Leibe, die wollte das nicht und machte einen heftigen Sprung. Und als sie ihm das sagte, da wußte er nicht, wie rasch er umkehren sollte.

An jenen Frühlingstag also muß sie denken, und dabei kommt mitten aus ihrer Ergebung der Jammer plötzlich über sie, so daß sie die gefalteten Hände vor die Stirn legt und dreimal weinend sagt: »O Gott, o Gott, o Gott!«

Dann sieht sie, daß er das Ruder festmacht und über die Großmastbank zu ihr herübersteigt.

»Worüber klagst du eigentlich?« hört sie ihn sagen.

Sie hebt die Augen zu ihm auf und sagt: »Ach Ansas, Ansas, weißt du nicht besser als ich, warum ich klage?«

Da dreht er sich auf seinen Hacken um und geht stumm zum Hinterende zurück.

Auf einer der entgegenfahrenden Triften spielt ein Dzimke die Harmonika.

Sie denkt: »Nun wird die Elske wohl nie mehr Klavier spielen lernen . . . und der Willus wird auch niemals ein Pfarrer werden.« Denn das hat sie sich in ihrem Sinne vorgenommen, weil es ein gottgefälliges Werk ist.

Sie denkt weiter: »Ich werde es mir noch vorher von ihm versprechen lassen.« Aber wie kann sie wissen, wann das Schreckliche kommen wird, so daß sie noch Zeit behält zum Bitten? Jeden Augenblick kann es kommen, denn oft ist alles menschenleer – auch an den Ufern weit und breit.

»Was mag er nur in der Sackleinwand haben?« denkt sie weiter. »Da drin muß es sein, womit er das Schreckliche ausüben will. Aber was kann es sein?« Das Paket ist rund und halbmannslang und etwa wie ein Milcheimer so stark. Als er es vor der Abfahrt auf den Boden warf, ist kein Schall zu hören gewesen. Es muß also leicht sein von Gewicht.

»Das Beste ist«, denkt sie, »ich lasse es kommen, wie es kommt, und nutze die Zeit, um Frieden zu machen mit dem Herrn.«

Aber der Herr hat ihr den Frieden längst gesandt. Sie weiß kaum einmal, um was sie beten soll. Denn um die Rettung zu beten, ziemt ihr nicht. Da braucht sie ja nur zu schreien, wenn irgendein Floß kommt. Und so betet sie für die Kinder. Immer der Reihe nach und dann wieder von vorne.

Wie lange Zeit so verflossen ist, kann sie nicht sagen. Aber die Sonne steht schon ganz hoch, da hört sie von drüben seine Stimme: »Bring mir zu essen, ich hab' Hunger!«

Das Herz schlägt ihr plötzlich oben im Halse. »Jetzt wird es geschehen«, denkt sie. Aber wie sie ihm die Neunaugen und die Rauchwurst hinüberträgt und Brot und Butter dazu, da zittert sie nicht, denn jetzt denkt sie wieder: »Nein, so kann es *nicht* geschehen, er wird sich eine andere Art und Weise suchen.«

Und dann, wie er fragt: »Ißt du denn nichts?«, kommt ihr plötzlich der Gedanke: »Es wird *gar* nicht geschehen. Und nur mein trüber Sinn malt es mir aus.«

Aber sie braucht ihn nur anzusehen, wie er dasitzt, in sich zusammengekrochen und die Blicke irgendwohin ins Weite oder aufs Wasser gerichtet, bloß nicht auf sie, dann weiß sie: »Es wird *doch* geschehen.«

Mit einmal faßt sie sich ein Herz und fragt: »Was hast du da in der Sackleinwand?«

Er zieht finster den Mund in die Höhe und antwortet: »Meine Wasserstiefel.« Aber sie weiß, daß das nicht wahr sein kann, denn deren Absätze sind eisenbeschlagen und hätten beim Hinschmeißen geklappert.

Dann packt sie die Speisen zusammen und geht nach dem Vorderende zurück.

Die Sonne sticht nun sehr, und sie muß ihr Kopftuch tief in die Augen ziehen.

Längst haben sie die arme Moorgegend verlassen, auch der schwarze Rand des Ibenhorstes ist untergesunken, und hinter dem Damm dehnt sich die fruchtbare Niederung, wo der Morgen tausend Mark kostet und die Bauern Rotwein auf dem Tische haben.

Die Klokener Fähre kommt, hinter der Kaukehmen liegt, der große, reiche Marktort, in dessen bestem Gasthaus nur studierte Leute aus und ein gehen dürfen. »Wenn der Willus Pfarrer sein wird, wird er dort auch aus und ein gehen dürfen. Aber der Willus wird ja nie Pfarrer sein. Wird etwa die Busze ihn auf die hohe Schule gehen lassen?« Nun dauert es noch etwa eine Stunde, dann kommt die Stelle, an der die Gilge sich abzweigt. Sie sieht das blanke Gewässer nach rechts hin im Grünen verschwinden, fragt aber nichts.

Da kriegt der Ansas mit einemmal die Sprache wieder und sagt: »Du, Indre, von nun an heißt es nicht mehr der Rußstrom, jetzt ist es die Memel.«

Sie bedankt sich für die Belehrung, und dann wird es wieder still. So lange still, bis Ansas plötzlich den Arm hebt und ganz erfreut nach vorne zeigt.

Sie wendet sich um und fragt: »Was ist?«

»Was wird sein?« sagt er. »Tilsit wird sein.«

Sie sieht nicht nach Tilsit. Sie sieht bloß nach ihm. Er lacht übers ganze Gesicht, weil sie nun bald da sind.

»Es wird *nicht* geschehen«, denkt sie. »*Der* Mensch kann sich nicht freuen, der so Schreckliches mit sich herumträgt.«

Und dann wird er ganz ärgerlich, weil sie so gar keine Neugier zeigt. »Da vorne bauen sie die große Eisenbahnbrücke«, sagt er, »und hinten steht auch Napoleons Kirchturm, aber du siehst dich nicht einmal um.«

Sie entschuldigt sich und läßt sich alles erklären. Und so kommen sie immer näher.

Die Mauerpfeiler, die aus dem Wasser wachsen, und die Eisengerüste hoch oben, die in der Luft hängen wie der Netzstiel beim Fischen – so was hat sie wirklich noch nie gesehen.

»Alles war Unsinn«, denkt sie. »Es wird *nicht* geschehen.«

Und dann kommen Holzplätze, so groß wie der Anckersche in Ruß, und Schornstein nach Schornstein, und dann die Stadt selber. Mit Wohnhäusern, noch höher als die Speicher in Memel. Denn Memel kennt sie. Dorthin ist sie früher manchmal zum Markt mitgefahren und um die See zu sehen.

Napoleons Kirchturm hätte sie sich wunderbarer vorgestellt. Die acht Kugeln sind wirklich da, aber das Mauerwerk steht darauf, als ob es gar nicht anders sein könnte.

Ansas zieht die Segel ein und lenkt dem steinernen Ufer zu. Dort, wo er festmacht, liegen schon ein paar andere Fischerkähne, mit deren Besitzern er sich begrüßt. Es sind Leute aus Tawe und Inse, die ihren Fang am Morgen verkauft haben.

»Kommt ihr Wilwischker jetzt auch schon hierher«, sagt einer neidisch, »und verderbt uns die Preise?«

Ansas, der sich gerade die Wichsstiefel anzieht, antwortet ihm gar nicht. Für solche Gespräche ist er zu stolz.

Indre breitet das weiße Reisetuch über den vorderen Abschlag und setzt die Speisen darauf. Neben den Neunaugen und der Rauchwurst hat sie auch Soleier und selbstgeräucherten Lachs mit eingepackt. Und da sie seit halb vier in der Frühe nichts mehr gegessen hat, merkt sie jetzt, daß ihr schon längst vor Hunger ganz schwach ist.

Sie sitzen nun beide auf den Kanten des Bootes einander nahe gegenüber und essen das Mitgenommene als Mittagbrot. Geld, um in ein vornehmes Gasthaus zu gehen und sich auftafeln zu lassen vom Besten, hat Ansas wohl übergenug. Aber das ist nicht Fischergewohnheit.

Sie denkt nun gar nicht mehr an das Schreckliche, aber das Herz liegt ihr von all dem Fürchten noch wie ein Stein in der Brust.

Jetzt ist es der Ansas, der nicht viel essen kann, denn die Erwartung, ihr alles zu zeigen, läßt ihm keine Geduld. Er steht auf und sagt: »Nun kann es losgehen.« Aber vorher kehrt er noch nach hinten zurück, das Hängeschloß zu holen, damit der Kahn nicht etwa inzwischen verschwindet.

Dabei kommt er mit einem Fuß zufällig unter den runden Sack, der vor dem Steuersitz liegt. Der fliegt wie von selber hoch, so leicht ist er, und sinkt dann wieder zurück. Sie sieht, wie er dabei erschrickt und zu ihr herüberglupt, ob sie's auch nicht bemerkt hat. Und der Stein in ihrer Brust wird schwerer.

Aber wie sie das Ufer hinanschreiten und er ihr alles erklärt, denkt sie

wieder: »Es kann nicht sein, es muß eine andere Bewandtnis haben.«
Dann biegen sie in die Deutsche Straße ein, die breit ist wie ein Strom
und an ihren Rändern lauter Schlösser stehen hat. In den Schlössern
kann man sich kaufen, was man will, und alles ist viel schöner und
prächtiger als in Memel.

Der Ansas sagt: »Hier aber ist das Schönste« und weist auf ein Schild,
das die Aufschrift trägt: »Konditorei von Dekomin«. Und da ein kaltes Mittagbrot nie ganz satt macht, so beschließen sie auch sogleich
hineinzugehen und die leeren Stellen im Magen aufzufüllen.

Und wie sie eintreten, o Gott, was sieht die Indre da! In einer langen,
schmalen Stube, in der es kühl und halbdunkel ist, steht nicht weit
von der Wand ein Tisch, der von einem Ende bis zum andern reicht
und der ganz bedeckt ist mit Kuchen und Torten und sonstigen Sü-
ßigkeiten aller Art.

»Da wollen wir nun schwelgen«, sagt der Ansas und reckt sich.

Aber sie traut sich noch nicht, und er muß ihr die Stücke einzeln auf
den Teller legen. Auch einen schönen Rosenlikör bestellt er. Der ist
süß wie der Himmel und klebt an den Fingern, so daß man immerzu
nachlecken muß.

»Darf ich nicht auch den Kindern was mitbringen?« fragt sie.

»Nun, das versteht sich«, sagt er und lacht.

Da sticht ihr plötzlich der Gedanke ins Herz, daß sie die Kinder vielleicht niemals mehr sehen wird. Ganz abgeängstigt blickt sie ihn an –
und siehe da! auch sein Gesicht hat sich verändert. Der Mund steht
ihm offen, ganz hohl sind die Backen, und die Augen schielen an ihr
vorbei.

»Es wird *doch* geschehen«, denkt sie und legt den Teelöffel hin, ißt
auch nicht einen Bissen mehr; nur die Krumen, die rings um den Teller verstreut auf dem Steintisch liegen, wischt sie mit den Fingerspit-
zen auf und denkt dabei – – ja, was denkt sie? Nichts denkt sie. Und
auch er sitzt da wie vor den Kopf geschlagen und redet kein Wort.
Also wird es *doch* geschehen!

Dann, wie er aufsteht, sagt er: »Nun laß dir einpacken.« Aber sie
kann nicht. »Bring *du* es ihnen«, sagt sie, und er tritt an den Tisch
und sucht aus. Aber er weiß nicht, was er aussucht, denn seine Augen gehen immer nach ihr zurück, als will er was sagen und traut sich
nicht.

Dann, wie sie wieder auf die Straße hinaustreten, die von der Nachmittagssonne geheizt ist wie ein Backofen, gibt er sich einen Ruck
und fängt von neuem mit dem Erklären an. Dies ist das und jenes ist
das.

Aber sie hört kaum mehr hin. Ganz benommen ist sie von neuer
Angst. Die kommt und geht, wie die Haffwellen ans Ufer schlagen.
Dann stehen sie vor einem Kurzwarenladen, in dessen Schaufenster
auch Kindersachen ausliegen. »Wir wollen 'reingehen«, sagt sie.
»Du kannst den Kindern ein Andenken mitbringen.«

»Andenken? An wen?« fragt er und stottert dabei.

»An mich«, sagt sie und sieht ihn fest an.

Da wird er wieder rot, wendet die Augen ab und fragt nichts weiter.
Es wird also ganz sicher geschehen.

Sie sucht für den Endrik eine Wachstuchschürze mit roten Rändern,
damit er sich nicht schmutzig macht, wenn er im Sand spielt; für die
Elske eine blaue Kappe gegen die Sonne und für den kleinen Willus –
was kann es viel sein? – ein Sabberschlabbchen, unter das Kinn zu
binden. »Vielleicht werden doch noch einmal Pfarrerbäffchen daraus«, denkt sie und verbeißt ihre Tränen.

Der junge Mann, der die Sachen einwickelt, sagt zu Ansas gewandt:
»Vielleicht haben Sie auch für die Frau Gemahlin einen Wunsch.«
Er steht verlegen und geschmeichelt, weil man die Indre eine »Frau
Gemahlin« nennt, was von einer litauischen Fischersfrau wohl nicht
häufig gesagt wird.

Und der junge Mann fährt fort: »Vielleicht darf ich auf unsere echten
Schleiertücher aufmerksam machen, denn, wenn ich mir die Bemerkung erlauben darf, das, welches die Frau Gemahlin augenblicklich
trägt, ist etwas – durchgeschwitzt.«

Indre erschrickt und sucht einen Spiegel, denn noch hat sie nicht den
Mut gehabt, sich irgendwo zu besehen. Und der junge Mann breitet
eilig seine Gewebe aus. Die sind rein wie aus Spinnweben gemacht
und haben Muster wie die schönsten Mullgardinen.

Ansas wählt das teuerste von allen – er getraut sich gar nicht, ihr zu
sagen, *wie* teuer es ist –, und der junge Mann führt sie vor eine Wand,
die ganz und gar ein Spiegel ist. Wie sie das Tuch am Halse geknotet
hat, so daß es die Ohren bedeckt und die Augen verschattet, da weiß
er sich vor Entzücken gar nicht zu lassen.

»Nein, wie schön die Frau Gemahlin ist!« ruft er einmal über das andere. »Nie hat dieser Spiegel etwas Schöneres gesehen!«

Und sie bemerkt fast erschrocken, wie der Ansas sich freut.

Im Rausgehen wendet er sich noch einmal um und fragt den jungen Mann, ob er wohl weiß, wie die Züge gehen.

»Zur Ankunft oder zur Abfahrt?« fragt der junge Mann.

Und Ansas meint, das wäre ganz gleich.

Da lächelt der junge Mann und sagt, bald nach viere komme einer an, und gegen sechse fahre einer ab. Man habe also die Auswahl. Ansas bedankt sich und sagt, als sie draußen sind: »Wir wollen lieber die Abfahrt nehmen, denn da sieht man ihn in der Ferne verschwinden.«

Aber bis sechs ist noch viel Zeit. Was kann man da machen?

Der Indre ist alles egal. Sie denkt bloß: »Wenn es *doch* geschehen soll, warum hat er dann noch so viel Geld für mich ausgegeben?«

Und in ihr Herz kommt wieder einmal die Hoffnung zurück.

Ansas ist vor einer Mauer stehengeblieben, auf der ein Zettel klebt:

JAKOBSRUH
heute vier Uhr
GROSSES MILITÄRKONZERT
ausgeführt von der Kapelle
des litauischen Dragonerregiments Prinz Albrecht.

Und darunter steht alles gedruckt, was sie spielen werden.

Der Stein in Indres Brust ist nun ganz leicht geworden; kaum zu fühlen ist er. Aber sie hat Zweifel, ob bei einem solchen Vergnügen, das augenscheinlich für die Deutschen bestimmt ist, auch Litauer zugegen sein dürfen – und dazu noch in ihrer Landestracht.

Aber Ansas lacht sie aus. Wer sein Eintrittsgeld bezahlt, ist eingeladen, gleichgültig ob er »wokiszkai« spricht oder »lietuwiszkai«.

Indre zweifelt noch immer, und nur der Gedanke, daß es ja ein *litauisches* Dragonerregiment ist, welches die Musiker hergibt, macht ihre Schamhaftigkeit etwas geringer.

So fahren sie also in einer Droschke nach Jakobsruh, jenem Lustort, der bekanntlich so schön ist wie nichts auf der Welt. Bäume, so hoch und schattengebend wie diese, hat Indre noch nie gesehen, auch nicht in Heydekrug und nicht in Memel. Am Haff, wo es nur kurze Weiden gibt und dünne Erlen, könnte man sich von einer solchen Blätterkirche erst recht keinen Begriff machen.

Aber trotz ihrer Freude ist ihr vor dem fremden Orte noch bange genug, denn ringsum sitzen an rotgedeckten Tischen lauter städtische Herrenleute, und als Ansas vorangeht, einen Platz zu suchen, recken alle die Hälse und sehen hinter ihnen her. Es ist, um in die Erde zu sinken.

Ansas dagegen fürchtet sich nicht im mindesten. Er findet auch gleich einen leeren Tisch, wischt mit dem Schnupftuch den Staub von den Stühlen und befiehlt einem feinen deutschen Herrn, ihm und ihr Kaffee und Kuchen zu bringen. Genauso, wie es die anderen machen.

So ein mutiger Mann ist der Ansas. Man fühlt sich gut geborgen bei ihm, und alle die Angst war ein Unsinn.

Nicht weit von ihnen ist eine kleine Halle aufgebaut mit dünnen Eisenständern und einem runden Dachchen darauf. Die füllt sich mit hellblauen Soldaten. O Gott, so vielen und blanken Soldaten! Während es doch sonst nur drei oder vier schmutzige Vagabunden sind, die Musik machen.

Zuerst kommt ein Stück, das heißt »Der Rosenwalzer«. So steht auf einem Blatt zu lesen, das Ansas von dem Kassierer gekauft hat. Wie das gespielt wird, ist es, als flöge man gleich in den Himmel. Dicht vor den Musikern haben sich zwei Kinderchen gegenseitig um den Leib gefaßt und drehen sich im Tanze. Da möchte man gleich mittanzen. Und hat sich doch vor einer Stunde noch in Todesnöten gewunden! Wie das Stück zu Ende ist, klatschen alle, und auch die Indre klatscht.

Rings wird es still, und die Kaffeetassen klappern.

Ansas sitzt da und rührt sich nicht. Wie sie ihn etwas fragen will – so gut ist sie schon wieder mit ihm –, da macht er ihr ein heimliches Zeichen nach links hin: sie soll horchen.

Am Nebentisch sprechen ein Herr und eine Dame von ihr.

»Wenn eine Litauerin hübsch ist, ist sie viel hübscher als wir deutschen Frauen«, sagt die Dame.

Und der Herr sagt: »In ihrer blassen Lieblichkeit sieht sie aus wie eine Madonna von – –«

Und nun kommt ein Name, den sie nicht versteht. Auch was das ist: »Madonna«, weiß sie nicht. Für ihr Leben gern hätte sie den Ansas gefragt, der alles weiß, aber sie schämt sich.

Da fängt sie einen Blick des Ansas auf, mit dem er gleichsam zu ihr in die Höhe schaut, und nun weiß sie, was sie schon im Laden geahnt hat: er ist stolz auf sie, und sie braucht nie mehr Angst zu haben. Dann hört die Pause auf, und es kommt ein neues Stück. Das heißt »Zar und Zimmermann«. Der Zar ist der russische Kaiser. Daß man von *dem* Musik macht, läßt sich begreifen. Warum aber ein Zimmermann zu solchen Ehren kommt, ein Mensch, der schmutzige Pluderhosen trägt und immerzu Balken abmißt, bleibt ein Rätsel.

Dann kommt ein drittes Stück, das wenig hübsch ist und bloß den Kopf müde macht. Das hat sich ein gewisser Beethoven ausgedacht. Aber dann kommt etwas! Daß es so was Schönes auf Erden gibt, hat man selbst im Traum nicht für möglich gehalten. Es heißt: »Die Post im Walde«. Ein Trompeter ist vorher weggegangen und spielt die Melodie ganz leise und sehnsüchtig von weit, weit her, während die andern ihn ebenso leise begleiten. Man bleibt gar nicht Mensch, wenn man das hört! Und weil die Fremden, die Deutschen, ringsrum nicht sehen dürfen, wie sie sich hat, springt sie rasch auf und eilt durch den Haufen, der die Kapelle umgibt, und an vielen Tischen vorbei dorthin, wo es einsam ist und wo hinter den Bäumen versteckt noch leere Bänke stehen.

Dort setzt sie sich hin, schiebt das neue Kopftuch aus den Augen, damit es nicht naß wird, und weint, und weint sich all die – ach, all die ausgestandene Angst von der Seele.

Und dann setzt sich einer neben sie und nimmt ihre Hand. Sie weiß natürlich, daß es der Ansas ist, aber sie ist vor Tränen ganz blind. Sie lehnt den Kopf an seine Schulter und sagt immer schluchzend: »Mein Ansuttis, mein Ansaschen, bitte, bitte, tu mir nichts, tu mir nichts.«

Sie weiß, daß er ihr nun nichts mehr tun wird, aber sie kann nicht anders – sie muß immerzu bitten.

Er zittert am ganzen Leibe, hält ihre Hand fest und sagt einmal über das andere: »Was redest du da nur? Was redest du da nur?« Sie sagt: »Noch ist es nicht gut. Ehe du es nicht gestehst, ist es noch nicht ganz gut.«

Er sagt: »Ich habe nichts zu gestehen.«

Und sie streichelt seinen Arm und sagt: »Du wirst es schon noch gestehen. Ich weiß, daß du es gestehen wirst.«

Er bleibt immer noch dabei, daß er nichts zu gestehen hat, und sie gibt sich zufrieden. Nur wenn sie daran denkt, daß daheim im Dorf die Busze sitzt und lauert, läuft es ihr ab und zu kalt über den Rükken.

Mit ineinandergelegten Händen gehen sie zu ihrem Tische zurück und kümmern sich nicht mehr um die Leute, die nicht satt werden können, ihnen nachzusehen.

Und weil nun ringsum die Kaffeetassen verschwunden sind und statt ihrer Biergläser stehen, bestellt sich Ansas auch was bei dem feinen Herrn – aber kein Bier bestellt er, sondern eine Flasche süßen Muskatwein, wie ihn die Litauer lieben.

Und beide trinken und sehen sich an, bis Indre sich ein Herz faßt und ihn fragt: »Mein Ansaschen, was heißt das – eine Madonna?«

»So nennt man die katholische heilige Jungfrau«, sagt er.

Sie zieht die Lippen hoch und sagt verächtlich: »Wenn's weiter nichts ist.«

Denn die Neidischen, die sie ärgern wollten, haben sie schon als Mädchen so genannt, und sie ist doch stets eine fromme Lutheranerin gewesen.

Und sie trinken immer noch mehr, und Indre fühlt, daß sie rote Bakken bekommt, und weiß sich vor Fröhlichkeit gar nicht zu lassen.

Da plötzlich fällt dem Ansas ein: »O Gott – die Eisenbahn! Und die Uhr ist gleich sechs!«

Er ruft den feinen Herrn herbei und bezahlt mit zwei harten Talern. Dann fragt er noch nach dem kürzesten Wege zum Bahnhof. Aber wie sie nun eilends dorthin laufen wollen, ergibt es sich, daß sie nicht mehr ganz gerade stehen können.

Die Leute lachen hinter ihnen her, und die Dame am Nebentisch sagt bedauernd: »Daß diese Litauer sich doch immer betrinken müssen.« Hätte sie gewußt, *was* hier gefeiert wird, so hätte sie's wohl nicht gesagt.

Die Straße zum Bahnhof führt ziemlich nah an den Schienen entlang. Sie laufen und lachen und laufen.

Da mit einmal macht es irgendwo: »Puff, puff, puff.«

O Gott – was für ein Ungeheuer kommt dort an! Und geradeswegs auf sie zu.

Indre kriegt den Ansas am Ärmel zu packen und fragt: »Ist sie das?«
»Ja, das ist sie.«

Wie kann es bloß so viel Scheußlichkeit geben! Der Pukys mit dem feurigen Schweif und der andere Drache, der Atwars, sind gar nichts dagegen. Sie schreit und hält sich die Augen zu und weiß nicht, ob sie weiterlachen oder noch einmal losweinen soll. Aber da der Ansas sie beschützt, entscheidet sie sich fürs Lachen und nimmt die Schürze vom Gesicht und macht: »Puff, Puff.« Genauso kindisch, wie die Elske machen würde, wenn sie den Drachen sähe, mit dem die Leute spazierenfahren.

»Wohin fahren sie?« fragt sie dann, als die letzten Wagen vorbei sind. Und Ansas belehrt sie: »Zuerst nach Insterburg und dann nach Königsberg und dann immer weiter bis nach Berlin.«

»Wollen wir nicht auch nach Berlin fahren?« bittet sie.

»Wenn alles geordnet ist«, sagt er, »dann wollen wir nach Berlin fahren und den Kaiser sehen.« Dabei wird er mit einemmal steinernst, als ob er ein Gelübde tut.

O Gott, wie ist das Leben schön!

Und das Leben wird immer noch schöner.

Wie sie auf dem Wege zur inneren Stadt an dem »Anger« vorbeikommen, jenem großen, häuserbestandenen Sandplatz, auf dem die Vieh- und Pferdemärkte abgehalten werden, da hören sie aus dem Gebüsch, das den einrahmenden Spazierweg umgibt, ein lustiges Leierkastengedudel und sehen den Glanz von Purpur und von Flittern durch die Zweige schimmern.

Nun möchte ich den Litauer kennenlernen, der an einem Karussell vorbeigeht, ohne begierig stehenzubleiben.

Die Sonne ist zwar bald hinter den Häusern, und morgen früh will Ansas beim Kuhfüttern sein, aber was kann der kleine Umweg viel schaden, da man ja sowieso an vierzehn Stunden kreuzen muß.

Und wie sie das runde, sammetbehangene Tempelchen vor sich sehen, dessen Prunksessel und Schlittensitze nur auf sie zu warten scheinen, da weist Ansas mit einemmal fast erschrocken nach dem Leinwanddache, auf dessen Spitze ein goldener Wimpel weht.

Sie weiß nicht, was sie da gucken soll.

Er vergleicht den Wimpel mit den Wetterfahnen rings auf den Dächern. Es stimmt! Der Wind ist nach Süden umgeschlagen – und das Kreuzen unnötig geworden. In sieben Stunden kann der Kahn zu Hause sein.

Also 'rauf auf die Pferde! Die Indre wehrt sich wohl ein bißchen – eine Mutter von drei Kindern, wo schickt sich das? Aber in Tilsit kennt sie ja keiner. Also, fix, fix 'rauf auf die Pferde, sonst geht's am Ende noch los ohne sie beide.

Und sie reiten und fahren und reiten wieder, und dann fahren sie noch einmal und noch einmal, weil sie zum Reiten schon lange zu schwindlig sind. Die ganze Welt ist längst eine große Drehscheibe geworden, und der Himmel jagt rückwärts als ein feuriger Kreisel um sie herum. Aber sie fahren noch immer und singen dazu:

> »Tilschen, mein Tilschen wie schön bist du doch!
> Ich liebe dich heute wie einst!
> Die Sonne wär' nichts wie ein finsteres Loch,
> Wenn du sie nicht manchmal bescheinst.«

Und die umstehenden Kinder, die schon dreimal Freifahrt gehabt haben, singen dankbar mit, obwohl sie Text und Weise nicht begreifen können.

Aber schließlich wird der Indre übel. Sie *muß* ein Ende machen, ob sie will oder nicht. Und nun stehen sie beide lachend und betäubt unter den johlenden Kindern und streuen in die ausgestreckten Hände die Krümel der Konditorkuchen, die sie aus Versehen längst plattgesessen haben.

Ja, so schön kann das Leben sein, wenn man sich liebt und Karussell dazu fährt!

Dann nehmen sie Abschied von den Kindern und den Kindermädchen, von denen etliche sie noch ein Ende begleiten. Um ihnen den Weg zu zeigen, sagen sie, aber in Wahrheit wollen sie bei Gelegenheit noch ein Stück Kuchen erraffen. Und sie hätten auch richtig was gekriegt, wenn sie bis zur Dekominschen Konditorei ausgehalten hätten. Aber die liegt ja, wie wir wissen, am andern Ende der Stadt. Daselbst lassen sie beide sich noch einmal ein schönes Paketchen zurechtmachen, aber diesmal sucht die Indre aus. Der Ansas bestellt derweilen noch zwei Gläschen von dem klebrigen Rosenlikör und nimmt zur Sicherheit für vorkommende Fälle gleich die ganze Flasche mit.

Wie sie zu ihrem Kahn hinabsteigen, ist die Sonne längst untergegangen. Aber das macht nichts, denn der Südwind hält fest, und der Mond steht schon bereit, um ihnen zu leuchten.

Unter solchen Umständen ist ja die Fahrt ein Kinderspiel.

Ansas schöpft mit der Pilte das Wasser aus, damit die Bodenbretter hübsch trocken sind, wenn die Indre sich etwa langlegen will. Aber sie will nicht. Sie setzt sich auf ihren alten Platz vorn auf die Paragge, damit sie dem Ansas zusehen und sich im stillen an ihm freuen kann. Und dann geht es los.

Die Ufer werden dunkler, und eine große Stille breitet sich aus. Sie muß immerzu daran denken, in welcher Angsthaftigkeit das Herz sie drückte, als sie vor acht Stunden desselben Weges fuhr, und wie leicht sie jetzt Atem holen kann.

Sie möchte am liebsten ein Dankgebet sprechen, aber sie will es nicht allein tun, denn er gehört ja wieder zu ihr ... und nötig hat er es auch.

Aber er hat jetzt nur Blick für Segel und Steuer, denn die Brückenpfeiler sind da und viele Kähne, die auf beiden Seiten vor Anker liegen.

Manchmal nickt er ihr freundlich zu. Das ist alles.

Alsdann breitet sich der Strom, und der Mond fängt zu scheinen an. Die Wellchen sind ganz silbern in der Richtung auf ihn zu und setzen sich und fliegen auf wie kleine weiße Vögelchen.

Sie kann den Ansas gut erkennen, er sie aber nicht, denn der Mond steht hinter ihr. Darum sagt er auch plötzlich: »Warum sitzt du so weit von mir weg?«

»Ich sitze da, wo ich bei der Hinfahrt gesessen hab'«, sagt sie.

»Hinfahrt und Rückfahrt sind so verschieden wie Tag und Nacht«, sagt er.

Und sie denkt: »Bloß daß jetzt Tag ist und damals Nacht war.«

»Darum komm herüber und setzt dich neben mich«, sagt er.

Ach, wie gerne sie das tut!

Aber als sie ihm näher kommt, da fällt ihr Blick auf die Sackleinwand, die zwischen seinen Füßen liegt und die sie bisher nicht bemerkt hat.

Wie sie die wiedersieht, wird ihr ganz schlecht. Sie sinkt auf die Mittelbank nieder und lehnt ihren Rücken gegen Mast.

»Warum kommst du nicht?« fragt er fast unwirsch.

Nun weiß sie nicht, was sie tun soll. Soll sie ihn fragen, soll sie's mit Stillschweigen übergehen? Aber das weiß sie: dorthin, wo prall und rund der Sack liegt, um dessen Inhalt er sie belügt, dorthin kann sie die Füße nicht setzen. Sie würde glauben, auf ein Nest von Schlangen zu treten.

Und da kommt ihr der Gedanke, Klarheit zu schaffen über das, was gewesen ist. Jetzt gleich im Augenblick. Denn später kommt sie vielleicht nie.

Sie faßt sich also ein Herz.

»Willst du mir nicht sagen, mein Ansaschen, was du in der Sackleinwand hast?«

Er fährt hoch, als hätte ihn eine aus dem Schlangennest in den Fuß gebissen, aber er schweigt und wendet den Kopf weg. Sie kann sehen, wie er zittert.

Da erhebt sie sich und legt die Hand auf seine Schulter, aber sie hütet sich wohl, der Sackleinwand zu nahe zu kommen.

»Mein Ansaschen«, sagt sie, »es ist ja jetzt wieder ganz gut zwischen uns, aber ehe du nicht alles gestehst, geht die Erinnerung an das Böse nicht weg.«

Er bleibt ganz still, aber sie fühlt, wie es ihn schüttelt.

»Und dann, mein Ansaschen«, sagt sie weiter, »geht es auch wegen des lieben Gottes nicht anders. Ich hab' vorhin beten wollen, aber die Worte blieben mir im Halse. Denn du standest mir nicht bei. Darum sag es schon, und dann beten wir beide zusammen.«

Da fällt er vor ihr auf seine Knie, schlingt die Arme um ihre Knie und gesteht alles.

»Mein armes Ansaschen«, sagt sie, als er zu Ende ist, und streichelt seinen Kopf. »Da müssen wir aber *tüchtig* beten, damit der liebe Gott uns verzeiht.«

Und sie läßt sich neben ihm auf die Knie nieder, faltet ihre Hände mit den seinen zusammen, und so beten sie lange. Nur manchmal muß er nach dem Steuer sehen, und dann wartet sie, bis er fertig ist.

Zum Schluß segnet sie ihn, und er segnet sie, und dann stehen sie wieder auf und sind guter Dinge.

Nur was in der Sackleinwand ist, hat er vergessen zu sagen. Sie zeigt darauf hin und will es wissen.

Aber er wendet sich ab. Er schämt sich zu sehr.

Da sagt sie: »Ich werde selber öffnen.« Und er wehrt ihr nicht.

Und wie sie den Sack aufreißt, was findet sie da? Zwei Bündel grüne Binsen findet sie, mit Bindfaden aneinandergebunden. Weiter nichts.

Sie lacht und sagt: »Ist das die ganze Zauberei?«

Aber er schämt sich noch immer.

Da errät sie langsam, daß er damit nach dem Umschlagen des Kahnes hat davonschwimmen wollen, wie die Schuljungens tun, wenn sie im tiefen Wasser paddeln.

»Solch ein Lunterus bin ich geworden!« sagt er und schlägt sich mit den Fäusten vor die Brust.

Aber sie lächelt und sagt: »Pfui doch, Ansaschen, der Mensch soll sich nicht *zu* hart schimpfen, sonst macht er sich selber zum Hundsdreck.«

Und so hat sie ihm nicht nur verziehen, sondern richtet auch seine Seele wieder auf. – – –

Wie sie sich neben ihn setzt – denn er will sie nun ganz nahe haben –, da merkt sie, daß sie mit ihrem Leibe den Gang des Steuers behindert, darum breitet sie zu seinen Füßen das weiße Reisetuch aus, das sie im vorderen Abschlag verwahrt hat, und legt sich darauf – doch so, daß ihr Kopf auf seine Knie zu liegen kommt. Und nun ist es genauso wie damals in Ibenhorst, als die Elske noch unterwegs war.

Und so fahren sie dahin und wissen vor Glück nicht, was sie zueinander reden sollen.

Von den Uferwiesen her riecht das Schnittgras – man kann den Thymian unterscheiden und das Melissenkraut, auch den wilden Majoran und das Thimotheegras – und was sonst noch starken Duft an sich hat... Der Stromdamm zieht vorüber wie ein grünblaues Seidenband. Nur wo zufällig der Rasen den Abhang hinuntergeglitten ist, da leuchtet er wie ein Schneeberg. Und der Mondnebel liegt auf dem Wasser, so daß man immer ein wenig aufpassen muß.

Außer den plumpsenden Fischchen, die nach den Mücken jagen, ist nicht viel zu hören. Nur die Nachtvögel sind immer noch wach. Kommt ein Gehölz oder ein Garten, dann ist auch die Nachtigall da

und singt ihr: »Jurgut – jurgut – jurgut – važok, važok, važok« . . .
Und der Wachtelmann betet sein Liebesgebet: »Garbink Diewa«. Sogar ein Kiebitz läßt sich noch ab und zu hören, obgleich der doch
längst schlafen müßte.

Und dann kommt mit einemmal Musik. Das sind die Dzimken, die
ihre Triften während der Nacht am Ternpfahl festbinden müssen.
Aber Gott weiß, wann die schlafen! Bei Tage rudern sie und singen,
und bei Nacht singen sie auch.

Ihr Feuerchen brennt, und dann liegen sie ringsum. Einer spielt die
Harmonika, und sie singen.

Da hört man auch schon das hübsche Liedchen »Meine Tochter Symonene«, das jeder kennt, in Preußen wie im Russischen drüben. Ja,
ja, die Symonene! Die zu einem Knaben kam und wußte nicht wie!
Das kann wohl mancher so gehen. Aber der Knabe ist schließlich ein
Hetmann geworden, wenigstens hat die Symonene es so geträumt.

»Der Willus muß ein Pfarrer werden«, bittet die Indre schmeichelnd
zu Ansas empor.

»Der Willus wird ein Pfarrer werden«, sagt er ganz feierlich, und die
Indre freut sich. Denn was in solcher Stunde versprochen wird, das
erfüllt sich gleichsam von selber.

So fahren sie an dem Floß vorbei, und bald kommt ein nächstes. Darauf spielt einer gar die Geige. Und die andern singen:

> »Unterm Ahorn rinnt die Quelle,
> Wo die Gottessöhne tanzen
> Nächtlich in der Mondenhelle
> Mit den Gottestöchtern.«

Ansas und Indre singen mit. Die Dzimken erkennen die Frauenstimme und rufen ihnen ein »Labs wakars!« zu. Zum Dank für den
Gutenachtgruß will Ansas ihnen was Freundliches antun und läßt
sich die Mühe nicht verdrießen, das Segel einzuziehen und an dem
Floß anzulegen.

Nun kommen sie alle heran – es sind ihrer fünfe –, und der Jude, dem
die Trift gehört, kommt auch.

Ansas schenkt jedem etwas von dem Rosenlikör ein, und sie erklären, so was Schönes noch nie im Leben getrunken zu haben.

Und dann singen sie alle zusammen noch einmal das Lied von den Gottestöchtern, von dem Ring, der in die Tiefe fiel, und den zwei Schwänen, die das Wasser getrübt haben sollen.

Zum Abschied reicht Ansas allen die Hand, und die Indre auch. Und der Jude wünscht ihnen »noch hundert Johr«!

Wären's bloß hundert Stunden gewesen, der Ansas hätt' sie brauchen können.

Da die Flasche mit dem Rosenlikör nun einmal hervorgeholt ist, wäre es unklug gewesen, sie wieder zu verstauen. Sie trinken also ab und zu einen Tropfen und werden immer glücklicher.

Noch an mancher Trift kommen sie vorbei und singen mit, was sie nur singen können, aber halten tun sie nicht mehr. Dazu ist der Rosenlikör ihnen zu schade.

Manchmal will auch der Schlaf sie befallen, aber sie wehren sich tapfer. Denn sonst – weiß Gott, auf welcher Sandbank sie dann sitzen blieben!

Nur eins darf der Ansas sich gönnen – nämlich von dem Abschlag hernieder auf die Bodenbretter zu gleiten. So kann er die Indre in seinem linken Arm halten und mit dem rechten das Steuer versehen.

Und die Indre liegt mit dem Kopf auf seiner Brust und denkt selig: »Der Endrik – und die Elske – und der Willus – und nun sind wir alle fünfe wieder eins.«

Mit einemmal – sie wissen nicht wie – ist Ruß da. Sie erkennen es an dem Brionischker Schornstein, der wie ein warnender Finger zu ihnen sagt: »Paßt auf!«

Die Dzimken, die dort mit ihren Triften liegen, sind nun richtig schlafen gegangen. Auch ihr Kesselfeuer brennt nicht mehr. Aber ob die tausendmal stillschweigen, was macht es aus? Von Ruß gibt es ein hübsches Liedchen:

> »Zwei Fischer waren,
> Zwei schöne Knaben,
> Aus Ruß gen Westen
> Zum Haff gefahren.«

Das singen sie aus voller Kehle, und um hernach die Kehle anzufeuchten, wollen sie sich noch einen Schluck von dem Rosenlikör genehmigen, aber siehe da – die Flasche ist leer. Sie lachen furchtbar, und der Ansas wird immer zärtlicher.

»Ach, liebes Ansaschen«, bittet die Indre, »gleich kommt der große Ellenbogen, und dann geht es westwärts, bis dahin mußt du hübsch artig sein.«

Ansas hört noch einmal auf sie, und da ist auch schon der blanke Szieszefluß, da wo die Krümmung beginnt. Er holt die Segelleine mehr an und steuert nach links. Es geht zwar schwer, aber es geht doch immer.

Bis nach Windenburg hin, die anderthalb Meilen, läuft der Strom nun so schnurgerade, wie nur die Eisenbahn läuft. Kaum daß man hinter der Mündung der Mole ein wenig auszuweichen braucht.

Bei Windenburg freilich, wo die gefährliche Stelle ist, dort, wo gerade bei Südwind der Wellendrang aus dem breiten, tiefen Haff seitlich stark einsetzt, dort muß man die Sinne doppelt beisammen halten – aber bis dahin ist noch lange, lange – ach, wie lange Zeit!

»Indre, wenn du mir meine Sünden wirklich vergeben hast, dann mußt du's mir auch beweisen.«

»Ansaschen, du mußt aufpassen.«

»Ach was, aufpassen!« Wenn man so lange blind und verhext neben der Besten, der Schönsten, neben einer Gottestochter dahergegangen ist und die Augen sind wieder aufgetan, was heißt da aufpassen?

»*Meine* Indre!«

»*Mein* Ansaschen!« – – –

Und nun liegen sie in ruhiger Seligkeit wieder nebeneinander, und der Kahn fährt dahin, als säße die Laime selber am Steuer.

»Ansaschen – aber nicht einschlafen!«

»Ach, wo werd' ich einschlafen.« – – –

»Ansaschen – wer einschläft, den muß der andere wecken.«

»Jawohl – den – muß – der andere wecken.« – – –

»Ansaschen, du schläfst!«

»Wer so was – sagen kann – der schläft – selber.«

»Ansaschen, wach auf!«

»Ich wach'. Wachst du?«

Und so schlafen sie ein.

Die Ane Doczys hat keine Ruh in ihrem Bett. Sie weckt also ihren

Mann und sagt: »Doczys, steh auf, wir wollen aufs Haff hinausfahren.«

»Warum sollen wir aufs Haff hinausfahren?« fragt der Doczys,
sich den Schlaf aus den Augen reibend. »Fischen tu' ich erst morgen.«

»Die Indre hat solche Reden geführt«, sagt die Doczene, »es ist besser, wir fahren ihnen entgegen.«

Da fügt er sich mit Seufzen, zieht sich an und setzt die Segel.

Wie sie aufs Haff hinausfahren, wird es schon Tag, und der Früh-
nebel liegt so dicht, daß sie keine Handbreit voraus sehen können.

»Wohin soll ich fahren?« fragt der Doczys.

»Nach Windenburg zu«, bestimmt die Doczene.

Der Südwind wirft ihnen kurze, harte Wellen entgegen, und sie
müssen kreuzen.

Da, mit einemmal horcht die Doczene hoch auf.

Eine Stimme ist hilferufend aus dem Nebel gedrungen – eine Frauenstimme.

»Gerade drauf zu!« schreit die Doczene. Aber er muß ja kreuzen.

Und sie kommen schließlich doch näher – ganz nahe kommen sie.

Da finden sie die Indre auf dem Wasser liegen, wie die Wellen sie auf
und nieder schaukeln.

Wie hat es zugehen können, daß sie *nicht* ertrunken ist?

Rechts und links von ihrer Brust ragen halb aus dem Wasser zwei
Bündel von grünen Binsen, die sind mit einem Bindfaden auf dem
Rücken zusammengebunden.

Sie ziehen sie in den Kahn, und sie schreit immerzu: »Rettet den Ansas! Rettet den Ansas!«

Ja – wo ist der Ansas?

Sie weiß von nichts. Zuletzt, als sie wieder hochgekommen ist, da
hat sie seine Hände gefühlt, wie er wassertretend die Binsen an ihr
befestigte. Und von da an weiß sie nichts mehr von ihm.

Sie rufen und suchen und rufen. Aber sie finden ihn nicht. Nur den
umgeschlagenen Kahn finden sie. An dem hätte er sich wohl halten
können, aber er ist ihm sicher davongeschwommen, dieweil er die
Binsen an Indres Leib befestigte.

Fünf Stunden lang suchen sie, und die Indre liegt auf den Knien und
betet um ein Wunder.

Aber das Wunder ist nicht geschehen. Zwei Tage später lag er ober-
wärts friedlich am Strande.

Neun Monate nach dem Tode des Ansas gebar ihm die Indre einen
Sohn. Er wurde nach ihrem Wunsch in der heiligen Taufe Galas, das
heißt »Abschluß«, benannt. Doch weil der Name ungebräuchlich ist,
hat man ihn meistens nach dem Vater gerufen. Und heute ist er ein
ansehnlicher Mann.

Der Endrik hält die väterliche Wirtschaft in gutem Stande, die Elske
hat einen wohlhabenden Besitzer geheiratet, und der Willus ist richtig ein Pfarrer geworden. Seine Gemeinde sieht in ihm einen Abge-
sandten des Herrn, und auch die Gebetsleute halten zu ihm.

Die Indre ist nun eine alte Frau und lebt im Ausgedinge bei dem ältesten Sohn. Wenn sie zur Kirche geht, neigen sich alle vor ihr. Sie
weiß, daß sie nun bald im Himmel mit Ansas vereint sein wird, denn
Gott ist den Sündern gnädig.

Und also gnädig sei er auch uns!

Über Hermann Sudermann siehe Seite 141. Seine »Litauischen Geschichten« aus
dem Jahr 1917 gehören zum unverlierbaren Besitz der deutschen Literatur. Vor allem »Die Reise nach Tilsit« gilt als Meisterwerk.

Fritz Skowronnek

Das alte Masuren

Es zuckt mir in der Feder, meine Leser durch die Behauptung zu ver-
blüffen, daß ich schon in meiner Jugend ein Jahrhundert durchlebt
habe. Diese Behauptung ist nur scheinbar paradox. Denn meine Jugend fiel in die Zeit, wo meine Heimat Masuren um mehr als ein vol-
les Jahrhundert hinter der wirtschaftlichen Entwicklung des übrigen
Deutschland zurückgeblieben war und noch mitten in der Natural-
wirtschaft steckte. Die Ursache dieser Rückständigkeit war der Mangel an jeder Verbindung. Die einzige Eisenbahn, die es damals in
Ostpreußen gab, führte von Dirschau über Königsberg nach Eydtkuhnen, war also mehr als 20 deutsche Meilen von Masuren entfernt.
In dem ganzen Landstrich, der den südlichen Teil der Provinz bedeckt, gab es keine befestigte Straße. Nach Süden hin war er von der
russischen Grenze wie von einer chinesischen Mauer eingeschlossen. Denn es gab keinen Grenzverkehr, wie er sonst zwischen zwei
befreundeten Nachbarstaaten stattfindet. Im Gegenteil: das Über-
schreiten der Grenze war mit Schwierigkeiten und Gefahren verbunden.

Da war es kein Wunder, daß die Bewohner dieses Ländchens in al-
lem um mehr als ein Jahrhundert hinter jeder Kultur zurückblieben.
Das Getreide war so billig, daß es sich nicht lohnte, eine Fuhre mehr
als zwanzig Meilen weit nach Königsberg zu bringen. Doch meine
Landsleute wußten sich zu helfen: sie stellten aus dem Getreide
Grütze her. In jedem masurischen Bauernhaus stand damals eine
Handmühle. Auf einem Mahlstein lag ein zweiter, der mit einer
Stange gedreht wurde, deren oberes Ende in einer Öffnung des Bal-
kens steckte. Schon vor Tau und Tag mußten die Margellen (Mägde)
aufstehen und soviel Getreide mahlen, wie man für den Tag in der
Wirtschaft brauchte. Aus Hafer, Gerste und Buchweizen wurde
Grütze hergestellt. Außerdem gewannen die Masuren in großer
Menge die Schwadengrütze; das ist die Frucht des Mannaschwin-

gels, der auf feuchten Wiesen und Mooren wächst. Frühmorgens, solange noch der Tau auf den Gräsern hängt, zogen die Frauen und Mädchen hinaus und streiften mit feinmaschigem Sieb die Fruchtknoten ab, die zu Hause getrocknet und enthülst wurden. Auch Hirse wurde viel gebaut und teils zu Mehl, teils zu Grütze gemahlen. Im Winter, sobald die Schlittbahn fest angefahren war, wurde dann die weite Fahrt nach Königsberg angetreten. Außer der Grütze lud der Bauer noch Butter, Eier und Speck auf. Auf dem Rückwege brachte er für die Kaufleute der nächsten Stadt Waren mit.

Die beste Einnahmequelle war Leinwand. Es wurde viel Flachs gebaut, die Frauen spannen und webten, und zu dem großen Leinwandmarkt in Lyck erschienen fremde Händler, die mit barem Gelde zahlten. Auch sind die Masuren mit ihrer Leinwand bis nach dem Wallfahrtsort Heiligelinde im Ermland gefahren, wo jährlich mehrere große Märkte stattfanden. In meinem Elternhause und wohl auch anderswo wurde viel feine Tischwäsche gewebt. Die Einrichtung des Musters besorgte ein kleines, dürres Männchen mit dem hochadligen französischen Namen Dupont de Tarasol, ein Nachkomme der Hugenotten, der bis Ostpreußen verschlagen worden war. Meine Bekanntschaft mit der Weberei begann schon sehr früh und war anfangs ganz vergnüglich; denn ich durfte als kleiner Bub auf dem Querbalken des Scherrahmens reiten, auf den meine Mutter den Aufzug aufbrachte. Später, als ich größer geworden war, gestalteten sich diese Beziehungen weniger erfreulich. Denn ich mußte stundenlang im Webstuhl sitzen und meiner Mutter die Fäden zureichen, die sie in die Häwelten einzog. Auch das Spulchenmachen war keine angenehme Beschäftigung, und wenn es irgend ging, verschwand ich spurlos.

Das Handwerk hatte damals in Masuren keinen goldenen Boden, denn der Masure war sehr geschickt mit Säge, Axt und Hobel und hütete sich, die Dienste eines Handwerkers in Anspruch zu nehmen, die er mit barem Gelde bezahlen mußte. War es doch für ihn ein Kunststück, das bare Geld, das er zur Bezahlung seiner Hypotheken und Steuern brauchte, aufzubringen. Schuster und Schneider, die man brauchte, mußten im Hause des Bauern arbeiten und wurden zum größten Teil mit Naturalien entlohnt. Ein Erlebnis aus jener Zeit habe ich in meiner Erzählung von den beiden Kumpanen Burdeyko und Pruchno benutzt. Burdeyko zog als Maurer und Töpfer auf den Dörfern umher und baldowerte die Gelegenheit aus, um ein fettes Schwein oder einen Hammel zu stehlen.Mit einem Teile des gestohlenen Gutes wurde Schnaps erstanden, der Rest wurde in mehrtägiger Fettlebe aufgeschmaust. Schließlich wurden die beiden von der Hand der strafenden Gerechtigkeit erfaßt und ins »Rote Haus« eingespundt. Kaum war die Strafe abgesessen, so nahm Burdeyko seine Tätigkeit wieder auf.

Der Hausfleiß der Frauen war damals der Hauptpfeiler der ganzen Wirtschaft. Sie spannen und webten nicht nur Flachs, sondern auch Wolle und stellten hieraus buntfarbige Stoffe her, aus denen sie sich ihre Kleider selbst machten. Für die Männer wurde ein dem Loden ähnlicher, sehr fester Stoff, »Wand« genannt, gewebt, der schier unzerreißbar war. Viel Stiefel haben die Masuren nicht zerrissen; denn im Sommer gingen Männer und Frauen stets barfuß, und im Winter trugen sie »Chodakes«, selbstgefertigte Schuhe aus Wand und dikker Sohle, die mit Bändern bis zum Knie festgeschnürt wurden. An ihren Wagen hatten die Masuren buchstäblich kein Lot Eisen. Die Achse bestand aus Buchen- oder Eichenholz und mußte fleißig mit Teer geschmiert werden. Deshalb hing an jedem Wagen die Teerpauder. Wie manche habe ich, wenn der Bauer schwer bezecht nach Hause fuhr, abgeschnitten und versteckt. Sie wanderte dann am Johanniabend, wenn überall auf den Bergen die Feuer aufflammten, in den großen Holzstoß, den wir auf dem Uferberg am Lycksee schichteten und verbrannten.

Es war kein Wunder, daß unter diesen Verhältnissen der Alkohol über meine Landsleute eine unheimliche Macht gewann. Er war ja so leicht zu beschaffen! Der Bauer fuhr im Herbst seinen Überschuß an Kartoffeln zur nächsten Brennerei – fast auf jedem Gut bestand so eine – und tauschte für jeden Scheffel Kartoffeln einen Stof Spiritus ein. Es gab auch einige Brauereien, die ein starkes obergäriges Braunbier herstellten. Ja, die Frauen brauten selbst aus Malz und Hopfen ein starkes, säuerliches Bier, das große Ähnlichkeit mit dem litauischen »Alaus« hatte. Und noch jetzt sind die Zäune der masurischen Dörfer von verwildertem Hopfen überrankt, der vergebens blüht. Aber der Schnaps sagte dem Naturell der Masuren mehr zu. Er wurde mit Butter, Zimt und grobgestoßenem Pfeffer gekocht oder nur mit Honig gemischt. Dies Getränk hieß Bärenfang, war jedoch mehr geeignet, einen gewaltigen Affen zu fangen.

An jedem Markttag fuhr der Bauer mit seiner Frau in die Stadt. Etwas Getreide, Grütze, Butter und Eier oder eine Fuhre Torf beschafften ihm die Mittel, den Tag gründlich zu feiern. Dann standen Sommer und Winter, in Wind und Wetter bis in die sinkende Nacht die kleinen, struppigen Gäule auf dem Marktplatz. Männer und Frauen füllten die Kaufläden oder vielmehr die Nebenräume, in denen Bier und Schnaps ausgeschenkt wurde; auch für Essen war reichlich gesorgt. Ein jeder Kaufmann hielt Klopse, gebratene Fische, kaltes Eisbein u. dgl. feil. Einen Bauer, der auch nur halbwegs nüchtern vom Markttag nach Hause fuhr, konnte man damals mit der Laterne suchen. Und die Frauen blieben hinter den Männern nicht zurück. Gaben doch selbst stillende Frauen dem Brustkind von dem süßen Bärenfang ein Schlückchen ab!

Eine gute Eigenschaft hatte sich der Masure auch in dieser traurigen Zeit bewahrt, den emsigen Fleiß. Mit Tagesgrauen begann die Arbeit in Haus und Hof und Feld. Das Getreide wurde nicht mit der Sense gemäht, sondern mit der Sichel geschnitten. Erst mit sinkender Sonne kamen die Schnitter vom Felde heim. Das Einbringen jeder Fruchtart wurde durch ein Fest gefeiert. Die Masuren waren und sind noch jetzt leichtlebig, stets zur Fröhlichkeit, zu Spiel, Gesang und Tanz aufgelegt. An musikalischer Begabung fehlt es ihnen nicht. Sehr viele beherrschen eines der beiden Lieblingsinstrumente der Masuren, die Klarinette oder die Handharmonika. Deshalb fehlte auch in keinem größeren Dorf ein Orchester, das sich aus Geige, Klarinette und Baß zusammensetzte und reichlich Beschäftigung fand. Das Hauptfest des Jahres war der Plon, mit dem das Einbringen des Roggens gefeiert wurde. Von der letzten Hocke sammelten die Schnitter die größten Ähren und banden sie zu einer Erntekrone, die mit bunten Bändern geschmückt und dem Bauer unter Absingung eines langen Liedes überreicht wurde. Kaum war es verklungen, als sich auch schon von allen Seiten Wasserströme über die Schnitter ergossen. Eine Stunde später erschienen die Arbeiterfamilien in ihrem Sonntagsstaat auf dem Bauernhof. Sie wurden mit Fladen, Fleisch, Fisch, dickem Reis und Branntwein überreichlich bewirtet, und dann folgte ein Tanz, der bis zum Morgen anhielt.

Im Winter, wenn die Feldarbeit ruhte, wurde im Hause fleißig geschafft. Die Beleuchtung lieferte ein im Kamin brennendes Kienfeu-
er. Dabei spannen die Frauen und Mädchen, die Männer strickten
Netze aller Art, mit denen im Sommer fleißig gefischt wurde. Die
meisten Bauern hatten die Berechtigung, zu Tisches Notdurft zu fischen, die Arbeiter fischten unberechtigt, aber ebenso eifrig, denn
die Fische lieferten ihnen die wertvollste Nahrung. Ein Teil wurde
sofort verzehrt, ein Teil in der Stadt verkauft, der Rest im Ofen ge-
dörrt und in Säcken auf der Lucht für den Winter aufbewahrt. An
Festtagen wurden Lichte aus Talg oder Wachs gebrannt, die von der
Hausfrau selbst gegossen wurden. Das Steinöl kam erst Ende der
sechziger Jahre auf. Ich erinnere mich noch deutlich des Abends, als
in meinem Elternhause die erste Petroleumlampe brannte. Es war ein
kleiner Flachbrenner, aber das ganze Dorf strömte zusammen, um
das Wunder zu bestaunen.
Obwohl der evangelische Masur ein fleißiger Kirchgänger war, stand
er unter einem Übermaß von Aberglauben. Er glaubte an Geister,
Gespenster und Kobolde. Jede Krankheit wurde ihm von bösen Gei-
stern angehext. Deshalb wurde auch nie ein Arzt geholt oder nur im
allerletzten Augenblick, wenn dem Kranken nicht mehr zu helfen
war.
Ich habe bis etwa zu meinem dreizehnten Lebensjahr diese Zustände
bewußt miterlebt; denn ich darf wohl ohne Überhebung sagen, daß
ich sehr früh sehen gelernt habe und noch jetzt die Erinnerung an
jene Zeiten lebendig in mir herumtrage. Um so mehr erfüllt es mich
mit Freude, daß ich auch von der ganz beispiellosen Erhebung der
Masuren berichten kann. Sie wurde durch den Krieg mit Frankreich
1870/71 veranlaßt. Aus dem Munde der Männer, die als Landwehr-
leute unter General v. Werder bei Belfort tapfer gekämpft haben,
habe ich es selbst gehört, welchen Eindruck es auf sie gemacht, als sie
nach anstrengendem Fußmarsch zum erstenmal die Eisenbahn er-
blickten, die sie aus der Enge der Heimat durch ganz Deutschland bis
in Feindesland hinausführte. Ein Staunen ging durch ihre kindliche
Seele, als sie Städte wie Berlin, Köln und andere kennenlernten. Da
kam ein großes Ahnen und Sehnen in die Herzen der Naturkinder,
das sich zu einem festen Willen verdichtet hatte, als sie in die Heimat
zurückkehrten. Das Gefühl der Zugehörigkeit zu einem großen

mächtigen Staat, die Vaterlandsliebe, die bis dahin nur unbewußt in ihnen lebte, erhielt jetzt erst Inhalt.

Und als sie nach Hause kamen, begannen ihre Augen, ob sie wollten oder nicht, zu vergleichen, sie sahen zum erstenmal den Abstand zwischen sich und den Deutschen. Bisher hatten die jungen Männer das bißchen Deutsch, das sie beim Militär lernten, bald wieder vergessen; jetzt bemühten sie sich, mit ihren Kindern deutsch zu sprechen, um es ihnen beizubringen. Eine Entwicklung setzte ein, wie sie niemand für möglich gehalten hätte. Es ist zwar ein halbes Jahrhundert seit jener Zeit verflossen, aber was bedeutet eine solch winzige Spanne Zeit im Leben der Völker? Den Masuren genügten drei Jahrzehnte, um sich völlig einzudeutschen. Sie eigneten sich nicht nur die deutsche Sprache in Wort und Schrift an, wobei sie von der Schule kräftig gefördert wurden, sondern ergriffen auch in der Landwirtschaft alle Errungenschaften der Neuzeit. Ein unverdächtiger Zeuge, der Landesgeologe Dr. Heß von Wichdorff, der zwölf Jahre Masuren bereist und erforscht hat, schreibt darüber in seinem Buche »Masuren« (1915): »Meine Tätigkeit führte mich in alle Teile des Landes. Hier in den engen Verhältnissen der masurischen Landbevölkerung durchlebte ich den großen Aufschwung Masurens mit, den der Bau von Chausseen, Eisenbahnen usw. mit sich führte, und sah mit eigenen Augen, wie der Masur Stufe um Stufe sich den Verhältnissen anpaßte, die neue Kultur aufnahm.« Er nennt die Masuren vorzügliche Arbeiter und tüchtige Soldaten. Er hat keine Roheit bei den jungen lebensfrohen Masuren gefunden, wohl aber eine Lernbegier, die alle der Schule entwachsenen Burschen wie Mädchen auszeichnet. Wohlhabende Bauern ließen ihre Söhne studieren oder die landwirtschaftliche Hochschule besuchen. Die Mädchen wurden in die Stadtschule geschickt. Und schon in den ersten beiden Jahrzehnten dieses Jahrhunderts hielten Landwirtschaft, Vieh- und Pferdezucht jeden Vergleich mit anderen Gauen Deutschlands aus. Der Branntweingenuß ging sehr zurück.

Dann kam im Weltkrieg der Russeneinfall. Während andere Gegenden Ostpreußens nach kurzer Besetzung wieder frei wurden und blieben, wurde in Masuren buchstäblich alles zerstört. Aber kaum hatte unser Nationalheld Hindenburg die zuchtlosen Horden vom ostpreußischen Boden vertrieben, als auch schon die Masuren zurückkehrten und rüstig wieder zu schaffen begannen. Mit Hilfe des preußischen Staates wurden Dörfer und Städte wieder aufgebaut, so daß Masuren mit seinen neuen massiven Gebäuden und roten Ziegeldächern ein sehr schmuckes Aussehen gewonnen hat. Bereits im Jahre 1915 waren drei Viertel des von Schützengräben durchzogenen Ackerlandes wieder bebaut, und 1916 brachte schon wieder eine volle reiche Ernte. 1920 legten die Masuren bei der ihnen vom Feindbund aufgezwungenen Abstimmung ein einmütiges Bekenntnis zum Deutschtum ab; den Polen fiel nur ein Halb vom Hundert der abgegebenen Stimmen zu. Es rührte von eingewanderten Polen her, die seit 1900 durch Ankauf verkommener Wirtschaften vergebens versucht hatten, in Masuren festen Fuß zu fassen.

So tritt dem traurigen Bilde, das ich anfangs von Masuren entrollen mußte, ein sehr erfreuliches Bild der Gegenwart gegenüber. Für mich, der ich zeit meines Lebens Freud und Leid mit meinen Landsleuten geteilt habe, ist das eine der größten Freuden meines Lebens.

Fritz und Richard Skowronnek, Försterssöhne aus dem Masurischen, haben in zahlreichen Werken ihre Heimat und die Eigenart der Menschen des Landes geschildert. Fritz Skowronnek (1858–1939), der Ältere, veröffentlichte 1925 seine »Lebensgeschichte eines Ostpreußen«, aus der der obige Bericht stammt.

Hermann Sudermann

Herkunft

Und hier möchte ich von meines Vaters Ursprung reden. Er war der Sprößling eines mennonitischen Bauerngeschlechts in der Elbinger Niederung, in der ebenso wie um Marienburg und Danzig herum die ihres Glaubens wegen aus Holland vertriebenen Sektierer sich angesiedelt hatten. Mein Großvater hieß mit Vornamen Daniel, ebenso wie jener geistliche Liederdichter des sechzehnten Jahrhunderts, der in manchen Literaturgeschichten als mein Vorfahr genannt wird. Wie andere Parvenüs sich eine Ahnengalerie anschaffen, so habe ich mir nämlich einen Dichtervorfahren zugelegt, oder vielmehr: ich habe nicht widersprochen, wenn wohlwollende Biographen meiner dichterischen Sendung durch Herleitung von jenem frommen Pedanten Nachdruck zu geben versuchten. Es kann sein, es kann auch nicht sein. Wer will es beweisen? In Wahrheit schließt meine Familienchronik in wenig aristokratischer Weise mit einem Bäuerlein ab, das in einem Winkel des Wickerauer Kirchhofs, zwei Meilen von Elbing, begraben liegen soll.

Warum mein Vater nicht Landmann wurde wie er, sondern, um Brauereidienste zu tun, nach der Stadt zog, ist mir nie klar geworden. Wahrscheinlich war ihm als jüngerem Kinde eines angeheirateten zweiten Mannes die Hoffnung verschlossen, sich jemals ein Eigenes zu erwerben. Von einer regelrechten Lehrzeit habe ich nie etwas gehört. Viel mehr als ein Brauknecht wird er am Beginne seiner Laufbahn nicht gewesen sein. Aber er war begabt und strebsam und las und lernte ohne Maßen, so daß er sich bereits ein Jahrzehnt später eine geachtete Stellung als Braumeister in Liebemühl bei Fischhausen hatte erobern können. Dort hat er meine Mutter kennengelernt, die als Tochter einer Schiffskapitänswitwe gesellschaftlich wohl über ihm stand, wenn sie auch arm war wie eine Kirchenmaus.

Er hat auch – scheu und von seinem Unwert überzeugt – erst viel später um sie geworben und ging zuvor nach Kurland, um sich in gleicher Stellung die Anfänge eines Heiratsgutes zu erwerben. Das muß ihm auch gelungen sein, denn nach etlichen Jahren kehrte er heim, sich seines Glückes zu versichern. Sein Antrag wurde angenommen, und als er nun nach Kurland zurückeilen wollte, den Grund zu einem Hauswesen zu legen, blieb er zwei Meilen vor der russischen Grenze im Schneetreiben stecken. Während er in dem Heydekrüger Gasthause sehnsüchtig auf die Weiterfahrt des Postschlittens wartete, erfuhr er von einem Tischnachbarn, daß unfern des Ortes eine Pachtung ausgeboten wurde, die für ihn geschaffen schien.

Darum bin ich »zwischen den Wäldern« geboren, darum ist das Memelland, das geliebte und nun verlorene, meine Heimat geworden. Wäre jenes Schneetreiben nicht gewesen, so würde ich heute wohl ein Deutschrusse sein, oder die Letten hätten mich schon erschlagen.

Über Hermann Sudermann siehe Seite 141. Viele Ostpreußen haben eine Reihe der unterschiedlichsten Vorfahren: Deutsche (Niedersachsen, Westfalen, Holsteiner, doch auch Süd- und Mitteldeutsche), Salzburger Emigranten, Hugenotten, Holländer, nicht zu vergessen: einheimische Prußen sowie Litauer aus dem Nordosten und Masowier aus dem angrenzenden Süden. Ein anderer bedeutender ostpreußischer Dichter, Ernst Wiechert, schrieb über seine Herkunft: »Und so kann ich mir denken, daß germanisches, slawisches und romanisches Blut sich in mir vereinigt hat, wie ja im Süden meiner Heimatprovinz die Völkerstämme seit Jahrhunderten durcheinandergeflutet sind und jahrhundertelang an dem Gesicht der Nachgeborenen geformt haben.«
Die obige Skizze stammt aus Sudermanns »Bilderbuch meiner Jugend« von 1922.

33 Nidden, der berühmte »Italienblick«.

34   Steilufer an der Samlandküste bei Cranz.

35 Der Zipfelberg bei Groß-Kuhren, eine Düne.

36 Boote des Kurischen Haffs, hier im Hafen von Nidden.

Fritz Skowronnek

Der Ältervater

Was zu unserer in Masuren weitverbreiteten Sippe, gleichviel ob von Schwert- oder Spindelseite gehört, pflegt bei Rechtsstreitigkeiten nicht aufs Gericht zu laufen. Man unterwirft sich lieber dem Schieds-spruche des Familienoberhauptes. Das ist billiger und führt schneller zum Ziel. Seit etwa dreißig Jahren gilt mein Vater als Haupt der Sippe, die wohl hundert waffenpflichtige Männer zählt. Rechnet man das Weibervolk und die entsprechende Nachkommenschaft – ein halbes Dutzend dürfte etwa dem Durchschnitt entsprechen – hinzu, dann wird man sich ein Bild von der Bedeutung dieser Gruppe von Familien machen können, die den verwandtschaftlichen Zusammenhang mit gutem Vorbedacht unterhalten und pflegen.

Für uns Jungens war es jedesmal ein Fest, wenn Verwandte zur Einholung eines Schiedsspruches erschienen. Manchmal kamen nur ein paar Männer, öfter jedoch war jede Partei durch ein halbes Dutzend Männer und Frauen vertreten. Nach der Begrüßung wurde alsbald eine Trennung der Geschlechter vorgenommen. Die Männer blieben beim Vater im Vorderzimmer und besprachen bedächtig bei einem Glase Bier den Streitfall. Viel lebhafter ging es im Hinterzimmer zu, wo die Frauen unter dem Vorsitz meiner Mutter die Angelegenheit erörterten. Da half keine Kunst der Überredung. Immer erhitzter wurden Rede und Gegenrede, immer höher die Stimmen, bis mein Vater die Tür öffnete und mit einem energischen »Donnerwetter!« dazwischen fuhr. Das half besser als die triftigsten Gründe.

War der Streit beigelegt und der Friede durch Handschlag besiegelt, dann wurde an langer Tafel vergnügt geschmaust. Das beste dazu hatten die Verwandten mitgebracht: ein gebratenes Spanferkel, eine Gans oder fette Enten. Ein gutes Fischgericht und die nötigen Getränke lieferte unser Elternhaus.

Mitten in meinem ersten Studiensemester hatte mich das Heimweh gepackt. Am Morgen des Sonnabends vor Pfingsten hatte ich früh mein Ränzel geschnürt und mich auf die Bahn gesetzt. Einen »Dhaler und sechs Dittchen« kostete die Fahrt in der vierten Klasse von Königsberg nach Lyck. Das war noch zu erschwingen! Als ich im Abendgrauen auf mein Elternhaus zuschritt, strahlte heller Lichterschein aus den Fenstern. Eine große Gesellschaft von Verwandten fand ich vor.

Die Sparkas aus Wilken hatten sich mit den Rosteks aus Rakowen veruneinigt. Von der gemeinsamen Großmutter her besaßen sie ein großes Gelände auf den meilenweiten Pissowoder Wiesen, das nicht nur Heu und Streu, sondern auch Torf lieferte. Bisher hatten die Sparkas auf den Torf keinen Anspruch gemacht, denn sie wohnten dicht an der großen Heide und hatten Brennholz in Hülle und Fülle. Nun hatte Johann Sparka kürzlich zum zweiten Mal geheiratet. Eine Joswig aus dem Hause Pietrzyken, und sie fand es unbillig, daß die Rosteks allein den Torfboden nutzten. Entweder sollten sie das unterlassen oder etwas dafür bezahlen.

Die junge Frau war entschieden sehr wirtschaftlich veranlagt und hatte auch eine gewisse Berechtigung für ihre Forderung. Bei meiner Ankunft war der Streit bereits beigelegt. Mein Vater hatte entschieden, daß Johann Sparka von jetzt ab alljährlich ebensoviel Torf stechen und auf dem Markte in Johannisburg verkaufen dürfe, wie die Rosteks für ihre Haushaltungen verbrauchten, und über diesen Spruch war die junge Frau so sehr erfreut, daß sie einige Tage später zwei Scheffel Weizen schickte: die Rosteks waren auch zufrieden, denn sie versprachen zum Herbst ein ganzes Faselschwein.

Die Sparkas hatten ihren Ältervater Samel mitgebracht, einen Greis von nahezu neunzig Jahren, der seine mächtige, hohe Gestalt so aufrecht hielt wie ein Jüngling. Auch sein glattrasiertes Gesicht sah noch frisch und blühend aus. Das nach uralter Sitte bis auf die Schultern herabhängende Haar war noch nicht völlig ergraut. Nur die buschigen Brauen über den klugen Augen waren ganz weiß. Es war der Bruder meiner Großmutter, die hochbetagt in unserm Hause lebte. Jetzt saßen die beiden Alten, die sich lange nicht gesehen hatten, beisammen auf dem Sofa und sprachen von alten Zeiten, in denen sie beide jung gewesen waren. Mich hatte der Großonkel mit großer Freude und einem gewissen Respekt begrüßt, der meiner zukünftigen Gelehrsamkeit galt. Nur eins gefiel ihm an mir nicht: daß ich den

Vornamen Fritz führte. Der Erstgeborene im Hause Skowronnek sollte nach altem Herkommen Adam heißen.

Es wurde ziemlich spät, bis die Gesellschaft sich zur Ruhe begab. Für die Männer war auf der Tenne eine große Streu bereitet, auf der sie, mit ihrem grauen Mantel aus grobem Tuch bedeckt, den Schlaf der Gerechten schliefen. Auch die Frauen schliefen »table d'hôte«, wie meine Mutter zu sagen pflegte. Auf der großen Oberstube war für sie eine dicke Schicht von Richtstroh mit Laken bedeckt. Dazu ein Kissen und ein Deckbett. Nur der Ältervater Samel erhielt ein eigenes Bett. Er sollte in meinem Zimmer schlafen.

Ich war rechtschaffen müde, aber zum Schlafen kam ich noch lange nicht. Der Vollmond schien so hell in unser Zimmer, daß man bei seinem Scheine beinahe hätte lesen können. Der alte Mann lag in seinem Bette mit offenen Augen, mitten in dem Lichtstreifen, der vom Fenster hereinfiel. Ein heiterer Glanz strahlte von seinem Gesicht.

Mich beschlich ein wundersames Gefühl. Wie lustig und lebensfroh war der Alte, der am Ausgang seines Daseins stand! Wie der jüngste von uns hatte er gescherzt und gelacht! Schreckte ihn das Ende nicht oder machte er sich darüber keine Gedanken? Ich sollte bald eines Besseren belehrt werden; denn nach einer Weile begann der Alte: »Sag mal, Fritzku, wissen die Gelehrten schon, was die Sterne sind?« »Jawohl, Großonkel, es sind solche Erden wie die, auf der wir leben.« Der Alte wiegte nachdenklich den Kopf. »Wohnen dort auch Menschen?«

»Das weiß man nicht. Bei manchen ist es möglich, bei manchen wahrscheinlich.«

»Hm, vielleicht könnten auch bloß Geister darauf wohnen, aber die kann man ja nicht sehen.«

Ich mußte lachen. »Nein, Großonkel, die kann man auch mit dem schärfsten Fernrohr nicht entdecken.«

Nach einer Weile begann der Alte wieder: »Sag mal, Fritzku, wie ist eigentlich so ein Fernrohr? So wie eine scharfe Brille, nicht wahr?« Vom Fernrohr kamen wir zur Spektralanalyse und dann wieder zu den Sternen, die wir von unserm Lager aus durch das Fenster erblicken konnten. Der alte Mann war unermüdlich im Fragen, und er wollte nicht bloß wissen, was ich ihm berichten konnte, nein: viel

mehr interessierte es ihn, wie die Menschen zu diesem Wissen gelangt waren. Mir wollten die Augen vor Müdigkeit zufallen, aber
immer wieder störte mich der Alte durch sein Fragen auf. Endlich
war ich doch mitten in einer schwierigen wissenschaftlichen Erklärung fest eingeschlafen. Der Alte aber, vor dem ich mit meinen
schwachen Kräften eine neue wunderbare Welt der Gedanken aufgebaut hatte, lag noch lange wach und schaute in den Mond, den er
jetzt aus meinen Schilderungen genau kannte. Ihm genügten wenige
Stunden Schlaf. Bereits am frühen Morgen weckte er mich, um mir
eine Reihe von Fragen vorzulegen, die in der Stille der Nacht ihm
durch den Kopf gegangen waren. Er wollte von mir wissen, wie der
Mensch dazu gekommen war, an Gott zu glauben und sich selbst
eine unsterbliche Seele zuzuteilen.

Er hätte kein besseres Thema finden können, um mich wach zu machen. Mit großer Lebhaftigkeit, so gut es in der einfachen masurischen Sprache vonstatten ging, führte ich ihm alle die philosophischen Beweise für das Dasein Gottes vor, häufte alle Wahrscheinlichkeitsgründe für die Unsterblichkeit der Seele – umsonst. Er
schüttelte nur leise den Kopf, so daß ich zuletzt ganz verwundert
fragte, wie er denn so vergnügt sein könne in dem Glauben, daß sein
Dasein mit dem körperlichen Tode völlig beendigt sei. Voller Lebhaftigkeit erhob er sich und streckte die Hand nach mir aus.

»Das wirst du später erfahren, mein Sohn, wenn deine eigenen Kinder um dich herumspringen. Ich sterbe; aber ich bleibe leben, nicht in
einer, nein, in zwanzig, in hundert, in tausend Gestalten. Sieh mal
den Johann, meinen Enkel, an. Er ist anders, als ich bin und sein Vater war. Seine Kinder sind auch anders als er. Aber in jedem sehe ich,
daß das ein Stückchen von meinem Geiste ist. Ich kann ruhig die Augen zumachen, davor fürchte ich mich nicht, denn ich lebe schon in
mehr als dreißig Kindern und Enkeln.«

Er stand auf und trat ans Fenster. Unten am Brunnen wuschen sich
die Männer, putzten ihre Stiefel und bürsteten sich gegenseitig die
Spuren des nächtlichen Lagers von den Röcken. Zuletzt zog einer
dem andern mit Hilfe eines Kammes, den sie vorsorglich mitgebracht
hatten, den Scheitel. Mit lauter Stimme rief der Alte zu ihnen hinunter: »Kinder, ich bin heute Nacht zehnmal klüger geworden, als ich in
meinem ganzen Leben war. Ich bleibe hier, wenigstens ein paar

Tage. Ich muß dem Fritz alles abfragen, was er noch weiß.«

Und so geschah es. Die Verwandten fuhren ab, der Alte blieb. Nun durchlebte ich einige wunderbare Tage, die ewig in meiner Erinnerung haften werden, denn die Fragen des Ältervaters Samel zwangen mich förmlich dazu, ein Inventarium alles dessen aufzunehmen, was ich wußte. Und das beste daran war, daß ich sehr deutlich inne wurde, daß ich noch sehr wenig wußte. Wenn ich dann zu meiner Hilfe ein Buch hervorsuchte, dann sah der Alte ehrfurchtsvoll auf dies Hilfsmittel des menschlichen Geistes und klagte in rührender Weise, daß er nur polnisch sprechen und lesen gelernt habe.

Am letzten Abend vor seiner Abreise saßen wir auf der geräumigen Veranda des Hauses beisammen. Eine wundervolle milde Frühlingsnacht sank herab. Die Sonne war schon lange versunken, aber noch stand das Abendrot hellstrahlend am westlichen Himmel, von einzelnen goldgeränderten Wolken durchzogen, die sich auf der stillen Fläche des weiten Landsees spiegelten. Im Osten über dem dunklen Tannenwalde stieg der Vollmond empor, und aus dem grünen Saatfelde vor uns klang gedämpft der leise Lockruf des Rebhuhns. Vom Dorfe klang ab und zu ein Hundeblaff herüber.

Eine ganze Weile hatten wir still beieinander gesessen. Dann fragte mein Vater: »Hast du, Onkel Samel, jemals etwas von deiner Tochter Sophie gehört? Weißt du überhaupt, ob sie noch lebt, und wie es ihr geht?«

Ich sah, wie der Alte bei diesen Worten die rechte Hand ballte, und strich ihm leise über den Arm. Langsam nickte er einige Male mit dem Kopf, dann wandte er sich zu mir und sagte in mildem Tone: »Du hast recht, mein Sohnchen, sie ist ja auch ein Stück von meinem Geist gewesen. Und kein Mensch kann verlangen, daß seine Kinder in allem so tun und denken wie er. Dazu bekommt jedes Kind seinen eigenen Kopf für sich mit.«

Jetzt bat ich schmeichelnd den Ältervater, er möchte uns doch erzählen, wie die Geschichte mit seiner Tochter Sophie gekommen war. Auch der Vater wüßte nicht alles. Dem Alten hatte sich die Seele gelöst. Mit ruhigen, freundlichen Augen sah er uns alle an. Allmählich flog sein Blick ins Weite, und dann begann er zu erzählen:

»Ihr könnt euch ja gar nicht vorstellen, Kinderchens, wie es zu jenen Zeiten, als ich jung war, hier in Masuren aussah. Jetzt spannt man ein Paar junge Pferde vor den leichten Klapperwagen, und in wenigen Stunden ist man sechs, sieben Meilen auf der glatten Chaussee 'runtergerutscht, oder man setzt sich auf die Eisenbahn, und – bim bim bim bim bim – fährt man wie ein König von Johannisburg nach Lyck. Aber früher! Da dankte man Gott, wenn man im Sande den vollen Wagen bis zur Stadt brachte, und wir haben doch gelebt und ein schönes Stück Geld eingenommen. Im Winter fuhr ich mit einer Fuhre voll Grütze nach Königsberg, und im Sommer, da gingen wir über die Grenze. Heutzutage lohnt sich das nicht mehr, denn jetzt ist in Rußland alles billiger als bei uns, und jetzt schmuggeln die Russen zu uns herein, was wir früher zu ihnen trugen.«

»Was habt ihr denn früher geschmuggelt, Großonkel?« »Alles, was einen Namen hatte, mein Sohnchen, Seide und Spiritus und Stahlwaren, Kaffee, Zucker. Am meisten haben wir Gewehre getragen, aber das war sehr gefährlich, denn wenn die Russen einen dabei erwischten, dann machten sie kurzen Prozeß. Zum Gewehrtragen waren auch genug Polen da. Die kamen fast jede Nacht in Haufen von dreißig, vierzig Mann über die Grenze und kauften bei den Kaufleuten in Johannisburg ein. Das heißt, nicht in Johannisburg selbst. Sondern die Kaufleute packten nachmittags ihren Wagen voll und fuhren gegen Abend damit in die Heide, bald hier, bald dort, je nachdem verabredet war. Dann machten sie aus trockenem Holz ein großes Feuer und brauten sich Grog, bis die Polen und Juden kamen, um mit ihnen zu handeln.«

Bei diesen Worten lachte mein Vater still vor sich hin. »Ich habe manchmal als junger Heideläufer nachts an einem solchen Feuer gesessen, und das war nicht immer ganz ungefährlich, denn die Straschniks respektierten die Grenze nicht. Sie kamen in ganzen Trupps herüber und suchten die Wälder ab. Manchmal haben sie im Winter bei Mondschein ganze Treibjagden veranstaltet.«

»Ja, ja, Adam«, fuhr jetzt der Alte fort, »du kennst ja die Sache auch noch aus eigener Erfahrung.«

»Gingst du auch mit über die Grenze, Großonkel?« fragte ich.

Der Alte sah mich mit einem wunderbar verschmitzten Blick aus den Augenwinkeln an und nickte energisch mit dem Kopfe. »Ich trug meine anderthalb Zentner mit Leichtigkeit; vielleicht möchte ich sie auch jetzt noch zwingen. Wir hatten auch nicht sehr weit zu tragen, denn damals hatte die Regierung schon durch das große Barlock-Bruch die Kanäle graben lassen, um der Eisenhütte in Wondollek Wasser zu schaffen. Da fuhren wir denn jeder mit einem leichten Kahn bis zum Wehr hinunter, wo das Wasser gestaut wurde, und von dort hatten wir nur noch ein paar hundert Schritt bis zur Grenze.«

»Lauerten euch denn dort nicht die Straschniks auf?«

»Manchmal ja, manchmal auch nein, und wir wußten stets sehr genau, wann sie nicht da waren. Das besorgten die Händler, für die wir die Packen trugen.« Dabei machte er mit Daumen und Zeigefinger die bekannte Bewegung des Geldzählens.

Nachdem er sich ein frisches Glas Grog gebraut und eine Zigarre angesteckt, fuhr er fort:

»In den dreißiger Jahren waren die Filipponen zu uns gekommen. Sie wohnten ehemals in dem Gebiet, das vor dem unglücklichen Krieg zu Preußen gehört hatte. Wie die Russen nachher dort Herren wurden, ging es den Filipponen sehr schlecht. Denn sie wollten nicht Soldat spielen und überhaupt keine Obrigkeit anerkennen. Deshalb waren die Russen ganz froh, als der preußische König diese Heißwassertrinker aufnahm. Zuerst kamen zwei Brüder über die Grenze, der Sidor und Jafim Borissow. Der Sidor war schon ein alter Mann mit grauen Haaren. Das war ihr Starik, ihr Geistlicher. Dann kamen bald die andern Familien nach, der Onufri Jakublew, die Krimows, Slojikows und wie sie alle heißen. Jetzt sind sie ja schon ganz manierlich und zum Teil auch vernünftig geworden. Aber damals! Da mußte man immer lachen, wenn man so einen Vogel ansah. Denn wie ein bunter Vogel sahen sie aus. Alles war rot und blau an ihnen, die kurze Jacke ohne Knöpfe rot, das Hemd, das sie außerhalb der Hosen trugen, blau und rot gestreift und die kurzen Hosen, die nur bis zum Knie reichten, blau. Alles machten sie selbst. Die Hüte flochten sie sich aus gespaltenen Fichtenwurzeln, aus Birkenrinde machten sie sich Sandalen, die sie mit bunten Bändern bis ans Knie festschnürten. Auch ihre Häuser bauten sie selbst aus runden Stämmen. Na, das kennt ihr ja alle noch!

Aber was für eine Zucht damals in der Johannisburger Heide begann, davon habt ihr keine Ahnung. Die Kerle glaubten einfach, daß Wald und See nur für sie geschaffen seien. Am Tage lagen sie auf dem See und fischten, und des Nachts gingen sie wilddieben. Mit der Regierung führten sie geradezu Krieg. Sie wollten keine Geburt, kein Begräbnis anmelden, und wenn einer zum Militär eingezogen werden sollte, dann ging er auf ein paar Jahre über die Grenze und kam später unter einem anderen Namen wieder zurück. Unterscheiden konnte man die Kerle ja nicht. Einer sah wie der andere aus. Sie waren alle groß und schlank gewachsen, hatten blonde Haare und einen blonden krausen Bart, den sie sich nie scheren durften, das verbot ihnen ihr Glauben.

Eine der letzten Familien, die herüber kamen, waren die Iwanows, auch zwei Brüder. Der ältere war schon verheiratet, der jüngere, ein hübscher, flotter Kerl von vielleicht fünfundzwanzig Jahren, war, wie man sagte, mit der Tochter des Sidor Borissow verlobt. Das war gerade in der Zeit, als meine Frau starb und meine Tochter Sophie die Wirtschaft übernahm. Das heißt, ich hatte sie ihr nicht verschrieben, denn ich war ja noch ein junger Mann in den besten Jahren und wollte mich noch lange nicht zur Ruhe setzen. Zudem waren auch zwei Jungens da, und da konnte ich doch nicht die Besitzung, die so lange Jahre in unserer Familie gewesen war, einem Schwiegersohne verschreiben.

Du, Adam, hast ja die Sophie noch sehr gut gekannt, ihr seid wohl beide in gleichem Alter. Nicht wahr, das war doch eine forsche Margell! Groß und schlank, und ein paar Augen hatte sie im Kopfe wie glühende Kohlen.«

»Ich war damals mit dem Kahnert in Zimna stationiert«, warf mein Vater ein, »wir waren ja damals fast täglich bei dir im Kruge, besonders seitdem der Kahnert Feuer gefangen hatte.«

»Ja, ja, von dem Kahnert wollte ich eben erzählen. Schade, daß er nicht mein Schwiegersohn geworden ist, aber wer kann alles voraussehen? Zuerst habt ihr beide gelacht, wenn ihr kamt und den Fama Iwanow am Tische sitzen fandet. Ich habe auch gelacht über den Liebhaber der Sophie, der kaum so viel Worte masurisch sprach, daß er sich ein Glas Braunbier bestellen konnte. Er hat wohl mit seinen schönen blauen Augen gesprochen, denn wenn die Sophie am Schenktisch erschien, um Schnaps einzugießen oder etwas zu verkaufen, dann ließ er keinen Blick von ihr. Es hat gar nicht lange gedauert, da fingen die Leute an, darüber zu reden, daß der junge Filippone jeden Tag bei mir im Kruge saß. Aber was wollte ich machen? Ich konnte ihn doch nicht hinausschmeißen und hatte auch keine Ursache dazu. So ging das den ganzen Sommer hindurch. Der Kahnert war schon lange eifersüchtig auf ihn. Er hat ihm auf Schritt und Tritt aufgepaßt, ob er ihn nicht beim Wilddieben erwischen könnte, aber der Fama war anders als die übrigen Filipponen. Er hat tagsüber fleißig auf dem Felde geschafft und des Abends bei uns im Kruge gesessen.

Im Herbst war ich eines Tages nach Johannisburg gefahren. Wie ich ziemlich spät in der Nacht nach Hause komme, ist bei mir noch alles hell. Ich denke gleich: da ist etwas nicht richtig. Und wirklich, wie ich in die Krugstube komme, sitzt der Fama noch am Tisch und bei ihm die Sophie mit dick verweinten Augen. Ich frage, was los ist. Da springt sie auf mich zu, faßt mich um den Hals und weint und schreit: »Ein Unglück, Vaterchen, ein Unglück, sie wollen den Fama einsperren!«

»Wer? Was? Wofür?« frage ich, »hat er einen totgeschlagen?«

»Nein, Vater«, sagt die Sophie, »das ist meinetwegen, bloß meinetwegen.«

»Na, ich habe mich nie über etwas aufgeregt und jetzt, wie ich alt bin, weiß ich, daß das sehr gut ist, denn alles geht vorüber, Kinderchen, Gutes und Böses, der Mensch muß bloß Geduld haben.

Ich gehe also erst zur Tonbank und gieße mir einen großen Krausen ein. Das weiß ich noch so wie heute. Dann setze ich mich an den Tisch und sage zu dem Fama: ›Nu erzähle mal, Bruderchen, was los ist.‹ Er sprach schon ganz manierlich masurisch, und wenn ihm ab und zu ein russisches Wort unterlief, das verstand ich auch. Also er erzählt, daß heute nachmittag, gerade wie er sich zum Weggehen rüstete, der Sidor Borissow zu ihm gekommen und ihn gebeten hatte, im Kloster etwas auszubessern.«

»War das ein wirkliches Kloster, Großonkel?« fragte ich dazwischen. Der Alte lachte. »Das ist die alte Holzbaracke, die noch jetzt in Onufrigowen steht. Damals wohnten drei oder vier Kerle drin, die zu heilig waren um zu arbeiten. Sie ließen sich von den andern füttern und spielten fleißig Karten, so fleißig, daß sie sich manchmal die Köpfe dabei blutig schlugen; aber heilig blieben sie doch. Der Fama hatte also, wie er erzählte, seine Axt genommen und war mit dem Sidor nach dem Kloster gegangen. Dort hatten sich die Heiligen gleich auf ihn geworfen und ihn mit einem Strick zusammengeschnürt, daß er sich nicht rühren konnte. Dann hatten sie ihn vor den Altar geschleppt und von ihm verlangt, daß er nicht mehr zu dem masurischen Mädel, das heißt zu uns, gehen sollte. Sie hatten Angst, daß er von ihrem Glauben abfallen und sich zu uns bekehren könnte, um die Sophie zu heiraten. Als er sich weigerte, den furchtbaren Schwur nachzusprechen, den ihm der Starik vorsprach, hatten sie ihm sehr gründlich das Leder durchgewalkt und ihn in einer unbewohnten Stube, die mit ›eisernen Gardinen‹ verwahrt war, eingesperrt. Glücklicherweise hatten sie ihm nicht die Füße gebunden. Da ist er denn ans Fenster gegangen, hat mit dem Ellbogen die Scheiben eingestoßen und an den scharfen Glassplittern, die im Rahmen stehen geblieben waren, die Stricke, mit denen seine Hände gebunden waren, zerschnitten. Dann hatte er die Tür aufgebrochen und war durch die Haustür herausgegangen, ganz ungehindert, und keiner hatte es gemerkt, denn die Heiligen saßen mit dem Starik in einer Stube und spielten Oko, daß der Tisch dröhnte. Jetzt saß er bei mir in der Krugstube.

Was sollte ich nun mit dem jungen Filipponen anfangen? Ich hatte doch keine Schuld, daß ihm seine Glaubensgenossen zu Dach stiegen. Weshalb kam er jeden Tag in den Krug gekrochen? Aber wenn die Sophie nicht gewesen wäre – na, daran hatte ich denn doch Schuld, daß die Sophie da war.«

Der Alte lachte herzlich vor sich hin. Dann fuhr er fort: »Ja, Kinder, damals war mir nicht so lächerlich zu Mute. Was sollte ich tun? Ihn im Hause behalten? Dann würden die Leute bald zu reden angefangen haben. Und war ich sicher, daß mir nicht die Filipponen eines Nachts die Bude über dem Kopfe ansteckten? Daran, daß die Sophie mit dem Fama einig war, daran habe ich an jenem Abend noch gar nicht gedacht. Vielleicht hätte ich dann anders gehandelt. Vielleicht auch nicht. In der Nacht hinausjagen konnte ich doch den jungen Menschen nicht. Denn draußen standen sicherlich die Filipponen und lauerten ihm auf. Und wenn er verschwand, auf immer verschwand, wer sollte es ihnen nachweisen?

Ich ließ ihn also auf dem Boden ein Bett aufstellen. Am andern Tage gab ich ihm einen Anzug von einem meiner Knechte, wir setzten uns

auf den Wagen und fuhren nach Wondollek zur Eisenhütte. Das
hatte ich mir in der Nacht so ausgedacht: dort waren viele Menschen,
da war Tag und Nacht Leben, da würde er sicher sein. Zur Vorsicht
fuhren wir erst nach Johannisburg zu und bogen erst dicht vor der
Stadt ab in den Wald. Der Herr Direktor in Wondollek nahm den
Fama gleich als Arbeiter an, denn er konnte Leute gebrauchen, und
ich fuhr beruhigt nach Hause. Nun würde auch das Gerede der Leute
aufhören. Ich dachte, auch die Sophie würde sich beruhigen und zu
dem Kahnert freundlicher werden. Das war doch wirklich ein ansehnlicher Mann, noch einen Kopf größer als sie und auch ein guter
Mensch.

Es kam ganz anders. Eines Nachts waren meine Hunde sehr unruhig. Ich nehme die Laterne, gehe hinaus, suche den ganzen Hof ab
und die Ställe, finde aber nichts. Am andern Morgen kommt die Sophie zu mir, weckt mich auf und sagt: ›Vater, der Fama ist da.‹ –
›Nanu‹, sage ich, ›soll die Geschichte denn wieder losgehen? Wieso
hat ihn denn der Deuwel hergekarrt?«

Am Himmel hatte sich langsam eine dunkle Wolkenwand hochge-
schoben und den Mond verhüllt. Es war dunkel geworden, ganz
dunkel. In der Luft lag eine Schwüle, als wenn ein Gewitter im Anzug stand. Das Gesicht des Ältervaters konnten wir nicht mehr sehen, nur ab und zu leuchtete seine Zigarre auf, wenn er zwischen
den einzelnen Sätzen eine kleine Pause machte. Seine Stimme klang
rauh und scharf, als er weiter erzählte.

»Jetzt kamen ein paar schlimme Wochen. Den Fama hielten wir in
der kleinen Oberstube versteckt, aber wie das so geht: durch die
Margellen, die den Mund nicht halten konnten, wurde es bald bekannt, daß wir ihn im Hause hatten. Mir tat der junge Mensch leid,
sonst hätte ich ihm den Stuhl vor die Tür gesetzt. Aber wenn ich das
tat, dann war er verloren, denn in jeder Nacht schlichen die Filipponen um unser Haus, und als ich einmal hinausging, wie die Hunde
zu toll stürmten, fiel ein Schuß und die Kugel schlug dicht bei mir in
die Haustür ein. Eines Tages kam der Kahnert zu uns. Er muß wohl
der Sophie Vorwürfe gemacht haben, denn als ich dazukam, hörte
ich bloß noch, wie die dumme Margell ihm sagte, er könne ruhig seinen Schnaps und sein Glas Bier trinken, aber um das andere hätte er
sich nicht zu kümmern. Zum Unglück mußte noch gerade der Fama

dazukommen. Er hatte wohl oben von der Treppe aus das Streiten angehört. Mit zwei Sätzen war er in der Krugstube, stellte sich vor den Kahnert hin und fragte ihn, was er von der Sophie wolle.

Im nächsten Augenblicke hatten sich die Männer gepackt. Ich hatte gedacht, daß der Kahnert dem Filipponen, der viel dünner und schmächtiger war als er, die Knochen zerbrechen würde. Aber nein, ehe ich zuspringen konnte, lag der Fama oben und schnürte dem Kahnert die Gurgel zu, daß er blau wurde. Das war mir denn doch zu arg. Ich sprang zu, kriegte den Kerl am Kragen und schlackerte ihn ordentlich ab. Aber meinst Du, daß er sich gewehrt hat? Nicht die Hand hat er gerührt. Bloß einmal sagte er: ›Herr Sparka‹, sagte er, ›tun Sie mit mir, was sie wollen. Ich werde mich nicht wehren gegen Sie.‹ Da kam ich zur Besinnung. Ich stellte ihn auf die Beine, ließ ihn los und wies mit dem Finger nach der Tür.

Es hat mir nachher manchmal leid getan. Aber sagt mal, Kinder, konnte ich damals anders handeln? Da kommt so ein junger fremder Mensch ins Haus, verdreht meiner Tochter den Kopf und dann, als ich ihn wochenlang im Haus halte, weil seine Landsleute ihm an den Kragen gehen wollen, wenn er meine Tochter wirklich heiratete . . .«

Er trank hastig sein Glas aus und stellte es mit hartem Ruck auf den Tisch.

»Was nun kam, das sehe ich noch wie heute vor mir. Wie er ging und stand, schritt er aus der Tür, nur einen Blick hatte er auf die Sophie geworfen und leise gesagt: ›Lebe wohl, Soscha, wir werden uns nicht wiedersehen!‹

Ganz verzweifelt hatte sich die Sophie an mich gehängt und schrie immer: ›Vater, laß ihn nicht weggehen! Vater, ruf' ihn zurück! Er geht in den Tod meinetwegen, für mich geht er in den Tod!‹

Wütend wie ich war, hatte ich die Margell zurückgestoßen und mich ans Fenster gestellt. Da sehe ich, daß der dumme Kerl, der Fama, nicht die Straße nach dem Dorfe hinuntergeht, sondern nach der andern Seite, dem Walde zu. Ich hörte kaum, wie die Tür ging, aber ich drehte mich doch um: die Sophie war weg. Ich sehe durchs Fenster, da läuft die Sophie auf der Straße hinter dem Fama her. Ich weiß nicht recht mehr, was für Gedanken mir damals durch den Kopf gingen, und nie wäre ich darauf verfallen, daß die Sophie hinter dem Filipponen herlaufen könnte. Überhaupt kann ja niemand wis-

sen, was die Weiber tun wollen. Denkt man so, dann tun sie das andre, denkt man das andre, dann tun sie so.

Ich gehe also vor die Tür und sehe den beiden nach. Gleich vorn am
Walde, es waren ja bloß hundert Schritte bis dahin, sind drei, vier Filipponen beim Fama. Die hatten schon auf ihn gewartet. Beinahe
mußt' ich lachen. ›Wirst nicht mehr wiederkommen, mein Jung-
chen‹, dachte ich bei mir. ›Wirst nicht mehr auf die Freit kommen zur
masurischen Bauernmargell. Das werden dir deine Brüder und On-
kels schon austreiben.‹

Wie ich nun so stehe und denke, sehe ich, wie die Sophie die Männer
einholt. Ich sehe, wie sie sich an den Fama hängt und die andre Hand
gegen die Filipponen ausstreckt. Auf einmal steht der Kahnert neben
mir und sagt: ›Wollen Sie nicht ihre Tochter zurückholen, Herr Sparka?‹ Ich lache bloß. ›Die wird gleich zurückkommen, und dann
werde ich mit ihr ein Wörtchen reden, aber gründlich.‹«

Der Alte machte eine Pause, füllte sich das Glas von neuem, nahm
einen langen Schluck und fuhr dann ruhiger fort:

»Sie kam nicht zurück, und ich, ich war so wütend, daß ich in die
Stube zurückging und mir einen Krausen nach dem andern eingoß.
Aber eine Stunde später, da packte es mich. Ich ließ mir den Wagen
anspannen und fuhr nach Onufrigowen. Ich ging von Haus zu Haus
und fragte nach dem Fama und nach der Sophie. Die Kerle grinsten,
zuckten die Achseln und keiner wollte die beiden gesehen haben. Ich
fuhr zum Schulzen nach Weißuhnen. Der konnte mir auch nicht helfen. Der Gendarm kam erst gegen Mitternacht nach Hause. Er ging
sofort mit mir und den Männern, die ich im Krug bei Paprotta fand.
Wir haben jedes Haus durchsucht. Wir haben auch das Kloster von
oben bis unten durchstöbert: die beiden waren nirgends zu finden.«

Der alte Mann machte eine lange Pause, die wir nicht zu stören wag-
ten. Ganz umständlich steckte er sich eine neue Zigarre an und blies
den Rauch mit starken Zügen von sich. Endlich erzählte er weiter:
»Ich habe viel Geld ausgegeben, um zu erfahren, wo die Sophie geblieben oder ob sie noch am Leben war. Die Behörden haben sich
auch um die Sache gekümmert, haben alle Filipponen vernommen,
aber das Gesindel lügt ja, wie es den Mund auftat. Es war nichts her-
auszubekommen... Vielleicht sechs, sieben Jahre verflossen. Da
kam eines Tages der alte Hermann zu mir, der Zigeuner. Er hatte

damals ein junges Mädchen bei sich, das er Aschani nannte. Das war ein sonderbares Wesen, denn die Margell konnte ihren Körper und ihre Glieder nach allen Seiten verbiegen, als wenn sie gar keine Knochen im Leibe hätte. Der Hermann ließ im Dorfe ansagen, daß er am Abend eine Vorstellung bei mir in der großen Krugstube geben würde. Jeder, der hereinkam, zahlte einen Dittchen, und nachher ging die Margell noch mit dem Teller sammeln, und die Bauern gaben gutwillig, denn so was wird man auf der Erde nie wieder sehen. Mitten in der Stube hatten sie einen kleinen Teppich hingelegt, und da drauf wand und drehte sich die Margell, daß es ganz grauenhaft anzusehen war. Der Zigeuner spielte dazu die Harfe und ein kleiner Junge von vierzehn Jahren strich auf der Fiedel. Ganz spät in der Nacht, als die Leute alle gegangen waren, saß ich noch allein mit dem Zigeuner zusammen, denn er war ein unterhaltsamer Mann und konnte viele merkwürdige Sachen erzählen, die er gesehen und erlebt hatte. Auf einmal erfaßt er meine Hand und sagt: ›Herr Sparka‹, sagt er, ›nun raten Sie mal, ich habe Ihnen einen Gruß zu bestellen.‹ Wie sollte ich raten? Wußte ich, von wem? Da sagt er: ›Von Frau Iwanow, von Ihrer Tochter Sophie.‹

Im ersten Augenblicke blieb mir das Blut stehen. Aber dann wurde ich wütend und schlug mit der Faust auf den Tisch: Weiß die Margell denn keinen andern Weg, ihrem Vater Nachricht zu geben, als durch einen Zigeuner? Na, mit der Zeit wurde ich ruhiger und dann erzählte er mir alles, wie es gekommen war. Denkt euch bloß, die Sophie ist mit dem Filipponen mitgegangen bis Onufrigowen zu dem Starik, dem Sidor Borissow. Dort hat sie vor den Filipponen erklärt, daß sie zu ihrem Glauben übertreten wolle.«

Er schwieg wieder eine Weile, bis er fortfuhr: »Natürlich wurde sie mit Freuden aufgenommen. Der Bruder der Fama spannte sofort ein Fuhrwerk an und brachte die beiden zur Grenze. Von dort sind sie dann weitergegangen, bis nach einem kleinen Dorfe, tief in Rußland, wo noch ein paar Familien ihres Glaubens lebten. Nun, und dort ist meine Tochter eine Filipponin geworden . . . Ich habe später noch manchmal von ihr erfahren. Sie hat sieben stramme Jungens, die alle gut eingeschlagen sind, lebt sehr glücklich mit ihrem Fama und hat die Heimat völlig vergessen.«

Der Wolkenrand am Himmel war zerrissen. Hier und dort blinkte ein

Stern, und jetzt trat auch der Vollmond hervor und füllte wieder »Busch und Tal still mit Nebelglanz«. Die Augen des Ältervaters leuchteten. Er sah uns alle freundlich der Reihe nach an und nickte nachdenklich mit dem Kopfe.

»Was meint ihr, Kinder, hat die Sophie damals recht gehandelt oder nicht? Ich glaube, ja. Das war der einzige Weg, um den Fama zu retten... Gute Nacht, Kinder, gute Nacht! Und du, Fritzku, komm schlafen! Wir haben uns noch vieles zu erzählen, denn morgen, wenn die Sonne aufgeht, muß ich mich auf den Weg machen. Ich will zur Sophie fahren... Es ist doch mein Kind, wenn es auch andern Glaubens geworden ist... Gute Nacht, Kinder, gute Nacht!«

Über Fritz Skowronnek siehe Seite 286. Von den zahlreichen Erzählungen der Brüder Skowronnek, die masurisches Volkstum festgehalten haben, führt die hier wiedergegebene vielleicht am stärksten in eine heute kaum noch vorstellbare – doch auch früher den weiter westlich (»im Reich«) wohnenden Deutschen ziemlich fremde – Welt.

Die Filipponen, von denen in ihr u. a. erzählt wird, waren Glieder einer russischen Sekte, die Priesterweihe, Kriegsdienst, Eid usw. verwarf. Sie waren um 1830 in Ostpreußen eingewandert und haben in einigen Orten des Kreises Sensburg gelebt. 1939 gab es noch etwa tausend von ihnen.

Fritz Skowronnek

Landleben und Ferien eines ost-preußischen Jungen

Wie reich meine Jugendzeit gewesen ist, habe ich erst begriffen und empfunden, als meine Kinder heranwuchsen. Als mir das zum Bewußtsein kam, habe ich alles darangesetzt, um ihnen wenigstens einen Abglanz der Herrlichkeiten zu verschaffen, die mir die Kindheit geschenkt hat. Ich machte mit ihnen Ausflüge in die Umgebung Berlins, ich fuhr mit Frau und Kindern jedes Jahr auf vier Wochen nach Masuren, durchstreifte mit ihnen die Johannisburger Heide, wo sie am tiefsten ist, segelte und angelte mit ihnen auf dem Spirding, dem größten Binnensee Norddeutschlands. Aber das alles war doch nur »Ersatz«. Den größten Teil ihrer Jugend verlebten sie doch in dem steinernen Häusermeer, spielten statt auf weichem Moosboden auf hartem Steinpflaster.

Meine Jugendzeit wäre ja auch nicht halb so schön gewesen, wenn ich sie in der Stadt in einer Pension hätte verleben müssen. Nein, ich kam 20 Minuten nach vier zu Hause an, trank hastig einen Topf Kaffee aus, nahm ein Stück Grobbrot in die Hand und »versammelte« mich auf dem Dorfanger, um mit einer Schar gleichgesinnter Altersgenossen in den Wald zu ziehen, wo wir im Fichtendickicht aus Stangen und Moos einen Wigwam errichteten und Szenen aus dem »Lederstrumpf« aufführten. Sogar die Friedenspfeife wurde geraucht, natürlich mit dem bei achtjährigen Helden üblichen Erfolg. Der Sybbaner Wald ist schön. Er wird von den Tatarenbergen durchzogen, zwischen denen, von hohen Fichten und Kiefern umrauscht zwei verträumte kleine Seen, die Tataren-Seen, liegen. Den Namen führen Berge und Seen zur Erinnerung an die Einfälle der wilden Horden im 16. Jahrhundert. Auf jedem See stand ein Kahn, der dem Vater gehörte und den wir ohne Einschränkung benutzen konnten. Mein Vater hatte den Grundsatz, daß Jungens nicht ängstlich am Schürzenbande der Mutter hängen dürften, sondern sich austoben müßten, und diesen Grundsatz habe ich getreulich befolgt. Der Vater nahm mich auch gern auf seinen Gängen durch den Wald mit, als ich noch klein war, er badete mit mir, setzte mich auf seine Schultern und schwamm mit mir weit in den See hinaus. Später, als ich schon selbst die Flinte führte, war ich sein unzertrennlicher Begleiter, sein Schatten. Und alles, was mir die Natur lieb und wert gemacht hat, habe ich von ihm gelernt.

Mit dem naturwissenschaftlichen Unterricht war es in der Schule jämmerlich bestellt. Ich habe auf Quinta ein halbes Jahr Naturgeschichte gehabt, Botanik ausgerechnet im Winter! Sehr viel bin ich auch mit dem »Professor« im Walde herumgestrolcht. Das war ein alter Junggeselle, den der Alkohol aus seiner Laufbahn als Privatdozent der Naturwissenschaften geworfen hatte. Nun lebte er in seiner Vaterstadt Lyck von den Zinsen eines kleinen Vermögens und verdiente nebenbei durch Zusammenstellung von Sammlungen. Er sammelte Käfer, Schmetterlinge, Pflanzen, vor allem Moose, und verkaufte sie ins Ausland. Meine flinken Beine und meine Kletterkünste, die von einer hirschledernen Hose unterstützt wurden, konnte er sehr gut brauchen und holte mich regelmäßig ab, wenn er in den Sybbaner Wald ging. So lernte ich spielend, was mir die Schule schuldig blieb.

Vom Vater lernte ich auch das Angeln. Er fertigte sich selbst vorzügliche Angelruten. Die untere Hälfte bestand aus einer dünnen, leichten Fichtenstange, die mit Glas glattgeschabt wurde, der obere Teil aus einer Haselrute, die im Winter geschnitten worden war. Die Schnur wurde aus weißen Haaren eines Roßschweifs ohne jeden Knoten geköpert. Der Zufall fügte es, daß ich als Junge von sieben oder acht Jahren im Tatarensee einen schweren Hecht fing. Zwar brach der Stock, aber die Schnur hielt aus, und ich schleppte den Hecht ans Land. Von dem Tage an wurde das Angeln bei mir zur Leidenschaft und ist es geblieben bis auf den heutigen Tag. Ja ich kann sagen, daß ich schon seit Jahren dem Angelsport den Vorzug vor dem Waidwerk gebe.

Als ich mit dreizehn Jahren nach Untersekunda versetzt wurde, erhielt ich zur Belohnung die mir bereits gehörende Flinte, Hund und Jagdtasche und durfte die Jagd öffentlich ausüben. Das Geld für die reichlich gebrauchte Munition mußte ich mir freilich selbst verdienen. Ich war natürlich der Meinung, daß ich diese Ausgabe aus dem Erlös des von mir erlegten Wildes würde bestreiten können. Nachdem ich jedoch mehrere Hasen auf dem Anstand und eine ganze Anzahl Märzenten erlegt hatte und die Mutter um Geld zu Pulver und Schrot ansprach, wurde ich energisch abgewiesen. Da klagte ich eines Abends, als wir in die finstere Oktobernacht zum Fischen hinausfuhren, Stomber mein Leid. »Ach Fritzku, sei man ruhig, wenn Pan Jesus heute ein bißchen Glück gibt, werden wir viele Fische fangen.« Ich zuckte die Achseln: »Was habe ich davon?« – »Wirst schon sehen.«

Von Hoffnung getrieben zog ich kräftig die Ruder. Schon nach kurzer Fahrt warf Stomber die vier aneinandergebundenen Staknetze aus. Nie vergaß er, dabei den frommen Wunsch auszusprechen: »Herr Jesus, gib uns Segen.« Ich zog die Schlagruder ein und nahm den Trimp zur Hand. Das ist eine lange dünne Stange, an der sich unten eine ausgehöhlte Glocke aus Holz befindet. Mit starkem Stoß wird sie ins Wasser getrieben und damit die Fische zum Netz gescheucht. Gleich der erste Fang war überreich. Wie ein weißschimmernder Berg lag das nasse Netz im Kahn. Während uns der schwache Wind leise auf den See hinaustrieb, lasen wir im Finstern die Fische aus dem Netz. Das ist eine mühsame Arbeit. Als wir mit dem zweiten Zug wieder soviele Fische gefangen hatten, sagte Stomber: »Jetzt setz' die Ruder ein und fahr' nach der Stadt zu Pfitzner. Der kauft uns die Fische ab.« – »Aber Stomber, wir müssen doch Fische nach Hause bringen?« – »Ach, die fangen wir noch in zwei, drei Zügen, mehr als die Frau Förster brauchen kann.«

Mit Freuden nahm uns der Kaufmann die Fische ab. Er zahlte für den Zentner Plötzen 20 und für den Zentner Barsche 25 Mark und fügte aus freien Stücken noch einige Würstchen, Zigarren und eine halbe Flasche »Doppelneunkraft« hinzu. Wir fingen wirklich noch soviel Fische, daß die Mutter über den Fang erstaunt und erfreut war. Stomber bekam 5 Mark, wofür er sich am nächsten Tage heftig betrank. Ich teilte redlich den Verdienst mit Vater, bei dem ich schon eine Anleihe von Pulver und Schrot gemacht hatte.

Die Mutter ahnte wohl, woher der Verdienst stammte, von dem Stomber sich einen Riesenaffen kaufte und der Vater sich einen ausgedehnten Frühschoppen leistete. Aber sie schwieg. Sie gönnte mir den Verdienst, und außerdem war ich schon damals ihre Hauptstütze. Der Vater war in jenen Jahren sehr stark und schwer geworden und hatte wenig Lust, nachts sich abzuarbeiten, nachdem er sich tagsüber müde gelaufen hatte. Ich hatte manchmal auch wenig Lust, in die finstere Nacht hinauszufahren und bei starken Winden den schweren Kahn durch die hohen Wellen zu schleppen. Es war auch etwas Gefahr dabei. Deshalb schickte Mutter manchmal Stomber fort, wenn er kam, mich zur Fahrt aufzufordern. Doch der Schlauberger wußte sich zu helfen. Er nahm einen Bohnenschacht und klopfte damit an das Fenster unserer Bude im Giebel. »Junger Herr, heute nacht werden wir viele Fische fangen.« Dann gab es kein Besinnen mehr. In einer Viertelstunde war ich zum Fischfang angezogen unten am See, wo Stomber schon die Netze verlas und aneinanderknüpfte. In solchen Nächten saß die Mutter manchmal, von der Angst um ihren Ältesten getrieben, stundenlang unten am See, bis sie die Ruderschläge des zurückkehrenden Kahns vernahm.

Nicht immer war das Fischen mit Anstrengung und Gefahr verknüpft. An windstillen klaren Herbsttagen fuhr ich mit Stomber, den Hecht im Geläge zu jagen. Ich nahm auch die Flinte mit. Langsam fuhren wir am Ufer dahin und horchten, ob sich nicht irgendwo ein starker Hecht durch einen Rumpler bemerkbar machen würde. Dann wurde er mit einem Staknetz, das mit langer Stange ausgeschoben wurde, umstellt und mit derselben Stange aufs Netz getrieben. Ab und zu erspähte Stomber auch einen Lampe, der am steilen Ufer im Lager saß und den ich mit sicherem Schuß herunterholte. Auch Enten kamen mir vor die Flinte.

Zu Vaters Geburtstag, am 10. Oktober, gab es stets eine große Gesellschaft, zu der die Mutter Fische, Hasen und Enten brauchte. Deshalb mußte in den ersten Tagen des Oktober sehr fleißig gefischt werden, denn es mußten mindestens zwei Hechte von 14, 15 Pfund beschafft werden. Für eine gemeinschaftliche Tafel war die Gesellschaft stets zu groß und die Försterwohnung zu klein. Aber man behalf sich mit dem damals allgemein beliebten »Trampeltisch«, auf dem die Gerichte aufgetragen wurden. Gespeist wurde an kleinen Tischen. Mir fiel das Amt zu, jedem, der an den Tisch trat, einen Teller, Mundtuch, Messer und Gabel zu überreichen.

Von dem Reichtum meiner Jugendzeit habe ich noch viel zu erzählen. Die Kolonie Sybba, die so dicht bei der masurischen Hauptstadt gelegen war, bot auch dem Handwerk einen goldenen Boden. Deshalb siedelte sich dort ein Radmacher, Böttcher, Schuster, Schneider, Drechsler, Brunnenbauer, Töpfer usw. an. Bei allen war ich ein sehr häufiger Gast. Der junge Böttcher, der noch keinen Gesellen hatte, rief mich zur Hilfe, wenn er auf ein Faß einen Reifen auftreiben mußte. Im Takt singend und schlagend gingen wir um das Faß herum und trieben den Reifen auf. Das Drechseln machte mir das meiste Vergnügen. Ich durfte an einer leerstehenden Bank soviel schnitzen wie ich wollte, mußte mir jedoch das Holz dazu selbst mitbringen. Nun, daran war ja im Forsthaus kein Mangel. Mit Ausdauer und Erfolg betätigte ich mich beim Töpfer an der Drehscheibe. Man müßte sie bei dem Unterricht einführen, der zur Ausbildung der Handfertigkeiten erteilt wird. Denn nichts übt so sehr Hand und Auge, als das Formen von Gefäßen auf der Drehscheibe. Die ersten gelungenen Versuche, eine Schüssel und eine Kanne, tat der Meister in seinen Brennofen. Stolz brachte ich sie der Mutter, die sie getreulich bis an ihr Lebensende aufbewahrt hat.

Sehr gern saßen wir Jungens auch beim Schuster Saborowski, einem drolligen alten Kerl, der neben der Ausbesserung von Schuhwerk auch die Anfertigung von Holzpantinen betrieb. Das dazu erforderliche Ellernholz stahl er sich aus der königlichen Forst, das Leder erbettelte er sich in Gestalt von alten Stiefeln. Er erzählte drollige Geschichten oder hielt tiefsinnige Monologe, die uns ebenso amüsierten. Er hatte eine Marotte. Er behauptete, nirgends gäbe es ein so gutes Schusterpech als in Marggrabowa, und wanderte fast in jedem Monat zu Fuß nach dem etwa vier Meilen entfernten Städtchen. Später erfuhr ich, daß dort eine Witwe, eine Jugendfreundin wohnte, die er so regelmäßig besuchte. Das Schmieden habe ich erst als Hauslehrer gelernt und es darin soweit gebracht, daß ich nicht nur ein brauchbares Hufeisen, sondern auch einen Hufnagel aus einer Glut schmieden konnte. Wie oft ist es mir in meinem Leben zustatten gekommen, daß ich mit Hammer, Hobel, Säge, Bohrer und Stemmeisen umzugehen wußte.

Im Sommer fuhr ich sehr gern und oft mit unserem Knecht Fritzu Sareyka abends in den Wald. Nicht weit vom größeren Tatarensee lagen ausgedehnte Kiefernschonungen mit üppigem Graswuchs. Dort wurden die Pferde gekoppelt und zur Weide losgelassen. Wir sammelten einen Haufen dürres Reisig, zündeten ein Feuer an und lagerten uns daran. Der alte Knecht, der fast ein Menschenalter meinen Eltern diente, war ein drolliger Kauz, der mir unermüdlich Märchen erzählte. Einige davon waren ohne Zweifel masurischen Ursprungs. Die meisten jedoch waren deutsches Geistesgut, wenn auch oft umgeformt. Er hatte wie alle Masuren eine große Vorliebe für den Alkohol; wenn er dann betrunken nach Hause kam, entschuldigte er sich damit, »eine Ameise habe ihn in die Zunge gebissen«. Dann bekam er seine Tracht Prügel, die er als wohlverdiente Strafe ruhig hinnahm, und ging ernüchtert wieder an seine Arbeit.

Noch ehe der Tag graute, ging ich mit der Flinte bis zum Torfbruch, wo die Birkhähne balzten, und setzte mich in einen der von mir selbst erbauten Schirme. Fritzu nahm seine Sense und ging in die Schluchten, wo ein Wald von halbmannshohen Nesseln stand, die er abmähte und auf den Wagen lud. Sowie ich zurückkam, spannten wir die Pferde ein, die sich voll und rund gefressen hatten, und fuhren an den See, wo wir noch eine Menge Rohr mähten, das, in der Häckselmaschine kleingeschnitten, dem Vieh als Futter gegeben wurde. Im Winter, der in meiner Jugendzeit stets tiefen Schnee und harten Frost brachte, richtete Vater die Lauerhütte her. Am kleinen Tatarensee stand im Sommer ein Gerüst aus Stangen, dessen Zweck manchem Spaziergänger Kopfzerbrechen verursacht haben muß. Sobald die Seen zugefroren waren, wurden Rohr und Binsen gemäht, und nun stand statt des Gerüsts ein harmlos ausschauender Streuhaufen da. Aber er hatte es in sich! Denn es war unsere Lauerhütte. Der Boden des leeren Raumes zwischen dem Stangengerüst war mit Heu und einer alten Pelzdecke belegt. Nach vorn war eine Schießscharte aus Brettern eingelegt, hinten befand sich der Ausgang, der mit einem Bündel Heu verschlossen wurde. Dreißig Schritt vor der Schießscharte kam das Luder, ein Pferdekadaver, zu liegen. Der Abdecker wohnte in Vaters Revier und war verpflichtet, den Förstern die Kadaver zu liefern, wofür er durch Holz entschädigt wurde. In mondhellen Nächten wurde einer von uns im einspännigen Schlitten an die Lauerhütte gefahren. Über das herausgezogene Bündel schlüpfte man in die Hütte hinein und machte es sich dort bequem. Die Schießscharte wurde mit dichtem Tuch behängt und eine Laterne angezündet. Ich hatte stets einen Schmöker mit, in dem ich eifrig las. Von Zeit zu Zeit löschte man die Laterne und spähte hinaus. An Füchsen war dort an der Grenze kein Mangel; manchmal rissen zwei, drei an dem Kadaver. Dann schob man vorsichtig die Flinte in die Schießscharte und erlegte die hungrigen Räuber...

Im Herbst kam erst die Hühnersuche, dann der Anstand auf Hasen und der Entenzug. Der Vater bewirtschaftete den an die Forst angrenzenden, dem Gutsbesitzer Strehl in Mrosen gehörigen Wald. Dafür hatten wir die Erlaubnis, auf seinem Gut und in seinem Wald alles Wild zu schießen, das natürlich redlich geteilt werden mußte. Da war es erklärlich, daß kein Abend verging, an dem ich nicht mit der Flinte hinauswanderte, um einen Krummen zu erlegen.

Zum Entenzug mußten wir fast eine Meile fahren, bis dahin, wo der Lyckfluß in das zur Forst gehörige große Torfbruch eintritt. Wenn der Himmel einen klaren Sonnenuntergang mit schönem Abendrot versprach, schickte der Vater den Wagen zur Schule. Sobald der Wagen anrasselte, schickte der Direktor, der sich schon zur Jagdfahrt gerüstet hatte, den Pedell in meine Klasse und ließ mich herausholen. Vor dem Elternhaus erhielt ich Gewehr und Jagdtasche und trank hastig einen Topf Kaffee, denn wir mußten uns beeilen, um nicht zu spät zu kommen. Die Enten waren damals in Masuren das häufigste Wild. In gewaltigen Scharen lagen sie tagsüber auf den Seen, und abends stiegen sie auf und zogen auf die Flüsse und Brücher, um dort zu buddeln.

Einen großen Raum nehmen in meiner Erinnerung die Ferien ein. Ich hatte die Auswahl unter drei Orten, die mich anzogen, und zwar gleichermaßen. Der erste war Poseggen, wo der ältere Bruder meines Vaters, Samel, ein Bauerngut von 700 Morgen besaß. Er war ein gewaltiger Jäger vor dem Herrn und hatte alle Jagden weit und breit gepachtet. Er jagte den Hasen noch mit Jagdhunden. Da lernte ich die aufregende Erwartung kennen, wenn die Hunde Singer und Schumlas im Walde laut wurden und mit hellem Geläut einen Hasen oder Fuchs heranbrachten. Der Onkel sprach nur gebrochen Deutsch und bediente sich lieber des Masurischen. Unermüdlich fragte er mich aus. So erinnere ich mich, daß wir eines Abends bei klarem Himmel vor der Tür standen und ich ihm einen längeren Vortrag über die Sterne und andere Himmelskörper halten mußte. Was für eine

Weisheit mag ich da als elf- oder zwölfjähriger Junge zum besten gegeben haben!

Meine Vettern waren mehrere Jahre älter als ich. Sie ritten jeden Abend mit den anderen Burschen des Dorfes auf die noch nicht aufgeteilten Weidegründe des Dorfes. Jeder brachte etwas Kien, einen Sack Torf und Kartoffeln mit. Dann wurden am Feuer Märchen erzählt und Kartoffeln gebacken. Einer mußte mit Gewehr bewaffnet und von mehreren Hunden begleitet Wache gehen. Denn es kam damals nicht selten vor, daß Wölfe die Pferde überfielen. Dann ergriffen die Burschen Kienspäne, die am Feuer angezündet wurden, und liefen fort, um die Räuber zu verjagen. Die Stuten sammelten sich, mit den Hinterfüßen nach außen, zu einem Kreis, in dem die Fohlen standen, die Hengste umkreisten mutig schnaubend die Herde.

Der zweite Ort war Bagdohnen, wo die Schwester Adele meiner Mutter an einen Förster Bauszus verheiratet war. Das Forsthaus lag tief im Walde an der dort noch jungen Inster. Der Weg nach Bagdohnen war weit. Ich fuhr bis Goldap mit einem der Wagen, die die Schüler abholten. Von dort bis Pillkallen marschierte ich zu Fuß. Meistens fand ich dort Fuhrgelegenheit bis zu meinem Ziel. Dort strolchte ich mit den jungen Forstaufsehern durch die wunderbar schöne Schoreller Forst. Sie hat gemischten Bestand; neben Kiefern und Fichten gewaltige Eichen und Buchen und viele Wiesen. Mein Hauptvergnügen jedoch war das Fischen, Angeln und Krebsen in der Inster. Mit Netztellern, auf die ein gehäuteter Frosch gebunden war, fing ich täglich mehrere Schock der schmackhaften Kruster, von denen der Onkel den Löwenanteil nach Größe und Zahl verspeiste. Das Fischen besorgte ich mit vielem Geschick und Glück bei dem Gutsnachbarn Riedelsberger, durch dessen Land die Inster floß. Er war nicht reich, aber klotzig wohlhabend, wie er selbst zu sagen pflegte, und hatte immer etwas sehr Gutes im Keller, was ich ziemlich früh schätzen gelernt hatte.

Der dritte Ort war die kleine russische Grenzstadt Grajewo. Dort befehligte ein Vetter meiner Mutter, Onkel Eduard Kleckel, als Kordonmajor die Grenzwache. Ein Freund meines Vaters, Grafenberger, war der oberste Telegraphenbeamte. Und wer den Papst zum Vetter hat usw. So kam es, daß ich mich in der Kaserne herumtreiben

durfte und nicht nur den Dienstbetrieb beim russischen Militär, sondern auch das Leben im Offizierskasino kennenlernte. An Jagd fehlte
es auch nicht. Dicht bei der Stadt wohnte der polnische Graf St., der
russenfreundlich gesinnt war und seine große Besitzung unge-
schmälert behalten hatte. Außerdem konnten die russischen höheren Beamten mit dem Gewehr so weit herumspazieren, wie der
Himmel blau war. Da es in Rußland keine Schonzeit gab, wurden
schon Anfang August die ziemlich ausgewachsenen Hühnervölker
und die damals noch zahlreichen Wachteln bejagt und geschossen.
Im Winter fuhr der Vater sehr oft mit mir zur Jagd nach Grajewo.
Ohne Praschport (Grenzpaß), mit Gewehr und Hunden fuhren wir
mit dem Wagen, der mit verbotenen Dingen beladen war, über die
Grenze. Der Kammerdirektor war selbst ein Deutscher und eifriger
Jäger, begrüßte uns und fuhr mit zur Jagd. Für die Rückfahrt wurde
uns selbst nachts, wenn Rußland hermetisch verschlossen war, die
Grenze geöffnet. Dann nahmen wir Lebensmittel als Rückfracht mit,
die wir mit deutschem Silbergeld für einen Spottpreis eingekauft
hatten. Ja, damals waren doch noch andere Zeiten!
So ausführlich ich auch meine Jugendzeit geschildert habe, das Bild
würde nicht vollständig sein, wenn ich nicht unserer Beziehungen
zu der Villa Böhm gedenken wollte. Mein Vater war noch in Schui-
ken, als sich dort ein Bauinspektor Springer zur Vermessung der
Ländereien einfand und für einige Wochen Aufnahme fand. Daraus
entwickelten sich freundschaftliche Beziehungen, die sich auch auf
die Schwägerin Springers, die Frau Oberamtmann Böhm in Görit-
ten, erstreckten. Ihr Mann hatte Jahre hindurch die größte Domäne
Ostpreußens, die nicht weit von Schirwindt liegt, in Pacht. Er erlag
einem Gehirnleiden, das aus einem Schlag auf den Kopf entstanden
war, und starb in geistiger Umnachtung. Seine Witwe, noch in ihrem
hohen Alter eine blendend schöne Frau, fuhr oft am Forsthaus mit
einem Schimmel-Viererzug vorbei.
Ihre einzige Tochter verheiratete sich an einen Kreisrichter Böhnke,
der sein Amt aufgegeben und sich in Masuren die Güter Andreaswalde und Rakowen kaufte. Bei der Geburt seines zweiten Sohnes
starb ihm die Frau im Wochenbett. Die beiden Jungen Adolf und
Franz kamen nach Lyck aufs Gymnasium und zu ihrer Großtante
Springer, bei der ich als kleiner Knirps Freitisch hatte, in Pension.

Die beiden Jungen waren mehrere Jahre älter als ich, aber in der Schule nicht sehr weit über mir. Als die Frau Oberamtmann die Domäne abgab, bezog sie das Herrenhaus von Andreaswalde. Zu den Ferien und auch manchmal zum Sonntag erschienen ihre beiden Enkelsöhne und brachten ihre intimsten Freunde, Franz Schmidt und mich, mit.

Was haben wir in dem alten geräumigen Gutshaus, in Park und Wald für Streiche vollführt! Frau Oberamtmann hatte einen Diener, einen Zwerg, Georg Adelshöfer! Der urdrollige Kerl war kaum ein Meter hoch, aber ein sehr geschickter Diener und Tafeldecker. Mit schwärmerischer Liebe hing er an Adolf und Franz, die er auf seinen Armen getragen, und duzte sie noch, als sie schon Männer in Amt und Würden waren. Er ließ sich alle Neckereien gutmütig gefallen. Nur einmal wurde er böse, als wir ihn mit seiner Schlafschachtel unter ein Bett schoben und er beim Aufwachen nicht wußte, wo er sich befand.

Als nach einigen Jahren Andreaswalde verkauft werden mußte, sah sich Frau Oberamtmann nach einem neuen Wohnsitz um. Ich war gerade bei Frau Bauinspektor Springer, die ich Tante Ida nannte, zum Freitisch und erlaubte mir den Vorschlag, nach Sybba zu ziehen und das Hoppesche Haus zu kaufen, das der Besitzer veräußern wollte.

Mein Vorschlag fand Beifall. Schon am nächsten Tage war das Haus gekauft und auch eine daneben befindliche alte Chalupp, die sofort abgerissen wurde. Zu dem Hoppeschen Haus gehörte auch ein massiver Stall. Nun wurde zwischen Haus und Stall ein Flügel hergerichtet und dadurch eine Flucht von fünf Zimmern hergestellt. Daran schloß sich die Küche und dahinter eine Veranda, nach der Seeseite mit Fenstern versehen, die das Zelt genannt wurde.

Der große Garten wurde mit Obstbäumen bepflanzt. Kurzum, es wurde ein sehr behaglicher Witwensitz. Der Bauinspektor Springer war inzwischen gestorben, und Tante Ida zog zu ihrer Schwester nach Sybba. Die andere Seite des Hauses bewohnten zwei ebenso alte Damen, ebenfalls Schwestern und Kusinen der beiden.

In vollster Harmonie lebten die vier alten Damen, die einen gemeinschaftlichen Haushalt führten, miteinander und in engem Verkehr mit meinen Eltern, die ihnen Gemüse, Milch, Butter, Eier, Fische und Wildbret lieferten und das Fuhrwerk stellten. Wir Jungen gingen gern zu den freundlichen alten Damen. Mein Bruder Richard war der Liebling der Frau Oberamtmann, ich war der Liebling der Tante Ida, ihr *tingi chlop* (starker Mann), wie ich mich einmal mit Selbstbewußtsein bezeichnet hatte, als sie mich einen kleinen Jungen nannte. Die alten Damen nahmen noch reges Interesse an der Welt und hatten viel Verkehr. Sehr oft und stets zu den Ferien kamen Adolf, der Jura studierte, und Franz, der als Jägerleutnant in Braunsberg stand, zu Besuch. Dann begannen fröhliche Wochen in der Villa Böhm. Wenn die alten Damen sich zur Ruhe begeben hatten, stellten wir uns ein Achtel Bier in der Veranda auf und ließen von Georg, genannt Oku, fleißig einschenken.

Ja eines Abends zogen wir unter Vorantritt Okus, der die brennende Lampe trug, zum Giebel des Hauses und brachten einem oben schlummernden holden Mädchen ein Ständchen. Als wir in das Zelt zurückkehrten, war das Achtel Bier spurlos verschwunden. Frau Oberamtmann hatte es heimlich weggeschafft. Doch wir kamen dadurch nicht in Verlegenheit. Ich wußte, daß Mutter Sauer mehrere Fäßchen in unserem tiefen kalten Brunnen aufbewahrte. Ich stieg in die grausige Tiefe hinunter und schleppte auf schwankender Leiter ein Fäßchen herauf. Als wir es näher besichtigten, ergab es sich, daß es meiner Mutter gehörte und mit sauren Gurken gefüllt war. Also nochmal hinunter und herauf, und nun hatte ich das Richtige erwischt. Timo, der auch dabei war, holte von seiner Mutter einen Kran, und bald setzten wir das Zechen mit neuen Kräften fort.

Frau Oberamtmann hatte in jüngeren Jahren mit ihrem Gatten weite Reisen gemacht und dabei viele hervorragende Männer kennengelernt, mit denen sie noch in ihrem Alter in regem Briefwechsel stand. – Nun muß ich einschieben, daß Lyck damals seinem Ruf als Hauptstadt Masurens alle Ehre machte. Es hatte sich ein Verein gebildet, der alle geistigen und musikalischen Größen, die nach Königsberg kamen und meistens nach Petersburg weiterreisten, zu einem Abstecher nach Lyck einlud. Sehr viele folgten dem von einer namhaften Einnahme unterstützten Ruf, und fast jeder fand die Zeit, in der Villa Böhm einzukehren. So kam es, daß ich in dem weltfernen Dörfchen an der russischen Grenze Männer wie Hartmann, den Philosophen des Unbewußten, Alfred Brehm, Schlagintweit-Sakünlinski, Gerhardt Rohlfs usw. kennenlernte. Alfred Brehm habe ich als zwölfjähriger Junge viel von unserer alten Hühnerhündin Diana erzählen dürfen.

Noch heute denke ich mit Rührung und Freude an die vielen frohen Stunden zurück, die ich in der Villa Böhm verlebt habe. Sie haben mir viel auf den Lebensweg mitgegeben. In sehr hohem Alter erst legten sich die lieben Altchen zum ewigen Schlummer nieder. Sie schlafen auf dem kleinen Waldkirchhof von Sybba, wo ihnen die alten Kiefern das Schlummerlied singen.

Aus den vielen lieben Erinnerungen an die Jugendzeit möchte ich hier noch eine anfügen. Den Kindern der Großstadt ist das Wort *Pferdemarkt* ein leerer Klang. In mir ruft es eine Fülle lustiger und ernster Erinnerungen wach. Bilder erscheinen vor meinem Auge, in denen ein Stückchen Kulturgeschichte steckt. Die Voraussetzung dafür ist allerdings, daß man *Ostpreußen* zur Heimat hat, die große Remontekammer des preußischen Staates. Nur dort ist es begreiflich, daß der Volkswitz jeden Pferdemarkt als »Peerdsheiligedag« bezeichnet, der energisch gefeiert werden muß.

Auch die Schuljugend konnte an dieser Feier teilnehmen, denn am Tage des Pferdemarktes fiel der Unterricht aus. Der Zweck der Maßregel war ja freilich ein anderer. Die zarten Knaben und frischen Jünglinge sollten vor jeder Gefahr behütet werden. Deshalb wurde ihnen regelmäßig die dringende Mahnung erteilt, sich nur ja nicht in dies Gewühl von Menschen und Tieren zu begeben. Natürlich war am andern Tage das ganze Gymnasium auf dem Pferdemarkt, mit Ausnahme der wenigen Stadtjungen, die keinen »Pferdeverstand« besaßen und sich vor dem Gewühl fürchteten. Die anderen aber waren alle sachverständig, denn sie waren auf dem Lande geboren. Und sie durften doch nicht fehlen, wo es galt, so wichtige und hochgeschätzte Kenntnisse zu betätigen! Viele mußten ja den Vater unterstützen, der kaufen oder verkaufen wollte!

Und sich vor einem Pferd fürchten?! Wie wenig kannten doch die Lehrer die Anlagen und Fähigkeiten dieser rotbackigen, strammen Bengel, denen am Montag, wenn sie vom Besuch des Elternhauses zurückgekehrt waren, die Gedanken noch immer zu den glatten

Fohlen zurückliefen. Und wenn ich als Hauslehrer meinen Zögling, einen prächtigen Burschen von dreizehn Jahren, zur Arbeit holen mußte, fand ich ihn stets bei seinen Pferden, einem Ponygespann und einem Reitpferd, die er eigenhändig fütterte und putzte.

Eines Tages kam er vom Felde zurück, der ganze Anzug mit einer Kruste von nassem Lehm bedeckt.

Er war in der Fohlenkoppel gewesen, wo die zwei- und dreijährigen Remonten weideten, hatte eins der jungen wilden Tiere, wie schon öfter, mit Zucker an sich gelockt und ihm beim Füttern einen Strick ins Maul geschoben. Im nächsten Augenblick hatte er die Enden des klafterlangen Strickes dem Tier um den Hals gelegt und sich auf seinen Rücken geschwungen. Wie wahnsinnig war das Tier davongestürmt – vergeblich! Der Schlingel saß wie eine Klette auf dem Pferde. Schließlich hatte es sich in einer dickflüssigen Wasserlache hingeworfen, um sich zu wälzen. Aus solchen Buben werden gute Reiteroffiziere.

Mit dem Pferdehandel ist es eine eigene Sache. Bei anderen nutzbaren Haustieren wird der Kauf und Verkauf nur von der Zweckmäßigkeit oder dem Bedürfnis veranlaßt. Mit dem Pferde handelt man, weil es oft Liebhaberwerte entwickelt. Bei Rind und Schwein gibt das Gewicht und der Fleischpreis einen festen Anhalt für die Bewertung. Beim Pferde gibt nur das Alter, das Aussehen, das Vorhandensein kleiner Fehler usw. einen gewissen Anhalt. Aber der Spielraum in der Bewertung ist groß. Man kann ebensogut für ein Pferd 800 wie 900 Mark fordern und – erhalten! Es kommt nur auf das Verhältnis von Angebot und Nachfrage an.

Man kann den Pferdehandel daher mit Recht als ein Glücksspiel bezeichnen. Daraus erklärt sich wohl auch der in Ländern mit starker Pferdezucht überall auftretende Hang zum Pferdehandel. Und wenn man den zahlreichen Sprichwörtern, die dies Thema behandeln, glauben darf, dann wird nirgends soviel gelogen und betrogen, wie beim Pferdekauf.

In drastischer Weise hat es Reuter in einem Läuschen geschildert, wie ein Landpfarrer frühmorgens auf dem Markt seinen Braunen verkauft und spät abends bei Laternenlicht ein neues Pferd ersteht. Es geht so gut zu Paß und zeigt sich mit dem Heimweg so vertraut, daß der Knecht schließlich abspringt.

»Un weiten S'wat, Herr Pastor, wat ick mein?
Wi hewwen makt en schön Geschäft,
Wi heww'n den ollen Brunen wedder köfft.«

Ja, so was soll vorkommen beim Pferdehandel. In Ostpreußen stehen
die polnischen Juden in dem Ruf, daß sie es verstehen, ein Pferd
»ganz neu zu machen«. Sie mailachen es, d. h. sie putzen dem alten
Gaul die schwärzlichen Zähne und feilen die Striche ein, an denen
man das Alter erkennt. Dann füttern sie es auf, wobei ein Zusatz von
gelöschtem Kalk sehr gute Dienste leisten soll. Eine kleine Beigabe
von Arsenik macht das Fell glatt und glänzend. Und am Markttage
erhält der Gaul öfter einige Bissen Brot, die in Branntwein getaucht
sind. Dann wird er mutig und feurig. Das heißt, in Wirklichkeit ist er
etwas angesäuselt.
Schon am Vorabend kamen die Juden über die Grenze. Ihre eigentümlich schmalen, langen Korbwagen waren mit einem Stangengerüst umgeben, an denen die Pferde angebunden waren. Schöne,
glatte, mutige Tiere, denen die Mähnen und Schweife mit Bändern
und Stroh festgeflochten waren, damit sie am andern Tage üppig
und wellig aussahen. Natürlich waren nicht alle Pferde »gemai-
lacht«, sondern es waren sehr schöne Tiere darunter, besonders die
Ukrainer, die von Händlern eifrig begehrt wurden und sofort eine
weite Reise nach dem Westen antraten.
Aber die Nähe der Grenze begünstigte den Pferdediebstahl. Deshalb
konnte man an jedem Markttage Russen sehen, die jedes der aufge-
triebenen Tiere stark musterten. Ebenso fuhren masurische Grund-
besitzer, denen Pferde von der Weide oder sogar aus dem Stall ab-
handen gekommen waren, zu den russischen Märkten, freilich meistens ohne Erfolg.
Verhältnismäßig am ruhigsten ging es dort zu, wo die Gutsbesitzer
mit ihren Pferden standen. Die Händler gingen umher, besahen jedes einzelne Tier und ließen sich vom Knecht den Namen des Besit-
zers und den Preis sagen. Sie suchten meistens Paßpferde, d. h. solche, die nach Farbe, Größe und Alter ein passendes Gespann oder
gar Viererzug abgaben. Dann boten sie ansehnliche Preise und han-
delten nicht lange, weil sie das Pferd eben brauchten und sicher waren, beim Verkauf des Gespanns einen Gewinn zu erzielen. Und die

Besitzer ließen auch nicht viel mit sich handeln, denn sie verkauften ja nicht aus Not.

Voll Geschrei, aber auch voll drastischer Komik war der Standplatz der Bauernklepper. Dort wurde nicht nur gekauft, sondern auch getauscht. Bereits in den ersten Morgenstunden standen die Bauern unter der erregenden Wirkung des Alkohols. Da hielt es keiner auf seinem Platz aus. Den Zügel des Gauls über den Arm gestreift, so wanderten sie ruhelos umher, das heißt, sie drängten sich mühsam aneinander vorbei. Im Frühjahr und Herbst war der Platz meistens durch Regengüsse aufgeweicht, so daß man in einem Schmutzbrei watete, der tatsächlich bis über die Enkel ging. Viele zogen es dann vor, den Gaul zu besteigen und umherzureiten. Da konnte man groteske Gestalten sehen! Der Masur ist meistens hoch gewachsen, aber hager. Damals trug fast jeder einen unbezogenen Schafspelz, der seinem Alter entsprechend in leuchtendem Weiß prangte oder verschiedene Schattierungen eines schmutzigen Grau aufwies. Die Füße steckten in Holzschuhen, die man ihrer Form wegen auch Gänserümpfe nennt. Nun denke man sich solch eine Gestalt auf einem kleinen struppigen Gaul, der so klein ist, daß die Füße des Reiters beinahe den Erdboden berühren.

Hier begegnen sich zwei Bauern. Sie haben bereits die Erfahrung gemacht, daß wenig Kauflust vorhanden ist.

»Na, Bruder, wie geht's? Willst verkaufen?«

»Man möcht' ja . . . willst du auch verkaufen?«

»Verkaufen . . . vielleicht auch tauschen . . .«

»Na, denn können wir ja ein Geschäft machen. Wie alt ist deine Kobbel?«

»Zujahr ist sie acht . . .«

»Ja, auf einer Seite . . .«

Das Mißtrauen ist auf beiden Seiten groß, aber noch größer die Lust, zu schachern. Sie reiten aus dem Gedränge hinaus auf den freien Platz, wo die Käufer sich die Pferde in allen Gangarten vorführen lassen. Darin sind die Juden Meister. Sie sollen es mit Hilfe von weißem Pfeffer, der an der geeigneten Stelle appliziert wird, erreichen, daß das Pferd beim Antraben stolz den Schweif hebt. Ein schwarzgelockter Jüngling, dem der Kaftan um die Beine fliegt, führt das Pferd am Zügel; der eigentümlich scharfe Schrei, den er dabei in kurzen Zwischenräumen ausstößt, soll es so erregen, daß es den Hals wölbt und die Nüstern bläht . . .

Da sausen die beiden Bauern vorbei. Sie arbeiten mit Händen und Füßen, um ihre Gäule anzutreiben, denn der Sieger im Wettlauf kann dann von dem anderen die Zuzahlung einiger »Dhaler« verlangen. Sie werden natürlich sofort zum »Begießen« des Geschäfts verwendet . . . Es ist vieles anders geworden in meiner Heimat, Gott sei Dank besser! Der Fusel hat mit der Besserung der wirtschaftlichen Verhältnisse seine Macht verloren. Der masurische Bauer ist in den letzten dreißig Jahren ein sparsamer, nüchterner Wirt geworden. Nur eins kann er nicht lassen, das Schachern und Tauschen mit den Pferden. Aus den unansehnlichen, struppigen Gäulen, die bei kargem Futter nicht nur schwer arbeiten, sondern wöchentlich einmal, nämlich an jedem Markt, von des Morgens bis in die Nacht frieren und hungern mußten, ist durch Zuführung edlen Blutes eine Rasse entstanden, die sich durch Zähigkeit und Ausdauer auszeichnet.

Und masurische Kunter wurden deshalb von unsern braven Reitern in Südwestafrika vor allen andern hochgeschätzt. Man hatte auch die Besten der Besten auswählen können, denn in dem ganzen Landstrich blieb wohl kaum ein Gaul im Stall, der nicht der Kommission vorgeführt wurde. Das waren doch wirkliche Festtage für die Bauern, »Peerdsheiligedage«. Denn neben dem offiziellen Markt wurde gehandelt und geschachert nach Herzenslust. Freilich – die Händler hatten den »Schmand« abgeschöpft. Sie hatten von Pferden aufgekauft, was sie bekommen konnten. Glücklicherweise ist der masurische Bauer mit einem grenzenlosen Mißtrauen gegen alle Händler erfüllt, die zu ihm auf den Hof kommen. Er vermutet sofort einen außergewöhnlichen Anlaß und schlägt mit dem Preise auf.

Außerdem läßt er sich nur ungern das Vergnügen nehmen, das er auf dem Markt findet, obwohl er namentlich als Käufer in der greulichsten Weise übers Ohr gehauen wird. Denn auf den Märkten treibt sich stets eine Anzahl von Händlern herum, die man dort »Koppscheller« nennt. Was der Name bedeutet, ob er etwa mit dem »Koppen« oder »Krippensetzen« der Pferde zusammenhängt, habe ich nicht ergründen können. Jedenfalls bezeichnet er eine Klasse von Händlern, die durch Kauf oder Tausch einige »Dahler« zu ergattern bemüht sind.

Es wäre vergeblich, die Beredsamkeit, die Tricks, die Kniffe dieser Leute mit Worten zu schildern. Wie sie nacheinander demselben Bauern ein immer niedriger werdendes Angebot machen, erinnert an den Ulk der Studenten, die dem Bauern einreden, daß sein Kalb, das er zu Markt führt, eine Gans sei. Nun gibt es ja auch unter den masurischen Bauern manche, die aus Dombrowken stammen. So heißen dort alle Orte, die man anderswo Schilda, Schöppenstedt oder Köpenick nennt. Und ein allbekannter masurischer Schildbürgerstreich erzählt von einem Bauern, den seine Frau mit einem Pferd und einem Hahn zum Markt schickt. Unterwegs verwechselt er den Kaufpreis der beiden Tiere und verkauft das Pferd für fünfzehn »Dittchen«.

In der Zeit, aus der ich schildere, wurde natürlich auch der Alkohol von den Händlern zu Hilfe gezogen. Die Bauern und noch mehr ihre Weiber wurden mit süßen Schnäpsen solange traktiert, bis der Verstand zum Teufel war. Daß die gekauften Pferde sofort zum Verkauf mit allerlei Mitteln aufgeputzt wurden, erscheint durchaus glaublich. Denn am Nachmittag mußten die Bauern, die vormittags verkauft hatten, unter allen Umständen kaufen, wenn sie nicht den Wagen selbst nach Hause ziehen wollten, also zu einer Zeit, in der sie schon sehr bedenklich unter der Wirkung des Alkohols standen.

Der interessanteste und amüsanteste Teil des Marktes war entschieden derjenige, wo die Zigeuner ihre Wagenburg aufgeschlagen hatten. Kein Landstrich des Deutschen Reiches ist so reich an diesem fahrenden Volk, wie Ostpreußen. Sie sind zum größten Teil in Dörfern fest angesiedelt. Aber die Festigkeit hält nur für den Winter vor. Sowie das erste Gras sprießt, erwacht in ihnen die Wanderlust. Dann lassen sie das Haus, worin sie die kalte Zeit überdauert haben, leer stehen und ziehen davon mit Sack und Pack, mit Kind und Kegel. Man darf aus der Zerlumptheit ihres Aufzuges keineswegs auf Armut und Entbehrungen bei ihnen schließen. Es ist nur das Milieu, in dem sie sich am wohlsten fühlen. Und wenn der Anlaß geboten ist, dann entwickeln sie einen Aufwand, namentlich im Essen und Trinken, der erstaunlich ist. In neuerer Zeit ist ja manches darüber bekannt geworden, weil eine große Zigeunerbande, die unter der Leitung eines Hauptmanns stand, auf den Pferdemärkten in der Umgegend der Reichshauptstadt eine rege Tätigkeit entfaltete.

Dort hinten an der Grenze war der Pferdehandel wohl der Neben-
zweck. Die Hauptsache war, daß die Weiber mit Wahrsagen und die
Männer mit dem Verkauf von Salben und Mixturen, die gegen jede
Krankheit bei Tier und Mensch unfehlbar halfen, gut verdienten. Der
Aberglaube der Bauern, der den Ziganis noch jetzt wundersame
Kräfte und Kenntnisse beimißt, kam ihnen dabei zu Hilfe. Er wurde
an Ort und Stelle durch die Vorführungen unterstützt, die von den
Zigeunern mit ihren Gäulen veranstaltet wurden. Ob es dabei auf einen Verkauf abgesehen war, erscheint mir jetzt zweifelhaft. Denn
die mageren, elenden Klepper, die vor den verblüfft gaffenden Bauern ihre Kunststücke machten, auf einen Pfiff sich niedertaten wie
ein gehorsamer Hund, oder gar allerlei Dinge apportierten, hatten
als Zugtiere wirklich keinen Wert. Man mußte sich nur wundern,
daß solch ein Gestell aus Haut und Knochen überhaupt noch im-
stande war, sich zu bewegen. Wenn die Zigeuner aus Not als Käufer
auftraten, dann machten sie nur dem Abdecker Konkurrenz, der
namentlich auf den Herbstmärkten die Todeskandidaten aufkaufte.
Einen ganz anderen Charakter trugen von jeher die Pferdemärkte in
Litauen. Dort hat der große, starkknochige Schlag bekanntlich die
Unterlage für die staatlich geförderte Remontezucht abgegeben. Und
jeder Bauer zieht von seinen Stuten Fohlen, die kurz nach dem Ab-
setzen zu wirklich guten Preisen Abnehmer finden. Kein Wunder,
da die Fohlen einen tadellosen, über jeden Zweifel erhabenen
Stammbaum aufzuweisen vermögen. Nur sehr selten findet man
noch Mutterstuten, die nicht auf dem Schenkel die eingebrannte
Krone, das Wahrzeichen des edlen Halbbluts aus königlichem Gestüt, tragen. Deshalb erscheinen auf den litauischen Fohlenmärkten
Händler, nicht nur aus ganz Deutschland, sondern auch aus anderen
Ländern. Der größte und bekannteste Fohlenmarkt wird in Wehlau
abgehalten. Das Menschengewühl, das sich dort während einiger
Tage entwickelt, ist geradezu unbeschreiblich. Und die Preise, die
gefordert werden, nehmen natürlich ein gut Teil der Zukunftshoff-
nungen, die auf ein Fohlen von guter Abstammung gesetzt werden,
vorweg.
Die Hauptkäufer sind und bleiben naturgemäß die Großgrundbesit-
zer der Provinz. Es ist eine gesunde Entwicklung, daß der Kleinbesitz
seine Absatzfohlen zum Verkauf bringt und das Risiko von sich ab-

wälzt, das mit der Aufzucht verbunden ist. Das Fohlen kann zu Schaden kommen, es kann kleine Fehler ausbilden, die es zur Remonte untauglich machen. Und die Remonte-Ankaufskommission ist sehr wählerisch und wird immer wählerischer, seitdem auch in Westpreußen, Pommern, Posen und Brandenburg Warmblüter ostpreußischer Herkunft gezüchtet werden. Dann bleiben nur die Sachsen und Bayern oder die großstädtischen Händler. Aber auf sie ist sozusagen kein Verlaß. Die Händler sind Feinschmecker, die meist nur nach Paßpferden mit ganz bestimmten Abzeichen suchen, und die Kommissionen aus Sachsen und Bayern suchen, wahrscheinlich weil sie keine öffentlichen Märkte ausschreiben können, die großen Privatgestüte auf, in denen sie genügende Auswahl finden. Und was die preußische Remontekommission verschmäht hat, wird ihnen durch Händler zugeführt.

Auf dem Jahrmarkt in Lyck, Bialla, Johannisburg, Arys, Nikolaiken, Widminnen, Lötzen usw. war vor Jahren regelmäßig ein Mann zu finden, der auf eine merkwürdige Art seinen Unterhalt erwarb. Er besaß die Fähigkeit, wie man so zu sagen pflegt, seinem Nebenmenschen ein Loch in den Kopf zu reden. Vom frühen Morgen bis zum späten Abend wanderte er auf dem Markt umher. Wo ernsthaft um ein Pferd gehandelt wurde, war er dabei. Den Händler hatte er auf das Pferd aufmerksam gemacht und sich für seine Beihilfe einen »Dhaler« versprechen lassen. Dem Bauern hatte er dieselbe Bedingung gestellt. Und stets kam der Kauf zustande. Das Tragische an der Sache war nur, daß er als Erbe eines großen, ziemlich schuldenfreien Rittergutes all sein Hab und Gut durch die Leidenschaft für Pferdeschacher vertan hatte. Ich habe ihn gekannt, als er noch mit sechs forschen Kraggen zu Markt fuhr, ich habe ihn gekannt, als er mit zwei elenden Kleppern ankam, um mit zwei noch elenderen nach Hause zu fahren, ich habe ihn gekannt, als er zu Fuß angewandert kam. Und ich bewahre ihm noch heute ein freundliches Andenken. Denn jedesmal, wenn er in meinem Elternhause einkehrte – er war so ein Verwandter, den man Ohm nennt –, erfreute er uns Jungen durch die Spende eines Achtehalbers.

Er würde staunen, wenn er heute einen masurischen Pferdemarkt sehen würde. Die komischen Gestalten von ehedem sind verschwunden. Nüchtern wird gehandelt, und die Tauschgeschäfte, die keinen andern Zweck hatten als den Kauftrunk, sind sehr selten geworden. Die Zeiten und die Menschen sind eben anders geworden. So steckt auch in der Entwicklung des Pferdemarkts ein Stückchen Kulturgeschichte.

Über Fritz Skowronnek siehe Seite 286. Die Brüder Skowronnek wuchsen im Forsthaus Sybba bei Lyck auf. Fritz Skowronneks Kindheit und frühe Jugend fiel in die sechziger und siebziger Jahre des vorigen Jahrhunderts. Der obige Bericht stammt aus seiner 1925 veröffentlichten »Lebensgeschichte eines Ostpreußen«.

Lovis Corinth

Toon Koornaust

Als ich als fünfjähriger Knirps zum ersten Male in der Schule gewesen war, lief ich auf meine Eltern zu und fragte sie: »Wann ist denn mein Geburtstag? Der Lehrer will es wissen.« Meine Mutter lachte und gab mir zur Antwort: »Segg, toon Koornaust!« Ich sah sie verdutzt an und war nicht klüger als vorher.

Erst viel später reimte ich es mir zusammen, daß die Bauern und einfache Leute wichtige Ereignisse relativ miteinander bekennzeichnen. So wurde denn mein Geburtstag stets mit einer Roggenernte verbunden oder umgekehrt. Heute mache ich mir aus jener Äußerung eine ganze Geschichte:

Am 21. Juli 1858 war alles gerüstet, am frühesten Morgen auf das Feld zu gehen. Da jedenfalls das schönste Sommerwetter war und alles Gute auf die Ernte, wie auf die Geburt zu weisen schien, so wurden, um die Arbeit schneller zu beendigen, alle Menschenkräfte verwandt, über die man verfügte. Deshalb war wohl meine Mutter in ihrer schweren Stunde beinahe allein, und Haus und Hof war still wie ausgestorben. Als alle wieder abends in das Haus zurückkehrten, war wohl der neue Weltbürger bereits da. Gesund und wohlgeboren mußte ich sein, denn verhältnismäßig früh, den 8. August, wurde ich in der kleinen Stadtkirche zu Tapiau getauft.

Ich erhielt den Namen: Franz Heinrich Louis Corinth. Mein Vater war Bürger von Tapiau und meine Mutter eine geborene Buttcher, verwitwete Opitz. Mein Pate war außer den Geschwistern meines Vaters der Kaufmann William Bauer, welcher an der Deime eine Dampferstation nebst einem Kolonialwarenladen inne hatte.

Ich schiebe den Vorhang beiseite, und wir sehen ein kleines ostpreußisches Städtchen. Kleine Leutchen gehen geschäftig ihrem Werkeltag nach; sie glauben, daß der liebe Gott das ganze Weltall expreß für sie allein gemacht hat.

Als Kind war ich für die Menschen, welche mit mir oder ich mit ihnen zu tun hatte – wie Kinder sein mögen – der Sonnenschein des Hauses gewesen. Die Arbeiter und Tagelöhner, welche von meinen Eltern gehalten wurden, gingen ihrem Tagewerk mit ernsten und düsteren Mienen nach. Sie erhellten sich aber, wenn sie mich auf dem Hofe hantieren sahen, und wenn sie mir zuriefen: »Na Luke, wat deihst du denn da?«

Oft stand ich im Gehöft an der hinteren Haustüre auf einem Absatz, welcher mit drei kümmerlichen, ungleichen und steinernen Stufen in den Hof führte. Darauf wimmelten schnatternde Enten und gak-kernde Hühner, ab und zu balancierte eine Katze vorsichtig über das feuchte Steinpflaster. Außerdem hatte der Hof fünf nahe aneinan-derliegende Lohgruben, zwei Kalkgruben und mehr nach der Mitte zu eine große Sumpfgrube. Meistens stand vor jeder Grube ein Ge-sell, der Leder herausfischte, mit Lederschurz und langen, bis zu den Hüften reichenden Transtiefeln. Er prüfte den Werdegang zum ferti-gen und gebrauchsfähigen Leder; denn mein Vater war Gerbermei-ster und gehörte zu den »Reichen«, was ich von meinen Spielkame-raden oft genug höhnen hörte, deshalb hielt ich es damals noch für schimpflich, reich zu sein. Zuletzt war er sogar Ratsherr geworden, und als ich diesen Titel, von der Mutter, vielleicht heimlich in stiller Stunde prahlerisch ausgesprochen, gehört und ihn wiederholt hatte, erhielt ich von ihr eine solche Tracht Prügel, daß mir die Lust, diesen Titel weiter zu nennen, für immer verging.

War ich entlang den Gruben gegangen, so schwenkte ich rechts von der Sumpfgrube ab, am Kuhstall und Schafstall vorbei, und ich traf auf die allergrößte Grube, welche mit trockener Lohe bis oben herauf ganz zugeschüttet war. Hier hatte man mich hineingehoben, als sie ganz leer war und dieselbe gefüllt wurde mit je einer Schicht Lohe und einer Schicht Leder. Daran reihte sich ein baufälliger, grünbe-mooster Bretterzaun, mit einem großen viereckigen Holzstoß aufge-schichtet, der zum Heizen für den Winter dienen sollte.

Die zweite Hälfte des Hofes war für die Landwirtschaft reserviert; mein Vater führte nämlich neben der Gerberei, wie dies oft in den kleinen Städten der Fall ist, einen größeren Ackerbetrieb. Deshalb standen hier eingeengt Wagen bei Wagen; zur Zeit der Ernte war kaum Platz für die vielen langen Erntewagen, oder wie sie dort genannt wurden: »Austwagen«. Das Haus, welches den Hof flankierte, enthielt den Pferdestall und Kuhstall und dazu in einer Ecke einen großen Misthaufen.

Durch den vorher erwähnten Bretterzaun führte das schief in den Angeln hängende Tor zu dem hochgelegenen Ufer des Flusses, welcher hier zum Kurischen Haff vorbeitrieb. Auf ihm verkehrten viele Reisekähne, auf denen die Kahnschiffer, mit langen Stangen längs dem Ufer entlang schiebend, mit Schimpfen und Schreien ihre Kameraden anfeuerten. Dieses Ufer war grün von spärlichem Unkraut: Löwenzahn und graues Bilsenkraut mit ekelhaft duftenden violetten Blüten wuchs dort.

Das Ufer der anderen Seite erschien grüner und wir konnten leicht mit einem Stein hinüberwerfen. Auch lag an abschüssiger Stelle des Ufers ein Floß, auf dem meistens ein Gerbergeselle fleißig die Felle von der beizenden Lohe oder vom Kalk durch Hin- und Herschwenken im Wasser sauber schälte. Im Winter haute er eine Wuhne in das dicke Eis, und steckte zur Warnung für offenes Wasser eine Stange mit einem Strohwisch hinein.

Oft beobachtete ich von dem früher geschilderten Treppenabsatz das »Leben der Natur«, wie es ungeschminkt von den Tieren in dem Hofe gepflegt wurde. Lachen erschallte aus der Küche, die ganz nahe an dem Treppenabsatz war, wenn ich um Hilfe rief, sobald der Hahn ein Huhn trat.

Manchmal tobte ich auf dem Hofe herum und fing Sperlinge. Die Salzbüchse in der Hand, versuchte ich mit aller Geschicklichkeit und aller Mühe, Salz »auf den Zagel« der Sperlinge zu streuen.

Der Hof war meine kleine Welt. Mit den arbeitenden Gesellen unterhielt ich mich. Ich war immer an der Sumpfgrube zu finden, wenn ein Tagelöhner von den rohen Fellen die Schwänze, Klauen und Hörner herausschnitt, als erstes Stadium für den Werdegang zum fertigen Leder. Oft schnitt der Arbeiter Stücke rohen Fleisches heraus und warf es den gierig wartenden Katzen zu. Dabei entstanden wohl zwischen dem Steinpflaster blutige Pfützen, aus denen die Hühner dann begierig tranken. In der Nähe war hier das Gebäude, in welchem der Pferde- und Kuhstall war. Im Pferdestall stampften unruhig vier Füchse und zwei Braune hin und her. Die Pferde kannten mich wohl und behandelten mich ohne den geringsten Respekt ebenso wie mein Lieblingsknecht, welcher alle Tiere mit Namen nannte. Ich war nicht wenig verwundert, als mein Lieblingsknecht mit meinem Vater einen bösartigen Streit hatte, und als sein gutmütiges Gesicht sich in ein böses widersetzliches Mienenspiel verwandelte. Er sollte betrunken gewesen sein und in diesem Zustande verstand eigentlich meine Mutter den Männern am besten den Kopf zurechtzusetzen.

Meine erste positive Erinnerung fand mich am frühen Morgen auf dem Rücken eines nervösen und beweglichen Pferdes. Mit beiden Kinderhänden hatte ich mich ohne Furcht in der gelben Mähne festgeklammert, auch hielt mich wohl einer meiner Halbbrüder desto sicherer oben fest. Dieses Tier war mit mir gleichaltrig und war ein dreijähriger Hengst. Mein Vater hatte ihn eben neu auf dem Insterburger Pferdemarkt gekauft, und jetzt sollte er sich erst in seiner neuen Umgebung eingewöhnen.

Von da ab hielt mich der Stall in seinem Bann. Sechs Füchse standen da und mit ihnen wurde ich bald intim bekannt. Alle Augenblicke bat ich, daß man mich aufsetzte. Den Weg vom Wagen nach dem Stall legte ich reitend zurück. Einstmals, als das Tier unter mir gescheucht wurde, setzte es mich unsanft auf die Erde. Den nächsten Morgen sah ich mich, wie mein Vater, meinen Kopf sorgsam an seine Brust gelegt, in wiegendem Schritt auf und ab ging. Der Gefahren waren viele, die mich bedrohten.

Eine nächste Erinnerung taucht in mir auf, wie ich zwischen den Lohgruben mit einem Stöckchen spazieren ging. Ich maß nun eifrig die Tiefe der Gruben und neigte mich solange herab, bis ich – plumps – in eine hineinfiel. Ich zappelte aus Leibeskräften in dem braunen Wasser herum und schrie: »Au Otte, Au Otte!!« Ein Spielkamerad hockte an der Hintertür und sah meinem Treiben gespannt zu. Endlich lief er doch mit der Nachricht zur Küche. Nun stürzten die Mägde und alles, was kochte und kochen half, schnell herbei und zogen mich, vielleicht noch im letzten Augenblick, heraus. Ich lag im Bett und wurde durch einen heißen Tropfen aufgeweckt, der auf meinen nackten Körper fiel. Meine Mutter erzählte dem Vater, welcher wohl vom Felde gekommen war, von dem Unglück; ich sah meinen ausgestreckten Körper entlang, einige Stücke Borke waren noch kleben geblieben.

Die Eltern liebkosten mich, und meine Mutter deckte mich stolz ganz auf und sagte: »Seh moal de lange Beene« und deckte mich vorsichtig darauf wieder zu, damit ich, weiter schlafend, mich von meinem Schreck erholen konnte . . .

Der bedeutende Maler und Graphiker Lovis Corinth wurde 1858 in Tapiau geboren und starb 1925. 1926 erschien sein Werk »Selbstbiographie«.

Siegfried Lenz

Die achtzehnte
der masurischen Geschichten:

Eine Liebesgeschichte

Joseph Waldemar Gritzan, ein großer, schweigsamer Holzfäller, wurde heimgesucht von der Liebe. Und zwar hatte er nicht bloß so ein mageres Pfeilchen im Rücken sitzen, sondern, gleichsam seiner Branche angemessen, eine ausgewachsene Rundaxt. Empfangen hatte er diese Axt in dem Augenblick, als er Katharina Knack, ein ausnehmend gesundes, rosiges Mädchen, beim Spülen der Wäsche zu Gesicht bekam. Sie hatte auf ihren ansehnlichen Knien am Flüßchen gelegen, den Körper gebeugt, ein paar Härchen im roten Gesicht, während ihre beträchtlichen Arme herrlich mit der Wäsche hantierten. In diesem Augenblick, wie gesagt, ging Joseph Gritzan vorbei, und ehe er sich's versah, hatte er auch schon die Wunde im Rücken.

Demgemäß ging er nicht in den Wald, sondern fand sich, etwa um fünf Uhr morgens, beim Pfarrer von Suleyken ein, trommelte den Mann Gottes aus seinem Bett und sagte: »Mir ist es«, sagte er, »Herr Pastor, in den Sinn gekommen zu heiraten. Deshalb möchte ich bitten um einen Taufschein.«

Der Pastor, aus mildem Traum geschreckt, besah sich den Joseph Gritzan ziemlich ungnädig und sagte: »Mein Sohn, wenn dich die Liebe schon nicht schlafen läßt, dann nimm zumindest Rücksicht auf andere Menschen. Komm später wieder, nach dem Frühstück. Aber wenn du Zeit hast, kannst du mir ein bißchen den Garten umgraben. Der Spaten steht im Stall.«

Der Holzfäller sah einmal rasch zum Stall hinüber und sprach: »Wenn der Garten umgegraben ist, darf ich dann bitten um den Taufschein?«

»Es wird alles genehmigt wie eh und je«, sagte der Pfarrer und empfahl sich.

Joseph Gritzan, beglückt über solche Auskunft, begann dergestalt den Spaten zu gebrauchen, daß der Garten schon nach kurzer Zeit umgegraben war. Dann zog er, nach Rücksprache mit dem Pfarrer, den Schweinen Drahtringe durch die Nasen, melkte eine Kuh, erntete zwei Johannisbeerbüsche ab, schlachtete eine Gans und hackte einen Berg Brennholz. Als er sich gerade daranmachte, den Schuppen auszubessern, rief der Pfarrer ihn zu sich, füllte den Taufschein aus und übergab ihn mit sanften Ermahnungen Joseph Waldemar Gritzan. Na, der faltete das Dokument mit umständlicher Sorgfalt zusammen, wickelte es in eine Seite des Masuren-Kalenders und verwahrte es irgendwo in der weitläufigen Gegend seiner Brust. Bedankte sich natürlich, wie man erwartet hat, und machte sich auf zu der Stelle am Flüßchen, wo die liebliche Axt Amors ihn getroffen hatte.

Katharina Knack, sie wußte noch nichts von seinem Zustand, und ebensowenig wußte sie, was alles er bereits in die heimlichen Wege geleitet hatte. Sie kniete singend am Flüßchen, walkte und knetete die Wäsche und erlaubte sich in kurzen Pausen, ihr gesundes Gesicht zu betrachten, was im Flüßchen möglich war.

Joseph umfing die rosige Gestalt – mit den Blicken, versteht sich –, rang ziemlich nach Luft, schluckte und würgte ein Weilchen, und nachdem er sich ausgeschluckt hatte, ging er an die Klattkä, das ist: ein Steg, heran. Er hatte sich heftig und lange überlegt, welche Worte er sprechen sollte, und als er jetzt neben ihr stand, sprach er so: »Rutsch zur Seite.«

Das war, ohne Zweifel, ein unmißverständlicher Satz. Katharina machte ihm denn auch schnell Platz auf der Klattkä, und er setzte sich, ohne ein weiteres Wort, neben sie. Sie saßen so – wie lange mag es gewesen sein? – ein halbes Stündchen vielleicht und schwiegen sich gehörig aneinander heran. Sie betrachteten das Flüßchen, das jenseitige Waldufer, sahen zu, wie kleine Gringel in den Grund stießen und kleine Schlammwolken emporrissen, und zuweilen verfolgten sie auch das Treiben der Enten.

Plötzlich aber sprach Joseph Gritzan: »Bald sind die Erdbeeren soweit. Und schon gar nicht zu reden von den Blaubeeren im Wald.«

Das Mädchen, unvorbereitet auf seine Rede, schrak zusammen und antwortete: »Ja.«

So, und jetzt saßen sie stumm wie Hühner nebeneinander, äugten über die Wiese, äugten zum Wald hinüber, guckten manchmal auch in die Sonne oder kratzten sich am Fuß oder am Hals.

Dann, nach angemessener Weile, erfolgte wieder etwas Ungewöhnliches: Joseph Gritzan langte in die Tasche, zog etwas Eingewickeltes heraus und sprach zu dem Mädchen Katharina Knack: »Willst«, sprach er, »Lakritz?«

Sie nickte, und der Holzfäller wickelte zwei Lakritzstangen aus, gab ihr eine und sah zu, wie sie aß und lutschte. Es schien ihr gut zu schmecken. Sie wurde übermütig – wenn auch nicht so, daß sie zu reden begonnen hätte –, ließ ihre Beine ins Wasser baumeln, machte kleine Wellen und sah hin und wieder in sein Gesicht. Er zog sich nicht die Schuhe aus.

Soweit nahm alles einen ordnungsgemäßen Verlauf. Aber auf einmal – wie es zu gehen pflegt in solchen Lagen – rief die alte Guschke, trat vors Häuschen und rief: »Katinka, wo bleibt die Wäsch'!«

Worauf das Mädchen verdattert aufsprang, den Eimer anfaßte und mir nichts, dir nichts, als ob die Lakritzstange gar nichts gewesen wäre, verschwinden wollte.

Doch, Gott sei Dank, hatte Joseph Gritzan das weitläufige Gelände seiner Brust bereits durchforscht, hatte auch schon den Taufschein zur Hand, packte ihn sorgsam aus und winkte das Mädchen noch einmal zu sich heran.

»Kannst«, sprach er, »lesen?«

Sie nickte hastig.

Er reichte ihr den Taufschein und erhob sich. Er beobachtete, während sie las, ihr Gesicht und zitterte am ganzen Körper.

»Katinka!« schrie die alte Guschke, »Katinka, haben die Enten die Wäsch' gefressen?!«

»Lies zu Ende«, sagte der Holzfäller drohend. Er versperrte ihr, weiß Gott, schon den Weg, dieser Mensch.

Katharina Knack vertiefte sich immer mehr in den Taufschein, vergaß Welt und Wäsche und stand da, sagen wir mal: wie ein träumendes Kälbchen, so stand sie da.

»Die Wäsch', die Wäsch'«, keifte die alte Guschke von neuem.

»Lies zu Ende«, drohte Joseph Gritzan, und er war so erregt, daß er sich nicht einmal wunderte über seine Geschwätzigkeit.

Plötzlich schoß die alte Guschke zwischen den Stachelbeeren hervor, ein geschwindes, üppiges Weib, schoß hervor und heran, trat ganz dicht neben Katharina Knack und rief: »Die Wäsch', Katinka!« Und mit einem tatarischen Blick auf den Holzfäller: »Hier geht vor die Wäsch', Cholera!«

O Wunder der Liebe, insbesondere der masurischen; das Mädchen, das träumende, rosige, hob seinen Kopf, zeigte der alten Guschke den Taufschein und sprach: »Es ist«, sprach es, »besiegelt und beschlossen. Was für ein schöner Taufschein! Ich werde heiraten.« Die alte Guschke, sie war zuerst wie vor den Kopf getreten, aber dann lachte sie und sprach: »Nein, nein«, sprach sie, »was die Wäsch' alles mit sich bringt! Beim Einweichen haben wir noch nichts gewußt. Und beim Plätten ist es schon soweit.«

Währenddessen hatte Joseph Gritzan wiederum etwas aus seiner Tasche gezogen, hielt es dem Mädchen hin und sagte: »Willst noch Lakritz?«

Der 1926 in Lyck geborene Schriftsteller Siegfried Lenz veröffentlichte 1955 »masurische Geschichten« unter dem Titel »So zärtlich war Suleyken«, die rasch bekannt wurden.

Hans Graf von Lehndorff

1944

Noch einmal, ehe die Kriegswalze darüber hinging, entfaltete sich
meine ostpreußische Heimat in ihrer ganzen rätselvollen Pracht. Wer
die letzten Monate mit offenen Sinnen erlebte, dem schien es, als sei
noch nie vorher das Licht so stark, der Himmel so hoch, die Ferne so
mächtig gewesen. Und all das Ungreifbare, das aus der Landschaft
heraus die Seele zum Schwingen bringt, nahm in einer Weise Gestalt
an, wie es nur in der Abschiedsstunde Ereignis zu werden vermag.
Die Vorboten der Katastrophe machten sich bereits in den letzten Ju-
nitagen 1944 bemerkbar – leichte, kaum ins Bewußtsein dringende
Stöße, die das sonnendurchglühte Land wie von fernem Erdbeben
erzittern ließen. Und dann waren die Straßen auf einmal überfüllt
mit Flüchtlingen aus Litauen, und herrenloses Vieh streifte quer
durch die erntereifen Felder, dem gleichen unwiderstehlichen Drang
nach Westen folgend.
Noch war es schwer zu begreifen, was da geschah, und niemand
durfte es wagen, seinen geheimen Befürchtungen offen Ausdruck zu
geben. Aber als der Sommer ging und die Störche zum Abflug rüste-
ten, ließ sich das bessere Wissen von dem, was bevorstand, nicht
länger verborgen halten. Überall in den Dörfern sah man Menschen
stehen und zum Himmel starren, wo die großen vertrauten Vögel
ihre Kreise zogen, so als sollte es diesmal der letzte Abschied sein.
Und jeder mochte bei ihrem Anblick etwa das gleiche empfinden:
»Ja, ihr fliegt nun fort! Und wir? Was soll aus uns und unserem Land
werden?«
Nicht lange danach kamen riesige Viehherden an den Flußläufen
entlang und sammelten sich in dem flachen Tal, das vom Pregel in
vielen Windungen durchflossen wird. Sie waren aus dem östlichsten
Teil der Provinz abgetrieben worden und standen nun, einen über-
wältigenden Anblick bietend, zu Tausenden in den weiten Wiesen.
Dort gab es zunächst noch Futter genug. Wer aber näher heranging

und die Tiere im einzelnen beobachtete, dem krampfte sich jetzt schon das Herz zusammen. Ohne Beziehung zueinander, den Menschen als Feind ansehend, so stolperten sie durch das Land, traten die Zäune nieder, brachen hemmungslos in Koppeln und Gärten ein und fraßen Büsche und Bäume kahl. Sie schienen aus einem Lande zu kommen, in dem es keine Ordnung gab. Dabei konnte man es vielen noch ansehen, daß sie aus hervorragenden Zuchten stammten. Aber das Schützende, das sie zur Herde machte, war schon von ihnen gewichen.

In den Nächten sah man zu dieser Zeit die östlichen Grenzstädte wie auf der Landkarte vor sich aufgereiht. Memel, Tilsit, Schirwindt, Eydtkuhnen – das waren die hellsten, wieder und wieder unter Bombeneinschlägen aufzuckenden Punkte im Verlauf einer im Bogen von Norden nach Süden ziehenden Feuerlinie. Und eines Tages wurde bekannt, daß die Landesgrenze preisgegeben worden sei. Zwanzig, dreißig Kilometer war der Feind schon darüber hinaus, dann kam die Front noch einmal zum Stehen. Wie es dahinter aussah, wußte niemand zu sagen. Man konnte nur hoffen, daß keiner zurückgeblieben sei, denn was aus einigen vorgeschobenen Orten berichtet wurde, die der Feind nach kurzer Besetzung wieder aufgegeben hatte, ließ das Blut erstarren.

Ein paar Tage noch unermeßliches Flüchtlingselend auf allen Straßen – dann trat auf einmal Ruhe ein, eine fast unbegreifliche Ruhe. Das Dröhnen der Front verstummte, die Feuer erloschen, sogar die nächtlichen Störflugzeuge blieben aus. Wie verzaubert lag das verlassene Land mit seinen Höfen und Dörfern im Glanze eines unvergleichlichen Herbstes da, Erlebnisse von unergründlicher Tiefe den wenigen bietend, die aus weiter westlich gelegenen Kreisen wiederkehrten, um noch etwas aus ihrem Hause zu holen oder um zurückgelassenes Vieh zu versorgen.

Unheimlich still blieb es auch dann noch, als die Novemberstürme das Land schon kahlgefegt hatten und der Frost das letzte Gras auf den Wiesen erstarren ließ. Meilenweit über die Felder verteilt, an den Straßen und Bahnstrecken sah man jetzt, einzeln oder in kleinen Gruppen, all die verwilderten Kühe stehen, kaum einer Bewegung mehr fähig, mit vertrocknetem Euter und hochgezogenem Rücken, drohend und anklagend.

Und als der erste Schnee fiel, sanken sie, eine nach der anderen, lautlos in sich zusammen.

Weihnachten kam und konnte von allen, die noch in ihren eigenen Häusern saßen, fast wie im Frieden gefeiert werden. Sogar Jagden wurden veranstaltet, und Menschen trafen sich, um noch einmal in altgewohnter Weise das Jahr miteinander zu beschließen.

Vierzehn Tage später war alles vorbei. Drei Monate hatte der Russe sich Zeit gelassen, den letzten Sturm vorzubereiten – nun brach er mit voller Gewalt herein.

Der 1910 in Torgau geborene, von Ostpreußen abstammende Arzt Hans Graf von Lehndorff leitete 1945 ein Lazarett in Königsberg und erlebte die Einnahme der Stadt durch die Russen. Sein 1947 geschriebenes, doch erst 1961 veröffentlichtes »Ostpreußisches Tagebuch« ist ein Werk von hohem dokumentarischem Rang über die schlimmen Jahre 1945 bis 1947. Die obige Darstellung der letzten Monate des deutschen Ostpreußen vor dem Inferno steht am Beginn des Buches.

Agnes Miegel

Es war ein Land

O kalt weht der Wind über leeres Land,
O leichter weht Asche als Staub und Sand!
Und die Nessel wächst hoch an geborstner Wand,
Aber höher die Distel am Ackerrand!

Es war ein Land, – wo bliebst Du, Zeit?
Da wogte der Roggen wie See so weit,
Da klang aus den Erlen der Sprosser Singen
Wenn Herde und Fohlen zur Tränke gingen,
Hof auf, Hof ab, wie ein Herz so sacht,
Klang das Klopfen der Sensen in heller Nacht,
Und Heukahn an Heukahn lag still auf dem Strom
Und geborgen schlief Stadt und Ordensdom, –
In der hellen Nacht, –
                    der Johannisnacht!

Es war ein Land, – im Abendbrand
Garbe an Garbe im Felde stand.
Hügel auf, Hügel ab, bis zum Hünengrab
Standen die Hocken, brotduftend und hoch,
Und drüber der Storch seine Kreise zog.
So blau war die See, so weiß der Strand
Und mohnrot der Mond am Waldesrand
In der warmen Nacht, –
                    der Erntenacht!

Es war ein Land, – der Nebel zog
Wie Spinnweb, das um den Wacholder flog,
Die Birken leuchteten weiß und golden,
Und korallen die schweren Quitschendolden,

Die Eicheln knirschten bei Deinem Gehn
In den harten Furchen der Alleen.
Ein Stern nur blinkte, fern und allein,
Und Du hörtest im Forst die Hirsche schrein
In der kalten Nacht, –
                  der Septembernacht!

Es war ein Land, – der Ostwind pfiff,
Da lag es still wie im Eis das Schiff,
Wie Daunen deckte der Schnee die Saat
Und deckte des Elchs verschwiegenen Pfad,
Grau fror die See an vereister Buhne
Und im Haff kam Fischer und Fisch zur Wuhne.
Unter warmem Dach aus Stroh und Ried
Klappte der Webstuhl zu altem Lied:
        »Wi Beid', wi sönn noch jong on stark,
          Nährn ons möt eigne Hände, –«
Es war ein Land, – wir liebten dies Land, –
Aber Grauen sank drüber wie Dünensand.
Verweht wie im Bruch des Elches Spur
Ist die Fährte von Mensch und Kreatur, –

Sie erstarrten im Schnee, sie verglühten im Brand,
Sie verdarben elend in Feindesland,
Sie liegen tief auf der Ostsee Grund,
Flut wäscht ihr Gebein in Bucht und Sund,
Sie schlafen in Jütlands sandigem Schoß, –
Und wir Letzten treiben heimatlos,
Tang nach dem Sturm, Herbstlaub im Wind, –
Vater, Du weißt, wie einsam wir sind!

Nie zu klagen war unsre Art,
Du gabst und Du nahmst, – doch Dein Joch drückt
hart!
Vergib, wenn das Herz, das sich Dir ergibt,
Nicht vergißt, was zu sehr es geliebt,
Was Gleichnis uns war – und noch bleibt im Leid, –
Von Deines Reiches Herrlichkeit!

O kalt weht der Wind über leeres Land,
O leichter weht Asche als Staub und Sand,
Und die Nessel wächst hoch an zerborstner Wand,
Aber höher die Distel am Ackerrand!

Über Agnes Miegel siehe Seite 142. Dieses Gedicht veröffentlichte sie 1953. Sieben Jahre früher, im Sommer 1946, hatte sie an Ina Seidel geschrieben: »Ein Teil meines Herzens starb, als ich von Ostpreußen ging. Nur manchmal erwacht etwas. Und als ich neulich hörte (ach, vielleicht war's auch bloß ein Gerücht), daß viele hundert russische Jungbauern hin sollen, habe ich zum erstenmal vor Freude geweint – dann geht doch wieder ein Pflug über die wüsten Felder, in den Dörfern werden Menschen wohnen, Kinder geboren werden, zwischen den Wiesen und Äckern spielen, Vieh wird brüllen, Hähne werden krähn – und die Erde wird *leben*.«

III

Anhang

Lexikalisches Stichwort:
Ostpreußen

Ostpreußen, das nordöstlichste Land des Deutschen Reiches, hat eine Fläche von 36996 qkm u. 2.5 Mill. Ew. (1939); Hptst. *Königsberg;* gliederte sich seit 1920 in die Regierungsbezirke *Westpreußen, Allenstein, Gumbinnen* u. *Königsberg.*
Die außerordentlich reizvolle *Landschaft* O.s verdankt ihre Gestaltung vor allem der Oberflächenformung durch die eiszeitlichen Inlandeismassen. Sie schufen mit ihren Ablagerungen u. Schmelzwasserseen den bis 313 m hohen ostpreußischen Abschnitt des stark bewaldeten *Baltischen Höhenrückens* mit der vielbesungenen Masurischen Seenplatte. Die höchsten Erhebungen sind die *Kernsdorfer Höhe* u. der *Seesker Berg.* Die größten Seen sind *Spirding-, Mauer-, Geserich-, Löwentin-, Rosch-, Rheinscher* u. *Drauensee.* Südlich des eigentlichen Höhenrückens liegen ausgedehnte Sandflächen, z.B. die *Johannisburger Heide.* Fruchtbare Niederungen kennzeichnen das Land an den Unterläufen der drei Hauptflüsse *Nogat* (Mündungsarm der Weichsel), *Pregel* u. *Memel.* Eine Besonderheit der ostpreuß. Küste sind das Frische u. das Kurische Haff mit ihren vorgelagerten, dünenreichen Nehrungen. Zwischen diesen schiebt sich das Samland mit seinem als Bernsteinküste berühmten Steilabfall an die Ostsee. Das Klima zeigt deutliche Kennzeichen der weit nach Osten vorgeschobenen Lage. Sie bringt die tiefsten Jahresmittel der Temperatur u. die kältesten Winter des Norddeutschen Tieflandes. Über 100 Frosttage im Jahr sind keine Seltenheit. Nur ein schmaler Küstenstreifen hat ein etwas milderes Klima.
Wirtschaftl. war O. eine der großen Kornkammern des Deutschen Reiches. Land- u. Forstwirtschaft waren stets die Haupterwerbszweige u. lieferten große Überschüsse. Hauptanbaupflanzen waren Roggen, Hafer, Kartoffeln, Gerste u. Weizen. Ein in aller Welt bekannter Zweig der blühenden Viehzucht war die Pferdezucht von *Trakehnen.* Bedeutung hatte auch die Milchwirtschaft. Die Industrie war nur in den größeren Städten *(Königsberg, Elbing, Tilsit, Allenstein)* stärker entwickelt u. verarbeitete vor allem die Agrarprodukte. Elbing war ein bedeutender Standort der Werftindustrie.
Geschichte. Durch seine Bernsteinfunde war O. schon den handeltreibenden Völkern der Antike bekannt. Der ansässige Stamm der *Pruzzen* widersetzte sich erfolgreich der Christianisierung durch *Adalbert von Prag* († 977), bis der Piastenherzog Konrad von Masovien 1226 den *Dt. Orden* rief, der von Kaiser *Friedrich II.* das Kulmer Land als Lehen empfing u. die Reichsfürstenwürde in Preußen erhielt. Dem Orden folgten zahlreiche Siedler, die um die Burgen herum Städte gründeten, denen in der *Kulmer Handfeste* selbständige Verwaltung gewährt wurde. 1231 entstand Thorn, 1232 Kulm, 1233 Marienwerder, 1237 Elbing, eine Gründung der lübischen Hanse. Aber erst 1283 gelang die vollständige Unterwerfung der Pruzzen mit Hilfe König *Ottokars* von Böhmen, dem zu Ehren Königsberg gegr. wurde.
Aus dem ehemaligen *Herzogtum Preußen* (Land des *Deutschen Ordens*) hervorgegangen, fiel O. 1618 durch Nachfolgerecht an Brandenburg; durch den Frieden von Oliva wurde es aus poln. Lehnshoheit entbunden. 1701 fand in Königsberg die Krönung des Kurfürsten Friedrich III. von Brandenburg (als König *Friedrich I.* in Preußen) statt, weil O. nicht zum Reichsverband gehörte. 1709/10 stark durch die Pest entvölkert, wurde O. 1722/40 von *Friedrich Wilhelm I.* durch Kolonisten aus der Schweiz, der Pfalz, Nassau u. Salzburg neu besiedelt. Nach dem Siebenjährigen

Krieg nahm die Landwirtschaft in O. einen starken Aufschwung (Getreideexporte), die Universität Königsberg *(Kant)* erlebte eine hohe Blüte. 1812/13 begann in O. unter *Yorks* Führung der Freiheitskampf gegen *Napoléon*. 1815 entstand die *Provinz* O., die 1824/78 mit Westpreußen zur Provinz Preußen vereinigt wurde.

Im Vertrag von Versailles mußte das Gebiet um Soldau an Polen, das Memelgebiet an die Alliierten abgetreten werden. Bei der Abstimmung im Bezirk Allenstein wurde dieser dem Reich erhalten. Das durch den Polnischen Korridor vom Reich getrennte restliche Westpreußen rechts der Weichsel wurde mit O. zusammengelegt. O. mußte mit der Osthilfe wirtschaftlich gehalten werden. 1939 wurde das Memelgebiet zurückgegliedert.

Im 2. Weltkrieg kam es nach dem Einbruch der Russen in Ostpreußen im Oktober 1944 zu einer furchtbaren Katastrophe, weil die Evakuierung der Zivilbevölkerung vom Gauleiter nicht rechtzeitig zugelassen wurde und O. (Kessel zwischen Braunsberg, Heiligenbeil u. Königsberg bis zur westl. Samlandküste) vom übrigen Dtschld. abgeschnitten war, so daß Hunderttausende von Zivilpersonen eingeschlossen wurden oder über das Eis des Frischen Haffs zu fliehen versuchten. Die Zahl der Todesopfer wird mit 614000 angegeben.

Auf der Potsdamer Konferenz wurde O. bis zum Friedensvertrag in einen sowjet. u. einen poln. Verwaltungsbezirk geteilt. Die dt. Bevölkerung wurde zurückgehalten, verschleppt, vertrieben; bis 1947 fanden 1,93 Milllionen ostpreuß. Flüchtlinge in Mittel- u. Westdeutschland Aufnahme.

Aus: Das Bertelsmann Lexikon Band 5, 1966

Quellenangaben

ERICH HANNIGHOFER
Ostpreußenlied
Aus: Ostpreußen in 1440 Bildern, Leer/Ostfriesland, ohne Jahresangabe

CARL JAKOB BURCKHARDT, 1891–1974
Kosmische Größe der Landschaft
Aus: Ostpreußen, wie es war
Das große Erinnerungsbuch mit 173 Fotos aus Ostpreußen, Westpreußen und Danzig. Herausgegeben von Hans-Ulrich Engel, München
Rechte für diesen Beitrag bei Verlag Gräfe und Unzer, München

A. AMBRASSAT
Ostpreußen ist ein schönes Land
Aus: A. Ambrassat: Die Provinz Ostpreußen
Bilder aus der Geographie, Geschichte und Sage unserer Heimatprovinz. Königsberg 1899

PAUL FECHTER, 1880–1958
Elbing und seine Umgebung
Aus: Paul Fechter: Zwischen Haff und Weichsel
Jahre der Jugend. Gütersloh 1954
Rechte bei Frau Sabine Fechter

PAUL FECHTER, 1880–1958
Die Marienburg
Aus: Paul Fechter: Zwischen Haff und Weichsel
Jahre der Jugend. Gütersloh 1954
Rechte bei Frau Sabine Fechter

PAUL FECHTER, 1880–1958
Die Frische Nehrung
Königsberg ohne Jahresangabe

LOUIS PASSARGE, 1825–1912
Wolittnick am Haff
Aus: Louis Passarge: Ein ostpreußisches Jugendleben
Erinnerungen und Kulturbilder. 2. Aufl., Leipzig 1906

LOUIS PASSARGE, 1825–1912
Heiligenbeil
Aus: Louis Passarge: Ein ostpreußisches Jugendleben
Erinnerungen und Kulturbilder. 2. Aufl., Leipzig 1906

LOUIS PASSARGE, 1825–1912
Am Samlandstrand
Aus: Louis Passarge: Ein ostpreußisches Jugendleben
Erinnerungen und Kulturbilder. 2. Aufl., Leipzig 1906

ERNST WICHERT, 1831–1902
Pillau
Aus: Ernst Wichert: Richter und Dichter
Ein Lebensausweis. Berlin und Leipzig 1899

ERNST WICHERT, 1831–1902
Eine Reise nach Danzig
Aus: Ernst Wichert: Richter und Dichter
Ein Lebensausweis. Berlin und Leipzig 1899

OTTFRIED GRAF VON FINCKENSTEIN, geb. 1901
Kreis Rosenberg
Aus: Ostpreußen, wie es war
Das große Erinnerungsbuch mit 173 Fotos aus Ostpreußen, Westpreußen und Danzig. Herausgegeben von Hans-Ulrich Engel, München
Rechte für diesen Beitrag bei Heimatkreis Rosenberg

GEORG HERMANOWSKI, geb. 1918
Allensteiner Erinnerungen
Aus: Ostpreußen, wie es war
Das große Erinnerungsbuch mit 173 Fotos aus Ostpreußen, Westpreußen und Danzig. Herausgegeben von Hans-Ulrich Engel, München
Rechte für diesen Beitrag bei Verlag Gräfe und Unzer, München

ERNST WICHERT, 1831–1902
Heilsberg im Ermland
Aus: Ernst Wichert: Richter und Dichter
Ein Lebensausweis. Berlin und Leipzig 1899

ARNO HOLZ, 1863–1929
Rastenburg – Das alte Nest
Aus: Ostpreußen, wie es war
Das große Erinnerungsbuch mit 173 Fotos aus Ostpreußen, Westpreußen und Danzig. Herausgegeben von Hans-Ulrich Engel, München

FRIEDRICH DEWISCHEIT
Masurenlied
Aus: Ostpreußen in 1440 Bildern, Leer/Ostfriesland, ohne Jahresangabe

ERNST WIECHERT, 1887–1950
Kleinort; Abschied von Kleinort
Aus: Ernst Wiechert: Wälder und Menschen
Eine Jugend. München

MARION GRÄFIN DÖNHOFF, geb. 1909
Ritt durch Masuren
Aus. Marion Gräfin Dönhoff: Namen, die keiner mehr nennt
Ostpreußen – Menschen und Geschichte. © Eugen Diederichs Verlag, Düsseldorf/Köln 1962

HERBERT REINOSS, geb. 1935
Schwarzberge in Masuren, früher, heute

ARNO SURMINSKI, geb. 1934
Wiedersehen mit Jokehnen und dem Schwenzaitsee
Aus: Egbert A. Hoffmann, Arno Surminski u. a.: Ostpreußischer Sommer heute
Begegnungen – Gespräche – Beobachtungen
Ostpreußisches Mosaik, Band III. Herausgegeben von Ruth Maria Wagner.
Leer/Ostfriesland, 1975
Alle Rechte für diesen Beitrag beim Autor. © Arno Surminski, Hamburg, 1975

HERBERT REINOSS, geb. 1935
Eine Reise durch Ostpreußen

A. K. T. TIELO, 1874–1911
Mein Memelstrom
Aus: Ostpreußen, wie es war
Das große Erinnerungsbuch mit 173 Fotos aus Ostpreußen, Westpreußen und Dan-
zig. Herausgegeben von Hans-Ulrich Engel, München

HERMANN SUDERMANN, 1857–1928
Matziken im Memelland
Aus: Hermann Sudermann: Das Bilderbuch meiner Jugend.
Stuttgart und Berlin 1922

AGNES MIEGEL, 1879–1964
An meine Vaterstadt
Aus: Ostpreußen, wie es war
Das große Erinnerungsbuch mit 173 Fotos aus Ostpreußen, Westpreußen und Dan-
zig. Herausgegeben von Hans-Ulrich Engel, München
Rechte für diesen Beitrag bei Eugen Diederichs Verlag, Düsseldorf und Köln

KÄTHE KOLLWITZ, 1867–1945
Kindheit in Königsberg
Aus: Ich sah die Welt mit liebevollen Blicken
Käthe Kollwitz – Ein Leben in Selbstzeugnissen. Herausgegeben von Hans Kollwitz,
© Fackelträger-Verlag, Hannover 1968

AGNES MIEGEL, 1879–1964
Cranz
Aus: Agnes Miegel: Gedichte und Prosa
Auswahl von Inge Diederichs. 2. Aufl., © Eugen Diederichs Verlag,
Düsseldorf/Köln 1979

BERNHARD CORDES, geb. 1930
Ostpreußische Schlösser heute

AGNES MIEGEL, 1879–1964
Mutter Ostpreußen
Aus: Agnes Miegel: Gedichte und Prosa
Auswahl von Inge Diederichs, 2. Aufl., © Eugen Diederichs Verlag,
Düsseldorf/Köln 1979

A. AMBRASSSAT
Charakter der Ostpreußen
Aus: A. Ambrassat: Die Provinz Ostpreußen
Bilder aus der Geographie, Geschichte und Sage unserer Heimatprovinz. Königs-
berg 1899

SIMON DACH, 1605–1659
Ännchen von Tharau

AGNES MIEGEL, 1879–1964
Die Fahrt der sieben Ordensbrüder
Aus: Agnes Miegel: Gedichte und Prosa
Auswahl von Inge Diederichs, 2. Aufl., © Eugen Diederichs Verlag,
Düsseldorf/Köln 1979

AGNES MIEGEL, 1879–1964
Die Frauen von Nidden
Aus: Agnes Miegel: Gedichte und Prosa
Auswahl von Inge Diederichs. 2. Aufl., © Eugen Diederichs Verlag,
Düsseldorf/Köln 1979

LOUIS PASSARGE, 1825–1902
Landleben in Wolittnick, um 1830
Aus: Louis Passarge: Ein ostpreußisches Jugendleben
Erinnerungen und Kulturbilder. 2. Aufl., Leipzig 1906

LOUIS PASSARGE, 1825–1902
Ostpreußische Bräuche
Aus: Louis Passarge: Ein ostpreußisches Jugendleben
Erinnerungen und Kulturbilder. 2. Aufl., Leipzig 1906

ERNST WICHERT, 1831–1902
Urlaub an der Ostsee im 19. Jahrhundert
Aus: Ernst Wichert: Richter und Dichter
Ein Lebensausweis. Berlin und Leipzig 1899

ERNST WICHERT, 1831–1902
Student in Königsberg
Aus: Ernst Wichert: Richter und Dichter
Ein Lebensausweis. Berlin und Leipzig 1899

HERMANN SUDERMANN, 1857–1928
Die Reise nach Tilsit
Aus: Hermann Sudermann: Litauische Geschichten
Stuttgart 1917

FRITZ SKOWRONNEK, 1858–1939
Das alte Masuren
Aus: Fritz Skowronnek: Lebensgeschichte eines Ostpreußen
Leipzig 1925

HERMANN SUDERMANN, 1857–1928
Herkunft
Aus: Hermann Sudermann: Das Bilderbuch meiner Jugend
Stuttgart und Berlin 1922

FRITZ SKOWRONNEK, 1858–1939
Der Ältervater
Aus: Fritz Skowronnek: Masurenblut
Neue Folge. Novellen. Berlin ohne Jahresangabe

FRITZ SKOWRONNEK, 1858–1939
Landleben eines ostpreußischen Jungen
Aus: Fritz Skowronnek: Lebensgeschichte eines Ostpreußen
Leipzig 1925

LOVIS CORINTH, 1858–1925
Toon Kornaust
Aus: Und Petrulla lacht
Heiteres und Besinnliches von ostpreußischen Erzählern. Vorgestellt von Hans
Hellmut Kirst. Herausgegeben von Ruth Maria Wagner. Tübingen und Basel 1971

SIEGFRIED LENZ, geb. 1926
Eine Liebesgeschichte
Aus: Siegfried Lenz: So zärtlich war Suleyken
Masurische Geschichten. © Hoffmann und Campe Verlag, Hamburg 1955

HANS GRAF VON LEHNDORFF, geb. 1910
1944
Aus: Hans Graf von Lehndorff: Ostpreußisches Tagebuch
Aufzeichnungen eines Arztes aus den Jahren 1945–1947. © Biederstein Verlag,
München 1967

AGNES MIEGEL, 1879–1964
Es war ein Land
Aus: Agnes Miegel: Gedichte und Prosa
Auswahl von Inge Diederichs. 2. Aufl., Eugen Diederichs Verlag,
Düsseldorf/Köln 1979

Bildnachweis

Bavaria-Verlag, Gauting vor München: 3, 4, 5; (Ruth Hallensleben): 22; (Anton Stankowski): 29; (Dargel): 33; Bildarchiv Foto Marburg, Marburg/Lahn: 7, 16, 26, 32; Bildarchiv Preußischer Kulturbesitz: 15, 24, 25, 30, 31; Paul W. John, Berlin: 2, 6, 8, 9, 10, 11, 12, 13, 17, 18, 19, 21, 28, 34, 35, 36; Herbert Reinoß, Gütersloh: 1, 14, 20, 23; Helga Schmidt-Glassner, Stuttgart: 27.